Eduard Zeller

Friedrich der Große als Philosoph

Eduard Zeller
Friedrich der Große als Philosoph
ISBN/EAN: 9783743365841
Hergestellt in Europa, USA, Kanada, Australien, Japan
Cover: Foto ©ninafisch / pixelio.de

Manufactured and distributed by brebook publishing software (www.brebook.com)

Eduard Zeller

Friedrich der Große als Philosoph

Friedrich der Große

als Philosoph.

Von

Eduard Zeller.

Berlin.

Weidmannsche Buchhandlung.

1886.

Vorwort.

Am siebzehnten August dieses Jahres sind es hundert Jahre, seit Preußens großer König das Auge geschlossen hat, welches so hell in die Welt sah, so treu über seinem Volk wachte. Wenn den Schriften, welche dieser Tag hervorgerufen hat und noch hervorrufen wird, die gegenwärtige sich anreiht, so wird dieß kaum einer Begründung bedürfen. Der Gegenstand, mit dem sie sich beschäftigt, verdient es unbedingt, daß sich ihm die Aufmerksamkeit aller derer zuwende, welche sich von dem Wesen des seltenen Mannes ein möglichst vollständiges, alle Züge dieses reichen und vielseitigen Geistes in ihrem innern Zusammenhang umfassendes Bild machen möchten. Denn ihm selbst stand die Philosophie im Mittelpunkt seines Bewußtseins: sein Ideal war der Philosoph auf dem Throne; und so weit auch der Herrscher in ihm den Forscher überragt, so wenig lassen sich doch die Dienste verkennen, welche seine Philosophie dem Jüngling wie dem Greise ein langes Leben hindurch geleistet hat. Nichtsdestoweniger hat dieselbe bis jetzt unter uns keine eingehende Bearbeitung gefunden: die einzige nennenswerthe Monographie über sie, die wir besitzen, ist das Werk eines französischen Gelehrten; und so achtungswerth dieses Werk ist, so hat es doch seinen Gegenstand nicht so völlig erschöpft, daß eine neue Untersuchung desselben überflüssig erscheinen müßte.

Indem ich mich nun dieser Aufgabe zuwandte, gieng ich an erster Stelle darauf aus, die Gedanken des königlichen Philosophen in der Gestalt wiederzugeben, die sie in seinem eigenen Geiste gewonnen hatten; den Weg, auf dem, die Einflüsse, unter denen er zu ihnen kam, so weit unsere Hülfsmittel dieß erlauben, an's Licht zu stellen; aber auch die Punkte nicht zu verhüllen, an denen seine Ansichten wechseln oder schwanken, seine Auseinandersetzungen ungenügend und lückenhaft sind. Um dem Leser eine selbständige Prüfung meiner Darstellung zu erleichtern, machte ich mir in den Anmerkungen eine genaue Nachweisung der Quellen zur Pflicht, auf die sie sich gründet; und um meinen Nachfolgern auf diesem Gebiete einen Theil der Mühe und Zeit zu ersparen, welche die Sammlung des Materials mich gekostet hat, bemühte ich mich überall, wo dieß wünschenswerth erschien, um eine Vollständigkeit der Belegstellen, die erheblich beschränkt werden konnte, wenn Preuß' Ausgabe der Werke Friedrich's d. Gr. die nöthigen Register beigegeben wären. Zugleich sollten aber die Anmerkungen allen Lesern dieser Schrift zur Ergänzung dessen dienen, was der Text bringt, indem sie charakteristische Aussprüche in ihrem Wortlaut mittheilten und solche Einzelheiten beifügten, die sich dort nicht wohl anbringen ließen, die aber dem ganzen Bild eine lebendigere und individuellere Färbung zu geben geeignet sind; und aus diesem Grunde möchte ich auch diejenigen, welchen an den literarischen Nachweisungen als solchen nicht viel gelegen ist, bitten, diesem Theil meines Buches gleichfalls ihre Aufmerksamkeit zu schenken.

Wie viel von den Ansichten und Urtheilen, welche in Friedrich's Schriften und Briefen niedergelegt sind, in eine Darstellung seiner Philosophie aufzunehmen, inwiefern auch die praktische Bewährung seiner Grundsätze in einer solchen zu berücksichtigen sei, darüber wird man immer mehr oder weniger zweifelhaft sein können. Eine unverrückbare Grenze läßt sich in solchen Fällen nicht ziehen. Doch schien es mir, daß es sich z. B. bei der Frage über Friedrich's Verhältniß zur deutschen Literatur mehr um die Bildung und Richtung seines Geschmacks handle, als um seine philosophischen Ansichten, und daß eine, an sich wünschenswerthe und interessante, Zusammenstellung und Prüfung der Urtheile, welche er bald mit näherer Begründung bald rasch hingeworfen über geschichtliche Erscheinungen gefällt hat, von meiner Aufgabe noch weiter abliegen würde. Wenn aber Andere anderer Meinung sein sollten, werde ich nicht mit ihnen rechten.

Berlin, 17. Juli 1886.

Der Verfasser.

Inhalts-Verzeichniß.

		Seite
1.	Einleitung	1
2.	Friedrich's Verhältniß zu gleichzeitigen und früheren Philosophen	4

Friedrich's philosophische Studien S. 4. Die Wolff'sche Philosophie — 6; Lossagung von derselben — 12. Locke — 15. Bayle und die Skepsis — 16. Gassendi — 19. Newton und die Naturwissenschaft — 19. Voltaire — 20. Die französische Philosophie der Folgezeit: d'Alembert, Diderot, La Mettrie, Helvetius, Holbach — 26; Rousseau — 32. Die deutschen Philosophen der Aufklärungsperiode — 33. Die Philosophen des Alterthums — 34.

| 3. | Friedrich's Ansichten über die Hauptfragen der Philosophie. Gott und die Welt | 38 |

Dasein Gottes — 38. Wesen Gottes — 40. Verhältniß zum Vorsehungsglauben — 45. Determinismus — 47; der „Zufall" — 50. Optimismus und Pessimismus — 52.

| 4. | Die Natur und der Mensch | 54 |

Materialismus, Verhältniß zur Atomistik — 54. Psychologischer Materialismus — 55. Die Unsterblichkeitsfrage — 56. Die Frage der Willensfreiheit — 58. Der moralische Zustand der Menschen — 64.

| 5. | Das sittliche Leben, seine Aufgaben und Gesetze | 67 |

Praktische Aufgabe der Philosophie — 67. Die Pflicht — 69. Die Selbstliebe als Grund der Moral — 70; Selbstliebe und Tugend — 72; der Ruhm und die Tugend — 74. Lebensregeln — 76. Unabhängigkeit vom Aeußern — 77. Selbstmord — 81. Gegen Apathie; Nachsicht; Sinn für Freundschaft — 82. Vorliebe für das Privatleben — 85. Grabrede auf Reinhart — 88.

| 6. | Das Staatsleben | 89 |

Einleitung; Friedrich und Macchiavelli — 89. Natürliche Rechtsgleichheit der Menschen — 95. Staatsvertrag — 96. Verpflichtung gegen den Staat: der Fürst — 97; die Bürger — 98. Staatsverfassungen — 100; Republik — 101; Englische Verfassung — 104; Monarchie — 104. Regentenpflichten — 106. Krieg und Frieden — 108. Aufgaben der inneren Verwaltung — 111.

Aeußere Politik — 112; die Eroberung Schlesiens — 116; die Theilung Polens — 120.

7. Friedrich's Stellung zur Religion 124
   Religiöser Standpunkt, Lossagung von der positiven Religion — 125. Entstehung der Religion — 127; das Christenthum — 129. Unvertilgbarkeit des Aberglaubens — 132. Moralischer Werth der Religion — 135. Protestantismus und Katholicismus — 139. Die Infâme — 144. Religiöse Duldsamkeit — 146; Kirchenpolitik — 149. Duldung der Jesuiten — 152. Muhamedaner — 155.

8. Friedrich's Ansichten über Unterricht und Erziehung 156
   Ihre Nothwendigkeit und ihr Werth — 157. Kritik der herkömmlichen Erziehung — 158. Kritik des Gymnasial- und Universitätsunterrichts — 160. Die Ritterakademie — 161. Vorschriften für den Gymnasialunterricht — 164. Der Universitätsunterricht — 170. Das Volksschulwesen unter Friedrich — 173.

V. Rückblick 177

Anmerkungen . . . . 183—206

Druckfehler.

S. 122 Z. 14 statt „es" lies er.
S. 173 Z. 4 v. u. statt „Mi" l. Mit.
S. 211 Z. 24 ist das zweite quo zu streichen.
S. 215 Z. 21 statt „Etat" l. Etat.

1. Einleitung.

Unter den Staatsmännern und Kriegern, deren Namen die Geschichte aufbewahrt hat, begegnen uns nicht allzu viele, denen die Wissenschaft ein lebendiges Interesse abzugewinnen vermocht hätte; und noch weit seltener ist der Fall, daß solche Männer früh und nachhaltig genug von ihr berührt wurden, um durch sie eine tiefgehende Einwirkung auf die Ausbildung ihres Geistes und Charakters zu erfahren. Aber wo dieß geschehen ist, da hat es für uns immer einen eigenthümlichen Reiz. Ein Alexander, von Aristoteles unterrichtet, ein Mark Aurel, welcher sich in der Schule der stoischen und platonischen Philosophie auf seinen Regentenberuf vorbereitet, ein Friedrich, der seine Jugendjahre zu Rheinsberg der Kunst und der Wissenschaft widmet, um dann sofort mit seinem Regierungsantritt die Welt durch seine Kenntniß der Geschäfte, durch die Selbständigkeit seiner Staatsleitung, durch die Kühnheit seiner längst durchdachten Entwürfe und den Glanz seiner Erfolge in Staunen zu versetzen — solche Männer sind ebenso anziehende als ungewöhnliche Erscheinungen. Was freilich jeder von ihnen seinen wissenschaftlichen Studien zu verdanken hatte, ist nicht so einfach zu bestimmen; es läßt sich vielmehr nicht anders erwarten, als daß der Einfluß derselben bei ihnen einen sehr verschiedenen Umfang gehabt haben werde. Während uns in Mark Aurel's Bild mehr noch der Stoiker als der römische Kaiser, mehr der edle Mensch als der große Herrscher entgegentritt, wissen wir von Alexander zwar, daß er auch als König seinem Lehrer die größte Verehrung und Anhänglichkeit bewahrt hat, und wir können daraus schließen, er sei sich einer tiefgehenden Einwirkung desselben auf seine eigene Ausbildung bewußt gewesen. Aber in seiner kriegerischen und politischen

Thätigkeit verbergen sich die Spuren dieser Einwirkung hinter den Zügen, welche wir theils auf die natürliche Begabung des genialen Eroberers, theils auf die Schule zurückführen müssen, die er unter seinem Vater durchgemacht hatte; so viel auch ohne Zweifel der mehrjährige innige Verkehr mit einem Aristoteles dazu beitrug, die Freude an allem Großen und Schönen in ihm zu nähren, seinen Ehrgeiz auf würdige Ziele zu lenken, ihm den Geschmack für Kunst und Wissenschaft, die edle Auffassung des Verhältnisses zu seinen Freunden, die königliche Sinnesart und die Humanität einzupflanzen, durch die er uns trotz aller Verirrungen seines leidenschaftlichen Naturells doch immer wieder für sich gewinnt. Friedrich's eigenartige Größe beruht auf der harmonischen Entwicklung seines vielseitigen Talents, auf der inneren Verknüpfung, in die er seine idealen Neigungen mit seiner Regentenpflicht zu bringen gewußt hat. Ein Schüler der Philosophie, ein Jünger der Kunst, hat er durch diese geistige Thätigkeit von der Schärfe des praktischen Blickes, von der eisernen Willenskraft, deren er zu seinem schweren Herrscheramt bedurfte, so wenig eingebüßt, er ist so wenig der „effeminirte Kerl" geworden, für den ihn sein Vater eine Zeit lang hielt,[1]) daß er in einem Kampf ohne gleichen ganz Europa siegreich Stand zu halten vermochte. Er hat vielmehr diese Kraft gerade an den Studien genährt, die einen minder starken Geist allerdings von seinen praktischen Aufgaben vielleicht abgelenkt hätten. „Die Philosophie," schreibt er an Voltaire*), „lehrt uns unsere Pflicht thun, unser Blut und unsere Ruhe für den Dienst unseres Vaterlandes einsetzen, ihm unser ganzes Sein opfern"[2]); und jede Stunde seiner langen Regierung war eine Bethätigung dieser Ueberzeugung. Seine Philosophie allein, erklärt er in der Noth des siebenjährigen Krieges wiederholt, vermöge ihn aufrecht zu halten, weil sie ihn lehre, die Dinge im großen zu betrachten, und nicht mehr aus ihnen zu machen, als sie verdienen.[3]) Andererseits aber haben ihn weder die Mühen noch die Versuchungen seiner hohen Stellung dem Dienste der Musen einen Augenblick untreu gemacht. Im Begriffe, den Thron zu besteigen, versichert er, daß die Philosophie für ihn größeren Reiz habe, als der Herrschersitz,[4]) und einige Jahre später sehnt er sich mitten unter

---

*) In dem Briefe vom 2. Juli 1759, Oeuvres de Frédéric le Grand (herausg. von Preuß, Berlin, 1846—1857, 30 Bde.) XXIII, 53. Auf diese Ausgabe beziehen sich im folgenden alle Citate, denen kein Büchertitel beigefügt ist.

dem Triumph über den entscheidenden Sieg von Chotusitz nach den philosophischen Unterhaltungen in Rheinsberg und Charlottenburg zurück.⁵) Was er sich als Kronprinz gelobt hatte, seine Zeit zwischen seiner Pflicht, seinen Freunden und der Kunst zu theilen,⁶) das hat er als König gehalten. Selbst unter den dringendsten Regierungsgeschäften fand er doch immer noch Zeit für seine Bücher, seine Flöte, seine Verse; selbst unter den Gräueln eines Krieges, der von den Feinden schonungslos geführt wurde und von ihm schonungslos geführt werden mußte, hat er an seinem Ideal des philosophischen Fürsten unerschütterlich festgehalten; und in der äußersten Noth, hart am Rande des Abgrundes, der ihn und sein Reich zu verschlingen drohte, hat er sich eine solche Freiheit des Geistes bewahrt, daß einige von seinen schönsten Gedichten in den Tagen jener schweren Bedrängniß entstanden, aus der ihn erst die Siege von Roßbach und Leuthen erlösten,⁷) daß er im Felde, von den ernstesten Geschäften, den schwersten Sorgen umdrängt, jede freie Stunde der Kunst und der Literatur widmete,⁸) und in dem einen Jahr 1762, während der langwierigen Belagerung von Schweidnitz, die sechsunddreißig Bände der Kirchengeschichte von Fleury durcharbeitete.⁹) Wie eifrig und anhaltend er sich mit philosophischen Studien beschäftigt hat, ist bekannt, und für seine jüngeren Jahre schon von Preuß aus Friedrich's Briefen und aus den Schriften seiner Zeitgenossen genügend nachgewiesen worden.¹⁰) Aber es fehlt uns bis jetzt in Deutschland an einer Darstellung, in welcher die Stellung des großen Königs zur Philosophie und zu den einzelnen Systemen, die Einfluß auf ihn gewannen, durch sein ganzes Leben verfolgt, und seine Ansichten über die philosophischen Fragen, die ihn beschäftigten, in ihrer geschichtlichen Entwickelung eingehender dargelegt würden. Bratuscheck, der eine solche geplant hatte, wurde vor der Ausführung seiner Absicht durch einen frühen Tod abgerufen und die nach demselben (1885) erschienene „Erziehung Friedrich's d. Gr.", welche eine Vorarbeit für das Werk über die Philosophie desselben sein sollte, läßt uns doppelt bedauern, daß von diesem selbst nur unfertige Bruchstücke in seinem Nachlasse gefunden wurden. Auch Carlyle hat in den sechs starken Bänden, die seine „Geschichte Friedrich's II." umfaßt, für eine Untersuchung der bezeichneten Art keinen Raum gefunden. Dagegen hat schon vor elf Jahren ein französischer Gelehrter, der inzwischen verstorbene Professor der Philosophie in Vendôme, C. Rigollot, Friedrich's philosophischen Charakter auf Grund seiner Schriften und seines Briefwechsels mit historischer Gründlichkeit besprochen;[11]) die Wärme, mit der er die Größe seines Helden anerkennt, die Gerechtigkeit, die er ihm auch da widerfahren läßt, wo er nicht mit ihm einverstanden ist, gereicht seiner geschichtlichen Unparteilichkeit um so mehr zur Ehre, da er als ein Anhänger Cousin's und der eklektischen Schule Friedrich's philosophischem Standpunkt ferne genug steht, und da seine noch vor dem letzten Kriege begonnene Arbeit nur wenige Jahre nach dem Ende desselben erschienen, aber von der bei unseren Nachbarn durch ihn erzeugten Verstimmung unberührt geblieben ist. Nur das ist zu bedauern, daß sich Rigollot fast durchaus mit einer allgemeinen Angabe seiner Quellen begnügt hat, während doch erst eine genauere Nachweisung der Hauptbelegstellen den Leser in den Stand setzt, die Treue der ihm gebotenen Darstellung mit einiger Selbständigkeit zu prüfen; und damit hängt es zusammen, daß die Einflüsse, unter denen sich Friedrich's Ansichten gebildet, und die Modificationen, die sie bei manchen Fragen erfahren haben, nicht immer so tief in's einzelne verfolgt sind, als an sich möglich gewesen wäre. Dagegen wird man es dem Ausländer nicht zu hoch anrechnen dürfen, wenn ihm das eine und andere Mal bei Dingen, deren Kenntniß von ihm kaum erwartet werden konnte, ein kleines Versehen begegnet, oder wenn in der Beurtheilung von Regierungsmaßregeln und politischen Ansichten einzelne Punkte, die für ihre Würdigung von Wichtigkeit sind, nicht genügend beachtet werden. Immerhin wird anerkannt werden müssen, daß wir noch kein deutsches Werk besitzen, welches die Philosophie Friedrich's so eingehend und umfassend untersuchte, wie das Rigollot's. Um aber für eine solche Untersuchung den Grund zu legen, wird man am besten von der Betrachtung der Stellung ausgehen, welche der große König in seinen eigenen Aeußerungen der gleichzeitigen und der früheren Philosophie gegenüber einnimmt.

2. Friedrich's Verhältniß zu gleichzeitigen und früheren Philosophen.

Friedrich hat bekanntlich als König sich selbst den Philosophen von Sanssouci genannt.[12]) Aber schon viel früher, den 26. Januar 1728, unterschrieb er sich in einem Brief an seine Schwester Wilhelmine, die spätere Markgräfin von Baireuth (XXVII a XIII): Frédéric le philosophe; und wird man es auch bei dem sechzehnjährigen Jüngling mit diesem Beinamen, den ihm vielleicht eben jene Schwester im Scherze gegeben hatte, nicht allzu streng nehmen dürfen, so sehen wir ihn doch wenige Jahre später in die ernstesten philosophischen Studien vertieft. In dem Musensitz, den er sich zu Rheinsberg erbaut hatte,[13]) vergrub er sich, wie er den 10. Februar 1738 (XVII, 279) an seinen früheren Lehrer Duhan schreibt, in Bücher, und suchte mit aller Anstrengung die Zeit einzuholen, die er in jüngeren Jahren so unbesonnen vergeudet habe; und er weiß nicht genug zu rühmen, welche Dienste ihm die Philosophie leiste, der sich sein Geist, wie er sagt, ganz zugewandt habe; denn sie lehre ihn, seine leidenschaftlichen Erregungen zu beherrschen und gebe ihm die Gemüthsruhe, die ihn glücklich mache.[14]) Seine Freunde sahen in ihm schon mehrere Jahre vor seiner Thronbesteigung den Mark Aurel des Jahrhunderts; ihm selbst blieb dieser Kaiser, den er in Wahrheit an Herrschergröße weit überragte, sein Leben lang der Typus des philosophischen Fürsten, und wenn der Beherrscher des Römerreichs die Philosophie seine Mutter, den Hof seine Stiefmutter genannt hat, so entlehnt der preußische König von ihm dieses Bild, um auszudrücken, wie in verzweifelter Lage die Philosophie sein einziger Trost sei.[15]) Aber so unverändert er in seiner Liebe zur Philosophie von der Jugend bis in's Alter sich gleich blieb, so haben doch seine philosophischen Ueberzeugungen selbst erhebliche Veränderungen erfahren, ehe sie ihren beharrlichen Schwerpunkt gefunden hatten.

Als diejenigen Philosophen, welche er in seinen jungen Jahren mit Vorliebe studirt habe, bezeichnet Friedrich einmal Leibniz und Gassendi, namentlich aber Epikur.[16]) Indessen geht aus dieser Aeußerung nicht hervor, ob er sich mit diesen Philosophen gleichzeitig oder nach einander, und in welcher Reihenfolge er sich mit ihnen beschäftigt hatte; und ebenso läßt sie es unentschieden, inwieweit er ihre Ansichten aus ihren eigenen Schriften kennen gelernt hatte. In die Lehre Epikur's hätte ihn außer Cicero und Lucrez, zwei von seinen Lieblingsschriftstellern, auch Gassendi einführen können; da ihm aber die Werke des letzteren wegen ihrer lateinischen Sprache unzugänglich waren, und Bernier's ausführlicher Abriß der Philosophie Gassendi's ihm erst 1761 näher bekannt geworden zu sein scheint, ist es wahrscheinlicher, daß jenes erste Studium Epikur's neben dem, was ihm Cicero und Lucrez boten, nicht über eine allgemeine Kenntniß aus dritter Hand hinausgieng. [17])

Von Leibniz kann er die Theodicee leicht schon frühe in die Hände bekommen haben, da dieses Werk damals nicht blos in der gelehrten Welt, sondern in allen gebildeten Kreisen zu den gelesensten philosophisch-theologischen Schriften gehörte, und da es sich neben dem Bedeutenden seines Inhalts auch durch die Durchsichtigkeit und Eleganz seiner Darstellung, und was für Friedrich entscheidend in's Gewicht fiel, durch seine französische Sprache empfahl. [18]) Seine Hauptquelle für die Kenntniß der Leibniz'schen Philosophie wird aber wohl derselbe Mann gewesen sein, welcher dieß für jene ganze Zeit war: Christian Wolff; und er ist auch der erste, von dem wir mit Sicherheit nachweisen können, daß Friedrich seine Schriften selbständig und gründlich studirt, und einen Einfluß von ihnen erfahren hat, welcher auch da noch fortwirkte, als er bei vielen und wesentlichen Punkten von dem Leibniz-Wolffischen System wieder abgekommen war.

Wolff war bekanntlich von Friedrich Wilhelm I. im Jahr 1723 in der barschesten Weise seiner Professur entsetzt und aus dem Lande verwiesen worden. Allein diese despotische Maßregel hatte das unaufhaltsame Anwachsen seines Ansehens und Einflusses so wenig zu verhindern vermocht, daß sein System sogar in der nächsten Umgebung des Monarchen nicht wenige Freunde von großem Gewicht zählte, und der König selbst schon seit 1733 mit dem verbannten Philosophen über seine Rückkehr verhandeln ließ. [19]) Den 14. October 1739 (XVI, 379) kann Friedrich sogar seinem Freund Suhm mittheilen, sein Vater lese drei Stunden am Tag in Wolff's Schriften; denselben Schriften, deren Druck und Verkauf 1724 bei Karrenstrafe verboten worden war, die aber jetzt den Candidaten der Theologie ausdrücklich empfohlen wurden. Unter diesen Umständen konnte es nicht fehlen, daß auch Friedrich's Aufmerksamkeit schon frühe auf Wolff hingelenkt wurde, dessen Streit mit den Pietisten die Gemüther seit einem halben Menschenalter bewegte und am preußischen Hof zu lebhaften Verhandlungen, offenen und versteckten Parteikämpfen Anlaß gab; wie denn auch die Stellung der preußischen Regierung zu jenem Streit nichts weniger als gleichgültig für das Interesse eines Staates war, den seine ganze Geschichte und Bestimmung

darauf anwies, nicht der Unterdrücker, sondern der Beschützer der Denk=
freiheit zu sein. Unter den Männern von Ansehen, die Friedrich persön=
lich näher standen, war außer dem Probst Reinbeck [20]) auch der frühere
sächsische Minister Graf Manteuffel, der in jenen Jahren zu seinen ver=
trautesten Freunden gehörte, ein eifriger Wolffianer; und vielleicht war
es einer von diesen, der ihn zuerst auf Wolff's Schriften aufmerksam
machte. Zwei entschiedene Anhänger Wolff's waren ferner der Prediger
Des Champs, welcher in seinen vor der Kronprinzessin zu Rheinsberg
gehaltenen Predigten die biblischen Texte „nach Wolff's Methode" erklärte,
und der sächsische Gesandte v. Suhm, der einundzwanzig Jahre älter als
Friedrich dem von ihm bewunderten Prinzen in treuer Ergebenheit zur
Seite stand, aber wenige Monate nach seinem Regierungsantritt starb.
Des Champs übersetzte Wolff's deutsche Logik, und später einige kleinere
Abhandlungen desselben in's Französische; [21]) eine Uebersetzung von Wolff's
Metaphysik, [22]) die 1740 erschien, wurde von Suhm auf den Wunsch des
Kronprinzen im Laufe des Jahres 1736 verfaßt und demselben, wie sie
fertig wurde, stückweise im Manuscript zugeschickt. [23]) Mit einer Ueber=
setzung von Wolff's Moral wurde Jordan beauftragt. [24]) Denn Friedrich's
Vorliebe für die französische Sprache war so groß, daß er selbst Werke,
die in so gutem Deutsch geschrieben waren, wie die Wolff's, doch lieber
in der Uebersetzung lesen wollte; [25]) und als ihm Suhm bemerkte, die
deutsche Sprache sei nicht allein reicher als die französische, sondern sie
habe auch weniger mehrdeutige Ausdrücke und sei deßhalb präciser und
kräftiger und zur Darstellung abstrakter Gedanken geeigneter, schrieb ihm
Friedrich zurück: er habe das deutsche Original der Metaphysik mit
Suhm's Uebersetzung verglichen und gefunden, daß das Werk in der
letzteren nicht verliere; das Deutsche möge ja auch seine Kraft und Schön=
heit haben, aber so angenehm wie das Französische sei es doch nicht
(XVI, 255. 258).

Von dem Eifer, mit dem sich Friedrich dem Studium der Wolffischen
Schriften, namentlich dem der Metaphysik, hingab, und von dem Eindruck,
den sie auf ihn machten, zeugen seine Briefe aus jener Zeit. In denen
an Suhm spricht er in Worten der höchsten Anerkennung über den Philo=
sophen und rühmt die Tiefe und die wissenschaftliche Kraft, die er um
so vollständiger würdigen lerne, je mehr er sich in seine Art zu denken
hineinlebe; der fürstliche Schüler versichert, beim Studium der Metaphysik

gehe ihm jeden Tag ein neues Licht auf und mit jedem ihrer Sätze falle ihm eine Schuppe von den Augen; und selbst auf seinen moralischen Zustand wirken seine philosophischen Studien (wie wir bereits gehört haben) auf's wohlthätigste zurück. ²⁶) Nicht anders äußert er sich auch gegen Voltaire und gegen seine Schwester in Baireuth. Jenem übersendet er die französische Metaphysik mit dem Ausdruck seiner Bewunderung für dieses Werk; und neben den Vorzügen, die er seiner Methode nachrühmt, nimmt er auch seinen Inhalt selbst bei solchen Punkten in Schutz, von denen er annehmen kann, daß sein Correspondent Wolff's Ansicht nicht gutheiße. ²⁷) Und ebenso führt er die Sache seines Philosophen gegen die Markgräfin von Baireuth. Er schickte ihr Auszüge aus der Metaphysik und vertheidigte Wolff gegen den von ihr vertretenen Descartes. ²⁸) Konnte aber irgend etwas dazu beitragen, Wolff's Verdienst in den Augen seines Verehrers noch zu erhöhen, so waren dieß die Verfolgungen, die er als ein Vertreter der freien Forschung erlitten hatte, und die Mittel, deren seine Gegner sich fortwährend bedienten, um seiner Zurückberufung nach Preußen entgegen zu arbeiten. ²⁹) Indem sich Friedrich auf Wolff's Seite stellt, stellt er sich auf die der Denkfreiheit; und wenn Wolff von seinen Gegnern mit unerlaubten und unwürdigen Waffen angegriffen wird, empfindet er dieß wie eine persönliche Verletzung. ³⁰) Er war auch wirklich dabei nicht blos als Zuschauer betheiligt: jene Anschwärzungen, durch welche namentlich Lange in Halle, Wolff's verbissenster Gegner, ihm so widerwärtig wurde, ³¹) erstreckten sich auch auf den Kronprinzen selbst. Noch am 22. Juni 1737 (XVI, 328) berichtet Friedrich seinem Freund Suhm, daß auf's neue der Versuch gemacht worden sei, ihn bei seinem Vater der Irreligiosität zu verdächtigen, was neben seinem brieflichen Verkehr mit Voltaire ³²) jedenfalls auch mit seiner Vorliebe für Wolff begründet worden sein wird. Diese Einflüsterungen hatten auch einigen Eindruck gemacht; indessen war das Verhältniß zwischen Vater und Sohn damals doch wieder ein so gutes geworden, daß der letztere mit Beruhigung beifügen kann, die vortreffliche Haltung seines Regiments und die langen Rekruten, die er seinem Vater für schweres Geld zu verschaffen bemüht war, ³²ᵇ) werden stärkere Beweisgründe für ihn sein, als alles, was seine Verleumder gegen ihn vorbringen mögen.

Was Friedrich an Wolff bewunderte, war nun vor allem die Unabhängigkeit seines Denkens, die Klarheit, Schärfe und Gründlichkeit seiner

Untersuchungen, die methodische Anordnung, die strenge und folgerichtige
Verknüpfung der wissenschaftlichen Sätze. Diese Vorzüge der Wolff'schen
Schriften werden von ihm sowohl Suhm als auch Voltaire gegenüber
immer auf's neue hervorgehoben;³³) und sie hat Friedrich fortwährend
anerkannt, auch nachdem er von Wolff's metaphysischem Standpunkt
abgekommen war. In dem berühmten Schreiben, worin er Reinbeck,
wenige Tage nach seinem Regierungsantritt, beauftragte, mit Wolff über
seine Rückkehr nach Preußen zu verhandeln (XXVII, c, 185), wird der
Wunsch, ihn wieder zu gewinnen, damit begründet, daß „ein Mensch, der
die Wahrheit sucht und sie liebet, unter aller menschlichen Gesellschaft
werth gehalten werden müsse", und die gleiche Gesinnung hatte Friedrich
dem Philosophen selbst unmittelbar vorher in seinem Dankschreiben für
den ihm gewidmeten ersten Band des Naturrechts ausgesprochen, indem
er sich zugleich zu der Ueberzeugung bekannte, daß die Fürsten von den
Philosophen in den Grundsätzen unterrichtet werden müssen, deren prak=
tische Anwendung ihr Beruf sei.³⁴) Aber noch lange nach Wolff's Tod,
in dem bekannten Schreiben an Zedlitz vom 5. September 1779
(XXVII, c, 253) und in der Denkschrift über die deutsche Literatur aus
dem Jahre 1780 (VII, 106) empfiehlt er, die Logik dieses Philosophen,
mit der er selbst sich nach Catt (Mem. 73) noch während des Feld=
zugs von 1758 beschäftigt hatte, als die beste und klarste, die es gebe,
dem logischen Unterricht zu Grunde zu legen. Dabei verhehlte er nicht,
daß ihm Wolff in seinen späteren Schriften allzu weitschweifig geworden
war: als ihm dieser 1746 den sechsten von den acht Quartbänden seines
Naturrechts zusandte, schrieb er ihm, er könnte wohl in kleineren Werken
und mit weniger Worten die nöthigen Wahrheiten der Vernunft ebenso
gut zu erkennen geben,³⁵) was den Philosophen auch wirklich zur An=
fertigung eines Auszugs aus seinem größeren Werke veranlaßte; noch
viel schärfer sprach er sich fünf Jahre später in seiner Brandenburgischen
Geschichte über diesen Mangel der Wolff'schen Schriften aus.³⁶) Aber
diese späteren Urtheile thun der Thatsache keinen Eintrag, daß der geist=
volle Fürst in seiner Jugend gerade von Wolff's wissenschaftlichem Ver=
fahren den bedeutendsten Eindruck erhalten, und daß dieser selbst in seinen
letzten Lebensjahren sich nicht gänzlich verloren hatte; und schon diese
eine Thatsache gibt uns einen sehr belehrenden Fingerzeig für die geschicht=
liche Würdigung eines Philosophen, der von seinen Zeitgenossen auf's

höchste bewundert worden ist und die deutsche Wissenschaft ein Menschenalter hindurch beherrscht hat, wie kaum ein zweiter, den bekanntlich auch Kant noch den Urheber des Geistes der Gründlichkeit in Deutschland genannt hat, in dem man aber in der Folge, nachdem seine Lehren zum Gemeingut geworden waren, sich gewöhnte nur einen Pedanten zu sehen, der allbekannte und selbstverständliche Dinge mit logischem Formalismus breit trete.

Unter den leitenden Gedanken des Leibniz-Wolff'schen Systems hebt Friedrich schon nach seiner ersten Bekanntschaft mit demselben den Satz des zureichenden Grundes und die Lehre von den einfachen Wesen als die wichtigsten hervor. [37]) Besonders dem ersteren legt er ebenso wie dem alten aristotelischen Satz des Widerspruchs (den er aber, wie es scheint, auch erst durch Wolff kennen gelernt hatte) den höchsten Werth bei. „Was für schöne Principien", schreibt er an Suhm (XVI, 329; 22. Juni 1837), „sind doch die Sätze des Widerspruchs und des zureichenden Grundes! Sie verbreiten Licht und Klarheit in unserer Seele, auf sie gründe ich meine Urtheile, sowie auch darauf, daß man keinen Umstand vernachlässigen darf, wenn man verschiedene Fälle vergleicht, um die Folgerungen, die man aus den einen gezogen hat, auf die anderen anzuwenden. Dieß sind die Arme und Beine meiner Vernunft; ohne sie wäre sie gelähmt, und ich gienge, wie der gemeine Haufe, auf den Krücken des Aberglaubens und Irrthums." Und als er ein halbes Jahr später jene „Betrachtungen über den gegenwärtigen Zustand des politischen Körpers von Europa" niederschrieb, welche die frühreife Sicherheit und Schärfe seines politischen Blickes so glänzend beweisen, da ist es wieder das Princip des zureichenden Grundes, das er für seine ganze Erörterung zur Richtschnur nimmt. „Da es gewiß ist," bemerkt er (VIII, 14), „daß alles einen Grund seines Daseins haben muß, und daß man die Ursache der Ereignisse in anderen Ereignissen findet, die ihnen vorangehen, so muß auch jeder politische Vorgang die Folge eines früheren politischen Vorgangs sein, der so zu sagen seine Geburt vorbereitet hat. Wenden wir diese Theorie an, um an den neueren Ereignissen und in den weitgreifenden Planen der Höfe von Wien und Versailles anzuzeigen, was die enge Verbindung der zwei mächtigsten Fürsten Europa's für uns herbeiführen wird." Friedrich erkennt also in Leibniz' und Wolff's metaphysischem Satz einen Grundsatz, von dem man sich auch bei der

Untersuchung der politischen Fragen leiten lassen müsse, wenn man dem Zusammenhang, den Bedingungen und den Folgen der Ereignisse auf die Spur kommen wolle: die Aufklärung des Verstandes durch die Philosophie gilt ihm, ganz im Sinne des Aufklärungsjahrhunderts, für das werthvollste Hülfsmittel zur Lösung der praktischen Aufgaben.

Mit dem Satz vom zureichenden Grunde hängt nun bei Leibniz und Wolff jener Determinismus zusammen, in dem sich Friedrich, wie wir finden werden, an sie anschloß; dem er aber allerdings schon vor seiner Bekanntschaft mit ihnen zugethan war, und der auch nicht ausschließlich an ihre Metaphysik geknüpft war. Aber auch die grundlegende Unterscheidungslehre dieser Metaphysik, die Lehre von den Monaden, oder wie Wolff sie nannte, den einfachen Wesen, fand, wie wir bereits wissen, längere Zeit seinen Beifall. Im Feuer der ersten Begeisterung für die Metaphysik steht er den Sätzen über die einfachen Wesen mit einer Bewunderung gegenüber, wie sie nur eine große Entdeckung einflößt: er fühlt sich von ihnen zugleich belehrt und gedemüthigt und staunt den Geist an, der die tiefsten Geheimnisse der Natur zu ergründen wisse.[38]) Und noch im folgenden Jahre vertritt er gegen Voltaire durchaus Wolff's Standpunkt. Die letzten Bestandtheile aller zusammengesetzten Dinge, hatte Wolff gesagt, müssen in einfachen und somit untheilbaren, raumlosen und immateriellen Substanzen gesucht werden, wie die der Zahlen in Einheiten; denn nur solche seien wirklich letzte Gründe, wogegen alle diejenigen Theile der Körper, die einen Raum einnehmen, doch ihrerseits wieder aus Theilen bestehen, aus deren Verbindung sie erklärt werden müssen.[39]) Dasselbe wiederholt Friedrich, wenn er an Voltaire schreibt:[40]) Jedes zusammengesetzte Ding müsse Theile haben, und mögen diese auch wieder Theile haben, so viele man wolle, so können doch die letzten Theile nur aus Einheiten bestehen; und wenn es Voltaire (XXI, 56) undenkbar gefunden hatte, daß ein Körper aus unkörperlichen Theilen zusammengesetzt sein sollte, sieht er seinerseits einen Widerspruch darin, daß etwas, das eine endliche Größe hat, in's unendliche theilbar sein solle, denn nur eine unendliche Größe könne unendlich viele Theile in sich schließen. Später kam Friedrich allerdings von dieser Theorie wieder ab. Daß er bei aller seiner Bewunderung für Wolff doch auch ihm gegenüber auf sein eigenes Urtheil nicht verzichte und den tieferen metaphysischen Untersuchungen nur mit Mißtrauen folge, sprach er noch während seines

Studiums der Metaphysik aus, wenn er schon den 16. November 1736 (XVI, 298) an Suhm schrieb: „Wolff sagt unstreitig viel schönes und gutes, aber man kann ihn trotzdem bestreiten, und sobald wir auf die letzten Principien zurückgehen, bleibt uns nur übrig, unsere Unwissenheit zu bekennen. Wir leben zu kurz, um es weit zu bringen; wir haben nicht die Fähigkeit, den Dingen auf den Grund zu gehen, und es gibt Gegenstände, die uns der Schöpfer so ferne gerückt zu haben scheint, daß wir nur eine schwache Kenntniß derselben gewinnen können." Dieß lautet nicht viel anders als die Stelle in Voltaire's erstem Brief an Friedrich (XXI, 8; 26. Aug. 1736), worin derselbe die Menschen mit den Mäusen verglichen hatte, die ihre Löcher in einem weitläufigen Gebäude haben, und nicht das mindeste davon wissen, ob dieses Gebäude ewig ist oder einen Urheber hat, wer und warum er es gebaut hat. Die letzten Gründe der Dinge, bemerkt dort auch Voltaire, werden uns wohl niemals näher bekannt werden. Indessen zeigen Friedrich's spätere Auseinandersetzungen mit dem Dichter, daß diese skeptische Resignation in jener Zeit bei ihm nur als vorübergehende Stimmung aufgetreten sein kann.

Es dauerte aber freilich nicht lange, bis jenes Mißtrauen gegen alle Spekulation sich zu der grundsätzlichen Ueberzeugung befestigte, daß es dem Menschen versagt sei, die Gründe der Dinge zu erforschen, und jeder darauf gerichtete Versuch nur zu metaphysischen Dichtungen führe; daß wir uns daher mit der Untersuchung der Fragen begnügen sollen, die für unser praktisches Verhalten von Bedeutung sind. Noch vor dem Ende des Jahres 1737 sehen wir Friedrich den Uebergang zu Voltaire's Urtheil über die Metaphysik vollziehen. Jedes System, schreibt er ihm jetzt, während er Wolff immer noch einen großen Mann nennt, habe ja freilich seine schwache Seite, und man müsse dasjenige für das beste halten, welches am wenigsten Widersprüche und Ungereimtheiten enthalte. Man könne von den Metaphysikern unmöglich die genaue Beschreibung eines Landes erwarten, das man nie gesehen habe, von dem man keine Nachricht besitze, das vollkommen unzugänglich sei. Sie machen auch nicht mehr als sie können. Sie bieten uns ihre Romane in der strengsten Ordnung, die sie zu ersinnen vermögen; ihre Beweisführungen seien wie die Spinnweben so fein, daß man sie kaum sehe. Wenn Männer wie Descartes, Locke, Newton und Wolff das Wort des Räthsels nicht gefunden haben, so dürfe man versichert sein, daß es nie gefunden werde.⁴¹) Und bald nachher (17. und 19. Februar 1738; XXI, 164. 168) sagt er in Briefen an Denselben: Es scheine, daß der Mensch nicht dazu gemacht sei, tiefere Untersuchungen über abstrakte Materien anzustellen. Seine Bestimmung sei das Handeln, nicht die Contemplation. Der Schöpfer habe uns so viel Vernunft gegeben, als wir brauchen, um uns in der Welt zurechtzufinden und für unsere Bedürfnisse zu sorgen, aber diese Vernunft reiche nicht aus, um unsere unersättliche Wißbegierde zu befriedigen; die Ungereimtheiten und Widersprüche, auf die wir allenthalben stoßen, erzeugen unaufhörlich den Pyrrhonismus. Er habe, bemerkt er später (19. April und 17. Juni 1738; XXI, 189. 208) aus Anlaß der Frage über die Willensfreiheit, zahllose Systeme gelesen und keines gefunden, das nicht voll von Absurditäten wäre; was ihn in einen schrecklichen Pyrrhonismus gestürzt habe. Es gebe so viele Systeme als Philosophen; jedes habe eine gewisse Wahrscheinlichkeit für sich, aber sie widersprechen sich alle. In Wirklichkeit wissen wir nur sehr wenig, und haben doch den Stolz, alles wissen zu wollen. Früher habe er die Metaphysik für ein Land gehalten, in dem sich große Entdeckungen machen lassen; jetzt sehe er in ihr nur noch ein endloses Meer voll Schiffbrüchiger, einen Charlatan, der viel verspreche und nichts halte. Er findet (XXI, 237; 30. September 1738), daß die Physik ebenso ungewiß sei wie die Metaphysik, daß selbst die Mathematik (die überhaupt wegen ihrer Trockenheit nicht nach seinem Geschmack war)⁴²) von Unsicherheit nicht frei sei, daß es mit Einem Wort nur sehr wenig unbestreitbare Wahrheiten gebe. Er ist überzeugt, daß wir die Geheimnisse der Natur nie entdecken werden und will deßhalb zwischen den streitenden Schulen neutral bleiben.⁴³) Und er hat diese Ueberzeugung in einer Abhandlung aus jener Zeit (über die Anm. 191 zu vergleichen ist), wie es scheint unter Bayle's und Cicero's Einfluß, so eingehend begründet, daß sich nicht verkennen läßt, wie ernstlich ihn die Frage beschäftigte. Wenn die Wahrheit, bemerkt er, (VIII, 34 ff.), in der genauen Uebereinstimmung zwischen den Dingen und Vorgängen und unseren Vorstellungen über dieselben bestehe, so sei die Aussicht, sie zu erkennen, für uns sehr gering. Die sinnliche Wahrnehmung, welche uns noch die meiste Sicherheit biete, sei doch von Ungewißheit und Täuschung keineswegs frei. Den Theorieen, durch die wir uns die Thatsachen erklären, lassen sich andere entgegenstellen, welche dieß ebensogut leisten; die eine derselben verdränge die andere, und schließlich beruhen sie alle auf vorgefaßten Meinungen, nicht auf sicheren Schlüssen aus Beobachtungen. Der Mensch sei offenbar nicht für die Wahrheit gemacht, sondern der Irrthum sei das Erbtheil, das ihm der Schöpfer beschieden habe. Die Wahrheiten liegen so weit außer unserem Gesichtskreis, daß sie eben dadurch zweifelhaft werden. Was von der einen Seite betrachtet unbestreitbar aussehe, zeige sich von der anderen grundfalsch. Wir kommen nie über ein Mehr oder Weniger von Wahrscheinlichkeitsgründen hinaus, und wenn der eine oder der andere uns entgehe, treffen wir eine unrichtige Entscheidung. Um irgend eine Wahrheit zusammengesetzterer Art zu erkennen, müßte man alle die einfachen Wahrheiten, die zu ihr führen, nicht nur vermuthungsweise, sondern mit voller Sicherheit und Deutlichkeit erkennen; dieß sei aber so wenig der Fall, daß unsere Philosophie vielmehr nur in unbestimmten Vorstellungen, die man mit unverständlichen Worten verbinde, in zuversichtlichen Behauptungen über Dinge bestehe, deren Ursachen uns ganz unbekannt seien. Wollte man eine wirkliche Erkenntniß der Wahrheit gewinnen, so müßte man im Stande sein, alle Ursachen bis zu den letzten Principien hinauf anzugeben und ihr Wesen zu bestimmen. Aber die letzten Gründe der Dinge entziehen sich durch ihre Zahl oder durch ihre Kleinheit unserer Kenntniß, und ebenso unbekannt sei uns unser eigenes Wesen; wie dieses beides die endlosen Streitigkeiten und die aussichtslosen Erörterungen über eine Reihe von Fragen beweisen, die Friedrich aufzählt. Es gebe ja unstreitig ewige Wahrheiten; aber um sie vollkommen zu begreifen, müßte man unendlich mehr Gedächtniß haben, als der Mensch besitze; man müßte das Leben eines Methusalah der Forschung und der Beobachtung mit einer Aufmerksamkeit widmen können, deren wir gar nicht fähig seien. Nehme man dazu noch alle die Vorurtheile, die sich von Geschlecht zu Geschlecht forterben, die uns in der Familie, der Schule, der Gesellschaft eingeprägt werden und unausrottbar festwurzeln, so werde man sich leicht überzeugen, daß uns nichts anderes übrig bleibe, als das Eingeständniß unserer Unwissenheit, und daß das einzige Mittel zur Vermeidung des Irrthums darin bestehe, die Dinge von allen Seiten zu betrachten und sich für nichts zu entscheiden.

Diese skeptische Stellung zur Metaphysik hat Friedrich nicht wieder aufgegeben. So nennt er dieselbe z. B. in einem Schreiben an Voltaire aus dem Jahre 1749 (XXII, 182) einen mit Wind gefüllten Ball, indem er auch hier die Ueberzeugung ausspricht, daß uns die Natur nicht dazu bestimmt habe, ihre Geheimnisse zu errathen, sondern an ihrem Weltplan mitzuarbeiten;⁴³) und in der Abhandlung über die Selbstliebe als Princip der Moral vom Jahr 1770 (IX, 89) bemerkt er: unser Geist sei unseren Sinnen unterthan; die Thätigkeit unserer Vernunft beschränke sich auf die Gegenstände, worüber die Erfahrung uns aufkläre. Wenn man ihr abstrakte Materien vorlege, verlocke man sie in ein Labyrinth, dessen Ausgang sie niemals finden werde; zeige man ihr dagegen greifbare Naturdinge, so werde man Eindruck auf sie machen und sie überzeugen. Es gebe wenige große Geister, die im Stande seien, den gesunden Menschenverstand zu bewahren, wenn sie sich in das Dunkel der Metaphysik stürzen. Der Mensch sei im ganzen genommen mehr ein sinnliches als ein vernünftiges Wesen. Aehnliche Aeußerungen ließen sich noch manche beibringen.⁴⁴) Aber doch würde man sich täuschen, wenn man daraus schließen wollte, daß der Philosoph von Sanssouci allen Untersuchungen, die uns über die Erfahrung hinausführen, unbedingt entsagt habe. Nicht allein in dem Gesetz des Grundes hat er fortwährend eine Norm für unser Denken und Handeln anerkannt, sondern auch über die Natur der Seele, die Unsterblichkeit, die Willensfreiheit hat er sich bestimmte Ansichten gebildet; das Dasein Gottes hat er nie bezweifelt, auf die Grundsätze der Moral seine Skepsis nicht ausgedehnt. Sie ist ihm eine Mahnung zur Selbstbescheidung bei den Fragen, welche der Mensch, wie er glaubt, ohne Nachtheil für sein Wohl unerledigt lassen kann; aber wo ihm dieses ernstlich betheiligt zu sein scheint, da weiß er immer auch eine bestimmte Ueberzeugung zu gewinnen.

Durch diese Ansicht über den Werth der spekulativen Philosophie mußte sich natürlich auch Friedrich's Urtheil über die Philosophen, je nach ihrer Stellung zu derselben, wesentlich ändern. So wenig er die Größe eines Leibniz verkennen will, so bleibt er doch dabei, daß sein System der prästabilirten Harmonie nichts weiter sei als der Roman eines geistreichen Mannes.⁴⁶) Die Philosophen an die er sich halten will sind jetzt Locke und Bayle, der Empiriker und der Skeptiker.⁴⁷) Den ersten von diesen Männern hatte Friedrich schon frühe, theils ohne Zweifel durch Coste's französische Uebersetzung seines Hauptwerks,⁴⁷ᵇ) theils durch Voltaire's Briefe über die Engländer kennen gelernt, die 1734 erschienen und schon 1735 (XXV, 398) von ihm erwähnt werden. In Friedrich's Schriften und Briefen begegnet uns sein Name, so viel ich sehe, zuerst in der „Geschichte meiner Zeit" (II, 36) welche schon in ihrer ersten Recension von 1746 den Satz enthielt, daß Locke die Bande des Irrthums abgeschüttelt habe, indem er sich von allen Vorurtheilen befreite und sich allein von der Erfahrung leiten ließ;[47c]) sodann 1749, im sechsten Gesang des „Palladion", (XI, 270) wo Locke mit anderen Todten vor Gott erscheint, und auf Befragen erklärt: er habe sein Leben der Philosophie gewidmet und diese auf einen neuen Weg geführt, indem er sie auf die Erfahrung und die Natur gründete; er habe den Aberglauben in Verruf gebracht, sei aber immer reinen Herzens und der Anhänger einer geläuterten Gottesverehrung gewesen. Was hier an Locke gerühmt wird, hebt Friedrich auch sonst oft als das eigenthümliche Verdienst dieses Philosophen hervor. Seit er sich von der Leibniz=Wolff'schen Metaphysik losgesagt hat, gilt er ihm als der einzige, der diese Wissenschaft in der rechten Weise und mit der bei ihr so nöthigen Umsicht behandelt habe; denn er halte sich ganz an die Erfahrung, und wo sie ihn im Stiche lasse, verzichte er darauf, sich tiefer in ein Dunkel zu wagen, das die menschliche Vernunft nicht zu durchdringen vermöge. Wie es daher Friedrich in seiner Lobrede auf Voltaire (VII, 55) an der Freundin desselben, der Marquise du Chatelet, rühmt, daß sie sich (wie er selbst) von der Theodicee und den geistreichen Romanen eines Leibniz abgewandt habe, um Locke's umsichtige Methode an ihre Stelle zu setzen, so will er auch, bei aller Anerkennung der Wolff'schen Logik, Locke zum Hauptführer im philosophischen Unterricht gewählt wissen (IX, 80 f. VII, 112); und unter den deutschen Lehrern der Philosophie wird Christian Thomasius, der Locke's Empirismus zwar mit viel „gesundem Menschenverstand" vertreten hatte, aber zu schärferem Eindringen in philosophische Fragen nicht der Mann war, mit besonderer Auszeichnung von ihm hervorgehoben.[49]) Pierre Bayle's gedenkt Friedrich schon 1737 in einem Brief an Voltaire (XXI, 64), der Jurieu's Angriffe gegen Bayle als ein Beispiel theologischer Verfolgungssucht berührt hatte, mit den Worten: „Ueber Bayle denke ich wie Sie. Sein Verfolger, dieser unwürdige Jurieu, setzte die erste Pflicht jeder Religion, die Liebe, außer Augen. Bayle scheint mir überdieß um so achtungswerther, da er sich zu der Schule der Akademiker hielt, welche sich darauf beschränkten, bei jeder Frage über das Für und Wider zu berichten, ohne daß sie leichtfertig über Dinge entschieden hätten, deren Unergründlichkeit das einzige ist, was wir über sie ausmachen können." Friedrich war also schon damals mit Bayle's Denkweise, und neben seinen anderen Schriften ohne Zweifel auch mit den vier Foliobänden des Dictionnaire bekannt, welches als das gelehrteste, geistvollste und beliebteste encyklopädische Werk jener Zeit seine Aufmerksamkeit schon früh auf sich ziehen mußte.³⁰) In der Folge spricht er von keinem Philosophen mit größerer Anerkennung als von Bayle, an dem ihn neben seiner skeptischen Zurückhaltung die Schärfe seines kritischen Urtheils und namentlich auch die Freiheit seiner theologischen Kritik unwiderstehlich anzog. In der ersten wie in der letzten Zeit seiner Regierung nennt er sich einen Schüler Bayle's;³¹) er sagt von ihm (XXVI, 300): von allen Menschen, die je gelebt haben, sei er derjenige, welcher aus der Dialektik und dem „Raisonnement" den größten Gewinn zu ziehen gewußt habe. Es gebe Werke von ihm, die jede Einwendung abschneiden. Sein Stil sei allerdings nachlässig und incorrect, aber er entschädige dafür durch die Strenge seiner Beweisführung. Seine logische Meisterschaft sei bewunderungswürdig; seine Dialektik decke die Inconsequenz, den Mangel an Logik, die Empfänglichkeit für Betrug und Selbsttäuschung auf, woran die Menschen durchschnittlich leiden. Namentlich die Schrift über die Kometen und die über den Spruch: „Nöthige sie herein" seien Meisterstücke an Schärfe, Zusammenhang und Folgerichtigkeit des Denkens. „Du hast ganz Recht, lieber Bruder," schreibt er Prinz Heinrich (XXVI, 301), „wenn Du sagst, man werde in der Metaphysik nicht weit kommen; in dieser Region müßte man fliegen können und dazu fehlt es uns an den Flügeln. Unser Denken ist gewiß nicht im Stande Wahrheiten zu entdecken, welche uns die Natur verbergen wollte; aber es reicht aus, um die Irrthümer und Ungereimtheiten zu bemerken, die man aus Unwissenheit an die Stelle dessen gesetzt hat, was wir nicht wissen." Dazu führe uns nun allein das Studium der Dialektik, und in dieser Beziehung gewähre die fleißige Beschäftigung mit Bayle's Werken dem Geist eine Beweglichkeit, wie er sie durch bloße natürliche Begabung nie erlangen werde. „Bayle und Cicero", sagt er, „waren Skeptiker; und deßhalb legten sie ihren Lesern alle Systeme vor, ohne sich für eines zu entscheiden. Es war dieß der sicherste Weg, den sie wählen konnten, um sich nicht zu täuschen, der, an den sich jeder vernünftige Mensch halten muß; denn unter allen Systemen ist keines, das von Dunkelheiten und stellenweisen Widersprüchen frei wäre."[32]) Um Bayle's Gedanken die weiteste Verbreitung zu geben, machte der König in der geschäftsvollen Zeit unmittelbar nach dem siebenjährigen Kriege einen Auszug aus seinem Dictionnaire, der alle philosophischen Artikel desselben enthalten sollte; er erschien 1765, und in einer zweiten etwas veränderten Ausgabe mit Bayle's Bildniß 1767.[33]) In dem Vorwort, mit dem er die zweite Ausgabe dieses Auszugs bei seinen Lesern einführte (VII, 125 f.), spricht er seine günstige Meinung über Bayle auch öffentlich mit aller Entschiedenheit aus; denn wenn er auch seinen Namen nicht darunter gesetzt hatte, kannte doch jedermann den Verfasser. Bayle, sagt er, habe an dialektischer Kraft alle Alten und Neueren übertroffen. Cicero, in der Skepsis mit ihm einig, besitze ja wohl mehr Beredsamkeit, einen reineren und eleganteren Stil; aber Bayle habe den Vorzug der größeren Strenge, der überzeugenderen Beweisführung; ohne viel von Geometrie zu verstehen, zeichne er sich doch durch einen geometrischen Geist aus; er gehe immer ohne Umstände gerade auf den Gegenstand los. Selbst so schöpferischen Geistern wie Descartes und Leibniz sei er zwar nicht durch die Entdeckung neuer Wahrheiten, aber durch die unverbrüchliche Richtigkeit, Genauigkeit und Consequenz seines Denkens überlegen. Er sei so klug gewesen, sich der Aufstellung eines Systems gänzlich zu enthalten, und er sei dadurch den Verirrungen entgangen, in die ein Descartes, Malebranche und Leibniz gerathen seien. Statt dessen habe er alle Träume der alten und neuen Philosophen einer ebenso gerechten als strengen Kritik unterworfen und als ein zweiter Bellerophon die Chimären vernichtet, die aus dem Gehirn der Philosophen entsprangen. Friedrich nennt deßhalb seinen Auszug aus Bayle das Brevier des gesunden Menschenverstandes (bréviaire du bon sens), und er hofft, daß derselbe dazu beitragen werde, die Menschen an Richtigkeit des Denkens, an Vorsicht im Urtheil und an jene Bescheidenheit zu gewöhnen, die darauf verzichte, die Grenzen zu überschreiten, welche der menschlichen Vernunft nun einmal gezogen seien. Aber er selbst findet es doch zugleich nöthig, der Frage, warum man sich denn dann überhaupt noch um die Erforschung der Wahrheit bemühen solle, mit der Bemerkung entgegen zu treten: wenn man das Ziel auch nicht erreichen könne, sei es eines denkenden Wesens doch immer würdig, ihm so nahe wie möglich zu kommen, und wer sich ernstlich um die Wahrheit bemühe, der werde dadurch jedenfalls von zahllosen Irrthümern frei werden. Seine Skepsis ist, wie bereits bemerkt wurde, keine so radikale, daß sie eine bestimmte Ansicht über diejenigen Fragen ausschlösse, über die uns eine solche unentbehrlich ist. Von demjenigen unter seinen philosophischen Zeitgenossen, welchen wir als den klassischen Vertreter des Skepticismus im achtzehnten Jahrhundert zu betrachten gewohnt sind, David Hume, scheint Friedrich nur die „natürliche Geschichte der Religion" gekannt zu haben, mit der er aber nicht zufrieden war. Sein Bestes, meint er, habe Hume von Locke entlehnt, und ohne die Krücken, welche dieser ihm lieferte, würde er auf einem Gebiet nicht vorwärts kommen, in dem er fortwährend den Boden unter den Füßen verliere.[54]) Hume's Bedeutung für die wissenschaftliche Entwicklung des englischen Empirismus blieb ihm unbekannt.

Neben Locke und Bayle wird von dem Könige unter den neueren Philosophen Gassendi mit besonderer Anerkennung genannt,[55]) während er Descartes zwar mit Leibniz den „schöpferischen Geistern" zuzählt (VII, 125), aber doch der Meinung ist, er habe die Irrthümer seiner Vorgänger zerstört, um sie durch seine eigenen zu ersetzen.[56]) Bernier's „Abriß der Philosophie Gassendi's" (1678), der acht Duodezbändchen füllt, studirte er im Frühsommer 1761 in einer Zeit der Noth, in der er selbst sich mit einem Ertrinkenden vergleicht (XIX, 237), und als er damit zu Ende war, gab er sein Urtheil über den Philosophen dahin ab:[57]) In seiner Physik sei die Art, wie er Epikur's Atomenlehre erläutere, vortrefflich; auch sonst enthalte sie manches Gute und einzelnes darin sei eine Ahnung dessen, was Newton bewiesen habe. Tadelnswerth sei es freilich, daß er sich nicht für Copernicus und Galilei zu erklären wage und Epikur mit Christus combiniren wolle. Der schwächste Theil des Systems sei seine Moral; sie sei voll formalistischer Eintheilungen und Definitionen und sage wenig mit viel Worten. Es ist also doch hauptsächlich nur seine gute Darstellung einer Theorie, die Gassendi von Epikur und dieser von Demokrit entlehnt hat, worin auch nach Friedrich's Ansicht sein Verdienst liegt.[58])

Mit den naturwissenschaftlichen Fragen, welche in jener Zeit die Aufmerksamkeit auf sich zogen, hatte sich Friedrich schon frühe, aber doch nie selbständig und gründlich beschäftigt. In einem Gedicht an Voltaire vom 30. October 1737 nennt er Newton und die Astronomie unter den Gegenständen, über die er sich in Rheinsberg mit seinen Freunden unterhalte, und aus seinen Briefen an Frau du Châtelet (XVII, 1 ff.) geht hervor, daß er im letzten Jahr vor seiner Thronbesteigung an ein zusammenhängendes Studium der Physik dachte. Er wolle, schreibt er den 8. März 1739 (S. 22), zuerst die Denkschriften der Académie des sciences lesen, dann die Physik Muschenbroek's, und schließlich die „Philosophie" Newton's, d. h. seine „mathematischen Principien der Naturphilosophie". Indessen gibt er schon nach wenigen Tagen, in einem Brief an Voltaire vom 22. März (XXI, 277), diese Absicht wieder auf, um sich der Ausarbeitung seines „Antimacchiavel" zuzuwenden, und es scheint nicht, daß er jemals auf sie wieder zurückkam. Was er von naturwissenschaftlichen Gegenständen in seinen Briefen berührt, geht über die Atomenlehre, das Copernicanische System und Newton's Beweisführung für dasselbe kaum hinaus. Ueber die Genialität des letzteren äußert er sich öfters mit gerechter Anerkennung;⁵⁹) aber mit seiner Annahme eines leeren Raumes konnte er sich so wenig als mit der allgemeinen Anziehung der Körper befreunden,⁶⁰) und seine Erklärung der Apokalypse dient ihm neben Pascal's Pensées und d'Alembert's Kunsturtheilen als Beweis dafür, daß die Geometrie mit Unrecht in dem Rufe stehe, an Schärfe des Denkens zu gewöhnen (XIX, 321). Eine tiefere Anregung hat er offenbar von dieser Seite her nicht erhalten, und was er von Newton wußte, scheint er ganz Voltaire's Schrift über ihn (1738) und der Frau du Châtelet Auszug aus Newton ⁶⁰b) zu verdanken.

Unter allen seinen Zeitgenossen hat Friedrich keinen in dem Maße bewundert wie Voltaire; und seine Urtheile über denselben haben für uns um so höheres Interesse, je unbestrittener Voltaire mit seinem glänzenden Talente den Geschmack und die Denkweise des ganzen Jahrhunderts beherrschte. Das Verhältniß dieser beiden Männer, von denen jeder einzig in seiner Art war, und die merkwürdigen Wandlungen, die es erfuhr, sind ihren Umrissen nach auch in Deutschland allgemein bekannt; vollends seit Strauß dieselben in seiner klassischen Monographie über Voltaire mit der ihm eigenen Klarheit und Sorgfalt dargestellt hat. Nachdem Friedrich noch als Kronprinz einen Briefwechsel mit dem Dichter angeknüpft hatte, der von beiden Seiten mit Lebhaftigkeit geführt wurde,⁶¹) gab er sich sofort nach seiner Thronbesteigung alle Mühe, den Mann, für den er schwärmte, in seine Nähe zu ziehen. So lange Voltaire's Freundin, die Marquise du Châtelet lebte, und so lange er selbst sich noch mit der

Hoffnung auf eine angesehene Stellung am französischen Hofe schmeichelte, waren diese Bemühungen vergeblich: es kam nur zu vorübergehendem persönlichem Zusammensein (1740 in Moyland bei Cleve und in Rheinsberg, 1741 in Aachen); als jene starb und diese Hoffnung versagte, kam Voltaire. Aber seine schmutzigen Geldgeschäfte, seine leidenschaftlichen Ausfälle gegen Maupertuis, die Unwahrheiten und Rücksichtslosigkeiten, die er sich gegen den König selbst erlaubte, führten zum Bruche, und Voltaire verließ seinen königlichen Gönner für immer, nachdem er etwas weniger als drei Jahre bei ihm zugebracht hatte. Indessen gelang es Voltaire's Bemühungen, denen der König längere Zeit ziemlich kühl gegenüberstand,⁵) seit dem Herbst 1757 den Briefwechsel mit ihm wieder in Gang zu bringen, der bis 1760 fortgieng, 1761 zwar für einige Jahre in's Stocken gerieth, aber vom Anfang des Jahres 1765 bis zu Voltaire's Tod (1778) ohne längere Unterbrechung fortgesetzt, und namentlich in den letzten acht Jahren so regelmäßig geführt wurde, daß aus ihnen allein von Friedrich 90, von Voltaire 70 Briefe erhalten sind.

Es läßt sich nun allerdings zum voraus erwarten, daß Friedrich's Ansicht über Voltaire in den zweiundvierzig Jahren, über die ihr Briefwechsel sich erstreckt, sich nicht durchaus unverändert erhalten haben werde. Allein diese Veränderung betraf doch nur sein Urtheil über den moralischen Werth des Dichters; seine Bewunderung für Voltaire's Geist, Dichtergröße und schriftstellerische Kunst blieb sich vom Anfang bis zum Ende unverändert gleich. In den Briefen aus seinen Jugendjahren bezeugt er dem berühmten, achtzehn Jahre älteren Schriftsteller eine unbegrenzte Verehrung; man überhäuft sich gegenseitig mit den ausgesuchtesten Artigkeiten, von denen auch „die göttliche Emilie" (Frau du Châtelet) ihren wohlbemessenen Antheil erhält, wiewohl sie Friedrich eigentlich nicht liebte: theils weil ihm überhaupt die schriftstellernden Frauen zuwider waren und er auch von den Arbeiten der Marquise keine allzu hohe Meinung hatte, theils und besonders, weil er es ihrer Anziehungskraft zuschrieb, daß der Dichter seinem Wunsch, ihn zu besitzen, widerstand.⁶) Voltaire wird in dieser Zeit als ein Ideal aller menschlichen Vollkommenheiten gepriesen. „Es gibt nur Einen Gott und Einen Voltaire", ruft sein enthusiastischer Verehrer dem Dichter wiederholt zu (XXI, 222. 245). Er nennt ihn ein Musterbild der Tugend (XXI, 89), einen Mann, den seine Menschenliebe und sein edler Charakter zu einem Gesetzgeber der Menschheit gemacht habe, dem unsere Zeit mehr verdanke, als das Alterthum einem Solon und Lykurg (XXI, 11). Was ihm die ersten Flecken an diesem Götterbilde zeigte, war ein Zug, welcher später in noch ungeschminkterer Häßlichkeit hervortrat, und nicht wenig dazu beitrug, seine persönliche Achtung vor dem Dichter zu erschüttern: die Gewinnsucht, von der er selbst bald eine Probe bekam. Als Voltaire im November 1740 in Rheinsberg sechs Tage lang sein Gast war, verbarg der König wenigstens Jordan sein Befremden darüber nicht, daß ihm für diese Reise eine Rechnung von 3300 Thalern eingereicht wurde;⁶⁴) und wenn er auch später, bei Voltaire's schließlicher Uebersiedelung nach Potsdam, über die Danaë scherzte, die nur durch einen Goldregen zu gewinnen sei,⁶⁵) und es an diesem Goldregen nicht fehlen ließ, wird er sich doch seine eigenen Gedanken darüber gemacht haben. Aber noch anderes hatte, schon vor diesem Zeitpunkt, Friedrich's Glauben an Voltaire's Charakter einen schweren Stoß versetzt. War es die Gesinnungslosigkeit, die es dem berühmten Schriftsteller erlaubte, zur Beförderung seiner Aufnahme in die französische Akademie nicht allein der Pompadour, sondern auch den Jesuiten den Hof zu machen und seine allbekannten Ueberzeugungen öffentlich zu verleugnen, ohne daß er doch erwarten konnte, damit irgend jemand wirklich Sand in die Augen zu streuen⁶⁶) — war es diese oder eine andere Veranlassung:⁶⁷) kurz, Friedrich schreibt den 12. September 1749 (XVIII, 65) an Algarotti: „Voltaire hat wieder einen unwürdigen Streich gemacht. Er verdiente es, auf dem Parnaß gebrandmarkt zu werden. Es ist traurig, daß eine so niederträchtige Seele mit einem so herrlichen Geiste verbunden ist. Er hat die Artigkeit und die Bosheit eines Affen.⁶⁸) Ich werde es Ihnen erzählen, wenn ich Sie wieder sehe; indessen werde ich mir nichts merken lassen,⁶⁹) denn ich brauche ihn, um die Aussprache des Französischen zu lernen.⁷⁰) Man kann auch von einem Bösewicht Gutes lernen. Ich will mir sein Französisch zu eigen machen; was liegt mir an seiner Moral? Dieser Mensch hat es möglich gemacht, die widersprechendsten Dinge zu vereinigen. Man bewundert seinen Geist in demselben Augenblick, in dem man seinen Charakter verachtet." Es war dieß ein übles Vorzeichen für den Verkehr der Beiden; und man kann sich nicht wundern, wenn der König, nachdem er selbst mit dem unberechenbaren Mann seine Erfahrungen gemacht hatte, seinem Unwillen über das unverantwortliche Verhalten desselben freien Lauf läßt. Ueber Voltaire's schmählichen Handel mit dem Juden Hirschel schreibt er seiner Schwester: es sei die Geschichte von einem Spitzbuben, der einen Schelm zu betrügen suche; er hofft, es werde ihm vom Gericht für sein thörichtes Betragen der Kopf gehörig gewaschen werden, und es werde sich dann zeigen, ob es nicht gelinge, ihn im Alter von 56 Jahren, wenn auch nicht vernünftiger, doch mindestens weniger spitzbübisch zu machen.[71]) Und nachdem Voltaire Preußen verlassen hatte, sagt er von ihm:[72]) Voltaire hat sich hier wie ein Lump (faquin) und ein vollendeter Schurke benommen... Er ist ein Tropf (misérable), und ich schäme mich für den menschlichen Geist, daß jemand, der daran so reich ist, so voll Schlechtigkeit sein soll.[73]) Aber auch noch lange nachher hören wir ihn sein abschätziges Urtheil über Voltaire's Charakter bei Gelegenheit wiederholen. Noch 1761 schreibt er an d'Argens aus Anlaß der Widmung, mit der Voltaire seinen Tancred der von Friedrich so tief verachteten und so bitter gehaßten Pompadour zugeeignet hatte, in voller Entrüstung: Dieser Mensch habe keinerlei Folgerichtigkeit in seinem Verhalten. Das einzige Ziel, das er nie aus den Augen verliere und ohne Bedenken und Scham verfolge, sei die Befriedigung seiner unersättlichen Habsucht. „Lassen wir diesen Elenden", ruft der König erbittert, „mit der Käuflichkeit seiner Feder, der Treulosigkeit seiner Intriguen, der Verkehrtheit seines Herzens sich selbst an den Pranger stellen!"[74]) Und auch dem Dichter hielt er sein Unrecht gegen ihn selbst und gegen Maupertuis noch in jenen Jahren zwar in maßvollen Worten, doch immerhin deutlich genug vor. In demselben Brief vom 18. April 1759, worin er Voltaire's göttliches Talent preist, das seinen Ruhm erhalten werde, so lange es noch Leute von Geschmack gebe, fügt er bei (XXIII, 37): „Für meine Person verzeihe ich Ihrem Genie alle die schlimmen Streiche, die Sie mir in Berlin gespielt haben, alle Leipziger Schmähschriften und alle Ihre mündlichen und gedruckten Aeußerungen über mich, so stark, hart und zahlreich sie auch sind, ohne deßhalb den mindesten Groll zu hegen." Aehnliches findet sich in seinen Briefen an Voltaire noch öfters.[75]) Wie wenig er ihm fortwährend traute, zeigt auch in dem eben angeführten der Beisatz: „Wenn die Verse, die ich Ihnen geschickt habe, gedruckt werden, so werde ich dieß nur Ihnen schuld geben. Ihr Brief bereitet auf den schönen Gebrauch vor, den Sie davon machen wollen ...; indessen kümmere ich mich wenig darum."[76]) Was aber der König Voltaire am wenigsten verzeihen und am wenigsten an ihm begreifen konnte, war der unversöhnliche Haß, mit dem jener den von Friedrich trotz seiner kleinen Schwächen aufrichtig geschätzten Maupertuis bis über das Grab hinaus verfolgte. Als ihm noch 12 Jahre nach Maupertuis' Tod ein neuer Ausfall Voltaire's gegen seinen alten Gegner zu Gesichte kam, schrieb er darüber ganz entsetzt an d'Alembert.[17]) Es habe etwas so Niederträchtiges, sagt er, die Gestorbenen zu verleumden, es sei so unwürdig, den Namen verdienter Männer anzuschwärzen, dieses Vorgehen weise auf eine so unversöhnliche und abscheuliche Rachsucht, daß es ihm fast leid thue, zu Voltaire's Statue (s. u. S. 26) beigetragen zu haben. „Großer Gott!" ruft er aus, „wie kann so viel Geist sich mit so viel Schlechtigkeit (perversité) verbinden! Ich gestehe Ihnen, mir ist dieß peinlich; Sie, der Sie ein gutes Herz haben, sollten Voltaire über dieses Verhalten Vorstellungen machen, durch das er sich mehr schadet als Maupertuis. Ich gestehe Ihnen, man wird es müde, bei jeder Gelegenheit wieder Maupertuis, Desfontaines u. s. f. in seinen Werken zu begegnen; Schmähungen, die sich so oft wiederholen, widerstehen dem Leser und legen den Grund von Voltaire's Gemüth allzusehr blos. Das ist nicht ergötzlich, sondern betrübend."

So wenig sich aber der König die Schattenseiten in Voltaire's Charakter verbarg, und so oft er immer wieder daran erinnert wurde: von dem Geiste des seltenen Mannes war er so bezaubert, daß er wenigstens den schriftlichen Verkehr mit ihm nicht auf die Dauer entbehren wollte. Es war wirklich so, wie er selbst sagt, wenn er sich einen Narren nennt, der in Voltaire's Genie verliebt sei, und den der Dichter mit zwei Worten entwaffnen könne, so erzürnt er über ihn sein möge.[18]) Die zierliche Leichtigkeit seines Stils, sein schlagfertiger Witz, sein unerschöpflicher Reichthum an geistreichen Wendungen, lustigen Einfällen, gesunden Gedanken und boshafter Satire gaben Voltaire's Schriften und Briefen in seinen Augen einen so unwiderstehlichen Reiz, daß alles andere immer wieder dagegen zurücktrat. Ganz verwachsen konnte der Riß allerdings nicht, den ihr Verhältniß erfahren hatte: wir haben gehört, wie der König noch nach dem Schluß des siebenjährigen Kriegs bei gegebenem Anlaß über die häßlichen Züge im Charakter des Dichters urtheilte. Ihn zum zweiten Mal in seine Umgebung zu ziehen, hat er nicht versucht, und Voltaire wäre auch gewiß nicht in die Höhle des Löwen zurückgekehrt, dessen Griffe ihn so scharf angefaßt hatten; auch die äußeren

Zeichen seiner Gnade, die er ihm damals in Frankfurt hatte abnehmen lassen, den Kammerherrnschlüssel und den Orden pour le mérite, hat er ihm nicht zurückgegeben, so angelegentlich der Dichter sich darum bemühte (XXIII, 25). Aber der Zauber, den seine Schriften auf ihn ausübten, behielt über ihn immer die gleiche Gewalt. Seine Briefe an den Dichter fließen von einer Bewunderung über, deren Ausdruck weit über das Maß gewöhnlicher Artigkeit hinausgeht und im Munde des Alten noch ebenso warm und enthusiastisch lautet, wie einst in dem des Fünfundzwanzigjährigen. Er nennt ihn das entzückendste Wesen, das es gebe, den ersten Schriftsteller aller Zeiten, den Mann, der Homer und Sophokles, Plato und Aristoteles übertroffen, dem Apollo seinen Platz auf dem Parnaß abgetreten, den er zu seinem Stellvertreter auf Erden eingesetzt habe, den Atlas, der auf seinen gekrümmten Schultern die Ehre der Literatur und des menschlichen Geistes trage; er findet seinen Geist so bezaubernd, daß man ihm jede Beleidigung verzeihe; er bittet die Natur, diese Vorrathskammer glücklicher Gedanken möglichst lange zu erhalten; er erklärt es für ein wahres Glück, daß der große Mann doch auch ein paar menschliche Schwächen habe, weil sonst alle anderen durch die Vergleichung mit ihm zu tief herabgedrückt würden.[79]) Voltaire ist seine beste Gesellschaft auf der Reise, seine Dichtungen haben sich seinem Gedächtniß so fest eingeprägt, daß er, wie er sagt, wenn ihm alle anderen Hülfsmittel ausgiengen, als Souffleur in den Voltaire'schen Stücken sein Fortkommen finden könnte; und als er einmal unter den heftigsten Gichtschmerzen eine neue Sendung Voltaire'scher Schriften erhielt, waren sie ihm, schreibt er, ein solches Labsal, daß er dem Himmel dankte, der der Welt einen Voltaire geschenkt habe.[80]) Jeder Reisende, der ihm von dem Patriarchen von Ferney erzählen kann, ist ihm willkommen, jede gute Nachricht über sein Befinden macht ihn glücklich.[81]) Mit besonders warmer und wohlverdienter Anerkennung begleitet er Voltaire's erfolgreiche Kämpfe für die Sache der religiösen Duldung, für die Vertheidigung und Rettung ungerecht Verfolgter, der Familie Calas, Sirven's und Etallende's. Er rühmt sein edles und muthiges Auftreten, er nennt ihn einen Wohlthäter der Menschheit, einen Beschützer der unterdrückten Unschuld, der Witwen und Waisen;[82]) und man fühlt es, welche Befriedigung es ihm gewährt, den Dichter, dessen Geist er bewundert, auch in der praktischen Arbeit für Recht und Humanität sich zur Seite zu finden.

Und es ist nicht blos der Dichter selbst, dem er seine Bewunderung auszusprechen nicht müde wird: in demselben Sinn äußert er sich auch
anderen gegenüber. Mit Voltaire, schreibt er 1775 (XXV, 35) an
d'Alembert, werde der gute Geschmack aussterben: es werde Jahrhunderte
dauern, bis die Natur wieder einen Mann wie er hervorbringe; und an
Denselben zwei Jahre nach dem Tode des Dichters (XXV, 154): seine
Werke werden ebenso unsterblich sein und ebenso allgemein bewundert
werden, wie die eines Virgil, Horaz und Cicero; „ich," sagte er, „richte
jeden Morgen mein Gebet an ihn: göttlicher Voltaire, bitte für uns."
Und zehn Jahre früher, als Voltaire eine Bildsäule errichtet wurde, schrieb
der König, der selbst einen reichen Beitrag für sie spendete, an Grimm
(XXV, 333): „Kein Schriftsteller hat jemals einen so vollendeten Geschmack besessen, wie dieser große Mann; das heidnische Griechenland
hätte ihn vergöttert und ihm einen Tempel errichtet. Wir errichten ihm
nur eine Bildsäule als einen geringen Lohn für alle die Verfolgungen,
die der Neid gegen ihn erregt hat."[63]) Er selbst widmete Voltaire ein
halbes Jahr nach seinem Tode jenen Nachruf, den er in einer eigens
dafür berufenen Sitzung der Berliner Akademie verlesen ließ (VII, 50 ff.).
Er rühmt darin Voltaire's außerordentliche Begabung und die seltene
Vielseitigkeit seiner Leistungen; er charakterisirt seine Hauptschriften, deren
künstlerischen und wissenschaftlichen Werth er allerdings begreiflicher Weise
nicht selten nach einem anderen Maßstabe beurtheilt und deßhalb höher
anschlägt, als wir es thun würden; er geht über die Schwächen seines
Charakters, wie dieß der Anlaß mit sich brachte, schonend hinweg, und
berührt die Gründe seines Wegganges aus Preußen nur obenhin; um so
wärmer hebt er dagegen auch hier das Verdienst hervor, das sich der
Dichter als ein Vorkämpfer der Toleranz und ein Vertheidiger der Ver-
folgten erworben habe, um so kräftiger brandmarkt er die Häßlichkeit des
Fanatismus, der dem großen Verstorbenen die Ruhe des Grabes ver-
weigerte. Die Erinnerung an die früheren Mißklänge ist bis auf
schwache Spuren verblaßt, die erfreulichen Seiten seiner Persönlichkeit,
die glänzenden Eigenschaften seines Geistes stehen im vollen Lichte.

Indessen läßt sich trotz aller Bewunderung des Königs für den
Dichter doch nicht verkennen, daß nicht blos in Voltaire's Charakter,
sondern im Zusammenhang damit auch in der Art und Haltung seines
Denkens etwas lag, das er sich nicht anzueignen, ja kaum zu verstehen

vermochte. Friedrich nennt Voltaire nicht selten einen Narren (fou)⁸⁴); und er thut dieß nicht nur zur Zeit ihres Zerwürfnisses oder in der Erinnerung an dasselbe, sondern es trat ihm überhaupt, und schon bei seiner ersten persönlichen Bekanntschaft mit dem Dichter, in dem Wesen und Benehmen desselben ein Zug entgegen, für den ihm kein bezeichnenderer Ausdruck zur Hand war. Mit dem, den er gebraucht, darf man es allerdings nicht zu streng nehmen. Aber das liegt doch unstreitig darin, daß er in des Dichters verwickelter Natur immer wieder auf eine für ihn fast unbegreifliche und geradezu verblüffende Beimischung stieß; und worin diese bestand, läßt sich unschwer erkennen. Was er von Voltaire sagt, sagt er von seinen Landsleuten überhaupt. „Die Franzosen", schreibt er einmal der Herzogin von Gotha, „sind Narren, und die Deutschen, die lange dort bleiben, werden es gleichfalls."⁸⁵) Er verkennt natürlich die Vorzüge des Volkes durchaus nicht, an dessen Geisteserzeugnissen sein eigener Geist sich genährt hatte. Er nennt es das liebenswürdigste Volk in Europa; er rühmt seinen Geist und seine unzerstörbare Heiterkeit, die unnachahmliche Eleganz seiner Dichter.⁸⁶) Aber er vermißt an ihm gerade das, was er selbst im höchsten Grade besaß, die Consequenz im Denken und Handeln. „Ihre Nation," bemerkt er gegen Voltaire,⁸⁷) ist die inconsequenteste in ganz Europa; sie hat viel Geist, aber keine Folgerichtigkeit in ihren Ideen. So zeigt sie sich in ihrer ganzen Geschichte." Die Kunst, in Frankreich zu gefallen, äußert er (XXIV, 629) gegen d'Alembert, bestehe darin, daß man neu sei. Um die Franzosen nach ihrem Geschmack zu bedienen, müßte man ihnen alle zwei Jahre einen neuen König geben; die Neuheit sei ihre Göttin, und möchte ihr Fürst noch so gut sein, so werden sie doch immer mit der Zeit sehr viel an ihm auszusetzen und lächerlich zu machen haben. Und demselben schreibt er (ebb. 537): „Ich kann Ihnen nicht sagen, wie Ihre Franzosen mich belustigen. Dieses neuerungssüchtige Volk zeigt mir fortwährend neue Scenen: bald die Vertreibung der Jesuiten, bald Beichtzettel, Auflösung des Parlaments, Zurückberufung der Jesuiten, alle Vierteljahre neue Minister; kurz sie liefern allein ganz Europa Stoff zur Unterhaltung. Wenn die Vorsehung an mich gedacht hat, als sie die Welt machte (vorausgesetzt, daß sie die Welt gemacht hat), so hat sie dieses Volk zu meinem Privatvergnügen geschaffen." Er bemerkt auch, daß die Lebhaftigkeit, durch welche die Franzosen sich auszeichnen, nicht selten in Wildheit ausarte, und der Fanatismus in Frankreich trotz seiner Philosophen bei der Masse der Bevölkerung einen günstigeren Boden finde als in Deutschland (XXIII, 413. XXV, 62). Von religiösem Fanatismus war nun allerdings Voltaire durchaus frei, wenn auch immerhin seine Leidenschaftlichkeit gegen persönliche und literarische Gegner mit seinem Temperament in einem ähnlichen Zusammenhang stand, wie die Ausbrüche des Fanatismus, den er bekämpfte, mit dem seiner Landsleute. Aber abgesehen davon hat der König an Voltaire, dem französischsten unter den Franzosen, ganz das gleiche auszusetzen, wie an der Nation, der er angehört. Was er dieser wie jenem vorwirft, und was er mit ihrer „Narrheit" zunächst meint, ist jener Mangel an Folgerichtigkeit, jenes Sprunghafte, Unberechenbare, welches den Dichter immer wieder zu Dingen verleitete, über die auch sein begeistertster Verehrer den Kopf schütteln mußte.[63]) Heute den Haß des Klerus durch den einschneidendsten Spott herausfordern und morgen demselben Klerus um irgend eines Vortheils willen seine Verehrung bezeugen, religiöse Ceremonien, die man hundertmal lächerlich gemacht hat, in Aufsehen erregender Weise mitmachen, ja die Theilnahme daran förmlich erzwingen,[64]) Personen, die man innerlich verachtet, mit Schmeicheleien überhäufen, dieß erschien dem König nicht nur als eine moralische Erniedrigung, sondern auch als ein logischer Widerspruch, den er sich um so weniger zurechtlegen konnte, je unbedingter es sich für seinen gesunden, auf die höchsten Ziele mit vollem Ernst gerichteten Sinn (wie einst für Sokrates) von selbst verstand, daß der Wille der Einsicht zu gehorchen, von der Linie, welche grundsätzliche Ueberzeugungen ihm vorzeichneten, sich nicht zu entfernen habe. Es ist der Widerspruch zwischen der Erkenntniß und dem praktischen Verhalten, der ihm als etwas rein unbegreifliches, allem gesunden Verstand widerstreitendes erscheint. Und auf derselben Seite liegt auch der Hauptunterschied in der ganzen Weltanschauung der beiden Männer. Wollte man diese nur nach ihren theoretischen Ergebnissen beurtheilen, so könnte man Friedrich einfach für einen Voltairianer halten. Mit Voltaire hat auch Friedrich das Dasein Gottes nie bezweifelt, aber alle Dinge und Vorgänge in der Welt als die Folge natürlicher Ursachen betrachtet; womit er freilich auch seinem ursprünglichen Wolffianismus so wenig untreu wurde, daß er vielmehr nur die richtige Folgerung aus ihm zog. Seit er sich ferner von Wolff abgewendet hatte, bekannte er sich zu dem gleichen kosmologischen und psychologischen Materialismus, wie Voltaire; nur daß das Mißtrauen gegen alle metaphysischen Lehren bei ihm vielleicht noch etwas stärker war, als bei jenem. Wenn endlich beide eine Zeit lang in Betreff der Willensfreiheit verschiedener Meinung waren, so wurde auch dieser Gegensatz dadurch gehoben, daß Voltaire dem Determinismus beitrat, welchen der König von der Wolff'schen Schule her festhielt; und erst in Friedrich's späterer Zeit lebte er wieder auf, als nun dieser seinerseits am Determinismus irre wurde. So nahe jedoch beide sich in der Theorie standen, so weit unterscheiden sie sich durch ihre praktischen Grundsätze. Auch Voltaire hat zwar Sinn für den Werth der Tugend; auch er preist die Rechtschaffenheit, die Menschenliebe, die Duldsamkeit. Aber jene Strenge und Unbedingtheit des Pflichtbegriffes, von der Friedrich's Regententhätigkeit beherrscht ist, und die er auch in seinen Schriften, wie wir finden werden, nicht verleugnet, lag nicht in Voltaire's Art und Charakter. An diesem Punkt steht der große König ebenso hoch über dem gefeierten Dichter, wie Kant's kategorischer Imperativ über der weichlichen Humanität der Aufklärungsperiode, oder Luther's unbeugsamer Glaubensmuth über der zaghaften Verstandes- und Geschmacks-Bildung des Erasmus; und dieser Unterschied fällt um so schwerer in's Gewicht, je entschiedener Friedrich selbst, auch darin mit Kant zu vergleichen, den größten Werth der Philosophie in ihrer praktischen Wirkung suchte.

Unter Voltaire's jüngeren Landsleuten war keiner, der sich ihm hätte zur Seite stellen können, und nur wenige, mit denen der König überhaupt zufrieden gewesen wäre. Seine Bewunderung galt dem Zeitalter Ludwig's XIV., als dessen letzter und glänzendster Vertreter ihm Voltaire erschien; in seiner eigenen Zeit glaubte er in Frankreich, wenigstens in seinen späteren Jahren, einen so traurigen literarischen Verfall wahrzunehmen, daß das Grab des Dichters auch das des Geschmacks und der Kunst sein werde.[90]) Diese ungünstige Meinung zu widerlegen, waren die Philosophen, deren Herrschaft seit der Mitte des achtzehnten Jahrhunderts die der Dichter abgelöst hatte, in seinen Augen nicht geeignet. Von den beiden Herausgebern der großen Encyklopädie hatte sich der conservativere d'Alembert von Seiten des Königs einer aufrichtigen Hochschätzung zu erfreuen.[91]) Er bemühte sich schon 1752, ihn in seinen Dienst zu ziehen; als sich d'Alembert nicht dazu bewegen ließ, verlieh er ihm (1754) eine Pension, die zwar nur 1200 Fr. betrug, die aber dem anspruchslosen Gelehrten bei seiner Mittellosigkeit doch sehr zu statten kam; später (1770) gewährte er ihm bedeutende Mittel zu einer Erholungsreise; unmittelbar nach dem Schluß des siebenjährigen Krieges sah er ihn bei sich in Potsdam, und er stand von da an bis zu d'Alembert's Tod (1783) mit ihm in einem Briefwechsel, der von beiden Seiten mit vollem Vertrauen geführt die Denkart des Königs wie die des Gelehrten in das günstigste Licht stellt. Wenn aber auch in demselben das eine und das andere Mal philosophische Fragen zur Sprache kamen, und Friedrich Veranlassung fand, das Dasein Gottes, und jetzt auch die Freiheit des menschlichen Willens, gegen seinen Correspondenten zu vertheidigen, so war doch dieser mehr Mathematiker als Philosoph und beide Theile waren sehr geneigt, den Gegensatz ihrer Ansichten mit der Erinnerung an die Grenzen des menschlichen Erkennens zum Schweigen zu bringen. Daß Friedrich auf die Mathematik nicht allzu viel hielt und d'Alembert's Kunsturtheil nicht gut hieß, that seiner sonstigen Hochachtung für ihn keinen Eintrag.[92])

Weniger sympathisch war dem König der zweite Herausgeber der Encyklopädie, dessen Beharrlichkeit und Arbeitskraft die Vollendung des großen Werks allein zu verdanken war, Dénys Diderot. Zu ihm hatte er keine persönlichen Beziehungen und an seinen Schriften hatte er viel auszusetzen. „Ich halte es nicht aus," schreibt er d'Alembert[93]), „seine Bücher zu lesen, ein so unerschrockener Leser ich bin; es herrscht darin ein so dünkelhafter Ton und eine solche Anmaßung, daß sich mein Freiheitsgefühl dagegen empört." Ein Philosoph, meint er, müßte sich noch mehr als jeder andere durch Bescheidenheit auszeichnen, und durch die Stärke seiner Beweisführung, nicht durch Entscheidungen im Befehlstone zu wirken suchen. Solche Deklamationen verlieren ihre Kraft, wenn man mit dem Buch in der Hand die Beweise prüfe. Näher stand Friedrich einem Mann, über den Diderot seinerseits sehr hart urtheilte, La Mettrie.[94]) Er hatte demselben 1748 eine Zuflucht gewährt und gerne mit ihm verkehrt. Nach seinem frühen Tode widmete er ihm einen Nachruf in der Akademie; (VII, 22 ff.) und sowohl in diesem als in einem Brief an seine älteste Schwester (XXVII a, 203) rühmt er an dem Verstorbenen seine unverwüstliche Heiterkeit, seine Gutherzigkeit, seinen lebendigen Geist, seine rednerische und philosophische Begabung. Wenn er ihn dabei (in dem Briefe) einen schlechten Schriftsteller nennt, bezieht sich dieß hauptsächlich auf den Mangel an Ordnung und Folgerichtigkeit in seiner Darstellung.

An Helvetius, dessen persönliche Bekanntschaft er 1765 in Potsdam gemacht hatte,[95]) und der seinerseits des Königs bewundernd erwähnt,[96]) schätzt Friedrich seinen vortrefflichen, reinen, uneigennützigen Charakter,[97]) aber in seinen Schriften findet er viele Irrthümer, und er nimmt namentlich daran Anstoß, daß Helvetius in offenbarem Widerspruch mit der Erfahrung der Meinung sei, die Menschen stehen sich an natürlicher Begabung ziemlich gleich, und die Erziehung könne alles aus ihnen machen.[98]) Noch unzufriedener ist er mit Holbach, von dem er zwei Schriften, den „Versuch über die Vorurtheile" und das berufene „System der Natur", ohne ihren Verfasser zu kennen, unmittelbar nach ihrem Erscheinen (1770) in eigenen Abhandlungen bekämpft hat;[99]) über das „System der Natur" äußert er sich auch in seinen Briefen so oft, daß man deutlich sieht, wie lebhaft ihn damals diese rücksichtslose und in ihrer Art klassische Darstellung der Ansichten beschäftigte, zu denen die radikaleren unter den französischen starken Geistern, die nächsten Vorläufer der Revolution, fortgegangen waren. Was ihm an ihnen mißfällt, ist nun zunächst schon die dogmatische Selbstzufriedenheit dieser Aufklärung: er ist zu sehr Skeptiker, um es gutheißen zu können, wenn ihre Vertreter des Besitzes der Wahrheit sich so sicher fühlen, wie Holbach, und er kennt die Menschen zu gut, um mit diesem zu glauben, daß die Philosophie in den allgemeinen Besitz übergehen, der Aberglaube und die Unwissenheit bei der großen Masse durch sie verdrängt werden könne.[100]) Er vertheidigt ferner den Glauben an die Gottheit gegen den Atheismus, die Freiheit des Willens, die er selbst früher mit Wolff bestritten hatte, gegen den Fatalismus des Systems der Natur.[101]) Er nimmt die Moral des Christenthums gegen die Vorwürfe in Schutz, die ihr Holbach gemacht hatte, indem er verlangt, daß zwischen dem Wesen der christlichen Religion und dem Mißbrauch unterschieden werde, der mit ihr getrieben worden sei.[102]) Was er aber den „Encyklopädisten" am wenigsten verzeihen konnte (so nennt er nämlich, so sehr sich d'Alembert dagegen verwahrt, alle diese Schriftsteller),[103]) das war ihre Behandlung eines Gegenstandes, über den er freilich, dem doctrinären Radikalismus gegenüber, als Mann vom Fach sprechen konnte, des Staatslebens und des Kriegswesens. Wurde selbst Voltaire, wenn er sich in die Politik mischte, regelmäßig in seine Schranken zurückgewiesen,[104]) so kann der König nur vollends die politischen Deklamationen eines Holbach und seiner Freunde nur mit Unwillen und Geringschätzung anhören. Er findet bei ihnen einen vaterlandslosen Kosmopolitismus, den er mit der vollen Wärme patriotischer Entrüstung bekämpft.[105]) Er erklärt es für empörend, daß Einzelne es sich herausnehmen, ihre Regierungen zu schmähen, während doch jeder Bürger die Pflicht habe, die Staatsform zu achten, unter der er lebe. Er führt die Sache der Monarchie gegen ihre Tadler und setzt die Vortheile dieser Staatsform auseinander, ohne deßhalb ihre Schattenseiten verleugnen zu wollen, und er geht darin, da die Angriffe an erster Stelle der französischen Monarchie galten, so weit, daß er nicht allein Ludwig XIV. entschieden in Schutz nimmt, in dem er wirklich trotz aller seiner Fehler einen großen Herrscher und den Schöpfer des goldenen Zeitalters der französischen Literatur sah, sondern daß er selbst, seinen Nachfolger, von dem wir doch wissen, wie er über ihn gedacht hat,[106]) unbedingter als er durfte, vertheidigt. Er zeigt die Verkehrtheit der Vorstellung, als ob sich die Fürsten mit den Priestern zur gemeinsamen Ausbeutung der Völker verschworen hätten; da es vielmehr der Aberglaube der Völker sei, der den Priestern eine Macht gebe, durch die auch den Regierungen die Hände gebunden seien. Er tritt endlich der bei den Aufklärern herkömmlichen Verdammung des Krieges, ihren verletzenden Urtheilen über den Soldatenstand und die stehenden Heere, mit überlegener Sachkenntniß entgegen und gibt ihnen zu bedenken, daß die Kriege in zahllosen Fällen unvermeidlich seien, daß die Freistaaten deren ebenso viele geführt haben, wie die Fürsten, daß die stehenden Heere im Vergleiche mit den früheren Einrichtungen eine Wohlthat seien, und die Männer, die unter Gefahren und Strapazen ihr Leben an die Vertheidigung ihres Landes setzen, Dank, nicht Schmähung verdienen.[107]) Daß man gegen diese Ansichten gewaltsam einschreiten solle, ist allerdings nicht seine Meinung; — wenn man den Verfasser des „Systems der Natur" verbrennen wollte, sagt er (XXIV, 507), so würde er Wasser herbeitragen helfen, um den Scheiterhaufen zu löschen; — aber er weiß gerade in den Sätzen, auf welche jener den größten Werth legt, nur Irrthum oder Uebertreibung zu sehen.

Etwas günstiger urtheilt Friedrich über J. J. Rousseau. Nicht als ob ihm seine Theorieen besser zugesagt hätten, als die Holbach's; aber er war für ihn ein Gegenstand persönlicher Theilnahme. Wegen seiner Schriften aus Frankreich, Genf und Bern ausgewiesen, hatte ihn

Rousseau im Sommer 1762 brieflich gebeten, ihm in seinem Fürstenthum Neuschatel eine Zuflucht zu gewähren. Dieser Brief selbst nun, eine selbstgefällige Nachahmung dessen, den einst Themistokles an Artarerres richtete,[108]) hat auf den König zwar schwerlich den Eindruck gemacht, den sich sein Urheber davon versprach; aber es bedurfte dessen auch nicht, es war genug, daß ein Unglücklicher, ein von der Geistlichkeit Verfolgter, seinen Schutz anrief. Er wies den Gouverneur von Neuschatel an, ihm Aufnahme und Unterstützung zu gewähren.[109]) Rousseau's Ideen, fügte er bei, seien allerdings nicht die seinigen: ihn werde er nie überreden, Gras zu fressen und auf allen Vieren zu gehen. Die Behauptungen, die Rousseau zu Markte bringe: daß alle Menschen gleich seien, und daß man deßhalb leben sollte wie die Wilden, ohne Gesetz, Gemeinwesen und Polizei, daß die Künste der Sittlichkeit geschadet haben u. s. w. seien lächerliche Paradoxieen. Rousseau habe unverkennbar seinen Beruf verfehlt. Wenn er ein Einsiedler in der Wüste oder ein Stylite geworden wäre, hätte er es zum Heiligen und zum Wunderthäter bringen können; jetzt sei er nichts weiter als ein philosophischer Sonderling, der den Cynicismus des Diogenes nach zweitausend Jahren wieder erneuern wolle. Aehnliche und noch stärkere Aeußerungen über Rousseau und seine Schriften finden sich bei Friedrich noch öfters.[110]) Was für eine revolutionäre Kraft in den extremen Theorieen und den zündenden Reden des Sonderlings steckte, ahnte doch auch er nicht, und aus seinen Einseitigkeiten und Uebertreibungen den berechtigten Kern mit voller Unparteilichkeit auszuscheiden, war für den größten unter den Vertretern der absoluten Monarchie gerade deßhalb unmöglich, weil er selbst diese Staatsform, ehe sie ihrer Umbildung entgegengieng, mit einem neuen Geist erfüllt hatte. Aber für einen ehrlichen, uneigennützigen Menschen hielt er den radikalen Philosophen trotz allem,[111]) und als er von der Geistlichkeit auch aus Neuschatel vertrieben wurde, mißbilligte er diese gehässige Behandlung eines Mannes, dem es ohnedem schlecht gieng, entschieden, ohne sie doch verhindern zu können.[112])

Von den deutschen Philosophen nach Wolff machte keiner auf den König einen bedeutenden Eindruck; in einem Brief vom Jahr 1775 (XXIII, 337) äußert er die Meinung, seit Leibniz und Wolff kümmere sich in Deutschland niemand mehr um die Philosophie. Mit einem Gottsched, Lambert, Garve und Steinbart kam er in kein näheres

Verhältniß. ¹¹³) Den Akademiker Sulzer schätzte er persönlich; ¹¹⁴) aber das bescheidene Verdienst dieses Gelehrten lag überwiegend auf dem Gebiete der Aesthetik und Literaturgeschichte, als Philosoph konnte er Friedrich nicht viel geben, was diesem nicht schon aus Wolff und Locke bekannt war. Mendelssohn hatte schon als junger Mann die Blicke des Königs durch eine Anzeige seiner Gedichte auf sich gezogen; aber den Juden in eine Akademie aufnehmen zu lassen, deren vornehmstes Mitglied er selbst war, konnte in jener Zeit selbst ein Friedrich sich nicht entschließen. ¹¹⁵) Kant hatte zwar an dem trefflichen Minister von Zedlitz, der in Unterrichtssachen Friedrich's rechte Hand war, einen warmen Verehrer, dieser selbst jedoch scheint in keine Beziehung zu ihm getreten zu sein, und seine Werke blieben dem Fürsten, der selbst seinen Wolff nur französisch hatte lesen wollen, gewiß ganz unbekannt. ¹¹⁶)

Neben den neueren Philosophen hatten auf Friedrich schon frühe auch einige von den alten bedeutenden Einfluß gewonnen. Welche dieß waren, hieng aber freilich nicht blos davon ab, ob ihm der wissenschaftliche Inhalt oder die künstlerische Form ihrer Schriften zusagte, sondern noch vorher von dem zufälligen Umstand, ob sie ihm in französischer Sprache zugänglich waren. Wäre Friedrich in der Lage gewesen, sich mit der philosophischen Literatur der Griechen im Original, oder auch nur in guten Uebersetzungen, in größerem Umfang bekannt zu machen, so ist es kaum denkbar, daß Aristoteles' Ethik und Politik für ihn weniger Interesse gehabt haben sollten, als Cicero's Officien, daß es seiner dichterischen Begabung am Verständniß für die dramatische Bewegung, die feine und geistreiche Darstellung, die stilistische Vollendung vieler platonischen Gespräche gefehlt hätte. ¹¹⁶ᵇ) Aber es war ihm versagt, aus dem vollen Strome der klassischen Literatur mit eigenen Händen zu schöpfen. Nur um so anziehender ist es aber, ja es macht einen wahrhaft rührenden Eindruck, die Liebe und Dankbarkeit zu beobachten, mit welcher der hochbegabte Mann sein Leben lang das wenige geschätzt und gepflegt hat, was ihm von demselben in seine eigenen Gärten herüberzuleiten gelang; nur um so bewunderungswürdiger sind die Früchte, die er mit so spärlichen Mitteln zu gewinnen gewußt hat. Was Friedrich von philosophischen Schriften aus dem Alterthum, natürlich in Uebersetzungen, genauer bekannt war, beschränkt sich auf Cicero, Lucrez, Seneca und Mark

Aurel.¹¹⁶) Er hatte sich mit diesen Schriftstellern schon frühe beschäftigt und ist ihnen bis in seine letzten Tage treu geblieben; und da ihm die ursprünglichen Quellen der von ihnen vorgetragenen Ansichten nur mangelhaft bekannt waren, so war es fast unvermeidlich, daß er ihre wissenschaftlichen Verdienste überschätzte und das, was sie von ihren Vorgängern entlehnt hatten, ihnen selbst gutschrieb. Cicero vergleicht er wegen seiner Vielseitigkeit mit Voltaire.¹¹⁷) Er habe, sagt er, mit der Redekunst, in der er es allen seinen Zeitgenossen zuvorthat, ein gründliches Studium der Philosophie, so weit diese damals war, verbunden; man sehe dieß an seinen Tusculanen, an der bewunderungswürdigen Schrift über die Götter, an der über die Pflichten, welche vielleicht das beste Werk über Moral sei, das wir besitzen. Noch größere Bedeutung haben für ihn die Männer der stoischen Schule. Die schweren Erfahrungen seiner Jünglingsjahre erzeugten, die schmerzlichen Verluste, die aufreibenden Sorgen und Kämpfe des siebenjährigen Krieges erneuerten und verstärkten in ihm das Bedürfniß einer Philosophie, die dem Menschen im Unglück eine Stütze gewähre und ihn von den Wechselfällen des Schicksals unabhängig mache; und diese fand er im Stoicismus, von dessen männlicher Kraft ohnedieß die entsprechende Seite seiner eigenen Natur sich angezogen finden mußte.¹¹⁸) Dabei verbarg er sich durchaus nicht, daß er der stoischen Lehre nicht in jeder Beziehung zustimmen konnte. Nicht allein der Pantheismus der Stoa erschien ihm ungereimt, sondern auch ihrer Moral macht er den Vorwurf, daß sie dem Menschen mehr zutraue und mehr von ihm verlange, als er leisten könne, daß man den Schmerz trotz allem als ein Uebel empfinde und die Unempfindlichkeit des Weisen ein unwirkliches Ideal sei.¹¹⁹) Aber der Erhabenheit dieser Moral zollt er seine volle Anerkennung; er sieht in einem besonnenen Stoicismus unsere einzige Stütze im Unglück, und er spricht der stoischen Schule seinen aufrichtigen Dank dafür aus, daß sie der Menschheit einen Lälius, einen Cato von Utica, einen Epiktet, und vor allem, daß sie ihr einen Mark Aurel geschenkt habe. Denn dieser Stoiker auf dem Thron ist ihm, wie bemerkt, das Ideal des philosophischen Fürsten. Er nennt ihn einen in allen Stücken vollkommenen Menschen; er sagt, Mark Aurel habe unter allen menschlichen Wesen die Tugend zur höchsten Vollendung gebracht; er meint, daß er selbst nicht werth sei, diesem großen Manne die Schuhriemen aufzulösen; er spricht die Ueberzeugung aus, Mark Aurel würde viel besser, als er selbst, über das Staatswesen geschrieben haben, da dem Beherrscher des Römerreichs eine ganz andere Erfahrung habe zu Gebote stehen müssen, und da jener persönlich in moralischer Beziehung allen Fürsten und selbst allen Philosophen so überlegen sei, daß es eine Vermessenheit wäre, sich mit ihm zu vergleichen; er wendet sich an ihn, wenn er einer Stütze unter Widerwärtigkeiten oder eines sittlichen Vorbildes bedarf. Den Hauptinhalt dessen, was er den „Selbstgesprächen" des philosophischen Kaisers für sich selbst entnommen hatte, hat er in seinem „Stoiker" zusammengefaßt.[120]) Viel seltener geschieht Seneca's bei ihm Erwähnung; doch unterliegt es keinem Zweifel, daß er auch ihn schon während seiner philosophischen Lehrjahre in Rheinsberg studirt hatte.[121])

So groß aber Friedrich's Bewunderung für die Stoiker war, so wenig verachtete er darum ihre Gegner, die Epikureer; es gehört vielmehr das Lehrgedicht, in dem Cicero's Zeitgenosse Lucretius Carus Epikur's Physik dargestellt hat, zu den Schriften, denen er seit dem Beginn seiner philosophischen Studien immer die gleiche Vorliebe bewahrt hat.[122]) So manches er auch an der epikureischen Theologie und Physik zu tadeln fand,[123]) so mußte sie sich ihm doch durch zwei durchgreifende Züge empfehlen: durch ihre Unabhängigkeit von allen theologischen und mythologischen Ueberlieferungen, und durch den Versuch, auf dem Boden der Erfahrung eine rein natürliche Welterklärung zu gewinnen. Zunächst dieses Verdienst wird Friedrich im Auge haben, wenn er noch 1775 (XXIII, 350) an Voltaire schreibt: „Die Philosophie verdanken wir Epikur; Gassendi, Newton und Locke haben sie verbessert; ich mache mir eine Ehre daraus, ihr Schüler zu sein, aber nicht mehr." Auch Epikur's Ethik hatte aber für ihn doch gleichfalls nicht blos in der Zeit seiner ersten leichtlebigen Jugend ihren Reiz. Noch 1751 (XXVII, a, 204) schreibt er an seine Schwester in Baireuth: er lese Mark Aurel zur Kräftigung seines Gemüths, aber er finde an ihm einen Tröster, der gedrückter sei, als er selbst, und der die Menschen behandle, als ob sie keine Empfindung hätten, und so komme er immer wieder auf Epikur zurück. Erst die ernsten Erfahrungen des siebenjährigen Kampfes gaben, wie es scheint, dem System, welches unbeugsames Festhalten an den pflichtmäßig gefaßten Entschlüssen und unbedingte Ergebung in den Weltlauf von uns verlangt, in seinen Augen einen so hohen Vorzug, daß er seitdem für seine Person nicht mehr auf die epikureische Moral zurückkommt. Die Kränze Epikur's, erklärt er jetzt, taugen nur für die Glücklichen; und an seinen jungen Sekretär de Catt schreibt er nach der Abfassung seines „Stoikers": er habe dieses Gedicht für sich selbst gemacht; für sein Alter und seine Lage passe nichts anderes. In Catt's Alter sei er auch ein Schüler Epikur's gewesen. Er fürchte aber, jener werde in dem seinigen gleichfalls zu Zeno und den Stoikern übertreten. Sie geben wenigstens eine Stütze im Unglück, während Epikur nur im Glück zu brauchen sei.[124]) Eine gewisse Verwandtschaft mit dem Epikureismus läßt sich allerdings auch noch in der Schrift von 1770 wahrnehmen, in welcher Friedrich den Versuch macht, die Moral auf das Princip der Selbstliebe zu gründen. Aber die Ausführung dieses Gedankens geht über Epikur's dürftige Begründung der Ethik weit hinaus.

Diese Beschäftigung mit der philosophischen Literatur seiner Zeit und der Vorzeit, welche Friedrich mehr als ein halbes Jahrhundert, von seiner Jugend bis zu seinem Tode, ununterbrochen fortgesetzt hat, ist nun zunächst ein schlagender Beweis für die Stärke und Dauerhaftigkeit seines philosophischen Interesse's. Zugleich zeigt sie uns aber, welches die Stoffe waren, von denen sein eigenes Denken sich nährte, welches die Gegensätze, aus denen seine Ansichten sich entwickelten. Auf dem Gebiete der theoretischen Philosophie war es der Gegensatz des Leibniz-Wolff'schen Rationalismus und des englisch-französischen Empirismus, auf dem praktischen der Gegensatz der stoischen und der epikureischen Moral, zwischen dem er eine Entscheidung treffen sollte. Diese fiel aber in dem einen Fall nicht auf die gleiche Seite, wie in dem andern. Von der Wolff'schen Metaphysik, der sich Friedrich anfangs rückhaltlos angeschlossen hatte, trat er in der Folge, mit dem Vorbehalt einer weitgehenden skeptischen Zurückhaltung, zu Locke und Voltaire über, und nur die Consequenz des Atheismus, welche die französischen Sensualisten aus ihrem Materialismus zu ziehen pflegten, erkannte er nicht an. Dagegen gewann in der Ethik der Gedanke der Pflicht für ihn eine so hohe Bedeutung, daß er den epikureischen Eudämonismus mit der Zeit vollständig verdrängte. Dieser strenge Pflichtbegriff zeigt in Verbindung mit dem skeptisch gewendeten Empirismus den philosophischen Standpunkt des Königs, trotz aller augenfälligen Unterschiede, dem Kant's verwandt; und es ist leicht zu sehen, daß es sich hiebei um mehr, als um zufälliges Zusammentreffen oder eine blos äußere Aehnlichkeit handelt.

3. Friedrich's Ansichten über die Hauptfragen der Philosophie. Gott und die Welt.

Versuchen wir nun im einzelnen nachzuweisen, wie sich Friedrich's Ansichten unter dem Einfluß der Männer und der Systeme gestalteten, die auf seine philosophische Entwickelung eingewirkt haben, so können wir zunächst seine theoretische Weltansicht von der Auffassung der praktischen Aufgaben unterscheiden, die ihm auf dem Gebiete der Moral, der Politik, der Religion und des Unterrichtswesens entgegentraten. Hinsichtlich der ersteren sind es drei Fragen, die sein Nachdenken hauptsächlich und fast ausschließlich beschäftigen: die Frage nach dem Dasein Gottes und seinem Verhältniß zur Welt; nach der Unkörperlichkeit und Unsterblichkeit der Seele; nach der Willensfreiheit und der moralischen Beschaffenheit der Menschen. Denn um ein vollständiges System der Philosophie war es Friedrich nicht zu thun. Er hatte wohl anfangs, wie wir gesehen haben, bei Wolff eines zu finden geglaubt, welches er sich seinem ganzen Umfange nach aneignen könne; aber seit er an dieser Metaphysik irre geworden war, hatte er der Metaphysik überhaupt den Abschied gegeben, und sich bei jener gemäßigten akademischen Skepsis beruhigt, welche unser Wissen auf die Erfahrung beschränkt und über diese nur bei denjenigen Ueberzeugungen hinauszugehen wagt, deren wir für unser Handeln bedürfen; welche aber auch bei diesen nie vergißt, daß sie immer nur auf eine größere oder geringere Wahrscheinlichkeit, nicht auf absolute Gewißheit, Anspruch machen können.[125]) In Friedrich's Erziehung hatte der Religionsunterricht, wie sich dieß bei den strengen Grundsätzen seines Vaters nicht anders erwarten ließ, eine hervorragende Rolle gespielt.[126]) Das Uebermaß mechanischer Religionsübung reizte nun freilich ihn und seine Schwester schon frühe, sich über dieselbe lustig zu machen; und als er unter dem Einfluß eines Bayle und Voltaire selbständig zu denken begann, konnte der Glaube an die übervernünftigen Lehren der kirchlichen Dogmatik und die Wunder der biblischen Geschichte nicht lange Stand halten. Aber das Dasein Gottes hat er nie ernstlich bezweifelt, wenn auch die eine oder die andere Aeußerung von ihm so gedeutet werden könnte;[127]) und in dieser Ueberzeugung stimmten ja auch alle die Philosophen, welche er sich zu Lehrern erwählt hatte, überein, während die späteren Wortführer des französischen

Atheismus, hierin so wenig, wie in ihrem sonstigen Radikalismus, seinen Beifall fanden. (Vergl. S. 30 f.) Er erkennt zwar, je länger er darüber nachdenkt, um so bereitwilliger an, daß der Mensch bei seinem unendlichen Abstand von der Gottheit über ihr Wesen und ihre Eigenschaften sich nur eine unsichere und unvollkommene Vorstellung bilden könne. Allein dieß hält ihn nicht ab, in der Erforschung dieses Gegenstandes wenigstens so weit zu gehen, als die menschliche Beschränktheit es erlaube."*) Und da sind es nun zwei Erwägungen, die nach seiner Ueberzeugung für den Glauben an eine Gottheit entscheidend in's Gewicht fallen. Die Welt läßt sich in der vollendeten Zweckmäßigkeit ihrer Einrichtung nur als das Werk der göttlichen Weisheit begreifen; und der Geist des Menschen kann die Eigenschaften, durch die er sich vor allen andern Wesen auszeichnet, nur dem unendlichen Geist zu verdanken haben. Jene teleologische Naturbetrachtung, welche im 17. und 18. Jahrhundert nicht allein bei den Theologen, sondern auch bei der Mehrzahl der Philosophen so beliebt war, und in welcher selbst Voltaire sich mit Leibniz und Wolff begegnete,¹⁹) hat auch Friedrich von Anfang an festgehalten. Schon 1735 sucht er in einem Brief an seine älteste Schwester¹⁹ᵇ) einen ungenügenden Beweis für's Dasein Gottes von La Croze durch einen bessern, aus dem kosmologischen und teleologischen zusammengesetzten, zu ersetzen. 1737 preist er in seiner Ode über die Wohlthaten Gottes (XIV, 7 f.) die Weisheit des Schöpfers und die Güte, die alles auf's Wohl des Menschen berechnet habe, mit warmen Worten im Geiste der damaligen Physikotheologie. Um die gleiche Zeit schreibt er an Voltaire, die Weisheit des Schöpfers habe in der Welt nichts gemacht, das nicht seinen Nutzen hätte (XXI, 32), und gegen Denselben vertheidigt er (ebd. 127) seinen Determinismus mit dem Satze: da Gott bei der Weltschöpfung einen bestimmten Zweck gehabt habe, so müssen auch alle Ereignisse zur Erreichung dieses Zweckes beitragen. Aber so entschieden er an das Dasein Gottes glaubt, so verzichtet er doch darauf, es zu beweisen, da sich für jenen Glauben die mathematische Sicherheit einer Demonstration im eigentlichen Sinne nicht gewinnen lasse."") Später hören wir ihn den Gottesglauben sowohl mit der Zweckmäßigkeit der Welteinrichtung als mit der Bemerkung begründen, daß dem Menschen seine Intelligenz nur von einer über ihm stehenden Intelligenz mitgetheilt sein könne.¹⁴¹) Eine besondere Veranlassung zur Ausführung dieser Gedanken, die allerdings schon Sokrates in die

philosophische Theologie eingeführt hat, erhielt der König in der Folge
durch den Atheismus der französischen Freigeister, zu denen in diesem Fall
auch sein Freund d'Alembert gehörte. In seinen Bemerkungen über
Holbach's „System der Natur" erklärt er: die ganze Welt beweise, daß
ihre Ordnung das Werk eines intelligenten Wesens sei, man brauche nur
die Augen zu öffnen, um sich davon zu überzeugen; und wenn die Natur
im Menschen ein vernünftiges Wesen hervorgebracht habe, so müsse sie
selbst noch unendlich viel vernünftiger sein als er, da sie ihm doch keine
Eigenschaften mitgetheilt haben könne, die ihr selbst fehlen. Wenn das
Denken eine Folge unserer Organisation sei, so müsse die Natur, welche
unendlich mehr organisirt sei als der Mensch, das Denken im höchsten
Grade der Vollkommenheit besitzen. Eine blinde Natur könnte auch mit
Hülfe der Bewegung nur Unordnung hervorbringen, aber niemals bestimmte
Ziele erreichen und Meisterstücke schaffen, die unsern Verstand im unendlich
Kleinen wie im unendlich Großen zur Bewunderung zwingen. Die Zwecke,
welche die Natur bei ihren Werken verfolge, liegen so klar vor Augen,
daß man genöthigt sei, eine überlegene Macht und Einsicht als ihre
oberste Ursache anzuerkennen. Woher die Intelligenz, welche den Menschen
über alle anderen Geschöpfe erhebt und die Schwäche seiner körperlichen
Organisation ausgleicht, woher der wunderbar zweckmäßige Bau des
thierischen Leibes? Kann alles dieses das Werk einer vernunftlosen Ursache
sein, welche die bewunderungswürdigsten Dinge hervorbringen müßte, ohne
etwas davon zu wissen? Das Auge einer Milbe, ein Grashalm genügen,
um die Weisheit ihres Urhebers zu beweisen: Schon die Constanz der
Arten läßt sich nur aus den unabänderlichen Gesetzen einer intelligenten
Natur, nicht aus dem zufälligen Zusammentreffen blind wirkender Ursachen
begreifen. Selbst der Verfasser des „Systems der Natur" muß anerkennen,
daß die Natur in ihrer unermeßlichen Werkstätte das Material zusammen=
bringt, um neue Geschöpfe zu bilden; er muß also der Natur einen Zweck,
also auch Intelligenz zuschreiben, er muß einräumen, daß die Welt nur
das Werk der Intelligenz sein kann. Dieselben Gründe hat Friedrich
fortwährend, und so namentlich auch gegen d'Alembert geltend gemacht,
um seinen Gottesglauben zu rechtfertigen.[132]) Dieser Glaube war ihm
eine wohlerwogene Ueberzeugung, an der er sein Lebenlang festhielt.

Es war ihm indessen nicht ganz leicht gemacht, denselben mit seinen
sonstigen Ansichten in durchgängige Uebereinstimmung zu bringen.

Friedrich hat zwar von Anfang an ausgesprochen, was sich schon aus seiner Begründung des Gottesbegriffs ergab, daß Gott alles in sich vereinige, was wir uns Edles und Erhabenes denken können, daß er nicht blos das unendliche und allmächtige, sondern ebensosehr auch das allweise und absolut gute Wesen sein müsse.[133]) In einem Gedicht aus dem Jahr 1737 [134]) rühmt er die Güte Gottes, dessen Weisheit den Plan der Welt entworfen, dessen Allmacht sie aus dem Nichts geschaffen, dessen Gnade den Menschen in's Dasein gerufen, ihm in der Vernunft das höchste von allen Gütern geschenkt, die ganze Welteinrichtung auf sein Bestes berechnet habe. Aber auch in seinen späteren Jahren, als sein jugendlicher Optimismus durch seine Lebenserfahrungen tief herabgestimmt war, und seine Philosophie ihn an einer zeitlichen Weltentstehung irre gemacht hatte, hielt er daran unwandelbar fest, daß der letzte Grund der Welt nur in einem allweisen und allgütigen Wesen gesucht werden könne.[135]) Allein wie sollen wir uns dieses Wesen näher denken? Die menschliche Willens- und Denkthätigkeit glaubte Friedrich, wie tiefer unten gezeigt werden wird, mit der Mehrzahl der französischen Sensualisten, ohne die Annahme einer vom Leibe verschiedenen Seele aus der bloßen Gehirnthätigkeit erklären zu können. Auf die göttliche ließ sich diese Erklärung schon deßhalb nicht anwenden, weil die Welteinrichtung ihrerseits, wie ihm feststand, durch die weltschöpferische Intelligenz bedingt sein sollte, die bei jener Erklärung ebenso ein Erzeugniß des Weltorganismus sein müßte, wie das menschliche Denken von der materialistischen Theorie für ein Erzeugniß des menschlichen Organismus gehalten wird. Wenn Gott der ganzen Körperwelt als ihr Grund vorangeht, kann er selbst nur ein unkörperliches Wesen sein. Und es wird dieß von dem König noch 1770 ausdrücklich anerkannt, wenn er d'Alembert schreibt (XXIV, 520): „Ich bin überzeugt, daß Gott nicht materiell sein kann, weil er dann durchdringlich, theilbar und endlich wäre." Indessen mußte sein psychologischer Materialismus doch auch auf seine Theologie zurückwirken. Denn da uns der Begriff des Geistes nur aus unserer innern Erfahrung entsteht, da unser Selbstbewußtsein uns die Bestimmungen an die Hand gibt, aus denen wir jenen Begriff bilden, so verliert er seinen Boden, wenn man annimmt, alle diese Bestimmungen können auch einem körperlichen Organismus als Eigenschaften desselben angehören; und wirklich fügt Friedrich der eben angeführten Aeußerung gegen d'Alembert sofort bei, er wolle die Gottheit (wie er schon XXIV, 503 bemerkt hatte) nicht „Geist" nennen, weil er sich von einem Wesen, das keinen Raum einnehme und somit nirgends existire, keine Vorstellung machen könne. Wird ferner das Dasein Gottes damit bewiesen, daß die Intelligenz im Menschen von einer Intelligenz außer ihm herstammen müsse, so läßt sich dieß mit der Behauptung, daß die Intelligenz des Menschen ein Erzeugniß seines Organismus sei, nur durch die Annahme vereinigen, jene außermenschliche Intelligenz habe ihren Sitz in der Körperwelt, deren Produkt der menschliche Leib ist; denn diesen selbst durch das Eingreifen einer außerweltlichen Gottheit in den Naturlauf entstehen zu lassen, — der einzige Ausweg, der sonst übrig bliebe — lag Friedrich ferne. Dazu kam aber bei ihm noch ein weiteres. Friedrich hatte schon frühe die Ueberzeugung gewonnen, daß die Welt anfangslos sein müsse. Noch in seiner Wolff'schen Periode (1737) schreibt er über diese Frage an Voltaire (XXI, 35): Wolff scheine die Ewigkeit der Welt anzunehmen, wiewohl er sich nicht so deutlich darüber ausspreche, als man wünschen möchte. Ihm selbst erscheine als das annehmbarste, daß die Welt „ewig in der Zeit oder der Aufeinanderfolge der Begebenheiten" sei, Gott aber als außerzeitlich allem vorangehe. Wenn Gott die Welt von Ewigkeit her habe schaffen wollen, so müsse sie nothwendig auch ewig sein, da Wollen und Vollbringen bei ihm eins seien. In der Folge hat er diese Ansicht oft und mit aller Entschiedenheit ausgesprochen; [136] zu ihrer Begründung bemerkt er gegen b'Argens: [137] das Sein könne nicht aus dem Nichts hervorgegangen sein, die Grundbestandtheile der Materie müssen daher ewig und unvergänglich sein; dann habe es aber alles für sich, daß die Welt, so wie sie ist, immer existirt habe, und daß Gott das Chaos nicht Millionen von Jahrhunderten habe bestehen lassen, um es dann in einem bestimmten Zeitpunkt eher als in einem anderen in Ordnung zu bringen. Nun verträgt sich aber die Ewigkeit der Welt mit der Außerweltlichkeit Gottes zwar bei einem Aristoteles, welcher der außerweltlichen Gottheit keine weitere Einwirkung auf die Welt zuschreibt, als die, daß sie die Bewegung der äußersten Himmelssphäre bewirkt; denn diese Wirkung kann sie auf dieselbe von aller Ewigkeit her ausgeübt haben, wenn sie von Ewigkeit her eine Welt neben sich hatte. Sieht man dagegen, wie dieß Friedrich's teleologischer Beweis für das Dasein Gottes voraussetzt, in Gott die Ursache, durch deren Wirksamkeit schon das Dasein der Welt bedingt ist, ohne welche der Stoff nicht hervorgebracht, oder wenigstens nicht zu einer Welt gestaltet werden könnte, so läßt sich die Welt nicht als etwas betrachten, das von Ewigkeit her neben der Gottheit und seinem Dasein nach von ihr getrennt existirte. Wenn vielmehr Gott die Welt als ein System außer ihm selbst befindlicher Wesen durch seinen Willen hervorbrachte, so mußte er selbst ihr seinem Dasein nach vorangehen, sie ist mithin nicht ewig, sondern existirt erst seit dem Zeitpunkt, in dem Gott den Entschluß, sie zu schaffen, ausgeführt hat. Wenn andererseits von Ewigkeit her mit dem Sein der Gottheit als eine Wirkung derselben (mag man sich nun diese durch ein Wollen vermittelt denken oder nicht) das Dasein der Welt gesetzt war, so hat die Welt kein eigenes, von dem der Gottheit getrenntes Sein, sondern sie ist nur die Erscheinung des Wesens und der Kraft Gottes, Gott ist, wie Spinoza dieß ausdrückt, nicht die transeunte, sondern die immanente Ursache der Welt. Es war daher Friedrich auch von dieser Seite her nahe gelegt, jenen Dualismus von Gott und Welt aufzugeben, von dem seine Beweisführung für das Dasein Gottes ursprünglich ausgegangen war. Nun kann er sich allerdings zu dem Pantheismus der Stoiker und Spinoza's nicht entschließen; welchen letzteren er aber freilich sehr ungenau aufgefaßt, und wahrscheinlich nur aus dritter Hand gekannt hat. Diese Philosophen, sagt er,[13e]) haben alle denkenden Wesen für Theile der Gottheit erklärt, dieß sei aber ungereimt, denn Gott sei nicht theilbar, er könne seine ewige Natur vergänglichen Wesen nicht mittheilen, und andererseits können die Thorheiten und Verbrechen der Menschen nicht für Thaten Gottes, ihre Kriege nicht für Kämpfe gehalten werden, in denen ein Theil der Gottheit sich mit einem anderen schlage. Allein die Außerweltlichkeit Gottes gibt er darum doch auf, nur in anderer Weise: er versetzt nicht die Welt als bloße Erscheinung Gottes in die Gottheit, aber er versetzt Gott als ein Erzeugniß des Weltorganismus in die Welt. Wie das menschliche Denken seiner Meinung nach eine Folge der menschlichen Organisation ist, so soll das göttliche eine Folge von der Organisation der Welt sein. Schon S. 40 ist uns diese Vorstellung begegnet. In demselben Sinn schreibt er gleichzeitig (1770) an d'Alembert (XXIV, 503): die wunderbare Zweckmäßigkeit, die sich in der Natur kundgebe, nöthige ihm das Zugeständniß ab, daß die Welt von einer Intelligenz geleitet werde, welche die allgemeine Einrichtung der Maschine aufrechthalte. Er denke sich diese Intelligenz als das Prinzip des Lebens und der Bewegung. Da nun der Mensch trotz seiner Materialität denke und sich bewege, sehe er keinen Grund, weßhalb nicht ein ähnliches denkendes und wirkendes Princip mit der Weltmaterie verbunden sein könnte. Er nenne es nicht Geist (vgl. S. 42); aber wenn unser Denken eine Folge von der Organisation unseres Körpers sei, warum denn nicht das Universum, das unendlich mehr organisirt sei als der Mensch, eine Intelligenz sollte besitzen können, welche der eines so gebrechlichen Geschöpfes unendlich überlegen sei? An einer späteren Stelle (XXIV, 520) bezeichnet er diese „mit der ewigen Organisation der Welten verknüpfte Intelligenz" als das Sensorium des Weltganzen, indem er ihr Dasein mit den uns längst bekannten, von der Zweckmäßigkeit der Natur und der menschlichen Intelligenz hergenommenen Gründen beweist (vgl. Anm. 132). Aehnlich sagt er bald nachher (XXIV, 531): „Wenn eine Milbe, wie du, lebt und denkt, wie sollten nicht diese ungeheuren Körper, die in unaufhörlicher Bewegung sind, eine viel höhere Intelligenz, als die deinige, erzeugen?" Auch wenn Friedrich um die gleiche Zeit (XXIII, 173) gegen Voltaire Gott „das intelligente Princip alles Lebens in der Natur" nennt, werden wir bei diesem Ausdruck nur an eine dem Naturganzen inwohnende Intelligenz denken dürfen; und wenn er ihn einigemale als das erste Bewegende bezeichnet,[139]) deutet er doch mit keinem Wort an, daß er bei diesem ersten Bewegenden mit Aristoteles an ein außerweltliches und nicht vielmehr an dasselbe innerweltliche Princip denke, von dem er in den vorhin besprochenen Stellen alles Leben und alle Ordnung in der Welt hergeleitet hat. Wie wir uns aber freilich die Entstehung der göttlichen Intelligenz aus dem Weltorganismus näher denken sollen, und wie weit wir in dieser Beziehung die Analogie mit der menschlichen Vernunft verfolgen dürfen: ob das Weltganze ein Organismus in demselben Sinn ist, wie der menschliche Leib, und ein Centralorgan hat, in dem sich die Gedanken Gottes ebenso bilden, wie die des Menschen, nach Friedrich's Meinung, in seinem Gehirn; wie ferner jene göttliche Intelligenz das sein kann, als was der teleologische Beweis sie betrachtet und fordert: die Ursache aller Ordnung und Zweckmäßigkeit in der Natur, wenn doch sie selbst erst aus der „Organisation", d. h. aus dem zweckmäßigen Bau der Welt entspringt; mit welchem Recht endlich geleugnet werden kann, daß Gott etwas körperliches sei (vgl. S. 41), wenn doch das, worauf Friedrich den Gottesbegriff zurückführt, die weltordnende Intelligenz, ebenso ein Product des Weltorganismus ist, wie unsere Seele ein Product unseres Gehirns sein soll — auf alle diese Fragen erhalten wir keine Antwort. Es kreuzen sich in Friedrich's Gottesbegriff, so wie sich uns dieser in seiner späteren Zeit darstellt, unverkennbar zwei Standpunkte: der spiritualistische Theismus, von dem er ursprünglich ausgieng und der fortwährend seiner teleologischen Beweisführung für's Dasein Gottes zur unentbehrlichen Voraussetzung diente, und der materialistische Naturalismus, welcher in der Consequenz seines anthropologischen Materialismus und seiner Ansicht über die Ewigkeit der Welt lag. Die Vereinbarkeit dieser beiden Standpunkte hat er nicht nachgewiesen, wie sie sich denn auch ohne wesentliche Umbildung derselben nicht nachweisen ließ, ihre wissenschaftliche Vermittlung hat er nicht versucht; was konnte anderes herauskommen, als das, was thatsächlich vorliegt: ein Schwanken zwischen Bestimmungen, die sich nicht mit einander vertragen, und von denen jede durch die Rücksicht auf die andern an ihrer vollen Entwicklung gehindert wird?

Mit größerer Sicherheit hat Friedrich dem Vorsehungsglauben gegenüber seine Stellung genommen und festgehalten. Aeußert er sich auch 1734 und selbst 1737 noch im Sinn der gewöhnlichen Ansicht,[140]) so finden wir ihn doch in der Folge auf einem wesentlich veränderten Standpunkt. Die specielle Fürsorge Gottes für die Einzelnen, die Leitung der menschlichen Schicksale durch die Gottheit wird jetzt aufgegeben, und es wird ihr außer der Feststellung und Erhaltung der allgemeinen Naturgesetze keine Einwirkung auf die Welt zugestanden. In einem Gedicht an Maupertuis (1750; X, 110 f.) begründet der König den Satz, daß die Vorsehung sich nicht um die Individuen, sondern nur um die Gattung bekümmere, mit der Erwägung: wir seien viel zu unbedeutende Geschöpfe, als daß sich das höchste Wesen mit uns beschäftigen sollte. Gott habe der Natur aller Dinge, auch der des Menschen, jene unabänderlichen Gesetze vorgeschrieben, nach denen die Welt sich bewege, sich erhalte, alle die Uebel, welche in ihr hervortreten, immer wieder überwinde und ausgleiche. Aber diese Gesetze seien durchaus nur auf das große Ganze, auf die Erhaltung der Arten, nicht auf die Individuen, berechnet. Ihr Urheber werde durch die Folgen, die aus ihnen für die Einzelnen hervorgehen, nicht beunruhigt; denn was der menschlichen Kurzsichtigkeit als ein schweres Uebel erscheine, sei in Wahrheit nur das Ergebniß einer weisen Weltordnung, und der Mensch könne nicht verlangen, daß die Gesetze dieser Weltordnung um seinetwillen verändert werden. Wäre dem nicht so, so könnte man freilich nicht begreifen, wie die Gottheit alle die Gräuel dulden könne, von denen der König, mit besonderer Rücksicht auf die Pest, die unter seinem Vater Ostpreußen entvölkert hatte, eine beredte Schilderung entwirft. Allein in der Weltordnung werden nicht blos Einzelne, sondern auch ganze Staaten und Reiche kaum gezählt; ob sie auch leiden und untergehen, der Bestand des Ganzen werde davon nicht berührt. In demselben Sinn hat sich Friedrich oft und entschieden geäußert.[141]) Wir werden darin zunächst eine Consequenz jenes Determinismus zu sehen haben, in dem er sich, wie sogleich gezeigt werden soll, schon frühe Leibniz und Wolff angeschlossen hatte. Was Leibniz' System der prästabilirten Harmonie von dem gewöhnlichen Vorsehungsglauben unterscheidet, ist in letzter Beziehung eben dieses, daß es die Einwirkung Gottes auf den Weltlauf statt der unbestimmt vielen einzelnen Akte, an die jener sie vertheilt, auf einen einzigen, den ursprünglichen Schöpfungsakt, zurückführt, und demgemäß in Gott nur die erste, entfernteste Ursache dessen erkennt, was geschieht, seinen nächsten Grund dagegen ausschließlich in der Verkettung und dem Zusammenwirken der natürlichen Ursachen, wie sich dieses aus der ursprünglichen Einrichtung und der seitherigen Entwickelung der Welt nach unabänderlichen Gesetzen ergibt. Leibniz und Wolff hatten aber diesen Standpunkt nicht mit strenger Folgerichtigkeit durchgeführt. Sie hatten die Geschlossenheit ihres Systems durch die Zulassung von Wundern durchbrochen, die sich freilich schließlich doch wieder in natürliche Vorgänge auflösten, da sie von Anfang an in den Weltplan mit aufgenommen, in der Weltordnung präformirt sein sollten; und wenn sie in ihrer teleologischen Naturbetrachtung und ihrer Theodicee sich bemühten, die Welt und den Weltlauf als ein Werk der göttlichen Weisheit nachzuweisen, so suchte wenigstens Wolff den Zweck, welchen diese hiebei verfolge, viel zu einseitig in dem Wohle des Menschen, auf das die ganze Natureinrichtung von ihm wie von der ganzen Physikotheologie jener Zeit in kleinlicher und äußerlicher Weise bezogen wurde.[142]) Friedrich seinerseits hatte dem Wunderglauben frühzeitig den Abschied gegeben, und er war nicht geneigt, ihn durch eine Hinterthüre wieder einzuführen; er konnte daher auch keine Vorstellung über die göttliche Vorsehung gut heißen, welche nachträgliche Eingriffe der Gottheit in den Weltlauf anzunehmen genöthigt hätte: an die Stelle des Vorsehungsglaubens trat der einfache Determinismus. Dieser Determinismus selbst aber hatte bei ihm deßhalb einen naturalistischeren Charakter, als bei Leibniz und Wolff, weil er viel strenger als diese an dem Gedanken festhielt, daß es Gott in seiner weltschöpferischen und welterhaltenden Wirksamkeit nicht um die einzelnen Theile der Welt, sondern nur um die Vollkommenheit des Weltganzen zu thun sei.[143]) Er konnte den Menschen und ihren Angelegenheiten keinen so hervorragenden Werth beilegen, daß man das Recht hätte, eine Ausnahmestellung für sie in Anspruch zu nehmen. Seine Lebenserfahrung zeigte ihm in der menschlichen Natur so viele Mängel, in der menschlichen Gesellschaft so viel Unrecht und Elend, in den Schicksalen der Menschen eine so ungleiche Vertheilung von Glück und Unglück, daß es ihm unmöglich schien, alle diese Erscheinungen von einer auf das Wohl des Menschen gerichteten Absicht herzuleiten, und nicht vielmehr in denselben nur die unvermeidlichen Folgen einer Weltordnung zu erkennen, die nur auf die Erhaltung und die Vollkommenheit des Weltganzen berechnet, auf die Wünsche und Bedürfnisse der Einzelnen unmöglich Rücksicht nehmen konnte. Diese Ansicht hat Friedrich, wie wir sahen (S. 45 f.), schon zu einer Zeit ausgesprochen, in der zehen Regierungsjahre voll ungetrübter Erfolge ihn geneigt machen mußten, dem menschlichen Leben die beste Seite abzugewinnen. Er konnte in ihr nur bestärkt werden, als in dem siebenjährigen Kampf um sein Dasein die Mühen, die Sorgen, die Unglücksfälle, die Verluste sich zu einer Last anhäuften, der selbst seine Heldenkraft kaum noch Stand hielt, und als gleichzeitig unter den Erfahrungen, die er mit Freunden und Feinden machte, sich eine Stimmung bei ihm festsetzte, die nicht selten zu herber Menschenverachtung fortgieng; so wenig sie auch seine pflichtmäßige Thätigkeit für alle, die seiner Fürsorge anvertraut waren, zu lähmen, oder seine Freude an dem menschlich Schönen und geistig Bedeutenden abzustumpfen vermochte. Den Glauben an einen Weltzweck und eine schöpferische Weisheit, die ihn verwirklicht, hat er nie aufgegeben; aber in dem Leben und den Schicksalen der Menschen mußte er nur ein Spiel natürlicher Kräfte zu sehen, das der Einsicht und Thätigkeit der Einzelnen blos ein eng begrenztes und fortwährend von unerwarteten Ereignissen durchkreuztes Gebiet übrig lasse.

Der Gedanke einer unabänderlichen Nothwendigkeit alles Geschehens war Friedrich schon frühe in der calvinischen Prädestinationslehre nahe getreten, in die sein Religionslehrer, der Hofprediger Andreä, und sein Erzieher Duhan ihn eingeführt hatten[144]). Daß sie wenigstens ihrer allgemeinen Tendenz nach seinen Beifall gefunden hatte, erhellt aus der Mühe, die sich sein Vater sich gab, den Achtzehn- und Neunzehnjährigen durch Ermahnungen im Befehlston und durch seelsorgerische Einwirkung von ihr zurückzubringen;[145]) wenn auch immerhin zu vermuthen ist, daß Friedrich, bei der Selbständigkeit, mit der er schon frühe der positiven Dogmatik gegenüberstand, nur ihre allgemeinen Voraussetzungen über die unbedingte Abhängigkeit aller Dinge von der Gottheit, nicht die Lehre von der ewigen Vorherbestimmung zur Seligkeit und zur Verdammniß sich angeeignet, oder wenigstens nur an jenen festgehalten habe. Dieser theologische Determinismus wurde aber in der Folge durch den Einfluß der Leibniz-Wolffischen Philosophie[146]) wesentlich umgestaltet. Denn wiewohl auch ihre Weltanschauung auf der Ueberzeugung beruht, daß alles in der Welt als ein Mittel für die Vollkommenheit des Weltganzen aus dem schöpferischen Willen der Gottheit nach einer unabänderlichen Vorherbestimmung hervorgehe, so ist doch jener Wille für sie nicht ein unerforschlicher, lediglich in dem göttlichen Belieben begründeter, und von einer Allmacht, der die Natur der Dinge keine Schranken auferlegt, vollzogener Rathschluß über Wohl und Wehe einzelner Personen; sondern wie Gott vermöge seiner Vollkommenheit von allen an sich denkbaren Welten nur die absolut beste wählen konnte, so konnte er auch jedem von ihren Theilen nur die Natur geben, die Stellung anweisen, die Entwicklung und die Schicksale vorschreiben, welche nach dem Gesetz des zureichenden Grundes für die Vollkommenheit des Ganzen erforderlich waren.[147]) Jeder einzelne Vorgang ist daher eine Folge des ganzen Weltzustandes und dieser eine Folge aller früheren Zustände; auf die Gottheit läßt sich das Einzelne nie unmittelbar, sondern immer nur durch Vermittlung des ganzen Naturlaufs zurückführen; es kann mithin auch von Gott nicht um seiner selbst willen, sondern nur als ein Mittel für die Vollkommenheit des Ganzen gewollt sein: nur dieses ist der Gegenstand der göttlichen Fürsorge, dem Einzelnen dagegen ergeht es, wie dieß der Weltlauf mit sich bringt, der in letzter Beziehung allerdings von dem schöpferischen Willen der Gottheit herrührt. Dieser Uebergang des theologischen Determinismus in den naturalistischen läßt sich bei Friedrich noch deutlich erkennen. Zu den erſten von den Briefen, in denen er die durchgängige Beſtimmtheit der menſchlichen Handlungen gegen Voltaire vertheidigt,¹⁴⁷) iſt es noch ganz die Unbedingtheit der göttlichen Rathſchlüſſe, auf die er ſich ſtützt. Wenn Gott weiſe und allmächtig iſt, ſagt er, ſo muß er bei der Schöpfung der Welt einen Zweck gehabt haben, und alles, was geſchieht, muß zur Erreichung dieſes Zwecks beitragen; dann können aber auch die Menſchen nichts anderes ſein, als Werkzeuge, die ſeine Abſichten ausführen, ohne es ſelbſt zu wiſſen. Wäre dem nicht ſo, ſo bliebe für Gott nur die Rolle des Zuſchauers bei dem, was die Menſchen thun. Vermöge ſeiner Allwiſſenheit ſieht Gott alles, was geſchieht, voraus, vermöge ſeiner Allmacht beſtimmt er unabänderlich, was geſchehen ſoll. Schon hier begegnet uns aber (XXI, 129. 159. 190) die Bemerkung, daß nach dem Satz vom zureichenden Grunde alle Dinge und Ereigniſſe ihre Urſache an dem haben müſſen, was ihnen vorangieng, und daß auch die Gottheit die Natur der Dinge nicht ändern könne; daß man daher, wenn man alles auf Gott zurückführt, nur die Wirkungen des Naturlaufs mit ihrer erſten Urſache verknüpfe. Stärker wird dieſe Seite etwas ſpäter betont, wenn Friedrich ſchreibt: ¹⁴⁹) man könne ſich den unwiderruflichen Geſetzen des Schickſals nicht entziehen, der Strom der aufeinanderfolgenden Ereigniſſe reiße uns wider Willen mit ſich fort, und es wäre eine Thorheit, ſich der Nothwendigkeit, dem, was von aller Ewigkeit her beſtimmt ſei, widerſetzen zu wollen. So wenig auch die Nothwendigkeit eines Uebels dafür tröſte, ſo liege doch etwas Befriedigendes in dem Gedanken, daß unſere Leiden nicht von uns verſchuldet, ſondern in dem Plan und der Ordnung der Vorſehung begriffen ſeien. In der Folge verſchwindet aus Friedrich's Betrachtungen über den Weltlauf dieſer theologiſch-metaphyſiſche Hintergrund immer mehr, und an die Stelle der Vorſehung, auf welche nur noch die allgemeinen Geſetze der Weltordnung zurückgeführt werden, tritt als der Beherrſcher der menſchlichen Geſchicke der Naturzuſammenhang, die Verſchlingung der Einzelurſachen, oder wie Friedrich mit der Schulmetaphyſik ſagt, der Urſachen zweiter Ordnung (causes secondes), ohne daß der König doch damit im weſentlichen ſeinem früheren Standpunkt untreu geworden zu ſein ſich bewußt wäre. Man müſſe ſich, ſchreibt er noch 1778 (XXIV, 311) der Kurfürſtin von Sachſen beim Tod ihres Bruders, der Nothwendigkeit der Urſachen beugen, welche die Ereigniſſe herbeiführen, nicht wie wir es wünſchen, ſondern wie es Umſtände verlangen, die unsern Augen immer verborgen sein werden; und er erläutert dieß (S. 313) mit den Worten: „Die allgemeinen und ewigen Gesetze, welche die Welt regieren, berechtigen uns sicher zu der Annahme, daß es ebenso speciellere gebe, und daß das, was man den Zufall nennt, bei unsern Erlebnissen nicht betheiligt sei. Es ist unleugbar, daß die Menschen nach Plänen handeln, die sie entwerfen, ohne zu wissen, wohin das Spiel der abgeleiteten Ursachen sie führen wird. So sind wir beim Lichte betrachtet nur Marionetten, welche von göttlichen Händen bewegt werden; und diese lenken unsere Entschlüsse und Handlungen auf ein Ziel, das wir nicht kennen, das aber nothwendig durch die allgemeine Verkettung der Ursachen in der Welt bedingt ist. Ich, der ich nur eine der kleinsten von diesen Marionetten bin, vertraue mich meinerseits dem allmächtigen Arm an, der mich führt, und überlasse mich meinem Schicksal." Und als die Kurfürstin diese Ansicht allzu fatalistisch findet, bittet sie Friedrich (S. 316) zu erwägen, daß das höchste Wesen allen Arten von lebenden Geschöpfen ebensogut, wie der ganzen Natur, unabänderliche Gesetze vorgezeichnet habe. Jeder bringe seinen character indelebilis in's Leben mit, den die Natur, oder vielmehr die Gottheit, ihm aufgeprägt habe; unsere Leidenschaften, unsere Vorurtheile, das Maß unserer Geisteskräfte seien die unsichtbaren Springfedern, mittelst deren die Vorsehung unsere Handlungen leite. Nichts könne gegen den Willen der Gottheit geschehen, der Mensch sei nur ein geringes Werkzeug in der Hand einer Macht, die sich seiner nach ihrer unendlichen Weisheit zur Verwirklichung ihrer Pläne bediene. In dieser letzteren Wendung läßt sich nun freilich die Anbequemung an den Standpunkt der Kurfürstin nicht verkennen; Friedrich's eigentliche Meinung ist nur die, daß aus der ursprünglichen, von Gott, wie er nicht bezweifelt, mit vollendeter Weisheit geordneten Welteinrichtung der Weltlauf, und im Zusammenhang desselben auch der Verlauf des menschlichen Lebens, nach unabänderlichen Gesetzen hervorgehe; daß uns kurzsichtigen Menschen (wie er VI, 179 schreibt) nichts übrig bleibe, als die Zukunft „der Vorsehung oder vielmehr dem Verhängniß anheimzustellen", welche sie ebenso ordnen werden, wie sie die Vergangenheit geordnet haben.

Mit dieser Ansicht scheint es nun auf den ersten Anblick nicht zu stimmen, wenn wir Friedrich das menschliche Leben, bald im Tone der Klage, bald in dem der Ergebung, als ein Spiel des Zufalls bezeichnen hören. Allein dieser Widerspruch ist blos scheinbar. Denn unter dem Zufall versteht Friedrich, wie er ausdrücklich erklärt, nur das gleiche, was schon ein Theil der alten Philosophen darunter verstand: diejenigen Naturursachen, deren Wirkungen wir nicht vorhersehen, sondern erst durch ihr Eintreten kennen lernen, die unerwarteten Ereignisse, welche unsere Absichten ohne unser Zuthun durchkreuzen oder fördern.[150] Wie eingreifend der Einfluß dieser unvorhergesehenen Ereignisse ist, wie vieles in der Welt geschieht, das nicht allein unsern persönlichen Wünschen, sondern auch unsern Begriffen von einer gerechten und vernünftigen Weltordnung widerstreitet, darauf war Friedrich schon frühe aufmerksam geworden;[151] in der Folge waren es vor allem die Erfahrungen seiner Regentenlaufbahn, und unter diesen an erster Stelle die Wechselfälle des siebenjährigen Kriegs, welche ihm die Ueberzeugung aufdrängten, daß der Zufall, in dem oben angegebenen Sinn des Wortes, eine Macht sei, welche der menschlichen Thatkraft und Klugheit nur einen beschränkten Spielraum lasse. „Je älter man wird", schreibt er den 12. März 1759 (XXIII, 27) an Voltaire, „um so mehr überzeugt man sich, daß Seine geheiligte Majestät der Zufall[151b] drei Viertel von den Geschäften dieser elenden Welt besorgt, und daß die, welche sich für die klügsten halten, die größten Thoren in dieser Gattung von zweibeinigen Wesen ohne Federn sind, der wir die Ehre haben anzugehören". Und schon ein Jahr früher hatte er jene épître sur le Hasard (XII, 57—69) verfaßt, die er bei ihrer Uebersendung an Voltaire mit diesen Worten begleitete; die Verse, fügt er bei, seien schlecht, aber von der Wahrheit ihres Inhalts sei er überzeugt. Der leitende Gedanke dieses Lehrgedichts liegt nun in dem Satze, daß die Welt das Reich des Zufalls sei, d. h. daß alle Ereignisse von Ursachen bewirkt werden, die man vielleicht nachträglich aus den Erfolgen erkennen möge, von denen aber die meisten uns viel zu verborgen seien, um sie in unsern Handlungen und Entwürfen berücksichtigen zu können und durch ihre Wirkungen nicht überrascht zu werden.[152] Zum Beweis dieses Satzes erinnert Friedrich an die Unberechenbarkeit aller der Ereignisse, welche die Verhältnisse, von denen ein bestimmter Erfolg abhängt, jeden Augenblick ändern können; zu seiner thatsächlichen Bestätigung beruft er sich auf jene überraschenden Schicksalswechsel, von welchen die Geschichte der Höfe und ihrer Politik, der Dynastieen und der Kriege so zahlreiche Beispiele an die Hand gibt, und nicht zum wenigsten auf die Erfahrungen, die er selbst in dem Glück, das seine ersten Regierungsjahre begleitete, wie in dem Mißgeschick gemacht habe, das ihn jetzt verfolge. Und er kommt so immer wieder zu dem Schlusse, daß es „in dieser verwünschten Welt nichts als Zufälligkeiten gebe", daß uns nach den verständigsten Berechnungen am Ende nur das Bekenntniß der menschlichen Beschränktheit und der Gewalt übrig bleibe, mit welcher der Strom des Geschickes uns fortreiße. Ohne Werth sei die Klugheit darum doch nicht; sei sie auch keine Panacee gegen alle Uebel, so setze sie uns doch in den Stand, vor solchen, die sich vermeiden lassen, uns zu hüten, das Unglück durch Ausdauer zu ermüden, unsere Wünsche zu mäßigen, den Schicksalsschlägen die Stirne zu bieten. Von dem gleichen Gesichtspunkt geht Friedrich in der Vertheidigung der Politik aus, die ihn 1756 zu den Waffen greifen ließ. Die Staatsmänner, sagt er, können nicht in der Zukunft lesen; das, was man gewöhnlich Zufall nennt, während es die Philosophen als Ursachen zweiter Ordnung bezeichnen, entzieht sich ihrer Rechnung;" [133]) und er sucht nun zu zeigen, daß die Coalition aller Continentalmächte gegen Preußen, und namentlich die Betheiligung Frankreichs an derselben, zu den unberechenbaren Umständen gehört habe. Diese relative Zufälligkeit des Weltlaufs hält den König allerdings nicht ab, seinen letzten Grund in dem Wesen zu suchen, auf das wir die ganze Weltordnung zurückführen müssen. [134]) Aber diese Abhängigkeit ist seiner Ansicht nach nur eine mittelbare: Gott hat die Welt aus denjenigen Bestandtheilen zusammengesetzt, und er hat diesen für ihre gegenseitige Einwirkung auf einander diejenigen Gesetze gegeben, welche die Vollkommenheit des Weltganzen forderte; aber was aus ihrem Zusammenwirken für die einzelnen Wesen in der Welt hervorgeht, bildet keinen Theil seines Weltplans, es ist eine Folge von der gesetzmäßigen Wechselwirkung der natürlichen Ursachen, aber es ist nicht als Zweck in den göttlichen Willen aufgenommen, und vollends nicht, wie der gewöhnliche Vorsehungsglaube voraussetzt, durch ein auf diese bestimmten Erfolge gerichtetes Eingreifen Gottes in den Weltlauf bewirkt. Diese Ansicht ergab sich nicht allein, wie bemerkt (S. 48), aus der Leibniz-Wolff'schen Theorie, sondern sie konnte Friedrich auch als ein Folgesatz des stoischen Determinismus aus Seneca und Cicero bekannt sein. [135])

Mit Wolff's und Leibniz' theologischem Determinismus hieng nun ebenso, wie mit dem der Stoiker, die Ueberzeugung von der Vollkommenheit der Welt, der Optimismus dieser Philosophen, zusammen. Auch Friedrich hatte sich in seinen jüngeren Jahren ohne Vorbehalt zu dieser Ueberzeugung bekannt.[156]) Aber die gleichen Erfahrungen und Erwägungen, die ihn bestimmten, die Fürsorge Gottes für die Welt auf das Weltganze zu beschränken, die Schicksale der Einzelnen dagegen von ihr auszunehmen (vgl. S. 45 f.), mußten auch auf seine Ansicht von der Vollkommenheit der Welt einen entsprechenden Einfluß ausüben. Sofern mit dieser Vollkommenheit die des Weltganzen und seiner unveränderlichen Gesetze gemeint ist, hat sie Friedrich auch in seinen späteren Jahren gegen Einwürfe und Zweifel ausdrücklich vertheidigt.[157]) Meint man dagegen, daß in der Menschenwelt, diesem kleinen Theil des Ganzen, alles auf's beste bestellt sei, so steht dieß, wie er glaubt, in einem augenscheinlichen Widerspruch mit der Erfahrung. Hatte er schon früher (nach Anm. 151) doch nicht alles, was der Weltlauf bringt, gutzuheißen vermocht, so drängt sich ihm später immer mehr die Ueberzeugung auf, daß „die beste der Welten nicht die sei, in der wir leben",[158]) daß neben dem Guten leider auch sehr viel Uebles in einer Welt sei, in der fast immer das Gegentheil dessen geschehe, was man vernünftigerweise erwarten sollte, und von der sich schwer sagen lasse, welchen Zweck ihr Dasein habe;[159]) daß daher „Maupertuis Recht gehabt habe, wenn er behauptete, in diesem Hundeleben übersteige die Summe der Uebel die der Güter; denn das Glück werfe auf unser Leben nur vorübergehende Lichter, der Kummer tiefe und bleibende Schatten."[160]) Den ergreifendsten Ausdruck hat Friedrich dieser Stimmung in dem Gedicht gegeben, das er wenige Wochen nach dem doppelten Schlage, der ihn an Einem Tage durch die Niederlage bei Hochkirch und den Tod seiner ältesten Schwester traf, mit blutendem Herzen an Lord Keith richtete, welchem der gleiche Tag seinen Bruder, den Feldmarschall, geraubt hatte.[161]) Seine eigenen Lebenserfahrungen, die Bitternisse seiner Jugend, die Sorgen und Gefahren, mit denen er seit Jahren in aussichtslosem Kampfe zu ringen hat, die Verwüstung seines Landes, die zahllosen Opfer des Krieges, die unheilbaren Wunden, die der Tod seiner Mutter, seines Bruders, seiner Schwester seinem Herzen geschlagen hat — alle diese traurigen Erlebnisse drängen ihm die Frage auf, wie sich das Elend der Menschen mit der vielgerühmten Vaterliebe Gottes vertrage; und er findet auf diese Frage nur die Antwort: die Gottheit sei taub gegen die Bitten der Sterblichen,

und es bleibe diesen nichts anderes übrig, als den Leiden ihre Willens-
stärke entgegenzusetzen, ihre Pflicht zu thun, und wenn ihnen die Last
allzuschwer werde, sich einem unerträglichen Leben durch freiwilligen Tod
zu entziehen. An die Stelle seines ursprünglichen Optimismus tritt so
als das letzte Ergebniß seiner Lebenserfahrung die stoische Resignation,
und es ist leicht zu erkennen, daß ihm kein anderes übrig blieb, nachdem
er einmal mit dem Grundsatz, alle Ereignisse aus ihren natürlichen Ursachen zu erklären, Ernst gemacht hatte.

4. Die Natur und der Mensch.

Neben der Untersuchung über die Gottheit und ihr Verhältniß zur
Welt haben für Friedrich von den Fragen, mit denen die theoretische Philosophie sich beschäftigt, nur die anthropologischen, nach dem Wesen der Seele,
der Unsterblichkeit, der Willensfreiheit, der moralischen Beschaffenheit des
Menschen, ein tieferes Interesse. Er bewegt sich in dieser Beziehung
ganz in der Richtung, welche die englische Philosophie seit Locke genommen
hatte, die französische seit Condillac und La Mettrie, die deutsche bald
nach Wolff's Tod einschlug. Die wissenschaftliche Aufgabe der Welterklärung
wird von der praktischen, eine Anleitung zur Lebensführung zu gewinnen,
in den Hintergrund gedrängt, und sie zieht die Aufmerksamkeit nur noch
so weit auf sich, als dieß für jenen praktischen Zweck selbst nöthig zu sein
scheint. Bei Friedrich war dieß um so natürlicher, da er, wie wir gesehen
haben (S. 12 ff.), schon ziemlich frühe zu der Ueberzeugung gelangt war,
daß das menschliche Erkenntnißvermögen überhaupt nur für die Gegenstände
ausreiche, deren Kenntniß uns für unser praktisches Verhalten unentbehrlich
sei. In seinen jüngeren Jahren hatte er allerdings daran gedacht, sich
auch mit den Naturwissenschaften genauer bekannt zu machen; aber er
hatte diesem Gedanken keine weitere Folge gegeben (vgl. S. 19 f.). So ist
es denn, abgesehen von einigen physikalischen Einzelheiten,[162] nur eine
einzige naturphilosophische Frage, die er in seinen Briefen und Schriften
berührt. Nachdem er anfänglich von Wolff's Sätzen über die einfachen Wesen
als die Grundbestandtheile der Körper entzückt gewesen war,[163] kam er bald
von dieser wie von anderen Lehren der Wolff'schen Metaphysik ab, und wollte
nicht allein die körperlichen, sondern auch die Bewußtseinserscheinungen
lediglich aus materiellen Ursachen ableiten.[164] Die Materie ihrerseits statt

der Monaden aus körperlichen Atomen zusammenzusetzen, konnte er sich lange nicht entschließen, weil ihm (mit Descartes) die für die Atomistik unentbehrliche Annahme des leeren Raums allzu ungereimt schien. Erst in seinen späteren Jahren erklärte er sich für die Atome, und schließlich ließ er sich auch das Leere, nicht ohne Vorbehalt, gefallen.¹⁶⁵) Aber auf die Gründe dieser Annahme ist er nirgends näher eingegangen, und ebensowenig äußert er sich in der Zeit, in der er Atome zugab, aber den leeren Raum bestritt, darüber, wie jene ohne diesen denkbar seien.

Für Friedrich selbst lag das Hauptinteresse der Lehre von den einfachen Wesen ohne Zweifel von Anfang an in der Anwendung, die sich von ihr auf die Psychologie machen ließ. Die Einwürfe gegen den Unsterblichkeitsglauben, welche sich ihm schon frühzeitig aufdrängten, gründeten sich auf die Ansicht, daß das Denken an die körperlichen Organe geknüpft sei; Wolff's Lehre von den einfachen Wesen ließ ihm ein körperloses Dasein der Seele zulässig erscheinen. „Ich fange endlich an," schreibt er darüber an Suhm,¹⁶⁶) „die Morgenröthe eines Tages zu bemerken, der meinen Augen noch nicht vollständig leuchtet; ich sehe die Möglichkeit, daß ich eine Seele habe, und selbst, daß sie unsterblich ist." Die Beweise hiefür, die ihm Achard vorgelegt habe, seien allerdings nicht überzeugend, er werde jedoch sehr zufrieden sein, wenn ihm Wolff bessere an die Hand gebe. Aehnlich spricht er sich an demselben Tage (XVI, 113 f.) gegen den so eben genannten Prediger Achard aus. Nachdem er ihm seine Einwendungen gegen die Unsterblichkeit vorgetragen hat, entwickelt er Wolff's Lehre über die einfachen Wesen und ihre Fortdauer mit dem Beisatz: er hoffe durch sie einer Wahrheit gewiß zu werden, die ihm bereits halb und halb einleuchte. In der Folge wird er sich mit der entschiedeneren Anerkennung der „einfachen Wesen", auch von der Immaterialität der Seele für einige Zeit fester überzeugt haben. Aber noch während er für Wolff's Lehre Partei nimmt, räumt er Voltaire ein, daß Gott allerdings (wie schon Locke behauptet hatte) der Materie die Fähigkeit, zu denken, verliehen haben könnte;¹⁶⁷) und zwei Jahre später schließt er aus der Abhängigkeit unseres geistigen Lebens von körperlichen Zuständen, daß das Denkende in uns nur eine Wirkung oder ein Resultat der Mechanik unseres Organismus sei.¹⁶⁸) An dieser Ansicht hat er von da an festgehalten. So setzt er in dem Brief an Feldmarschall Keith¹⁶⁹) auseinander: der Geist werde mit dem Körper geboren, er wachse mit ihm und nehme mit ihm ab;

der Schlaf, die Krankheit, die Trunkenheit, die Ohnmacht, ein Blut=
austritt im Gehirn rauben ihm das Bewußtsein, mit dem Verschwinden
dieser Störungen trete es wieder ein. Unsere Seele erinnere sich weder
an unsere Geburt selbst noch an irgend etwas, was ihr vorangieng, und
es lasse sich nicht denken, daß sie ein höheres Dasein verlassen haben
würde, um in unsern Leib einzutreten. Der immaterielle Geist sei ein
Name, ein Phantom; in der Wirklichkeit sei unser Denken an unsere
Organe geknüpft, und so wenig wir vor unserer Geburt gedacht haben, so
wenig werden wir nach unserem Tode noch denken; der Geist gleiche der
Flamme, die ihrer Nahrung bedürfe und die erlösche, wenn das Holz in
Asche zerfällt. „So viel," schreibt er ein andermal,[170]) „ist sicher, daß
ich weder mich selbst noch irgend jemand für ein Doppelwesen halten
kann. Die Großen sagen Wir, wenn sie von sich reden; sie werden aber
dadurch nicht vervielfacht." Und d'Alembert erklärt er (1770; XXIV, 508)
mit Beziehung auf ihre Verhandlungen über das Dasein Gottes (worüber
S. 40. 43 f.): von diesen abstrakten Fragen sei nur eine strenger Beweis=
führung fähig, der Materialismus.

Mit dieser Frage war nun für Friedrich, wie bemerkt, die
über die Fortdauer der Seele nach dem Tode so eng verknüpft,
daß jene selbst ihm hauptsächlich deßhalb am Herzen lag, weil
die Entscheidung über diese von ihr abhängt. Epikur's Einwürfe
gegen den Unsterblichkeitsglauben waren ihm ohne Zweifel schon frühe
bekannt geworden, und sie waren bei ihm auf einen empfänglichen Boden
gefallen. Als Achard den Gegenstand in mehreren Predigten behandelt
und ihm eine Abhandlung zum Erweis der Unsterblichkeit zugeschickt hatte,
antwortete ihm Friedrich, welcher damals 24 Jahre alt war:[171]) so gut
und annehmbar er seine Gründe auch finde,[172]) so wünsche er doch nicht
überredet, sondern überzeugt zu werden, und er verbirgt nicht, daß dieß
seinem geistlichen Berather bis jetzt nicht gelungen sei. „Ich frage Sie,"
sagt er, „haben Sie eine Vorstellung davon, wie man ohne Organe denken,
oder um mich deutlicher zu erklären, wie man nach der Zerstörung des
Körpers existiren kann? Sie sind noch nie gestorben; also wissen Sie
auch nicht, was das Sterben ist … Sie sehen wohl, daß eine Person
todt ist, die unmittelbar vorher noch am Leben war … Aber was aus
dem Denken dieser Person geworden ist, was aus dem Wesen geworden
ist, das sie beseelte, darüber ist es nicht möglich Auskunft zu geben. Sie

sind nie gestorben, und da Sie leben, schmeichelt Ihnen der Stolz und die Eitelkeit des Menschen mit der Aussicht, Ihren Körper zu überleben. Ich bin, offen gesagt, der Meinung, der Schöpfer habe uns die Vernunft dazu gegeben, daß sie uns während des Lebens in allen den Fällen diene, in denen wir ohne sie nicht existiren könnten, und uns nach dem Tode zu vernichten widerspreche der Gerechtigkeit Gottes (da er uns nach der Vernichtung kein Uebel zufügt) ebensowenig, als es ihr widerspricht, daß er den Eintritt der Sünde in die Welt zuließ." Friedrich hoffte damals, wie wir bereits (S. 55) gehört haben, durch Wolff von diesen Zweifeln befreit zu werden. Sollte dieß aber auch bis zu einem gewissen Grade gelungen sein,[¹⁷³]) so läßt sich doch nicht annehmen, daß der Unsterblichkeits= glaube bei ihm in jener Zeit zur festen Ueberzeugung geworden sei. Denn in Gedichten, die ihr angehören,[¹⁷⁴]) läßt er wiederholt die doppelte Möglichkeit offen, daß die Seele vom Untergang ihres Leibes mit betroffen werde, und daß sie ihn überlebe; und er sucht zu zeigen, daß sowohl die eine als die andere Annahme mit der Güte Gottes sich vertrage, denn nicht zu sein sei kein Uebel und mit unserem Dasein nehmen auch unsere Leiden ein Ende. Zugleich wird allerdings für den Fall der Fortdauer nach dem Tode das Glück, welches die Seele dann erwarte, mit so lebhaften Farben geschildert, daß man wohl sieht, wie erwünscht dem Dichter eine sichere Aussicht auf dasselbe gewesen wäre. Allein gleichzeitig schreibt er Voltaire:[¹⁷⁵]) er hätte es verdient, daß die Natur mit ihm eine Aus= nahme machte und seine Seele unsterblich wäre; und nachdem er definitiv zu der materialistischen Erklärung des geistigen Lebens übergegangen war, konnte selbstverständlich von einer Fortdauer desselben nach dem Tode nicht mehr die Rede sein. Friedrich kommt sehr oft, in Briefen, Gedichten und Gesprächen, auf diesen Gegenstand,[¹⁷⁶]) und er erklärt sich darüber immer in dem gleichen Sinn. So schließt er z. B. in dem Gedicht an Keith (oben S. 53) aus der Abhängigkeit unseres Denkens vom körper= lichen Organismus, daß es denselben unmöglich überleben könne; und er fügt bei, er sehe dem Ende seines Daseins ruhig entgegen, er werde nach demselben so wenig unglücklich sein, als er dieß vor seinem Anfang gewesen sei, und es werde ihm nicht einfallen, über das Naturnothwendige zu murren. Er läßt die Natur in einer schwungvollen Ansprache den Menschen vorhalten, wie wenig sie Grund haben, sich darüber zu beklagen, daß sie eines Tages wieder zurückfordere, was sie ihnen geliehen habe; er

macht sie aufmerksam darauf, daß ein längeres Leben nur ein zweifelhafter
Gewinn für sie wäre; er erinnert an den Wechsel aller Dinge in der
Welt, bei dem die Reihe auch an uns kommen müsse; er fordert uns auf,
im Tode das Ende aller Leiden zu sehen; in das Menschenloos, das die
Größten nicht verschont habe, uns zu fügen, und ohne Furcht vor Strafe,
ohne Aussicht auf Lohn, rein aus Menschenliebe und aus Pflichtgefühl
das Rechte zu thun, ohne Klage zu sterben und der Welt unsere guten
Thaten zurück zu lassen. Von sich selbst bezeugt er,[177]) so oft er auch am
Rande des Todes gestanden habe, so habe doch die Furcht sich nie
seiner bemächtigt; was er in gesunden Tagen als Irrthum erkannt hatte,
sei in kranken für ihn nicht zur Wahrheit geworden, kein Zweifel habe
sein Bewußtsein gestört, und er habe den Tod festen Blickes in's Auge
gefaßt. Und in seinem Testament erklärt er: „er gebe willig und ohne
Klage den Lebenshauch, der ihn beseele, dem wohlthätigen Wesen, das
ihm denselben geliehen habe, und seinen Leib den Elementen zurück, aus
denen er gebildet sei."

Wie die Frage der Unsterblichkeit, so hat auch die der Willensfreiheit
den König von der Jugend bis in's Alter beschäftigt. Aber in der Be=
antwortung der letzteren blieb er sich nicht so gleich, wie in der der ersten.
Anfangs führte er gegen Voltaire die Sache des Determinismus, dieser
vertheidigte gegen ihn die Freiheit des menschlichen Willens. Bald ließ
Voltaire diese fallen und so giengen ihre Ansichten eine Zeit lang Hand
in Hand. Aber in der Folge wurde nun Friedrich seinerseits an dem
Determinismus irre, dem er früher gehuldigt hatte, und bestritt den
Voltaire's und der übrigen französischen Philosophen mit den gleichen
Gründen, die ihm selbst früher entgegengehalten worden waren, um dafür
mit denen bekämpft zu werden, deren er sich damals bedient hatte.

Als Friedrich Voltaire Wolff's Metaphysik in Suhm's Uebersetzung
mittheilte, legte ihm dieser seine Ansicht über die Willensfreiheit in einer
ausführlichen Erörterung (XXI, 100—111) vor, in der er sich bemühte,
sie gegen die Einwürfe zu vertheidigen, die außer Wolff auch noch andere,
wie namentlich Locke und Bayle, ihr entgegengehalten hatten. Er besinirt
hier die Freiheit, nicht sehr genau, als das Vermögen, nach eigener Wahl
an etwas zu denken, sich zu bewegen oder nicht zu bewegen. Daß wir
nun dieses Vermögen besitzen, dieß erhellt, wie er glaubt, zunächst schon
aus dem Zeugniß unseres Bewußtseins; und wenn man dagegen einwendet,

unsere Handlungen seien doch unleugbar in vielen Fällen von Affekten und körperlichen Zuständen abhängig, sie werden es daher auch da sein, wo wir selbst unsere Beweggründe nicht bemerken, so läßt Voltaire diese Einwendung nicht gelten. Ebensogut, meint er, könnte man daraus, daß wir nicht immer gesund sind, schließen, wir seien es niemals. Aber wie das Gefühl des Krankseins beweise, daß wir schon gesund waren, so beweise das Gefühl des Zwanges, daß uns die Freiheit aus Erfahrung bekannt sei; und sei auch die Freiheit oder die Gesundheit der Seele so wenig wie die Gesundheit des Leibes eine unveränderliche und unbedingte, so seien wir uns doch ihres Besitzes so entschieden bewußt, daß niemand im Ernst daran zweifle. Wollte man aber das Freiheitsgefühl selbst für eine Täuschung halten, so müßte man geradezu Gott für den Urheber dieser Täuschung erklären. Denn es verhielte sich mit ihr nicht wie mit den Sinnestäuschungen: daß uns entfernte Gegenstände kleiner erscheinen, als sie sind, folge aus den mathematischen und optischen Gesetzen, und schließe keine Täuschung in sich, da es uns ja vielmehr von den Dingen das richtige, ihrer Entfernung entsprechende Bild gebe; hielten wir uns dagegen für frei, ohne dieß wirklich zu sein, so wäre dieß eine Täuschung, deren Unüberwindlichkeit schon daraus erhelle, daß auch die Anhänger der fatalistischen Theorie in ihrem thatsächlichen Verhalten fortwährend von der Voraussetzung der Willensfreiheit ausgehen. Wird nun weiter von den Gegnern der Willensfreiheit behauptet, unser Wille richte sich doch immer nach unserem Urtheil, unsere Urtheile aber richten sich nach unseren Vorstellungen, und diese entstehen uns unwillkürlich, so erwidert Voltaire: es sei durchaus nicht physisch unmöglich, etwas anderes zu thun, als das, was unser Verstand für das beste halte. Je besser der Gebrauch sei, den wir von unserer Freiheit machen, je mehr wir unsere Begierden beherrschen und je gründlicher wir bei der Bildung unserer Urtheile verfahren, um so vollkommener seien wir; die Freiheit des vollkommensten Wesens oder Gottes könne nur darin bestehen, daß er immer das Beste wähle; die Freiheit des Menschen bestehe darin, daß er wählt, was er für das Beste hält; aber frei sei der eine wie der andere, denn jeder von beiden thue das, was ihm gefällt. Soll endlich das Vorherwissen Gottes die Freiheit des Menschen unmöglich machen, so wird entgegnet: Die Natur einer Sache werde dadurch, daß Gott von ihr weiß, nicht verändert, und so wenig dadurch eine freie Handlung zu einer unfreien werde, daß man sie kennt, nachdem sie vollbracht ist, ebensowenig werde sie es dadurch, daß man sie vorher kennt. Wenn wir aber nicht begreifen, in welcher Art Gott freie Handlungen vorhersehen kann, so sei dieß nur einer von den vielen Beweisen für die Beschränktheit unseres Erkennens, aber es berechtige uns ebensowenig, die Sache selbst zu bestreiten, als die Unbegreiflichkeit so vieler göttlichen Eigenschaften uns das Recht gebe, sie zu leugnen. Man müsse doch zugeben, daß Gott vermöge seiner Allmacht freie Wesen schaffen konnte; dann könne man aber auch nicht behaupten, daß ihre Freiheit mit seinem Vorherwissen unvereinbar sei; davon nicht zu reden, daß es dann auch die Freiheit Gottes selbst sein müßte.

Friedrich ließ sich durch diese Auseinandersetzung, die ja auch manche Blößen darbietet und keine neuen Gesichtspunkte geltend macht, nicht überzeugen. In seiner Beantwortung geht er durchaus von der Ansicht über Gott und die Vorsehung aus, deren leitende Gedanken uns bereits vorgekommen sind.[176]) Wenn alles von Gott unbedingt abhängt, so muß dieß auch von den Handlungen der Menschen gelten; wenn alles an gewissen Voraussetzungen seinen Grund hat, werden wir den Grund für die Charaktere der Menschen in ihrem körperlichen Organismus zu suchen haben; wenn wir eine bestimmte Veranlassung haben müssen, um uns für eine Handlung zu entscheiden, so kann uns diese nur durch Umstände gegeben werden, die ihrerseits ganz und gar in der Hand Gottes liegen (XXI, 127 ff.). Vermöge seiner Allwissenheit sieht Gott alle Wirkungen der endlichen Ursachen voraus, vermöge seiner Allmacht bestimmt er, daß sie eintreten sollen; es ist daher unmöglich, es ist eine sich selbst widersprechende Vorstellung, daß er dem Menschen das Vermögen verliehen haben sollte, das Gegentheil dessen zu thun, von dem er will, daß es eintrete. Der Mensch glaubt freilich frei zu handeln, weil er die ihm verborgenen Ziele und die geheimen Beweggründe seines Thuns nicht kennt; aber er wird hiebei von Gott nicht getäuscht, sondern es wird ihm nur kein Aufschluß darüber gegeben, wie er zu den Zweckvorstellungen kommt, die seinen Willen bestimmen, wie Temperament und Gelegenheitsursachen auf ihn einwirken. Auch die Möglichkeit, seine Begierden durch seinen Willen zu beherrschen, beweist nur, daß die Vorstellungen, welche die Unterdrückung der Begierden verlangen, stärker sind als diese; aber nicht, daß der Wille frei ist, daß ein so geringes Geschöpf, wie der

Mensch, das Vorrecht hat, unter keinen festen Gesetzen zu stehen und seinem Schöpfer in seinen Handlungen nicht gehorchen zu müssen, während die Himmelskörper einer unabänderlichen Nothwendigkeit folgen. Sagt man aber, so würde Gott Urheber des Bösen, so können wir uns, wie Friedrich glaubt, dem Zugeständniß, daß er dieß ist, keinenfalls entziehen; denn ob er uns die Freiheit gibt, Böses zu thun, oder uns unmittelbar dazu antreibt, komme so ziemlich auf das gleiche hinaus. (XXI, 158 ff.) Auch die Erfahrung spricht aber (wie XXI, 190 beigefügt wird) für diese Ansicht; denn alle Menschen haben doch für ihr Thun irgend welche Gründe, und diese beruhen immer in letzter Beziehung auf ihrer Vorstellung von dem, was zu ihrem Glück dient. Diese Vorstellung hängt aber bei jedem von seinem Temperament ab, und dieses hat der Schöpfer ihm gegeben.

Der entscheidende Gesichtspunkt ist bei allen diesen Erörterungen, wie dieß Friedrich selbst wiederholt ausspricht,[179]) doch immer der theologische: die Unvereinbarkeit der menschlichen Willensfreiheit mit der Allmacht Gottes, mit seinem Vorherwissen, mit seiner auf alles Einzelne sich erstreckenden Vorsehung und Vorherbestimmung. Als Friedrich die letztere aufgab, um an ihre Stelle den Naturzusammenhang zu setzen (so S. 45 ff.), wurde dieser Grund hinfällig, und es entstand die Frage, ob die Willensfreiheit des Menschen mit der Gesetzmäßigkeit des Weltlaufs ebenso unvereinbar sei, wie mit der Unbedingtheit eines alles Einzelne bestimmenden göttlichen Willens. Wir sehen aus den eigenen Aeußerungen des Königs und aus den Mittheilungen seines Sekretärs, wie lange ihn diese Frage beschäftigte, ohne daß er zu einer bestimmten Entscheidung zu kommen vermochte.[180]) Schließlich gewann aber doch die Sache der Willensfreiheit bei ihm die Oberhand. Im August 1764 (XXIV, 70) schreibt er der Kurfürstin von Sachsen aus Anlaß der Frage über die Freiheit und die göttlichen Rathschlüsse: „Ich meinerseits finde hier nur ein Dunkel, das meine schwache Vernunft weder durchbringen noch aufhellen kann. Indessen neige ich mich doch zu dem Glauben, daß der Mensch frei und sogar sehr frei sei, weil dieß dem Bruchtheil der Vernunft entspricht, der mir zugefallen ist." Und auf diese Freiheit führt er es zurück, daß die Fürsten nicht selten aus Neigung oder Abneigung das Gegentheil von dem thun, was sie vernünftigerweise thun müßten. Entschiedener erklärt er sich sechs Jahre später (X, 815 ff.) in seiner Kritik des „Systems der Natur".

Er bekämpft den Fatalismus dieser Schrift, den er selbst als einen fast wörtlichen Abklatsch des Leibniz-Wolff'schen bezeichnet. Wenn ihr Verfasser die Möglichkeit einer freien Selbstbestimmung deßhalb leugnet, weil alle unsere Ideen eine Folge der äußeren Eindrücke und der körperlichen Organisation seien, so glaubt Friedrich diese Consequenz des Sensualismus nicht einräumen zu müssen. Es sei richtig, bemerkt er, daß wir unsern Sinnen alles verdanken; aber die Ideen, die wir in uns aufnehmen, geben Anlaß zu neuen Combinationen. Dort sei die Seele leidend, hier sei sie thätig. Der Geist sei ein Sklave, wo die äußeren Antriebe ihn beherrschen, er sei frei, wo seine Erfindungs- und Einbildungskraft sich bethätige. Es gebe allerdings eine Verkettung der Ursachen, deren Einfluß auf den Menschen wirke und ihn nicht selten überwältige. Er erhalte bei der Geburt sein Temperament, seinen Charakter mit dem Keim seiner Tugenden und Fehler, ein bestimmtes Maß von Geist, das er weder verengern noch erweitern könne, Talent und Genie oder Schwerfälligkeit und Unfähigkeit. So oft wir uns von unsern Leidenschaften hinreißen lassen, triumphire die Nothwendigkeit über unsere Freiheit; wenn unsere Vernunft die Leidenschaften im Zaum halte, gewinne die Freiheit den Sieg. Sagt man aber, wenn wir zwischen zwei möglichen Fällen wählen, so habe doch unsere Wahl selbst ihre Bestimmungsgründe, sie unterliege also gleichfalls einer Nothwendigkeit, so erwiedert der König: das heiße den Begriff des Grundes oder der Ursache mit dem der Nothwendigkeit verwechseln. Alles habe seine Ursache, aber nicht jede Ursache sei nothwendig. Jeder vernünftige Mensch habe für seine Handlungen Motive, die sich auf seine Selbstliebe gründen; keine zu haben, wäre nicht Freiheit, sondern Verrücktheit. Aber wir verhalten uns deßhalb doch nicht blos leidend, und stehen nicht immer unter der Herrschaft der Nothwendigkeit, sondern wir seien auch freie und unabhängige Wesen, und wenn wir uns keiner vollkommenen Freiheit erfreuen, so gelte das gleiche von allen menschlichen Eigenschaften. Es sei doch einleuchtend, daß man die Freiheit, ein Zimmer zu verlassen, in höherem Grade besitze, wenn die Thüre offen, als wenn sie verschlossen ist. Aber die Fatalisten selbst setzen sich in ihrem praktischen Verhalten mit ihrer Theorie fortwährend in Widerspruch; und nicht zum wenigsten thue dieß der Verfasser des „Systems der Natur", wenn er über die Priester und die Regierungen empört sei, die doch nach seiner

Voraussetzung gar nicht anders handeln können, als sie handeln. Indessen beweise die Erfahrung, daß die Menschen besserungsfähig seien; also müssen sie auch wenigstens bis zu einem gewissen Grade frei sein. Wer dieß leugne, der hebe jeden Werthunterschied zwischen den edelsten Menschen und den ärgsten Verbrechern, alle sittliche und rechtliche Zurechnung auf; er untergrabe aber damit nicht allein die Moral und die Gesellschaft, sondern er mache auch die allgemeine Liebe zur Freiheit unerklärlich. Um die Freiheit zu lieben, müsse man sie doch aus Erfahrung kennen, und weil dem so sei, werden sich die Menschen nie überreden lassen, daß sie nicht mehr seien, als Räder einer Maschine. Die gleichen Gedanken entwickelt Friedrich bald darauf in einem Brief an d'Alembert.[181]) Wenn man, sagt er hier, aus der Unveränderlichkeit der Naturgesetze und aus der Ewigkeit der Welt auf die absolute Nothwendigkeit alles Geschehens schließe, so könne er dieß nicht einräumen. „Die Natur beschränkt sich, wie mir scheint, darauf, daß sie den Elementen ewige und beständige Eigenschaften gegeben und die Bewegung unabänderlichen Gesetzen unterworfen hat, welche ohne Zweifel einen beträchtlichen Einfluß auf die Freiheit ausüben, aber sie doch nicht vollständig vernichten. Die Organisation und die Leidenschaften der Menschen kommen von den Elementen her, aus denen sie zusammengesetzt sind. Wenn sie diesen Leidenschaften gehorchen, sind sie Sklaven, so oft sie ihnen widerstehen, sind sie frei. Sie werden mich nun freilich weiter drängen und sagen: aber sehen Sie nicht, daß diese Vernunft, durch die sie ihren Leidenschaften widerstehen, der Nothwendigkeit unterworfen ist, welche macht, daß sie auf dieselben wirkt? Dieß kann, strenggenommen, so sein. Aber wer zwischen seiner Vernunft und seinen Leidenschaften wählt und sich entscheidet, der ist, wie ich denke, frei, oder ich weiß nicht, welchen Begriff man mit: „frei" verbindet. Was nothwendig ist, ist unbedingt. Wäre nun der Mensch dem Verhängniß schlechthin unterworfen, so würden weder Strafen noch Belohnungen seinen übermächtigen Einfluß erschüttern oder aufheben. Beweist uns andererseits die Erfahrung das Gegentheil, so muß man zugeben, daß sich der Mensch in manchen Fällen der Freiheit erfreut, wenn diese auch oft eine begrenzte ist." Man wird gegen diese Erörterungen das eine und andere einwenden können; man wird vielleicht schon eine ganz scharfe Stellung der Frage nach dem Begriff und der psychologischen Möglichkeit der Willensfreiheit in ihnen vermissen. Aber das lassen sie deutlich erkennen, wie ernstlich diese Frage den König beschäftigte, und was ihn bestimmte, seinen früheren Determinismus aufzugeben. Einerseits nämlich gewann die Thatsache des Freiheitsbewußtseins für ihn um so größeres Gewicht, je mehr er von der apriorischen, theologischen Begründung des Determinismus abkam;[142]) andererseits schien ihm das praktische Interesse der sittlichen und rechtlichen Zurechnung die Willensfreiheit zu fordern. Daran jedoch hat er stets festgehalten, daß diese Freiheit keine unbeschränkte sei und sein könne; und es stehen insofern die Aeußerungen, welche S. 50 angeführt wurden, mit den sonstigen Erklärungen aus seinen späteren Jahren nicht im Widerspruch.

Diese Schranken, welche der Freiheit des Menschen theils durch die äußeren Umstände theils und vor allem durch seine eigene Schwäche gesteckt sind, mußten sich Friedrich um so fühlbarer machen, je unerfreulicher das Bild war, welches ihm die moralische Beschaffenheit der Menschen ihrer großen Mehrzahl nach darbot. In seinen jüngeren Jahren hatte auch er, wie er in einem seiner Gedichte sagt,[143]) die Menschen für vortrefflich gehalten und ihnen zugetraut, daß sie alles das wirklich seien, was sie sein sollten. Aber nur zu bald habe ihm die Erfahrung gezeigt, wie vollständig er sich geirrt hatte. Wo er Tugend suchte, habe er Schlechtigkeit jeder Art gefunden, und schließlich habe er sich zu dem Bekenntniß genöthigt gesehen, daß der Mensch trotz seiner Vernunft unter allen Thieren das wildeste und grausamste sei. Jene himmlischen Seelen, jene Wohlthäter der Menschheit, die unter Ihresgleichen dastehen wie Engel unter Dämonen, habe uns die Natur viel zu kärglich geschenkt; überall in dieser Welt habe das Böse die Herrschaft, dem wir in uns selbst und andern begegnen. In ihrer ganzen unverhüllten Häßlichkeit komme aber die Schlechtigkeit und Treulosigkeit des menschlichen Herzens da zum Vorschein, wo man, im Besitze der obersten Gewalt, kein Gesetz zu fürchten habe. Friedrich sagt dieß in dem vorletzten Jahr des siebenjährigen Kampfes, unter dem Eindruck aller der bitteren Erfahrungen, die er in dieser schweren Zeit gemacht hatte. Aber es ist bei ihm keine blos vorübergehende Stimmung, sondern eine Ueberzeugung, die sich nicht erst seit jenem Zeitpunkt gebildet und ihn nicht wieder verlassen hat. Sagt er auch 1740 im Antimacchiavel (VIII, 111. 130), die Menschen seien im Durchschnitt weder ganz gut noch ganz schlecht, so bezeichnet er doch schon damals (VIII, 180) die große Mehrzahl derselben als unvernünftig.

Etwas milder lautet es, wenn er in einer Schrift von 1750 (X, 33) ausführt: man dürfe die Menschen im ganzen weder für Engel noch für Teufel halten; da vielmehr weder alle gut noch alle schlecht seien, müsse man ihre guten Handlungen belohnen, die schlechten bestrafen, und zwar jene höher, diese niedriger, als sie es strenggenommen verdienten, alle aber menschenfreundlich und mit Nachsicht gegen ihre Schwächen behandeln. Dagegen wirft er schon vor dem Ausbruch des großen Krieges [184]) bei Gelegenheit das Wort hin: es gebe nichts unverständigeres als der Mensch, den man immerfort mit Vorliebe als vernünftiges Wesen definire. Wer dieß thue, der kenne die Menschen nicht; er möchte sie eher als geschwätzige Wesen bezeichnen, die urtheilen, wie es ihre Leidenschaften mit sich bringen. Und in der Folge drängen sich bei ihm die Klagen über die Dummheit und Schlechtigkeit der Menschen. Will er auch nicht leugnen, daß ein natürlicher gesunder Verstand (bon sens naturel) allen innwohne, so findet er doch, daß derselbe nur zu oft durch Vorurtheile und Leidenschaften, bisweilen auch durch Ueberbildung verdorben werde.[185]) Der Mensch — sagt er im Hinblick auf alle die Unthaten, welche im Frieden wie im Krieg vorkommen — werde den Philosophenschulen zum Trotz das schlimmste Thier (la plus méchante bête de l'univers) bleiben; der Aberglaube, der Eigennutz, die Rachsucht, die Verrätherei, die Undankbarkeit werden jederzeit blutige und entsetzliche Auftritte hervorrufen, weil uns die Leidenschaft in der Regel, die Vernunft nur sehr selten beherrsche.[186]) Er redet, wie Kant später, vom radikalen Bösen, wenn er Voltaire schreibt: der Mensch sei ein herzlich schlechtes Wesen (une espèce assez méchante), das fortwährender Repression bedürfe, wenn nicht seine eingewurzelte Schlechtigkeit (méchanceté foncière) alle Schranken der Sittlichkeit und selbst des Anstandes über den Haufen werfen solle; und als ihm Sulzer einmal von der Güte der menschlichen Natur sprach, erwiderte er ihm: „Sie kennen die verwünschte Rasse nicht, zu der wir gehören".[187]) So unbedingt ist dieß allerdings nicht gemeint, wie es lautet, und Friedrich selbst beschränkt sich in anderen Aeußerungen auf den Satz, daß der Mensch, sich selbst und seinen Leidenschaften überlassen, ein wildes, unbezähmbares Geschöpf sei, daß jeder ein wildes Thier in sich habe, das nur wenige zu bändigen wissen, während ihm die Mehrzahl die Zügel schießen lasse, sobald die Furcht vor den Gesetzen sie nicht mehr zurückhalte.[188]) Diese Ueberzeugung hat der König noch in der letzten Zeit seines Lebens gegen seinen Bruder, den Prinzen Heinrich, lebhaft vertreten. Man finde, schreibt er ihm im December 1784, in allen Zeiten, Völkern und Religionen die gleiche Sittenverderbniß, denn die Meinungen machen die Menschen nicht anders und die Leidenschaften seien in allen Ländern und Sekten dieselben. Man möge ausdenken was man wolle, so werde man doch kein anderes Mittel entdecken, um die Schlechtigkeit zu zügeln, als die Strafen und die Furcht vor Schande. Dadurch lassen sich manche abhalten, der Gesellschaft zu schaden; dagegen werden die jenseitigen Strafen den gegenwärtigen Vortheilen gegenüber wenig ausrichten, weil das Gegenwärtige auf die Menschen einen tieferen Eindruck mache, als die Uebel, die ihnen nach ihrem Tode drohen, den sie für entfernt halten. Die religiösen so gut wie die philosophischen Meinungen werden sich immer schwach zeigen, wenn sie nicht durch die Furcht vor dem Galgen und vor der öffentlichen Verachtung unterstützt werden. Die Wirkung der Religion beschränke sich auf Zeiten einer enthusiastischen Erregung, wie die Constantin's, der Kreuzzüge, der Reformation; sei die Aufregung vorbei, so trete der Ueberdruß an die Stelle des Fanatismus. Im übrigen möge man dem Volk die schönste und erhabenste Moral predigen: es werde davon nichts verstehen und werde nach wie vor (wie Friedrich drastisch genug ausführt) seinen Leidenschaften und seiner Sinnlichkeit folgen. Dieß sei das ungeschminkte Bild der menschlichen Gattung; er hätte es gerne veredelt, aber wenn man die Dinge nüchtern betrachte, und vollends wenn man so viele Strafurtheile zu bestätigen habe, wie er, so könne man keine andere Ansicht gewinnen. Am ehesten finde man noch Tugend, wo die Menschen in mäßigem Wohlstand, gleich entfernt von Armuth und Reichthum, leben und durch Arbeit vor den Schlechtigkeiten bewahrt werden, zu denen der Müßiggang immer verleite. Den geschichtlichen Beispielen, an denen Friedrich diesen Satz erhärtet, fügt er aus seiner Zeit das Oberschlesiens bei, wo in einer Bevölkerung von einer halben Million in 40 Jahren nur ein einziges Todesurtheil nothwendig geworden sei, während im ganzen preußischen Staat, bei einer Einwohnerzahl von fünf Millionen, durchschnittlich zwölf im Jahre gefällt werden."*) Und ähnlich bemerkt er wenige Monate darauf gegen d'Alembert (XXV, 225): unsere Gattung sei ein seltsames Gemenge von einigen guten und einigen schlechten Eigenschaften. Erziehung und Studium können den Umkreis unserer Kenntnisse erweitern, eine gute Regierung könne Heuchler bilden, welche die Maske der Tugend vornehmen; aber der Mensch werde doch immer eine Maschine bleiben, die von ihren Triebkräften abhänge; was man Weisheit oder Vernunft nenne, sei nur die Frucht der Erfahrung, welche auf die Bestimmungs= gründe unserer Handlungen, die Furcht und die Hoffnung, einwirke. Es sei dieß etwas demüthigend für unsere Eigenliebe, aber es sei leider nur zu wahr.

Je weniger aber Friedrich von den Menschen im Naturzustand er= wartet, und je ungünstiger er über die sittliche und intellektuelle Be= schaffenheit derselben, ihrer überwiegenden Mehrzahl nach, urtheilt, um so größere Wichtigkeit erhält für ihn alles, was dazu dient, den Einzelnen und die Gesellschaft von ihrer anfänglichen Roheit zu befreien, zur Ge= sittung, Ordnung und Bildung zu führen;[189]) und dieses Gebiet, das der praktischen Philosophie, ist es, mit dem er sich am selbständigsten beschäftigte, und in dem er zu positiveren Ergebnissen gelangte, als bei den theoretischen Fragen.

5. Das sittliche Leben, seine Aufgaben und Gesetze.

Friedrich hat von Anfang an den Hauptwerth und die Hauptauf= gabe der Philosophie in ihrer Einwirkung auf das Leben und Ver= halten der Menschen gesucht. Er ist überzeugt, daß sie unser Glück be= gründe, indem sie uns lehre, unsere Pflicht zu thun und dem Unglück die Stirne zu bieten. Er erwartet von der Wissenschaft, daß sie uns zur Erfüllung unserer Pflichten befähige, uns an Methode und Consequenz im Handeln gewöhne, die Principien desselben feststelle, und durch Er= ziehung unseres Denkens die hauptsächlichste Quelle der sittlichen Fehler, die falschen Urtheile, beseitige.[190]) Er findet, daß die Philosophie das Gewissen noch empfindlicher mache, als die Religion: denn diese kenne Mittel, um sich mit dem Himmel abzufinden, jene dagegen erzeuge in demjenigen, der sein Verhalten mit seinen Grundsätzen im Widerspruch finde, ein Gefühl der Erniedrigung und eine Betrübniß, von der man sich nur durch Verbesserung seines Fehlers befreien könne.[191]) Und gerade die praktischen Folgen der Philosophie sind es, an denen ihm selbst am meisten gelegen ist. Schon in einer Abhandlung vom Jahr

1738¹⁹²) erklärt er: für das Glück der Gesellschaft seien nicht unsere An=
sichten, sondern nur unsere Handlungsweise von Bedeutung; einem
menschenfreundlichen Mann könne man die ungereimtesten Meinungen ver=
zeihen, während man den orthodoxesten Lehrer verabscheuen müsse, wenn
er ein harter und grausamer Mensch sei. Und bald nachher schreibt er
an Voltaire (XXI, 262): „Die Wissenschaften müssen als Mittel be=
trachtet werden, uns zur Erfüllung unserer Pflichten fähiger zu machen.
Wer sie pflegt handelt methodischer und consequenter. Der philosophische
Geist stellt die Grundsätze fest, aus denen das Urtheil und das ver=
nünftige Handeln hervorgeht." Wenn die Bewohner von Cirey, fügt er
bei, das thun, was sie thun sollen, wundere er sich darüber so wenig,
daß er nur über das Gegentheil erstaunen würde; und so ist ihm ja auch
wirklich (vgl. S. 26 f.) der Widerspruch zwischen Voltaire's philosophischem
Standpunkt und seiner Handlungsweise stets ein Räthsel geblieben. In
einem Gedicht an den Minister von Finckenstein¹⁹³) führt Friedrich aus, daß
Geradheit des Charakters, Reinheit des Herzens und Pflichttreue mehr
werth seien, als die glänzendsten Eigenschaften des Geistes; an Voltaire
schreibt er (XXII, 72; 1741), indem er das Praktische mit dem Theoreti=
schen verbindet, aber ihm noch voranstellt: die wahre Philosophie sei die
Festigkeit der Seele und die Klarheit (netteté) des Geistes, die uns davor
bewahre, daß wir in die Irrthümer der Masse verfallen; und gegen
d'Alembert bemerkt er bei Erwähnung der Stoiker: er verzeihe ihnen
alle ihre Verirrungen in der Metaphysik wegen der großen Männer, die
ihre Moral gebildet habe. Für die vorzüglichste Schule werde er immer
diejenige halten, welche den besten Einfluß auf die Sittlichkeit ausübe
und die Gesellschaft gesicherter, wohlwollender und tugendhafter mache.¹⁹⁴)
Denn die Bestimmung des Menschen ist nach seiner Ueberzeugung, wie
wir schon früher gehört haben,¹⁹⁵) nicht das Wissen, sondern das Handeln.
Zu den praktischen Fragen nimmt aber Friedrich eine wesentlich andere
Stellung ein, als zu den theoretischen. Diesen nähert er sich, seit er sich
von Wolff's Metaphysik losgesagt hat, nur noch mit dem Mißtrauen
des Skeptikers; in jenen ist ihm vom Anfang bis zum Ende eine feste
Ueberzeugung Bedürfniß. In Sachen der Philosophie, schreibt er 1739
an Voltaire,¹⁹⁶) sei er Dilettant; da wir die Geheimnisse der Natur doch
nie entdecken werden, halte er sich zwischen den verschiedenen Meinungen
neutral. Nicht so gleichgültig sei ihm dagegen das, was die Moral an=

gehe; diese sei der unentbehrlichste Theil der Philosophie, der zum Glück
der Menschen am meisten beitrage. Und auf diesem Feld ist er sich be=
wußt, eine unangreifbare Stellung einzunehmen. Wie er noch als Kron=
prinz (XVI, 162) Camas schreibt, der seligmachende Glaube sei zwar
nicht sein hervorragendstes Verdienst, aber die christliche Moral sei dennoch
das Gesetz seines Lebens, so rühmt er sich auch später gegen Catt seiner
Orthodoxie in der Moral, [197] und erläutert dieß mit der Bemerkung: [198]
er habe sich in allen Systemen umgesehen und dasjenige angenommen,
welches ihm am wenigsten unvernünftig erschienen sei; aber das werde
immer wahr bleiben, daß man nur dann glücklich sein könne, wenn man
einen guten Charakter habe, seine Aufgabe erfülle, mäßig lebe, und sich
aus dem Leben nicht zu viel mache. Aus dem Schiffbruch seines dog=
matischen Glaubens hat er sich den moralischen gerettet, und wenn ihn
seine Philosophie jenen bezweifeln lehrte, wurde dieser von ihr gestützt
und gestärkt. Jenes Pflichtgefühl, durch dessen Tiefe und Ernst er über
seine fürstlichen Zeitgenossen fast ohne Ausnahme so hoch emporragt, mag
ihm ursprünglich immerhin schon durch seine Erziehung und durch den
Vorgang seines Vaters eingepflanzt worden sein: [199] zu dieser unerschütter=
lichen Stärke hätte es sich in ihm, so wie er war, nicht entwickeln können,
wenn er es nicht auch vor seinem Denken zu rechtfertigen und durch die
Betrachtung der menschlichen Natur zu begründen gewußt hätte. Wenn
er den Werth der Philosophie an erster Stelle darin sieht, daß sie uns
unsere Pflicht thun lehre, so stimmen damit alle jene Erklärungen über
die Unbedingtheit der sittlichen Verpflichtungen überein, deren lebendiges
Beispiel seine Regententhätigkeit vom ersten bis zum letzten Augenblick
gewesen ist. „Es ist nicht nothwendig, daß ich lebe, wohl aber, daß ich
meine Pflicht thue." „Ich gehe meines Weges, thue nichts gegen die
Stimme des Gewissens und kümmere mich nicht um das Gerede der
Menschen." „Mein Körper und mein Geist haben sich ihrer Pflicht zu
fügen. Ich muß nicht leben, aber ich muß handeln." In diesen und
ähnlichen Aeußerungen [200] spricht sich der Gedanke der sittlichen Ver=
pflichtung mit einer Strenge und einem Nachdruck aus, zu dem Kant's
kategorischer Imperativ in der Sache nichts hinzufügen konnte. Der
Königsberger Philosoph hat in dieser Beziehung nur formulirt, was ihm
in seinem Könige nicht nur als lebendige Thatsache, sondern auch als be=
wußter Grundsatz gegeben war, und was unter seiner und seines Vaters

Regierung in dem tüchtigsten Theile des preußischen Volkes tiefe Wurzeln geschlagen hatte.

Mit diesem strengen Pflichtbegriff scheint es sich nun schlecht zu vertragen, wenn Friedrich doch zugleich die Tugend auf die Selbstliebe und das Interesse gründen will, weil nur dieses ein hinreichend wirksames Motiv sei. War es doch gerade diese Behauptung, mit der die französischen Sensualisten und Materialisten sich den herrschenden moralischen Begriffen entgegenstellten, während sie Kant seinerseits in der Folge als den Tod aller wahren Sittlichkeit bekämpfte. Friedrich hat nun jene Ansicht schon frühe ausgesprochen und fortwährend festgehalten. Noch vor seiner Thronbesteigung erklärt er wiederholt, die Selbstliebe sei das ursprüngliche Princip der Tugend, denn sie sei es, welche die Menschen dazu vermöge, sich gemeinschädlicher Handlungen zu enthalten;[201]) und die gleichen Gedanken führt er dreißig Jahre später in seiner Abhandlung über die Selbstliebe als Princip der Moral[202]) näher aus. Die Tugend, bemerkt er hier, sei das festeste Band der Gesellschaft und die Quelle der öffentlichen Ruhe; aber die Beweggründe, deren man sich bediene, um die Menschen zu einem tugendhaften Leben zu führen, seien in der Regel nicht wirksam genug. Die Stoiker verlangen, daß man die Tugend um ihrer inneren Schönheit willen liebe; aber so bereitwillig jedermann diese anerkenne, wenn es ihn nichts koste, so wenig gebe man doch dieser Anerkennung eine praktische Folge, die der Selbstliebe zu nahe treten würde. Die Platoniker fordern uns auf, Gott nachzuahmen; aber dafür sei der Abstand zwischen ihm und uns viel zu groß: der Mensch, der im ganzen genommen mehr sinnlich sei, als vernünftig,[203]) werde durch einen so metaphysischen Gedanken eher verwirrt als überzeugt. Wenn andererseits der Epikureismus, recht verstanden, in der Pflichterfüllung die höchste und reinste Lust finde,[204]) so verliere dieser an sich richtige Grundsatz seinen Werth durch die Zweideutigkeit des Begriffes der Lust, welche Anlaß gebe, ihn zu mißbrauchen. Verweise endlich das Christenthum auf die jenseitigen Belohnungen und Strafen, so seien dieß viel zu abstrakte Ideen: auf die Masse der Menschen machen die Güter dieser Welt, die gegenwärtigen und handgreiflichen Genüsse, einen weit stärkeren Eindruck, als diejenigen, auf deren Besitz man nur eine entfernte Aussicht, und von denen man nur eine undeutliche Vorstellung habe;[205b]) und wenn es als der höchste Grad der Vollkommenheit dargestellt werde, das Gute nicht um der himmlischen Seligkeit willen und nicht aus Furcht vor der ewigen Verdammniß, sondern rein aus Liebe zu Gott zu thun, so werde damit dem Menschen etwas unmögliches zugemuthet, denn das endliche Wesen könne sich von dem unendlichen keine genaue Vorstellung, keinen Begriff bilden; wie er aber, wie vollends der Ungebildete, etwas lieben könne, von dem er keinerlei Begriff habe? Wir können einsehen, daß Gott als die Ursache aller Dinge existire, und können ihn als solche in tiefer Dankbarkeit verehren, aber er sei für uns zu unerkennbar, als daß wir ihn lieben könnten. Ein einfacherer und wirksamerer Beweggrund zur Tugend liegt, wie Friedrich glaubt, in der Selbstliebe. Sie ist es, welche uns treibt, uns selbst zu erhalten, unser Glück zu erstreben, sie ist die Quelle unserer Tugenden und unserer Fehler, der geheime Grund aller unserer Handlungen. Statt daher mit einem Rochefoucauld die Lauterkeit der Tugend deßhalb zu verdächtigen, weil sie doch nur der Selbstliebe diene, müßte man vielmehr zeigen, daß sie allein der Selbstliebe eine wahre Befriedigung gewähre, sie allein uns glücklich mache. Und dieß läßt sich einem jeden, dem Einfältigsten wie dem Verständigsten, darthun. Die äußeren Schicksale sind ja sehr ungleich vertheilt: es geht dem Schlechten nicht selten gut, während die Tugend verfolgt wird. Aber wenn man unter dem Glück nichts anderes versteht, als die vollkommene Heiterkeit (tranquillité) der Seele, so gründet sich diese darauf, daß wir mit uns selbst zufrieden sind, daß unser Gewissen unsern Handlungen Beifall spendet und uns keine Vorwürfe zu machen hat; und dieses Gefühl ist unabhängig von der äußeren Lage und wird nur dem Guten zu theil, wogegen der Verbrecher, und trage er auch eine Krone, sein Gewissen doch nie zum Schweigen bringen wird und durch dasselbe schon in diesem Leben die Qualen der Hölle erleidet. Jede Leidenschaft, welche sich gegen die Vernunft auflehnt, bringt (wie dieß im einzelnen näher nachgewiesen wird) ihre eigenthümliche Strafe mit sich; und wenn schon unsere Gesundheit, unser Vermögen, unser Verhältniß zu anderen Menschen in der Regel dadurch leiden, straft sie sich immer und unfehlbar durch die Störung, vielleicht die Zerstörung unserer Gemüthsruhe und unseres inneren Glückes. Um daher die Menschen für die Tugend zu gewinnen, kommt es nur darauf an, daß man ihnen die wahren Güter zeige und ihnen ein Gefühl für den Werth derselben beibringe.

Dabei verkennt der König nicht, daß diese Begründung der Tugend Einwürfen ausgesetzt ist, die er in seiner Abhandlung nicht durchaus zu lösen gewußt hat. Die Tugend, läßt er sich (IX, 95) einwenden, verlange vollkommene Uneigennützigkeit; wie man denn zu dieser durch die Rücksicht auf den eigenen Vortheil hingeführt werden könne? Seine Antwort lautet: Die Selbstliebe bestehe eben nicht blos in dem Verlangen nach Besitz und Ehrenbezeugungen, sondern es gehöre dazu auch die Furcht vor Schande, der Sinn für Ruhm und Ehre, die Leidenschaft für alles, was man vortheilhaft finde. Diese Motive seien aber auch bei den uneigennützigsten Handlungen mit im Spiel. Die Aufopferung der beiden Decier lasse sich doch nur daraus erklären, daß sie ihren Ruhm höher schätzten, als ihr Leben, die Großmuth Scipio's daraus, daß er dachte, ein edelmüthiges Benehmen würde ihm mehr Ehre machen als die Befriedigung seiner Lust. Der Mensch sei immer der geheime Gegenstand des Guten, das er thue. Man brauche die Selbstliebe nur richtig zu lenken, um aus ihr den wirksamsten Hebel der Tugend zu machen.

Diese Antwort kann deßhalb nicht ganz befriedigen, weil sie die Tugend doch nur als ein Mittel für einen außer ihr liegenden Zweck, nur als etwas erscheinen läßt, dessen Werth nicht in ihm selbst liegt, sondern erst in den Wirkungen, die es hervorbringt, das daher auch nur um ihretwillen, nicht unmittelbar aus Freude an ihm selbst, zu üben ist. Friedrich selbst gibt dieß allerdings nicht zu; er hat vielmehr die Grundsätze, die aus seinem thatsächlichen Verhalten in seltener Strenge und Reinheit hervorleuchten, auch oft und nachdrücklich genug ausgesprochen. In demselben Brief an Voltaire, in dem die Selbstliebe für das Princip der Tugend erklärt wird, redet er von Seelen, die so glücklich organisirt seien, daß sie die Tugend um ihrer selbst willen lieben.[303]) Um die gleiche Zeit schreibt er Chasot: die Liebe zur Tugend dürfe sich nicht auf die Furcht vor der Hölle gründen; jeder vernünftige Mensch müsse die Tugend üben, weil dieß in seinem eigenen Interesse liege, und weil die Tugend für ein richtig organisirtes Gemüth einen unaussprechlichen Reiz habe.[306]) Im Antimacchiavel (VIII, 90. 200. 205) sagt er: wenn es auch keine Gerechtigkeit auf Erden und keinen Gott im Himmel gäbe, wäre die Tugend nur um so unentbehrlicher für die Menschen; sie sollte die einzige Triebfeder unserer Handlungen sein, denn Tugend und Vernunft seien dasselbe: nur die Vernunft erhebe uns über die Thiere, nur die Herzensgüte nähere uns der Gottheit. Noch bestimmter erklärt er sich 1745 gegen Duhan (XVII, 295). Unter den tugendhaften Leuten, wird hier bemerkt, nehmen unstreitig diejenigen die erste Stelle ein, welche das Gute aus Liebe zum Guten als solchem thun, Tugend und Gerechtigkeit aus Neigung (par sentiment) üben; ihr Verhalten sei auch das consequenteste. Tiefer stehen die, welche aus Eitelkeit Großes leisten; ihre Tugend sei weniger zuverlässig; aber so unrein die Quelle derselben auch sein möge: wenn das Gemeinwohl durch sie gefördert werde, könne man ihnen ihren Platz unter den großen Männern einräumen. Der ersten Klasse zählt Friedrich Cato bei, der zweiten Cicero, und er bemerkt ausdrücklich, jener sei diesem an Charakter weit überlegen. In dem Vorwort zur „Geschichte meiner Zeit" vom Jahre 1746 (II, XVI) schreibt Friedrich: „Die Nachwelt hat nach unserem Tode, wir haben während unseres Lebens über uns zu richten. Wenn unsere Absichten rein sind, wenn wir die Tugend lieben, wenn unser Herz an den Irrthümern unseres Geistes keine Schuld trägt, wenn wir überzeugt sind, daß wir unsern Völkern so viel Gutes gethan haben, als wir konnten, muß uns dieß genügen." Aehnlich äußert er sich 1759 in der Abhandlung über die Satiriker (IX, 50). So lebhaft er hier den Eindruck schildert, den der Gedanke an das Urtheil der Nachwelt und der Wunsch, fleckenlos vor ihm zu erscheinen, den die Liebe zu wahrem Ruhm auf jeden edelgearteten Menschen ausübe, so fügt er doch bei: die Tugend habe allerdings einen Reiz, der bewirke, daß schöne Seelen sie um ihrer selbst willen lieben; nur dürfe man im Interesse der Menschheit auch die übrigen Triebfedern, die zu ihr hinführen, nicht ausschließen. In dem „Stoiker" (1761; XII, 182) führt er im Anschluß an Mark Aurel aus: man solle in der Tugend das höchste Gut suchen, dann werde man bei jedem Einblick in sein Herz in ihr sein Glück finden. Die Seele könne sich glücklich machen, indem sie das Gute thue, und sie sei um so tugendhafter, je uneigennütziger sie sei. Nur als eine Vorstufe der wahren Tugend wird diejenige, deren Motiv in ihrem Nutzen liegt, auch in der Instruktion für den Unterricht an der Ritterakademie (IX, 80) behandelt, welche dem Lehrer der Moral vorschreibt: er solle davon ausgehen, daß die Tugend für den, der sie ausübt, höchst nützlich und für die Gesellschaft unentbehrlich sei; als den Gipfel der Tugend solle er aber jene vollkommene Uneigennützigkeit bezeichnen, die bewirke, daß man seine Ehre seinem Interesse, das allgemeine Beste seinem Privatvortheil, das

Wohl des Vaterlandes seinem Leben vorziehe. Und damit stimmt es überein, wenn in dem Moraldialog v. J. 1770 (IX, 103—106) verlangt wird, daß man sein Glück nicht auf die Meinung anderer Menschen gründe, sondern auf die unaussprechliche Befriedigung, welche das Bewußtsein gewähre, so zu sein, wie es eines vernünftigen, menschenfreundlichen und wohlthätigen Wesens würdig ist, und wenn eben hierin, in der Ruhe des Gewissens und dem wohlthuenden Gefühl des eigenen Werthes, der Lohn der Tugend gesucht wird; wenn wir ebenso in den Briefen über die Vaterlandsliebe (1779; IX, 228) lesen: das persönliche Interesse sei zwar die Triebfeder, aus welcher die Thätigkeit für das Gemeinwesen hauptsächlich hervorgehe; aber noch stärker wirke auf die wahrhaft tugendhaften Gemüther das Gefühl der Pflicht und der Sinn für Ehre und Ruhm. Von sich selbst bezeugt Friedrich bei Catt,[207]) und wir werden es ihm gerne glauben: vor dem Tode fürchte er sich nicht; das einzige, wovor er sich fürchte, sei das Bewußtsein, daß er gefehlt habe und sich selbst untreu geworden sei; wenn er dieß finde, schäme er sich und bemühe sich, das Unrecht, das er begangen habe, wieder gutzumachen; und am Schluß des Briefs an Keith spricht er in stolzen Worten den Grundsatz aus: ohne Furcht vor Strafe, ohne Hoffnung auf Lohn, lediglich aus Menschenliebe das Gute zu thun, aus Pflichtgefühl das Schlechte zu lassen.[208]) Diese Aeußerungen lassen deutlich erkennen, daß seiner Idee der Tugend nur die Gesinnung entspricht, welche uns das Gute lediglich um seiner selbst willen, ohne ein weiteres Motiv als die Liebe zum Guten, thun lehrt. Unter allen andern Triebfedern ist keine, der Friedrich eine unbedingte Geltung zugestände. Selbst über die Ruhmbegierde, von der man dieß nach dem oben (S. 72) angeführten am ehesten glauben könnte, erklärt er sich so, daß für sie nur ein begrenzter Spielraum übrig bleibt. Er nennt allerdings den edeln Ehrgeiz, andere in der Pflichterfüllung zu übertreffen und sich einen geschichtlichen Namen zu machen, die Tugend großer Seelen, und er wendet sich an diesen Trieb, um in der Jugend das Gefühl dessen zu beleben, was sie ihrer Ehre und ihrer sittlichen Würde schuldig ist.[209]) Er erklärt das Streben, sich vor der Masse der Menschen auszuzeichnen, sich durch sein Verdienst einen geachteten Namen zu erwerben, für einen natürlichen Trieb, dem man sich auch dann nicht entziehen könne, wenn man um die Meinung der urtheilslosen Menge sich nicht bekümmere, und sich vollkommen deutlich gemacht habe, daß das, was man nach unserem Tode über uns redet, uns gleichgültig sein könne; und er leugnet nicht, daß dieses Streben auch ihm nicht fremd sei (XXIII, 234). Aber er unterscheidet diesen rühmlichen Ehrgeiz nicht allein sehr bestimmt von dem falschen, von der Eifersucht auf fremdes Verdienst, der Eitelkeit, die ja wohl auch nicht selten zu edeln Thaten den Anstoß gebe;[210] sondern er legt der Meinung der Menschen überhaupt als ächter Philosoph nur einen geringen Werth bei. Was die Menschen nach unserem Tode über uns sagen, zeigt er im „Stoiker" (XII, 183), das berühre uns so wenig, als was sie vor unserer Geburt gesagt haben. Gegen Voltaire spricht er den Grundsatz aus, seine Schuldigkeit zu thun und sich nichts darum zu kümmern, wie unsere Handlungen in den Köpfen der Menschen sich abmalen (vgl. Anm. 200). Seinem Bruder schreibt er: Ich werde es mir nie nehmen lassen, daß ein Mensch, er mag noch so viel Lärm in der Welt gemacht haben, doch im Vergleich mit dem Universum ein unendlich kleines Wesen, ein unbemerkbares Atom ist." „Die Handlungen, denen man den größten Glanz zuschreibt, sind in Wahrheit nur Kinderspiele."[211] Und ebenso um die gleiche Zeit an d'Alembert (XXV, 205 f.): das Lob, das wir einander spenden, sei ungefähr so viel werth, als wenn man eine Ameise eine Lobrede auf die andere halten hörte. „Unsere Pflicht ist es, gerecht und wohlthätig zu sein; man mag uns Beifall zollen, aber elende Erdenwürmer zu loben, die nur während eines Augenblicks existiren und dann für immer verschwinden, nein, das ist zu viel. Haben wir den Muth, uns auf unsere Bestimmung zu beschränken, und dulden wir nicht, daß eine feurige Einbildungskraft mit ihren schwülstigen Hyperbeln uns über unser Wesen hinaus erhebe." Auch die Rücksicht auf den Ruhm ist daher seiner Ansicht nach nur eine Aushülfe, um diejenigen zum Guten zu bestimmen, in denen das reine Pflichtgefühl und die uneigennützige Liebe zum Guten nicht kräftig genug sind, um einer solchen Unterstützung entbehren zu können.[212] Das gleiche muß von allen den Beweggründen gelten, die aus der Selbstliebe entsprungen die Tugend als ein Mittel für anderweitige Zwecke behandeln: sie haben einen blos bedingten, einen pädagogischen und politischen Werth; sie bewirken, daß auch solche rechtschaffen leben, welche dieß sonst nicht thun würden; aber jene höhere Tugend, welche in dem lauteren, uneigennützigen Wollen des Guten besteht, können sie für sich nicht hervorbringen.[213] Man kann insofern sagen, Friedrich kenne zweierlei Tugend: die höhere und die gewöhnliche, die autonomische und die heteronomische; und man kann durch diesen Gegensatz an andere verwandte Unterscheidungen erinnert werden: die Kantische der Moralität und Legalität, die Platonische der philosophischen und der gewohnheitsmäßigen Tugend, die altprotestantische der geistlichen und der bürgerlichen Gerechtigkeit. [214]) Friedrich hat aber allerdings diese zwei Arten der Tugend nicht immer streng auseinandergehalten, und die Frage nicht scharf genug untersucht, ob und in welchem Sinn die Selbstliebe oder das Interesse auch bei der Handlungsweise, welche sich das Gute um seiner selbst willen zum Zweck setzt, bei der „uninteressirten" Tugend, wie er sie selbst nennt, betheiligt sein kann. [215])

Als den Kern der Moral und den Inbegriff unserer Pflichten gegen andere Menschen bezeichnet Friedrich bald den Grundsatz, andern nur das zu thun, wovon wir wünschen, daß sie es uns thun, bald den, Seinesgleichen nach Vermögen zu helfen, bald in zusammenfassendem Ausdruck die Menschenliebe; [216]) und wir werden finden, in welcher Weise er diesen Grundsatz auf die Aufgaben seines Regentenberufs angewandt hat. Für seine eigene Lebensführung nimmt er sich, je mehr Erfahrungen er gesammelt, je länger er die Welt und die Menschen beobachtet hat, um so mehr die Stoiker zum Vorbild. Aber doch kann er sich, wie schon früher (S. 35 f.) gezeigt wurde, der Wahrnehmung nicht verschließen, daß sie mehr von uns verlangen, als unsere Natur zu leisten vermag, und uns weniger gewähren, als wir zur Vollständigkeit unseres Daseins brauchen. Er seinerseits will auch der Freude und dem Lebensgenuß sein Recht lassen, wenn er den Rath gibt, im Glück Epikureer, im Unglück Stoiker zu sein (vgl. Anm. 124). Der schönste Zug in dem Bilde der epikureischen Schule, ihr lebendiges Gefühl für Freundschaft, tritt uns bei dem großen König in wohlthuender Wärme entgegen.

Unter den Grundsätzen, die Friedrich zur Richtschnur seines Verhaltens nimmt, fällt an erster Stelle der der Festigkeit und Folgerichtigkeit im Handeln in's Auge. „Mag alles stürzen und vergehen" — schreibt er während des ersten schlesischen Krieges an Jordan [217]) — „mag sich die Welt kopfüber drehen, ich stehe fest und wanke nicht." Um dieselbe Zeit bezeichnet er Voltaire gegenüber die Festigkeit der Seele als die wahre Philosophie (s. o. S. 68); und in seiner Ode auf die Festigkeit [218]) erklärt er: unter den Leiden und Gefahren, mit denen das menschliche Leben unabläſſig zu kämpfen habe, ſei ſie der Schild, den er dem Unglück entgegenhalte; womit auch das Schickſal ihn bedrohe, die Gefahr vermöge ihn nicht zu erſchüttern, einem feſten und entſchloſſenen Herzen könne das Unglück und der Schmerz nichts anhaben. Noch viele Aeußerungen dieſer Sinnesweiſe ließen ſich anführen;[219]) wie glänzend er dieſelbe während ſeiner ganzen Regierung bewährt hat, und wie ſie allein es ihm möglich machte, aus dem Verzweiflungskampf des ſiebenjährigen Krieges als Sieger hervorzugehen, braucht hier nur angedeutet zu werden. Aus der Feſtigkeit der Entſchlüſſe folgt dann von ſelbſt die Conſequenz in ihrer Ausführung; und es iſt für Friedrich's Denkweiſe bezeichnend, welchen Werth er darauf legt, daß man ſein Verhalten nach klar erkannten Grundſätzen regle und an dieſen unverbrüchlich feſthalte. Gerade dieß iſt es ja, was er von der Philoſophie für das praktiſche Leben vor allem erwartet, daß ſie zur Folgerichtigkeit im Handeln befähige, indem ſie an Schärfe und Folgerichtigkeit im Denken gewöhne, daß ſie einen Widerſpruch unſeres Verhaltens gegen unſere beſſere Ueberzeugung unerträglich für uns mache;[220]) und eben dieſer Widerſpruch, dieſer Mangel an Conſequenz, welcher den mit ihm Behafteten jeden Augenblick ſich ſelbſt untreu macht, iſt das, was er an einem Voltaire am wenigſten begreift, und den Landsleuten deſſelben mit tiefer Geringſchätzung vorrückt.[221]) Er ſelbſt iſt ſich deſſen vollkommen bewußt, welchen Antheil an ſeinen Erfolgen die Conſequenz hatte, mit der er ſeine Pläne verfolgte.[222]) Sein Grundſatz iſt in der Moral wie in der Politik, das, was man für gut erkannt hat, unentwegt mit unerſchütterlicher Feſtigkeit zu verfolgen. Daß er aber zwiſchen dieſer Feſtigkeit und der Hartnäckigkeit des Eigenſinnigen wohl zu unterſcheiden, und wenn die Umſtände es verlangten, ſich mit ſeltener Klugheit und Selbſtbeherrſchung ihnen zu fügen wußte, geht aus ſeinem ganzen Verhalten zu klar hervor, um beſonderer Belege durch einzelne Aeußerungen (wie VIII, 254) zu bedürfen.

Die gleiche Willenskraft ſetzt der königliche Philoſoph, hierin ein ächter Schüler der Stoa, den Uebeln des Lebens entgegen. Dem unvermeidlichen, in den Naturgeſetzen begründeten, ſich unterwerfen, den äußeren Gütern und Uebeln keinen übermäßigen Werth beilegen, dieß iſt für ihn das einzige Mittel, um die ruhige Faſſung des Gemüths auch unter den härteſten Schlägen des Schickſals nicht zu verlieren. Einerſeits iſt er von der Vernünftigkeit der Naturordnung und der Nothwendigkeit alles dessen, was aus ihr hervorgeht, viel zu fest überzeugt, um sich gegen sie auflehnen zu wollen;²²³) andererseits erscheint ihm fast alles, was sich die Menschen wünschen und worüber sie sich beklagen, zu werthlos, um sein Glück davon abhängig zu machen. Die Kleinheit des Menschen, im Vergleich mit dem Weltganzen, die Geringfügigkeit aller irdischen Dinge ist ein Gedanke, der bei ihm, wie bei seinem Vorbild, dem Stoiker Mark Aurel, immer wiederkehrt. Unmittelbar nach seinem Regierungsantritt schreibt er an Voltaire (XXII, 3): „Mein theurer Freund, meine Lage hat sich geändert, und ich war Zeuge von den letzten Augenblicken eines Königs, seinem Todeskampf, seinem Sterben. Ich bedurfte gewiß bei meiner Thronbesteigung dieser Belehrung nicht, um mir die Eitelkeit aller menschlichen Größe zu verleiden." Unser Leben hienieden, sagt der „Stoiker" (XII, 185. 187), ist kurz und flüchtig; wir durchreisen eilig ein fremdes Land, in dem nichts unser Eigenthum ist, in dem wir alles zurücklassen müssen. Können wir nicht die Güter, die uns für diesen Augenblick geliehen wurden, ohne Uebermuth genießen und ohne Klage verlassen? Diese verächtlichen Güter, das Ziel unvernünftiger Wünsche, sind flüchtig wie ein Vogel, der unseren Augen entschwindet, nachdem wir ihn kaum erblickt haben. Welcher Reiz sollte uns denn an die Welt fesseln? Die Erde ist ein Kothhaufen, ein Punkt in dem unermeßlichen Ganzen; unser Leben ist, gegen die Ewigkeit gehalten, ein Augenblick, ein Dasein, das uns fortwährend entschwindet, und es ist eine Thorheit, in diesem Wirbel seine Wünsche auf eine lange Reihe von Jahren auszudehnen.²²⁴) Unter den glänzendsten Erfolgen erinnert der König sich und andere an die Nichtigkeit aller menschlichen Angelegenheiten;²²⁵) in der verzweifeltsten Lage weiß er dieselben aus einem Standpunkt zu betrachten, der sie ihm unendlich klein erscheinen läßt.²²⁶) Alle die Sorgen, sagt er, die uns im Leben quälen, zeigen sich sehr kindisch, wenn man erwägt, daß der Tod kommt und die ganze Vergangenheit auslöscht (XVIII, 234; 1763). Die Menschen sind ja im Vergleich mit dem Weltganzen nicht mehr, als die Ameisen oder die Würmer im Vergleich mit dem Menschen,²²⁷) was ist da an allem, womit sie prahlen, wegen dessen sie sich der Gottheit fast gleichstellen?²²⁸) „Wenn man die Gegenstände vorurtheilsfrei untersucht, mit welchen die Menschen die Vorstellung der Größe verbinden, entdeckt man in ihnen nichts als Kleinheit, Thorheit und Täuschung." Was liegt der Welt daran, wer dieses oder jenes Stück Erde beherrscht? „Man braucht die Dinge, auf welche die Begierde sich richtet, nur genau zu betrachten, um ihre Werthlosigkeit zu erkennen und sich von den Täuschungen und Eitelkeiten dieser Welt freizumachen."229) Selbst das höchste von allen den Gütern, um welche die Menschen sich bemühen, selbst der Ruhm hat ja, wie wir kaum erst gehört haben (S. 75), in den Augen des philosophischen Königs nur einen zweifelhaften und vorübergehenden Werth. Und wie mit den Gütern, die man sich wünscht, verhält es sich mit den Uebeln, vor denen man sich fürchtet. Für das schlimmste, was uns treffen kann, halten die meisten den Tod. Der Philosoph erkennt in ihm eine Naturnothwendigkeit, der er sich ohne Murren unterwirft, ein Ereigniß, welches den Menschen einfach deßhalb nicht unglücklich machen kann, weil es mit seinem Dasein auch der Möglichkeit, sich unglücklich zu fühlen, ein Ende macht.230) Ihm liegt es nicht daran, daß er lange, sondern daß er gut lebt, und sich keine Vorwürfe zu machen hat.231) Er erträgt mit Standhaftigkeit und mit Würde, was er zu ändern nicht die Macht hat; er hängt sein Herz nicht an das Vergängliche, klagt nicht über das Unabwendbare, und thut unter allen Umständen seine Schuldigkeit. In diesem Sinn hat sich Friedrich wiederholt unter schwerer Bedrängniß ausgesprochen. So erklärt er in dem Gedicht an Lord Keith:232) Die stoische Philosophie lehre ihn, dem Unglück trotzen, das Mißgeschick gelassen ertragen. Er habe die Verheerung seiner Staaten, den Verlust von Schlachten erlebt, seine eigenen Verwandten haben sich auf die Seite seiner Verfolger gestellt, er habe dem Tod in die Augen gesehen, ohne zu erbleichen; wo alle verzagten, sei seine Standhaftigkeit keinen Augenblick in's Schwanken gerathen; alle Macht des Herrschers, aller Prunk und Glanz seien ihm geringfügig erschienen. Hundertmal im Begriffe, sein Land und sein Leben zu verlieren, sei er doch nie zum Gegenstand des Mitleids geworden. Er rechnet sich daher zu denen, deren Seele stark genug ist, um die Größe mit Füßen zu treten, das Glück zu verachten, von niedrigem Eigennutz frei beim Verlust der falschen Güter unerschüttert und ruhig zu bleiben, und wenn es sein muß, ihrem Untergang mit heiterer Stirne entgegenzugehen. Und ähnlich hält er im „Stoiker",233) nachdem er die Vergänglichkeit aller menschlichen Größe geschildert hat, den Sterblichen vor, wie verkehrt es sei, über die Gesetze der Natur zu murren, sich dem

gemeinsamen Loos entziehen zu wollen, statt daß man das beschränkte
Glück genieße, dessen der Mensch fähig sei. Was uns Gutes bescheert
sei, das sei uns immer nur für kurze Zeit geschenkt, und immer mit
Uebeln vermischt. Weder die Tugend noch die Macht noch die hohe
Geburt schützen vor Leiden, sie treffen den Unschuldigen so gut wie den
Schuldigen. Ebendeßhalb aber werde nur ein kleinmüthiges Herz in
dem ein Uebel sehen, was die Tugend mit dem Laster gemein habe. Zu
was benn die Standhaftigkeit und Furchtlosigkeit dienen sollen, wenn nicht
dazu, daß man dem Unglück trotzbiete? Wenn ein Uebel lang andaure,
lernen wir es ertragen, noch erträglicher müßte das kurz dauernde sein;
und wenn die Zeit uns zu beruhigen vermöge, müßte unsere Vernunft
diese Macht noch weit mehr haben. Unsere Ehre und unsere Tugend
könne ja doch kein Unglück verwunden. Nur unser innerer Zustand ist
es, in dem der philosophische König, nach stoischem Vorgang, eine unerläßliche Bedingung des Glückes anerkennt; alles andere muß man dem
Schicksal anheimstellen und in den Weltlauf, wie unser Loos auch falle,
sich ergeben.

Keinen anderen Standpunkt nimmt er auch ein, wenn es sich darum handelt, seine Freunde bei Unglücksfällen zu trösten. Den Prinzen Heinrich
erinnert er nach dem Tod ihres Bruders, des Prinzen von Preußen,
daran, daß es nun einmal kein vollkommenes Glück, nichts sicheres und
unwandelbares in der Welt gebe, daß alle Güter dieses Lebens vergänglich,
alle Menschen, die wir lieben, sterblich seien; daß man daher in einem
Fall, wie der ihrige, nachdem der erste Schmerz sein Recht gehabt hat,
sich ermannen, und sich seiner Pflicht, seinem Lande und den Angehörigen,
die man noch hat, widmen müsse.[234] Und seinem Sekretär Darget
schreibt er,[235] nachdem dieser seine Frau verloren hatte: „Bedenken Sie,
daß wir nicht unsterblich sind, daß das Leben kurz ist, und daß es sich
nicht verlohnt, für die wenige Zeit, die wir zu leben haben, sich zu be-
kümmern. Die Ereignisse sind stärker als wir, und es ist ein Verbrechen,
als Philosoph gegen die Gesetze der Natur, als Christ gegen den Willen
der Vorsehung zu murren. Bedenken Sie, daß der Himmel Ihnen nur
einen Theil von dem nimmt, was er Ihnen gegeben hat, und daß Sie
ihm unrecht thäten, wenn Sie alle die Gaben geringschätzten, die er Ihnen
noch läßt. Sie haben einen Sohn; es ist Ihre Pflicht, an seine Erziehung zu denken. Ihr ganzer Schmerz ist vergeblich; die Gestorbenen

wissen nichts von ihm, und die Ueberlebenden verlangen von Ihnen, daß Sie ihm nach der ersten Gemüthsbewegung Schranken zu setzen wissen. Statt sich Ihrem Kummer zu überlassen, denken Sie daran, sich zu zerstreuen... Es ist das Loos der Menschheit, geboren zu werden und zu sterben; wer über diese Ereignisse aus der Fassung kommt, beweist, daß er nie über seinen Zustand nachgedacht hat... Wäre es nicht thöricht, darüber zu verzweifeln, daß der gestrige Tag vorbeigegangen ist? Es werden noch viele vorbeigehen und keiner davon kehrt wieder. In diesem Augenblick gilt es, zu zeigen, daß Sie ein Mann sind, um sich selbst zu überwinden."

Den Stoikern, an welche sich Friedrich hier anschließt, folgt er auch in dem Grundsatz, daß der Mensch nicht blos das Recht habe, sondern daß er es auch unter Umständen seiner sittlichen Würde schuldig sei, einer für ihn unerträglichen Lage sich durch freiwilligen Tod zu entziehen. Friedrich hat dieß bekanntlich nicht allein als seine theoretische Ueberzeugung ausgesprochen, sondern er war auch darauf vorbereitet, dieser Ueberzeugung gemäß zu handeln. Während des siebenjährigen Krieges war er fest entschlossen, wenn er in die Hände seiner Feinde geriethe, oder wenn seine Sache rettungslos verloren wäre, seinen Sturz nicht zu überleben. Von den zahlreichen Aeußerungen, in denen er diesen Entschluß ausspricht und begründet, [236]) mag hier nur eine angeführt werden. „Sie machen sich — schreibt er den 28. Oktober 1760 (XIX, 201) an d'Argens — als Sybarite etwas aus dem Leben; ich meinestheils betrachte den Tod als Stoiker. Nie werde ich den Augenblick erleben, der mich zwingt, einen unvortheilhaften Frieden zu schließen; keine Vorstellung, keine Beredsamkeit wird mich dazu bringen, meine Schande zu unterzeichnen. Entweder lasse ich mich unter den Trümmern meines Vaterlandes begraben, oder wenn dieser Trost dem Schicksal, das mich verfolgt, noch zu milde scheint, werde ich meinem Unglück ein Ende zu machen wissen, wenn es nicht mehr möglich ist, es zu ertragen. Ich handelte und handle fortwährend nach der inneren Ueberzeugung und dem Ehrgefühl, die alle meine Schritte leiten; mein Verhalten wird jederzeit diesen Grundsätzen entsprechen. Nachdem ich meine Jugend meinem Vater, meine reiferen Jahre meinem Vaterland geopfert habe, glaube ich mich berechtigt, über mein Alter selbst zu verfügen. Ich habe es Ihnen gesagt und ich wiederhole es, nie wird meine Hand einen erniedrigenden

Frieden unterzeichnen." Es blieb dem großen Mann erspart, den Schritt zu thun, zu dem er für den äußersten Fall entschlossen war; nach den schwersten Schicksalsschlägen fand sein unerschütterlicher Wille immer auf's neue die Kraft und sein unerschöpflicher Geist die Mittel, sich wieder aufzurichten; und als jede Hoffnung zu versiegen drohte, führte der Tod der Kaiserin Elisabeth von Rußland eine Wendung herbei, die dem König eine ehrenvolle Beendigung des heldenmüthigen Kampfes möglich machte. Aber daran werden wir nicht zweifeln, daß er im entgegengesetzten Fall den Triumph seiner Feinde nicht überlebt, sondern die stoischen Grundsätze, zu denen er sich bei dieser Frage so oft und so nachdrücklich bekannt hat, auch durch die That bewährt haben würde.

Mit der Forderung der Strenge gegen sich selbst verknüpft Friedrich im „Stoiker", nach dem Vorgang seines Mark Aurel, die jener Nachsicht gegen fremde Fehler und Schwächen, welche er schon in jungen Jahren sich zum Grundsatz gemacht hatte,[237]) und welche er, wie wir finden werden, namentlich auf dem religiösen Gebiete durch die weitherzigste Duldung abweichender Meinungen zu bethätigen gewußt hat. „Der Weise", sagt er, „ist milde, menschenfreundlich, gefühlvoll und edelmüthig; er kennt die schrecklichen Verirrungen der Sterblichen; ein nachsichtiger Richter gegen sie, ist er strenge gegen sich selbst." Der Wermuth bleibt gleich bitter, mögen wir darüber klagen oder nicht: „Duldet die Schlechten, weil sie einmal so sind." Er nimmt also auch dieses, wie andere Uebel, als eine Naturnothwendigkeit hin, und erwartet von der Philosophie, daß sie uns lehre, uns darein zu schicken. Wie er sich aber hierin der mildesten Form des Stoicismus anschließt, so tritt er anderwärts den Uebertreibungen der stoischen Moral direkt entgegen. Wir haben bereits (S. 35) gehört, wie weit das stoische Tugendideal über alles hinausgieng, was er der menschlichen Natur zutraute. „Den stoischen Weisen und den vollkommenen Fürsten", schreibt er Voltaire,[239]) „hat es nie gegeben und wird es nie geben." Die stoische Apathie, erklärt er schon 1738 (XVI, 155), scheine ihm das gleiche in der Moral zu sein, wie der Stein der Weisen in der Chemie und die Quadratur des Kreises in der Mathematik: die chimärische Idee einer Vollkommenheit oder einer Gemüthsruhe, die wir nicht zu erreichen vermögen; und die gleiche Ansicht hat er noch oft ausgesprochen. So bemerkt er gegen d'Alembert: unsere geistige Kraft habe ihre Grenzen; die Vernunft könne Hindernisse besiegen, die zu ihrem Vermögen im richtigen Verhältniß stehen, aber es gebe auch solche, denen sie weichen müsse. Die Natur habe uns zu empfindenden Wesen gemacht, und die Philosophie werde uns nie zur Unempfindlichkeit gelangen lassen. Es wäre dieß aber auch kein Glück für die Gesellschaft: man hätte dann keine Theilnahme mehr für fremdes Unglück, das Menschengeschlecht würde hart und unbarmherzig. Unsere Vernunft solle unsere Gemüthsbewegungen mäßigen, aber nicht den Menschen im Menschen abtödten.²⁴⁰) Schon der körperliche Schmerz widerlegt, wie er bemerkt, die stoische Apathie: man kann nicht umhin, ihn zu fühlen, und er kann einen solchen Grad erreichen, daß er den Geist niederdrückt und es unmöglich macht, gleichgültig gegen ihn zu bleiben." „Hätte Zeno," meint der König,²⁴¹) „vierzehn Gichtanfälle nach einander gehabt, wie ich, so hätte er vielleicht zugegeben, daß die Gicht ein sehr reelles Uebel ist." Noch viel weniger aber verträgt sich die Apathie, wie er glaubt, mit den Gefühlen für andere, die in der menschlichen Natur so fest begründet und für ein wahrhaft menschliches Dasein so unentbehrlich sind. „So viele Mühe ich mir auch gegeben habe", sagt er, „zu der Unempfindlichkeit der Stoiker zu gelangen, so ist es mir doch nie gelungen. Ich liebe mein Vaterland, meine Verwandte und Freunde; wenn ihnen ein Uebel widerfährt, fühle ich es und theile ihr Unglück; die Natur hat mich so gemacht und ich kann mich nicht ändern.²⁴²) Das Freundschaftsbedürfniß vor allem lag so tief in seinem Wesen, und sein Verhältniß zu vertrauten Freunden zeugt von einem so warmen und lebendigen Gefühl für Freundschaft, daß er in diesem Punkte, so fremd ihm auch alle ungesunde Empfindsamkeit war, doch eher für einen Vorgänger der Rousseau und Jacobi, als für einen Schüler der Stoa gelten kann. Als d'Argens in einer von seinen Abhandlungen die Ansicht geäußert hatte, daß man auch ohne Freunde glücklich sein könne, erklärt ihm der König, hierin sei er nicht seiner Meinung. „Ich halte", sagt er, „einen wahren Freund für ein Geschenk des Himmels. Ich habe leider zwei solche (Jordan und Keyserlingk) verloren, die ich mein Leben lang vermissen werde, und deren Erinnerung nur mit meinem Dasein erlöschen wird. Sie machen mit aller Beredsamkeit viele Fehlschlüsse. Sie behaupten, ein Karthäuser könne glücklich sein; ich wage Sie bestimmt zu versichern, daß er es nicht ist. Ein Mann, der sich mit der Wissenschaft beschäftigt und ohne Freunde lebt, ist ein gelehrter Wehrwolf. Mit Einem Wort, nach meiner Denkart ist die Freundschaft zum Glück unentbehrlich. Mag man gleiche oder verschiedene Ansichten haben, mag der eine lebhaft sein, der andere melancholisch, alles das macht für die Freundschaft nichts aus. Aber daß man ein rechtschaffener Mensch ist, das ist die wesentlichste Eigenschaft, welche die Herzen verbindet, und ohne welche kein inniges Verhältniß möglich ist. Man muß meiner Meinung nach in den engen Beziehungen, die man anknüpft, seinen Vortheil finden, den Vortheil der Unterhaltung, der Belehrung, des Trostes, des Nutzens u. s. w." ²⁴³) In der Freundschaft erkennt er das einzige wahre Gut unter den Uebeln dieser Welt, vorzüglicher als Größe, Ruhm und Genuß, und mit der Tugend auf's engste verschwistert. ²⁴⁴) Und wie ihm der Besitz von Freunden eines von den höchsten Lebensgütern ist, so ist ihr Verlust für ihn das Unglück, über dessen Schmerzliches seine Philosophie ihn am wenigsten wegzuheben im Stande ist, so unwiderleglich sie ihm auch seine Unvermeidlichkeit beweisen mag. Für alle Uebel des Lebens, schreibt er nach dem Tode des Prinzen von Preußen, gebe es einen Ersatz, außer für den Tod geliebter Personen; ²⁴⁵) und ebenso bald darauf in dem Gedicht an Lord Keith (XII, 96): kein Schlag des Schicksals, ob auch noch so schwer, habe ihn zu erschüttern vermocht; aber wenn es sein Freundschaftsgefühl verwunde, wenn es ihm durch den Tod seiner Liebsten einen unersetzlichen Verlust zufüge, dann treffe es seine Achillesferse, dann werfe es ihn zu Boden. Aehnlich bemerkt er bei einer späteren Veranlassung: ²⁴⁶) wenn es irgend einen Fall gebe, in dem die Betrübniß einem vernünftigen Menschen erlaubt sei, so sei dieß der Schmerz um einen unersetzlichen Verlust. Die Philosophie solle uns das Unglück mit Standhaftigkeit und Seelengröße ertragen lehren, aber nicht die Natur in uns ersticken und unser Gefühl gegen den allgemeinen Schmerz abstumpfen. Und in einem seiner letzten Lebensjahre, wenige Wochen nach dem Tode seiner Schwester Ulrike, der Königin von Schweden, erklärt er: wenn wir von Schicksalsschlägen betroffen werden, die nur unsere Person angehen, rechne es unsere Selbstliebe sich zum Ruhm an, ihnen standhaft zu widerstehen; aber sobald wir Verluste erleiden, die für alle Ewigkeit unersetzlich seien, so bleibe nichts in der Büchse der Pandora, außer etwa für einen alten Mann, wie er, der Gedanke, daß man die Vorangegangenen bald einholen werde. Der Mensch sei nun einmal mehr ein empfindendes als ein vernünftiges Wesen. „Dein Herz ist verwundet, der Stoiker sagt Dir: Du selbst keinen Schmerz empfinden. Aber ich empfinde ihn gegen meinen Willen; er verzehrt, er zerfleischt mich; ein Gefühl, das stärker als ich ist, entreißt mir Klagen und vergebliches Leid." Wie ernst es ihm mit diesen Aeußerungen war, wie wenig er einen herzlichen Verkehr, einen regen und offenen Gedankenaustausch mit Freunden entbehren konnte, wie glücklich er sich in ihrem Besitz fühlte, wie schmerzlich ihr Verlust ihn in seinen theuersten Empfindungen traf, das läßt uns der heitere Ton, die ungekünstelte Vertraulichkeit seines Briefwechsels mit einem Suhm und Jordan, einem d'Argens und Algarotti, das läßt uns aber ebenso auch die Heftigkeit der Klagen erkennen, in die er bei dem Hingang eines Suhm, Keyserlingk und Jordan, des Prinzen von Preußen und des jungen Prinzen Heinrich, vor allem aber bei dem Verlust seiner ältesten und vertrautesten Freundin, seiner Schwester in Baireuth, ausbrach.[21]) Der letzteren besonders war er mit einer so treuen Bruderliebe, einer so unwandelbaren, und auch durch jene vorübergehende Verstimmung, die in ihren Denkwürdigkeiten so peinlich berührt, nicht zu erschütternden Anhänglichkeit und Dankbarkeit zugethan, daß es für den Adel seines Gemüths und die Vortrefflichkeit seines Herzens kaum ein sprechenderes Zeugniß gibt, als dieses schöne und seltene Verhältniß zwischen einem Bruder und einer Schwester, die einander geistig so ebenbürtig waren, daß wir ihm außer Goethe's Verbindung mit Cornelie kaum ein zweites von ähnlicher Bedeutung zur Seite stellen können.

Zu den Zügen, in denen sich Friedrich's philosophische Auffassung der menschlichen Dinge auf bezeichnende Art darstellt, gehört jene Verliebe für ein zurückgezogenes, geistiger Thätigkeit gewidmetes Leben, die ihn seinem verantwortungsvollen Beruf zwar keinen Augenblick untreu gemacht hat, die ihn aber vom Anfang bis zum Ende unter dem Glanz und den Erfolgen so gut wie unter den Mühen seiner Heldenlaufbahn begleitete, und ihn selbst mit dem Gedanken eines dereinstigen Rücktritts von der Regierung befreundete. Wir haben schon früher gesehen,[22]) wie der König die Stille eines Privatlebens, in dem ihm die Verhältnisse empfindliche Beschränkungen auferlegten, doch nicht ohne Wehmuth verließ, um den Thron zu besteigen; wie der ruhmgekrönte junge Fürst sich aus dem Glanz seiner Siege nach der philosophischen Zurückgezogenheit seiner Landsitze sehnte; wie er mit dem Stoiker auf dem Thron der Cäsaren die Philosophie seine Mutter, die Welt seine Stiefmutter genannt hat. Es war immer eines seiner Ideale, sich jener ganz widmen zu können, ohne von dieser gestört zu sein. Noch als Prinz erklärte er Suhm, als dieser von seiner Größe und seinem Heroismus gesprochen hatte: auf Heroismus mache er keinen Anspruch. Wenn die Eigenschaften des Herzens in die Organisation eines Helden eintreten, wenn Treue und Menschlichkeit die rohe Wuth der Eroberer ersetzen, wenn das gesunde Urtheil der rechtschaffenen Leute vor den riesenhaften Entwürfen des Genie's den Vorzug erlangen können; wenn gute Absichten und Milde mehr werth seien, als die unruhige Thätigkeit der Weltstürmer, dann könne er sich mit den Helden vertragen. Aber da alle jene Eigenschaften nur einen guten Bürger, keinen großen Mann zu bilden vermögen, verzichte er auf diesen Titel und wolle lieber ein treuer Freund, ein mitleidiger Mann und ein Mensch heißen, der nur dazu Mensch zu sein glaube, daß er anderen Gutes erweise.[250]) Allein auch auf der Höhe seines Ruhmes, einige Jahre nach dem Ende des siebenjährigen Krieges, erwidert er der Kurfürstin von Sachsen auf die Frage, welche Stellung er sich gewählt haben würde, wenn ihm diese Wahl freigestanden hätte, unter der ausdrücklichen Versicherung, daß er sich hierüber so offen und wahr aussprechen wolle, als möglich: Seit seiner frühen Jugend habe Epikur's Rath, sich mit Regierungsangelegenheiten nicht zu befassen, Eindruck auf ihn gemacht. Es sei dieß wirklich vielleicht das einzige Mittel, um dem Menschen diejenige Glückseligkeit zu verschaffen, deren seine Natur fähig sei. Von den Geschäften eines Staatsmannes seien weit die meisten unangenehm; je wichtiger die Angelegenheiten seien, um so mehr sei man dem Glückswechsel ausgesetzt; um endlich seine Gemüthsruhe, die Grundbedingung der Glückseligkeit, zu bewahren, müsse man sich von allem fernhalten, was lebhafte Erschütterungen veranlassen könne. Dürfte er daher nur sein persönliches Wohl in's Auge fassen, so würde er die Lage eines Privatmanns in bescheidenem Wohlstand vortheilhafter für sich finden, als den Prunk einer glänzenden Stellung. Da alle Menschen einmal sterben, scheinen ihm die am weisesten zu verfahren, die diesen Weg in der einfachsten Weise, mit den wenigsten Umständen und Belästigungen zurücklegen.[250b]) Der ruhmgekrönte Held hatte von allen den Dingen, die man zur menschlichen Größe zu rechnen pflegt, eine zu geringe Meinung,[251]) seine Vorliebe für die Wissenschaft und die Kunst war zu stark, als daß ihm nicht unter den aufreibenden Sorgen und Mühen seines

Herrscheramts eine Lage, die ihm erlaubte, seinen idealen Neigungen sich ganz hinzugeben, beneidenswerth hätte erscheinen müssen. Daß er sich auf die Dauer in dieser Beschränkung befriedigt gefühlt hätte, läßt sich allerdings nicht annehmen; wir werden vielmehr der Kurfürstin Recht geben müssen, wenn sie der Meinung war (XXIV, 131): Friedrich hätte es in der Unthätigkeit auch dann nicht ausgehalten, wenn er als einfacher Privatmann zur Welt gekommen wäre; auch in diesem Fall hätte ihm sein Genius keine Ruhe gelassen, ihn auf eine Heldenlaufbahn fortgerissen, die er erst von Triumphen gesättigt in philosophischer Zurückgezogenheit beschlossen haben möchte. Ob dieß gerade kriegerische Triumphe gewesen wären, wie sie voraussetzt, kann man bezweifeln; denn Friedrich war trotz der überlegenen Genialität, die er auch im Felde bewies, doch nicht wie ein Alexander oder Karl XII. aus Neigung, sondern aus Nothwendigkeit Feldherr. Wenn er seine politischen Erfolge auf anderem Wege hätte erreichen können, wäre ihm dieß lieber gewesen: er hat den ersten schlesischen Krieg so bald als möglich durch einen Friedensschluß beendet, später nur zu seiner Vertheidigung die Waffen ergriffen, ohne neue Eroberungen zu suchen, und es sich in der Folge stets als Verdienst angerechnet, daß es ihm gelang, durch die Theilung Polens einen europäischen Krieg zu vermeiden und seinem Land ohne Blutvergießen eine wichtige und für seinen staatlichen Bestand auf die Dauer unentbehrliche Vergrößerung zu verschaffen.[252]) Aber daß ein Mann von so seltener politischer Begabung dieses Talent freiwillig unter den Scheffel gestellt hätte, können wir uns kaum denken, und wenn Friedrich selbst (S. 131. 132) sein thatsächliches Verhalten neben seinem Regentenberuf und den Umständen, unter denen er diesen auszuüben hatte, nur davon herleitet, daß man den Geist des Standes annehme, dem man angehöre, so werden wir, ohne dieß zu leugnen, doch geneigt sein, noch einen Schritt weiter zu gehen und den tieferen Grund seiner Thaten in der ursprünglichen Anlage seines Geistes zu suchen; so unmöglich es auch immerhin ist, mit voller Bestimmtheit zu sagen, was ein Mensch abgesehen von den Verhältnissen geworden sein würde, die seine Entwicklung vom Beginn seines Daseins an bestimmten. Wie dem aber sein mag, in dem Könige selbst wurde die Sehnsucht nach der Ruhe des Privatlebens zeitweise so stark, daß er sich unter der Mühsal des siebenjährigen Krieges mit dem Plan trug, wenn der Friede erkämpft sei, die Regierung niederzulegen, und fortan ganz seinen Studien und dem Verkehr mit seinen Freunden zu leben.²⁵³) Daß dieser Plan freilich nicht über eine vorübergehende Anwandlung hinaus= kam, dafür war durch die Umstände hinreichend gesorgt.

Wie wenig die äußere Lage, in welche der Zufall den Menschen ver= setzt hat, seinen inneren Eigenschaften gegenüber in Betracht komme, und wie gut Tugend und Glück auch mit bescheidenen Verhältnissen und mit der ihnen entsprechenden Bildungsstufe sich vertragen, zeigt der König in jener Grabrede auf den Schuster Reinhart,²⁵⁴) deren geistvoller Humor Voltaire so entzückte, daß er selbst in dem Danksagungsschreiben dafür sofort eine ganze Perlenschnur von witzigen Einfällen an sie anknüpft. Denn so berechtigt Friedrich auch ist, sie ein Spiel seines Geistes zu nennen, so wenig erschöpft es doch die Absicht des kleinen Kunstwerks, wenn Gatt dasselbe auf den Wunsch zurückführt, sich auch in dieser Gattung zu versuchen und die Leichenpredigten lächerlich zu machen. Es ist allerdings eine Parodie der geistlichen Beredsamkeit, deren berühmteste Muster, die Predigten eines Bossuet und Flechier, der König vor seiner Abfassung studirt hatte; aber unter dieser Parodie verbergen sich Ge= danken, mit denen es dem Satiriker vollkommen Ernst ist. Er schildert uns einen Mann aus dem Volke, einen kleinen Handwerker, der keinen höheren Unterricht als den einer gewöhnlichen Volksschule erhalten hat, der auch in seinen religiösen Ueberzeugungen nicht über dem Durchschnitt seiner Standesgenossen steht, der sich aber durch seine eigene Tüchtigkeit emporarbeitet, und durch seine Rechtschaffenheit, seinen Fleiß, seine Ge= schicklichkeit, seine Umsicht, durch seine Friedfertigkeit, seine gemeinnützige Thätigkeit, seine Vaterlandsliebe, sich die Achtung seiner Mitbürger, die Zufriedenheit mit sich selbst, das Glück eines musterhaften Familienlebens erwirbt. Und diesem idealen Bild eines Kleinbürgers stellt er in scharfem Contrast das der Reichen und Vornehmen, und namentlich das Bild der= jenigen von seinen eigenen Standesgenossen gegenüber, welche ihre Stellung nur zum Müssiggang und zur Befriedigung ihrer Leidenschaften benützen; welche ihre Regentenpflichten versäumen, um statt dessen ihren Ausschweifungen oder dem rohen Vergnügen der Jagd nachzugehen;²⁵⁵) welche mit Einem Wort, wie der große König empört sagt (S. 99), nur schlechte Schuster abgegeben hätten, während der wackere Handwerker selbst einem Thron Ehre gemacht haben würde, welche wegen ihrer Unbrauch= barkeit verhungern müßten, wenn der Zufall sie nicht aus Mitleid zu

Fürsten gemacht hätte. Der leitende Gedanke dieser ganzen Schilderung liegt in den Sätzen, daß es das Herz sei, von dem unser Glück abhänge (S. 108), daß das höchste Gut in der Tugend bestehe (S. 110), und daß man deßhalb, wie dieß der Redner gleich im Eingang als sein Thema bezeichnet, „in der Armuth durch Genügsamkeit reich sein kann, in der Arbeit aufrechtgehalten durch seinen Muth, ohne ein Amt dem Vaterland nützlich durch sein Verdienst, ohne Glücksgüter groß durch seine Tugend." Es ist eine und dieselbe Gesinnung, welche uns hier in heiterem, bald nachher (1761) in dem „Stoiker" im ernsten Gewand entgegentritt.

6. Das Staatsleben.

Dieselben Grundsätze, nach denen der Einzelne sein Verhalten einzurichten hat, müssen auch für das Staatsleben gelten. Diese Ueberzeugung hat der philosophische König schon früh ausgesprochen und er hat immer an ihr festgehalten. Indessen mußte sich ihm auch bald genug die Wahrnehmung aufdrängen, daß die Regeln der Privatmoral für die Behandlung der politischen Fragen nicht ausreichen, daß vielmehr aus der Eigenthümlichkeit des Staatslebens und vor allem aus den gegenseitigen Beziehungen der Völker und Staaten für die Leitung der letzteren Aufgaben entspringen, die zu ihrer Lösung einer besonderen Kunst und besonderer Kunstregeln bedürfen, daß die Politik noch etwas anderes ist, als die Moral. Ebendamit war ihm aber auch die Frage nach dem Verhältniß dieser beiden für die politische Theorie und die politische Praxis gleich wichtigen Gesichtspunkte gestellt. Ist der Staatsmann als solcher durch die allgemeinen Moralgesetze gebunden, oder treten für ihn an die Stelle derselben nur die Rücksichten der Zweckmäßigkeit, der Staatsklugheit? Dieß ist die Grundfrage, welche bei Friedrich in den Erörterungen über das Staatswesen immer wieder hervortritt und durch deren Beantwortung seine Auffassung desselben in allen Theilen beherrscht ist. Ihm selbst verknüpft sich diese Frage zunächst mit der Beurtheilung desjenigen politischen Schriftstellers, welcher den Gedanken, daß es für die Staatskunst kein anderes Gesetz gebe, als das der Staatsklugheit, daß ihr daher alles erlaubt sei, was zum Zweck führt, mit dem eindringendsten Scharfsinn und der größten Wirkung durchgeführt, und dadurch unter den Politikern gewöhnlichen Schlages ein fast kanonisches Ansehen erlangt hatte:

Nikolaus Macchiavelli. In seinem „Antimachiavel" hat er im letzten Jahr vor seinem Regierungsantritt die Grundsätze entwickelt, welche nach seiner Ueberzeugung für die Leitung der Staaten maßgebend sein müssen;²⁵⁶) und mußten auch die Ansichten, die er hier ausspricht, in der reichen Erfahrung seiner langen Herrscherlaufbahn noch weiter anreifen, so treten sie uns doch schon in jenem Jugendwerk fertig und sicher entgegen, und der König findet auch in der Folge so wenig Anlaß, etwas von ihnen zurückzunehmen, daß wir berechtigt sind, in dem Antimachiavel das allgemeine Programm seiner Regierung zu sehen und an den Inhalt desselben auch seine späteren Aeußerungen über die gleichen Gegenstände anzuknüpfen.

Friedrich ist nun freilich in jener Schrift dem Manne, gegen den sie sich wendet, lange nicht gerecht geworden. Hat man in neuerer Zeit mitunter die praktischen Zwecke, die der große florentinische Politiker bei seinen Schriften verfolgte, die geschichtlichen Verhältnisse, von denen seine Theorie bedingt und auf die sie berechnet war, so einseitig in's Auge gefaßt, daß auch seine bedenklichsten und gefährlichsten Sätze damit nicht blos entschuldigt, sondern geradezu gerechtfertigt werden sollten, so werden dieselben umgekehrt von Friedrich gar nicht berücksichtigt. Er kennt von Macchiavelli nur den „Fürsten"; die Schriften, welche ihm eine bessere Meinung über ihn hätten beibringen können, die Betrachtungen über die ersten zehn Bücher des Livius und die florentinische Geschichte, hat er allem nach nie zu Gesichte bekommen. Ebensowenig bemerkt er, daß die Macht, zu deren Gewinnung und Erhaltung der „Fürst" Anleitung geben will, seinem Verfasser selbst nicht letzter Zweck ist; daß Macchiavelli wesentlich deßhalb die Mittel zu ihrer Begründung nur nach ihrer politischen Zweckmäßigkeit abschätzt, weil jene Macht ihm die unerläßliche Bedingung für die Wiedergeburt Italiens, für seine Befreiung von Fremdherrschaft, Bürgerkrieg und Rechtlosigkeit ist; daß er endlich auch die Zweckmäßigkeit der von ihm vorgeschlagenen Maßregeln ganz und gar nach dem Maßstab beurtheilt, welchen ihm die Zustände eines sittlich so verwilderten, durch innere Fehden und Parteiungen zerrissenen, von Mord und Gewaltthat, Treulosigkeit und Verrath erfüllten Landes, wie das Italien seiner Zeit, darboten. Macchiavell's Schrift untergräbt, wie er sagt, alle Moral, ihr Verfasser ist ein schlechter Mensch, ein Niederträchtiger, ein Verbrecher, wie es je einen gegeben hat. Der Fürst, den er uns schildert, ist ein Ungeheuer, ein Teufel; sein Ideal ist ein Cäsar Borgia, ein Despot, welcher mit allen Lastern und Verbrechen befleckt war, deren die menschliche Natur fähig ist. Aber auch mit seiner Logik ist es nicht viel besser bestellt, als mit seiner Moral; und es gewährt sichtbar dem jugendlichen Verfasser ein wahres Vergnügen, dem berühmten Lehrmeister der Staatsklugheit bei jeder Gelegenheit, die sich darbietet, nachzuweisen, daß er sich an dem gesunden Menschenverstand versündige, daß seine Vorschläge zweckwidrig seien und das Gegentheil dessen bewirken würden, was ihr Urheber von ihnen erwarte.[257] Der deutsche Fürst stellt sich mit Einem Wort zu dem italienischen Politiker nicht allein grundsätzlich in den ausgesprochensten Gegensatz, sondern dieser Gegensatz nimmt auch den Charakter des persönlichen Widerwillens und der sittlichen Entrüstung an. Es ist nicht blos der Schüler Fenelon's[258] und Mark Aurel's, der sein Ideal des Herrschers gegen das Zerrbild vertheidigt, das ein politischer Sophist an seine Stelle setzen möchte: es ist auch der rechtschaffene Mann, der über die Empfehlung der Treulosigkeit und des Verbrechens empört ist, der König, der über die Aufgabe und die Pflichten seines Standes nicht groß genug zu denken weiß, der seinen Schild unbefleckt erhalten will, und sich durch die Dinge, welche Macchiavelli den Fürsten ansinnt, in seiner persönlichen Ehre gekränkt fühlt.[259] Allein wenn ihn diese wohlberechtigten Gefühle zu weit geführt haben, wenn er über denselben dasjenige übersehen hat, was vor dem Richterstuhl der Geschichte die befremdendsten Züge in dem Werke des Florentiners theils erklärt theils entschuldigt, so müssen wir die Verantwortlichkeit dafür jedenfalls zwischen ihm und seinem Gegner theilen. Friedrich's Standpunkt war nicht der einer unbefangenen geschichtlichen Würdigung. Es fehlt ihm dazu nicht nur an der vollständigen Kenntniß des Thatbestandes; es fehlt ihm vor allem an dem, woran es der ganzen Aufklärungsperiode gefehlt hat: an der Kunst und Uebung, die geschichtlichen Erscheinungen aus ihren geschichtlichen Bedingungen zu begreifen, sie nicht nach dem zu beurtheilen, was sie in unserer Zeit sein würden, sondern nach dem, was sie in ihrer Zeit waren. Er unterscheidet nicht zwischen der absoluten und der relativen Berechtigung der Theorie, die er bestreitet; er fragt einfach: darf ein Fürst Macchiavell's Rathschläge zur Richtschnur nehmen? und er denkt dabei zunächst an einen Fürsten in seiner Stellung und in seinem Jahrhundert; daß Macchiavelli sein Buch nicht für einen legitimen Landesherrn geschrieben hatte, sondern für einen Usurpator, der seiner Usurpation durch die Befreiung Italiens von der Fremdherrschaft eine höhere Berechtigung geben sollte, daß er diesem die Wege zeigen wollte, die ihn unter den damaligen Verhältnissen am sichersten zum Ziele führen können, wird nicht beachtet. War die Frage in diesem Sinne gestellt, so konnte Friedrich bei seinen Grundsätzen über die Antwort nicht zweifelhaft sein: er konnte in der Theorie, welche ihm in dem „Fürsten" entgegentrat, unmöglich etwas anderes sehen, als eine Zerstörung aller sittlichen Grundlagen des Staatslebens, er konnte die Zumuthung, sich für seine Regierung einen Cäsar Borgia zum Vorbild zu wählen, nur mit Abscheu und Entrüstung zurückweisen; und je weniger er nun daran dachte, daß Macchiavelli mit seinem Werk etwas anderes beabsichtigt haben könne, als eine allgemeingültige Anleitung zur Staatskunst, um so unvermeidlicher war es, daß er auch seinen persönlichen Charakter nach dieser seiner Absicht beurtheilte.[260]) Aber hat denn Macchiavelli in seinem „Fürsten" (und nur diesen hat Friedrich vor Augen) irgend etwas gethan, um diese Auffassung zu verhindern? Hat er auf jenen von seinem Kritiker übersehenen Unterschied zwischen der absoluten und der relativen Geltung seiner Vorschläge auch nur mit einem Wort hingewiesen, ja läßt sich überhaupt annehmen, daß er selbst sich dieses Unterschieds deutlich bewußt war? Wenn Friedrich den Werth der Rathschläge, welche Macchiavelli einem Lorenzo von Medici ertheilt hatte, danach beurtheilt, ob dieselben allen Fürsten zur Regel dienen können, so wendet er nur den Maßstab auf ihn an, den er selbst seinem Beurtheiler in die Hand gegeben hat. Denn Macchiavelli sagt nicht etwa, in Italien liegen die Dinge zur Zeit so, daß auch die verzweifeltsten und unter anderen Umständen verwerflichen Mittel erlaubt seien, weil es keine anderen gebe, um sich aus einem unerträglichen Zustand herauszuarbeiten; sondern er drückt sich ganz allgemein aus, er spricht durchweg so, als ob das, was er sich aus den Zuständen und Bedürfnissen seiner Heimath und aus einer einseitigen, von der fortwährenden Rücksicht auf jene beherrschten Geschichtsbetrachtung abstrahirt hat, für alle Zeiten und Völker gelten müßte; als ob man überall mit einer solchen Zerrüttung des sittlichen Lebens, einer solchen politischen Zersplitterung, einem so rücksichtslosen Krieg aller gegen alle zu rechnen hätte, wie in dem Italien des fünfzehnten und sechzehnten Jahrhunderts.[261]) Er kennt als Politiker keine anderen Beweggründe, als die der Klugheit, keinen anderen Maßstab für die Beurtheilung der menschlichen Handlungen, als den der Zweckmäßigkeit; und wenn er diesen Standpunkt anderwärts dadurch ergänzt, daß er das Wohl des Vaterlandes als den Zweck hinstellt, dem jede andere Rücksicht weichen müsse, so wird doch dieser Gedanke im „Fürsten" nur mittelbar, durch die Aufforderung zur Vertreibung der Fremden, angedeutet, sonst aber wird lediglich von den Mitteln zur Begründung und Ausbreitung der fürstlichen Macht gesprochen. Auch die Beurtheilung der realen Verhältnisse hat aber bei Macchiavelli darunter gelitten, daß er wesentliche Bestandtheile seiner Theorie einer zeitlich und räumlich viel zu beschränkten Erfahrung entnommen hat. Man kann ihn ja nur darum achten, daß er seinem Volke die höchsten nationalen Ziele gesteckt und an die Erreichbarkeit derselben geglaubt hat. Aber wenn er trotz seiner eindringenden Kenntniß der Personen und der Verhältnisse, trotz dem Scharfblick, mit dem er die Schwächen der Menschen zu erkennen, ihre Beweggründe zu enthüllen verstand, der Meinung war, die Wiedergeburt seines Volkes hätte sich auf dem Weg herbeiführen lassen, den sein „Fürst" vorzeichnet, einer von den italienischen Fürsten seiner Zeit, ein Cäsar Borgia oder auch ein Lorenzo von Medici, hätte mit der beschränkten Macht, die einem solchen zu Gebote stand, und mit den kleinen Künsten politischer Verschlagenheit Italien zur Einheit und Unabhängigkeit verhelfen können, so hat er sich einer Täuschung hingegeben, über die uns freilich zunächst der Gang der Geschichte belehrt hat, vor der aber auch er selbst hätte bewahrt bleiben können, wenn sich über den nächsten Ursachen der geschichtlichen Ereignisse, in deren Erforschung sich seine Meisterschaft zeigt, ihre tieferliegenden und allgemeineren Gründe seinem Blicke nicht zu sehr entzogen hätten.[262]) Friedrich hat allerdings den Einfluß, welchen gerade dieser Irrthum seines Gegners auf die ganze Richtung und Haltung seines Werks ausübte, nicht bemerkt, weil es sich für ihn eben nicht um eine geschichtliche Würdigung desselben, sondern nur um die Richtigkeit seiner Lehre als solcher handelt. Aber es läßt sich nicht verkennen, wie viel bei dem florentinischen Staatsmann die trügerische Hoffnung, mit den Mitteln seiner Politik seine patriotischen Ziele erreichen zu können, dazu beitrug, daß er im „Fürsten" seine Sätze in einer Unbedingtheit und Allgemeingültigkeit hinstellte, die sie einem jeden, der ihre Geltung für seine Person nicht anerkannte, als unbedingt verwerflich erscheinen lassen mußte.

So schroff indessen der große König Macchiavelli's Grundsätze zurückwies, so wenig fehlten ihm selbst die Eigenschaften und Einsichten, in denen die Politik des Florentiners ihre Stärke und ihre Berechtigung hat. Hält er auch in seinem Antimachiavel der rücksichtslosen Staatsklugheit des Italieners die idealen Forderungen der Moral mit aller Entschiedenheit entgegen, so wird man doch weder in seiner Staatsleitung noch in seinen politischen Grundsätzen etwas von dem vermissen, worauf die Ueberlegenheit einer gesunden Realpolitik allem liberalen oder conservativen, radikalen oder legitimistischen Doctrinarismus gegenüber beruht. Wenn Macchiavelli die Fehler und Schwächen der Menschen aus dem Grunde kennt und dem Fürsten räth, sich auf sie einzurichten, so hat auch Friedrich (wie schon S. 64 f. gezeigt ist) über dieselben sich keiner Täuschung hingegeben. Wenn jener den Wechsel der menschlichen Dinge, die unberechenbaren Launen des Zufalls, in ihrer ganzen Bedeutung für die Geschicke der Menschen anerkennt, nur um so mehr aber den Staatsmann ermahnt, durch Umsicht und Klugheit, durch Kühnheit und Festigkeit sich gegen die störenden Eingriffe dieser Macht nach Möglichkeit zu sichern, so ist der König (vgl. S. 52 f. 76 f.) damit vollkommen einverstanden. Wenn der Verfasser des Principe von einem Fürsten verlangt, daß er sich um alles selbst kümmere und seine Entschlüsse selbständig fasse, daß er die Wahrheit gern höre und die Schmeichelei verachte, daß er sich eine eigene bewaffnete Macht schaffe und sie selbst in's Feld führe, daß er sich im Frieden auf den Krieg, in den ruhigen Zeiten auf die stürmischen vorbereite, daß er sich über die Absichten fremder Regierungen genau unterrichte und seine Unabhängigkeit gegen sie wahre u. s. w., so bietet Friedrich's Staatsleitung für die Anwendung dieser Grundsätze das mustergültige Beispiel.[265]) Es läßt sich nun freilich nicht urkundlich feststellen, und es war dem großen Könige vielleicht selbst nicht bewußt, ob und inwieweit für die Ausbildung dieses Elements seiner Politik neben anderen Einflüssen auch der Macchiavelli's sich geltend machte. Aber wenn Friedrich selbst trotz dem grundsätzlichen Widerspruch, den er gegen den Standpunkt seines Vorgängers erhebt, doch im einzelnen mit manchen von seinen Ausführungen sich einverstanden erklärt oder nur unwesentliches dagegen zu erinnern hat, so ist es auch an sich sehr unwahrscheinlich, daß die eingehende Beschäftigung mit einem so bedeutenden Schriftsteller nur durch die Kritik, zu der sie ihn veranlaßte, und nicht auch direkt, auf sein eigenes politisches Denken eingewirkt haben sollte.

Wollen wir nun Friedrich's Ansicht vom Staatsleben ihrem Inhalt nach näher kennen lernen, und fragen wir zunächst, wie er die Nothwendigkeit desselben begründet und seine Aufgabe bestimmt, so zeigen sich uns als maßgebend in dieser Beziehung zwei Gedanken: einerseits die Lehre von der natürlichen Gleichheit und den natürlichen Rechten aller Menschen, in der er theils den Stoikern und Cicero, theils den Rechtsphilosophen des siebzehnten und achtzehnten Jahrhunderts, einem Grotius, Locke und Wolff [264]) folgt; andererseits der hohe Begriff, den sich der königliche Philosoph von der Verpflichtung des Einzelnen gegen den Staat macht; einer Verpflichtung, die in seinen Augen um so umfassender und bindender ist, je mehr man durch seine Stellung in den Stand gesetzt ist, wohlthätig oder schädlich auf das Gemeinwesen einzuwirken. Diese letztere Ueberzeugung ist nun, wie sein strenges Pflichtgefühl überhaupt, sein persönliches Eigenthum, der unmittelbare Ausdruck seines Charakters, und sie hat sich ihm in und mit diesem gebildet. [265]) Von der ursprünglichen Gleichheit und Zusammengehörigkeit aller Menschen war seit Zeno unzähligemale gesprochen worden; aber außer dem Stoiker auf dem Throne, der Friedrich's Ideal ist, hat sie kein Fürst nachdrücklicher betont und keiner hat die Anerkennung derselben in höherem Grade zur Richtschnur für seine Regierung genommen, als er. Wie er schon als Kronprinz wünscht, daß die Könige zu Menschen und die Fürsten zu Bürgern gemacht werden könnten, [266]) und auf den rechtschaffenen Mann viel mehr hält, als auf den mächtigsten König, [267]) so kehrt er fortwährend gegen das Standesvorurtheil der Fürsten und des Adels den Satz, daß alle Menschen als solche sich gleichstehen, und daß ihr sittliches Verhalten das einzige sei, was einen wirklichen Werthunterschied zwischen ihnen begründet, daß es nicht auf die Geburt ankomme, sondern auf das Verdienst; [268]) und er unterwirft von diesem Standpunkt aus nicht selten seine fürstlichen Standesgenossen und ihre Höflinge einer so scharfen und unumwundenen Beurtheilung, daß man glauben könnte, man höre nicht ein gekröntes Haupt, sondern einen von jenen Volkstribunen, welche durch ihre Schriften der Revolution die Wege gebahnt haben, und welche von Friedrich selbst anderwärts (vgl. S. 31) wegen ihrer ungerechten Angriffe auf die Fürsten so stark getadelt werden.²⁶⁹)

Hat aber von Natur keiner einen Vorrang vor dem andern, so kann das Recht zur Herrschaft nur auf freiwilliger Uebertragung, nur auf dem Vertrage beruhen, durch welchen die Staatsgesellschaft begründet und die Leitung derselben einzelnen von ihren Mitgliedern anvertraut wurde. Diese Folgerung wird auch von Friedrich, im Einverständniß mit den Naturrechtslehrern seiner Zeit, aus der Lehre von der ursprünglichen Gleichheit der Menschen gezogen. „Der Rang", so spricht er sich schon in seiner ersten politischen Schrift²⁷⁰) aus, „auf den die Fürsten so eifersüchtig sind, die Erhebung derselben ist nur das Werk der Völker; diese Tausende haben sich nicht dazu einem einzelnen Bürger unterworfen, um das Opfer seiner Launen, der Spielball seiner Einfälle zu sein; sondern sie haben denjenigen aus ihrer Mitte, den sie für den gerechtesten hielten, gewählt um sie zu regieren, den besten, um ihnen ein Vater zu sein, den menschenfreundlichsten, um ihnen im Unglück Theilnahme und Hülfe zu gewähren, den tapfersten, um sie gegen ihre Feinde zu vertheidigen, den verständigsten, um sie nicht in verderbliche Kriege zu verwickeln, überhaupt denjenigen, der sich am besten eignete, den Staatskörper zu vertreten und aus der obersten Gewalt eine Stütze für Recht und Gesetz, und nicht ein Mittel für die straflose Verübung von Verbrechen und für eine tyrannische Regierung zu machen." In demselben Sinn erklärt sich der Antimachiavel. Friedrich tadelt hier (VIII, 65) den Verfasser des „Fürsten", daß er den Ursprung der fürstlichen Würde nicht untersucht und die Frage nicht aufgeworfen habe, was freie Menschen bestimmt haben könne, sich Herren zu geben.²⁷¹) Aber einem Lobredner der Tyrannei, meint er, würde es schlecht gepaßt haben, zu sagen, „daß es die Völker für ihre Ruhe und ihre Erhaltung nöthig fanden, Richter für die Schlichtung ihrer Streitigkeiten, Schirmherren für die Vertheidigung gegen ihre Feinde, Herrscher für die Vereinigung ihrer Sonderinteressen zu einem Gemeininteresse zu haben; daß sie aus ihrer Mitte zuerst diejenigen zu ihren Regenten wählten, die sie für die weisesten, unpartheiischsten, uneigennützigsten, menschenfreundlichsten und tapfersten hielten." Noch eingehender wird diese Ansicht fast vierzig Jahre später (1777) in dem „Versuch über die Regierungsformen" (IX, 196) auseinandergesetzt. Die Menschheit, sagt Friedrich hier, bestand zuerst aus vereinzelten Familien.

Was diese veranlaßte, sich mit anderen Familien zur gemeinsamen Vertheidigung zu verbinden, waren ohne Zweifel die Gewaltthaten und Räubereien, denen sie in ihrer Vereinzelung ausgesetzt waren. Aus dieser Vereinigung entsprangen die Gesetze, welche die Gesellschaften das gemeine Beste dem Privatinteresse vorziehen lehren. Man lernte andere Personen, ihre Angehörigen und ihr Eigenthum achten, weil ihre Verletzung Strafe nach sich zog; man verpflichtete sich, jeden Angriff auf die ganze Gesellschaft abwehren zu helfen. Der große Grundsatz, daß wir andere ebenso behandeln sollen, wie wir von ihnen behandelt zu sein wünschen, (s. o. S. 76) wurde die Grundlage der Gesetze und des Gesellschaftsvertrags;²⁷²) daraus entsprang die Liebe zum Vaterland als dem Asyl unseres Glückes. Um die Ausführung der Gesetze zu überwachen, wählte sich das Volk Obrigkeiten; hatte das Gemeinwesen etwas von seinen Nachbarn zu befürchten, so rief es diese zur Abwehr unter die Waffen. Die staatliche Vereinigung der Menschen beruht mithin nach der Ansicht des Königs auf ihrem freien Willen, und alle obrigkeitliche Gewalt, mit Einschluß der fürstlichen, ist ihren Inhabern von dem Volke, in dem sie ursprünglich allein ruhte, übertragen.

Mit dieser Annahme verknüpft sich ihm nun die Ueberzeugung von den Verpflichtungen der Bürger gegen ihr Vaterland, namentlich aber die Ueberzeugung von den Pflichten der Fürsten gegen ihre Völker, durch den Gedanken, daß jene ursprüngliche Uebereinkunft, auf der das Gemeinwesen beruht, von Hause aus nur das Gemeinwohl zu ihrem Zwecke gehabt, und daher alle, die an ihr theilnahmen, verpflichtet habe, diesen Zweck nach besten Kräften zu fördern. „Der Gesellschaftsvertrag", sagt er,²⁴³) ist eine stillschweigende Uebereinkunft aller unter derselben Regierung stehenden Bürger, durch welche sie sich verpflichten, mit dem gleichen Eifer an dem allgemeinen Wohl des Gemeinwesens mitzuarbeiten. Aus ihr entspringen die Verbindlichkeiten der Einzelnen, welche alle, ein jeder nach Maßgabe seiner Mittel, seiner Talente und seiner Geburt, das Beste ihres gemeinsamen Vaterlandes sich angelegen sein lassen und dazu beitragen sollen." Und an erster Stelle sind es die Inhaber der obersten Macht, welche mit derselben auch die stärksten und umfassendsten Verpflichtungen übernommen haben; und es ist für die Sinnesweise des großen Mannes bezeichnend, daß sich ihm seine eigene Stellung zunächst unter dem Gesichtspunkt der Pflicht darstellt, und daß gerade die Frage nach den Pflichten, die sie ihm selbst auferlegt, diejenige ist, welche ihm den nachhaltigsten Anstoß zum Nachdenken über das Wesen und die Ziele des Staatslebens gegeben hat. Der Grundsatz, daß jedem um so höhere Aufgaben gestellt seien, je höher ihn die Verhältnisse über andere emporheben, daß er sich von seiner Pflicht um so weniger entbinden dürfe, je eher er die Macht dazu hätte, das noblesse oblige, ist seiner vornehmen Denkungsart so tief eingepflanzt, ein so unentbehrlicher Bestandtheil seines fürstlichen Selbstgefühls geworden, daß er sich den Fürsten seinem Wesen und Begriff nach nur als den zu denken weiß, welcher zu den höchsten Leistungen für die Gesammtheit berufen und verpflichtet ist. In jener Erörterung aus dem Jahre 1738, welche schon oben besprochen worden ist,[274]) setzt Friedrich mit jugendlichem Pathos auseinander, daß die Fürsten, da sie nur zur Wahrnehmung der Volksinteressen eingesetzt seien, auch nur dem Glück des Volks leben dürfen, und daß es gleich verwerflich sei, wenn sie dieses ihrem Ehrgeiz und ihrer Eroberungssucht zum Opfer bringen, und wenn sie es aus Bequemlichkeit und Trägheit vernachlässigen. Und im Antimachiavel leitet er aus seiner Theorie über den Ursprung der fürstlichen Gewalt (s. o. S. 96) die Folgerung ab, „daß die Gerechtigkeit die Hauptsorge eines Fürsten sein müsse, das Wohl seines Volkes jedem anderen Interesse vorgehen müsse;" „daß der Herrscher, weit entfernt der unbeschränkte Herr seines Volkes zu sein, selbst nichts anderes sei, als sein erster Diener."[275]) Hiemit war die Formel gefunden, in welcher der König den zutreffendsten Ausdruck des Verhältnisses erkannte, das er sich selbst zum Staat anwies; das politische Glaubensbekenntniß, auf das er immer wieder zurückkommt,[276]) und von dem seine ganze Regierung noch unwidersprechlicher als alle Worte beweist, wie ernst es ihm damit war. „Diese armen Leute," sagt er bei Catt,[277]) indem er der Leiden gedenkt, die der Krieg über sein Volk gebracht hatte, „opfern sich für mich, und ich sollte mich nicht für sie opfern?" und man weiß, in welchem Maß er dieß gethan hat. Als König gehört er ungetheilt seinem Staate, seinem Volke.

Was von den Fürsten gilt, gilt nun in ihrem Theil auch von allen andern. Jedes Mitglied der Gesellschaft übernimmt durch den Gesellschaftsvertrag die Verpflichtung, nach seinem besten Vermögen für das Wohl des Ganzen zu arbeiten; „ein guter Bürger ist ein Mensch, der es sich zum unverbrüchlichen Gesetz macht, der Gesellschaft, deren Mitglied er ist, so nützlich zu sein, als in seiner Macht liegt."²⁷¹). Die dringendste Aufforderung zur Erfüllung dieser Pflicht haben aber neben den Fürsten diejenigen, welche ihnen durch Rang und Geburt am nächsten stehen; und an diese Klasse, an den Adel seines Landes, wendet sich Friedrich in jenen „Briefen über die Vaterlandsliebe", die er im September 1779 niederschrieb, um seine Ueberzeugung von den Pflichten der Einzelnen gegen das Gemeinwesen bei denen zur Geltung zu bringen, welche durch ihre gesellschaftliche Stellung, wie er ausführt, in der vordersten Reihe zur Arbeit für den Staat berufen sind. So großen Eindruck Epikur's Vorschrift: „in Verborgenheit zu leben", seiner Zeit auf ihn gemacht hatte, und so richtig sie auch seiner Meinung nach wäre, wenn jeder nur an sich denken dürfte,²⁷²) so wenig räumt er doch, wie wir schon oft ge= hört haben, diese Voraussetzung selbst ein. Der Mensch ist dazu da, daß er arbeitet und seine Pflicht thut; und wohl ihm, wenn er für sein Vaterland arbeiten kann.²⁷³) Diesen Grundsatz stellt der König in den „Briefen" dem Epikureismus entgegen, welcher dem Gemeinwesen seine Kräfte entzieht und sich in der Bequemlichkeit und den Genüssen eines wohlhabenden Privatmann's einspinnt; und er führt seine Sache so warm und überzeugend, daß wir d'Alembert nur Recht geben können, wenn er (XXV, 132) diese Schrift ein Lehrbuch der patriotischen Moral nennt, welches der Jugend als eine Grundlage ihrer sittlichen Erziehung in die Hand gegeben werden sollte. Er stellt seinen Lesern vor, daß jeder recht= schaffene Mann als solcher sich denen nützlich machen müsse, mit denen der Gesellschaftsvertrag ihn verbinde; daß man nur unter dieser Be= dingung auf Achtung Anspruch habe; daß jeder sein eigenes Wohl mit dem seines Landes viel zu fest verknüpft finde, um nicht mit seinen per= sönlichsten Interessen von dem Zustand desselben abzuhängen; daß man nicht nur sich zu lieben und an sich zu denken habe, sondern an das Beste der Menschheit; daß jeder Theil des Staatskörpers seine Aufgabe erfüllen müsse, damit das Ganze gedeihe, und er selbst nicht die traurige Rolle eines gelähmten Gliedes spiele. Er beruft sich auf Beispiele des Patriotismus aus dem Alterthum und der Neuzeit. Er erinnert daran, daß gerade eine unabhängige äußere Lage in doppeltem Maße die Pflicht auferlege, dem Gemeinwesen zu dienen, daß das wirkliche Verdienst schließlich auch immer anerkannt werde, und daß selbst dann, wenn dieß nicht der Fall wäre, das Zeugniß seines Gewissens den Tugendhaften für jede Verkennung entschädigen würde. Er führt das Vaterland selbst redend ein, und läßt es in einer schwungvollen Ansprache seinen „undankbaren und entarteten Kindern" alle die Wohlthaten vorhalten, die sie ihm zu danken haben, um ihre Herzenshärtigkeit zu erweichen, ihre Malthherzigkeit aufzurütteln, um sie zur Einkehr in sich selbst, zur Erkenntniß ihrer Pflicht und ihres wahren Vortheils zu bringen, um ihnen die Frage vorzulegen: „Wenn das Vaterland alles für euch thut, werdet ihr nichts für das Vaterland thun?" Und er antwortet auf diese Frage: „Ja ich bekenne, daß ich dir alles verdanke; ich bin innig und unauflöslich an dich gekettet; meine Liebe und Dankbarkeit werden nur mit meinem Leben aufhören; dieses Leben selbst ist dein Geschenk; wenn du es von mir zurückverlangst, werde ich es dir mit Freuden opfern. Für dich sterben, heißt im Andenken der Menschen ewig leben; ich kann dir nicht dienen, ohne mich mit Ruhm zu bedecken."[281]) Jeder schuldet dem Staate, dem er angehört, seine ganze Kraft, und die Leistungen, zu denen er ihm verpflichtet ist, sind um so größer, je mehr seine Fähigkeiten und seine Lage ihn in den Stand setzen, sich durch Verdienste um das Gemeinwesen auszuzeichnen. Der letzte Zweck des Staatslebens ist das Gemeinwohl; und für diesen Zweck hat jedes Glied der Staatsgesellschaft alles zu thun, was in seiner Macht liegt.

Ist aber auch ihr letzter Zweck für alle Staaten der gleiche, so kann und muß dieser Zweck doch, je nach den Umständen, mit verschiedenen Mitteln verfolgt werden. Das Temperament der Staaten, bemerkt schon der Antimachiavel, (VIII, 100. 113), sei so verschieden, wie das der einzelnen Menschen; ihre Lage, ihr Umfang, ihre Bevölkerungszahl, der Charakter, die Lebensgewohnheiten, der Handel, der Reichthum, die Hülfsquellen, die Gesetze, die starken und die schwachen Seiten jedes Volkes zeigen zahllose Unterschiede;[282]) und so wenig es nun Universalmittel für alle Krankheiten gebe, so wenig gebe es politische Regeln, die auf alle Staaten gleich anwendbar seien. Die Verschiedenheit der Orte begründe eine Verschiedenheit der Maximen; jede würde fehlerhaft, wenn man sie allgemein anwenden wollte. Hätte es Friedrich unternommen, aus diesem Gesichtspunkt ein allgemeines System der Politik zu entwerfen, so hätte er sich mit Aristoteles die Aufgabe stellen müssen, die Eigenthümlichkeit der verschiedenen Staatsformen und die für sie passenden Einrichtungen und Maßregeln aus ihren natürlichen und geschichtlichen Bedingungen, dem Charakter, den Zuständen und den Verhältnissen der Völker abzuleiten. Sein Absehen geht jedoch theils überhaupt auf keine bloße Theorie, theils wenigstens auf keine so umfassende Theorie. Wenn er sein Nachdenken der Frage über das Wesen und die Gesetze des Staatslebens zuwendet, so ist es ihm dabei zunächst um seine eigene Aufklärung über die Pflichten zu thun, welche sein Herrscheramt ihm auferlegt. Wie er daher seine politischen Grundsätze zuerst und am ausführlichsten an der Kritik der Schrift über den Fürsten entwickelt hat, so hat er überhaupt bei der Darlegung und Anwendung derselben in der Regel die Verhältnisse monarchischer Staaten im Auge. Ein unbedingter Lobredner der Monarchie ist er allerdings nicht; es begegnen uns vielmehr in seinem Munde nicht selten Aeußerungen, welche theils der Republik theils der constitutionellen Verfassung vor der unbeschränkten Monarchie den Vorzug einräumen. „Es gibt kein Gefühl", sagt der Antimacchiavel (VIII, 91 f.) „das mit unserem Sein unzertrennlicher verknüpft wäre, als das der Freiheit", und er leitet es davon her, daß jene republikanischen Verfassungen entstanden, welche die Menschen dem Naturzustand nahe bringen, und daß die Bürger einer Republik sich nie aus eigener Wahl einem Einzelnen unterordnen, daß es in Europa wohl Völker gebe, die das Joch ihrer Tyrannen abgeschüttelt haben, um sich der Unabhängigkeit zu erfreuen, aber keines, das sich einer freiwilligen Knechtschaft unterworfen habe. Wahre Republikaner, erklärt er, werde man nie überreden, sich einen Herrn zu geben, und wäre er noch so gut; sie werden immer sagen, es sei besser, von den Gesetzen abzuhängen, als von der Laune eines Einzelnen."[283]) Wer wisse, was Glück sei, und glücklich sein wolle, dem dürfe man nicht zumuthen, der Freiheit zu entsagen. Ebenso hat er sich auch noch später ausgesprochen. In seiner Brandenburgischen Geschichte [284]) bemerkt er: die Monarchieen erreichen ihren Höhepunkt langsamer, als die Republiken, und behaupten sich weniger lang auf demselben. Denn wenn auch ein gut verwaltetes Königreich die beste Staatsform sei, so seien doch die Könige sterblich, gute Gesetze unsterblich. Und nachdem er aus dem Alterthum und der Neuzeit Beispiele von Republiken angeführt hat, die zu hoher Blüthe gelangten, fährt er fort: In den Königreichen hänge das ganze Staatsleben, Gesetzgebung, Kriegswesen, Handel, Gewerbe u. s. f., von dem Belieben eines Einzelnen ab; da diesem seine Nachfolger nie ähnlich seien, werde der Staat zu seinem Schaden bei jedem Thronwechsel nach neuen Grundsätzen regiert. In den Republiken bleiben die Zwecke und die Mittel zur Erreichung derselben sich gleich, und sie verfehlen deßhalb selten ihr Ziel; während es in den Monarchieen vorkomme, daß auf einen ehrgeizigen Fürsten ein unthätiger folge, auf diesen ein bigotter, dann nacheinander ein kriegerischer, ein gelehrter, ein ausschweifender. In diesem Wechsel könne der Geist des Volkes keine feste Stimmung annehmen. In den Monarchieen müssen daher diejenigen Einrichtungen, welche auf längere Dauer berechnet sind, so tiefe Wurzeln haben, daß man sie nicht ausreißen könne, ohne die Grundfesten der Throne zu erschüttern. — Je weniger nun hiernach die Monarchie vor der Republik voraus hat, um so verwerflicher erscheint es Friedrich, wenn ein Einzelner in einem Freistaat sich der höchsten Gewalt bemächtigt. Der einzige erlaubte Weg zu derselben wäre in einem solchen die freiwillige Unterwerfung des Volks, und diese kommt, wie er glaubt, nicht vor. Nur dann kann ein Privatmann rechtlicher Weise zur Herrschaft gelangen, wenn er in einer Wahlmonarchie lebt, oder wenn er, wie Gustav Wasa, durch Befreiung seines Vaterlandes sich ein Anrecht auf den Thron erwirbt; dagegen gilt ihm jeder Usurpator als solcher für einen Verbrecher, und selbst einem solchen, der ihm in mancher Beziehung so sympathisch und geistesverwandt war, wie Cäsar, wird die „Unterdrückung seines Vaterlandes" nicht verziehen.²⁶⁵)

Dabei verkennt Friedrich die schwachen Seiten der republikanischen Staatsform auch schon in der Zeit nicht, der die oben angeführten Aeußerungen angehören. Manche Republiken, bemerkt der Antimachiavel (VIII, 91), seien wieder in den Despotismus zurückgefallen; ja es scheine dieses Schicksal allen bevorzustehen. Denn es sei kaum denkbar, daß eine Republik allen den Ursachen, die ihre Freiheit untergraben, für immer widerstehen sollte; daß es ihr gelingen sollte, den Ehrgeiz der Großen, die Corruption, die Umtriebe ihrer Nachbarn immer in Schranken zu halten, alle Kriege glücklich zu Ende zu führen, allen den Verwicklungen zu entgehen, die ihre Freiheit bedrohen und Angriffe gegen dieselbe begünstigen. Mit schwachen Heerführern werde sie die Beute ihrer Feinde, tapfere und kräftige leisten im Felde gute Dienste, aber im Frieden seien sie gefährlich. Theilen nun auch die Republiken, wie er bemerkt,²⁶⁶) in dieser Beziehung nur das allgemeine Loos alles Menschlichen, so geht doch schon aus dem obigen hervor, daß Friedrich auch die eigenthümlichen

Schwierigkeiten nicht übersieht, mit denen ein Freistaat zu kämpfen hat. Er hebt deren namentlich zwei hervor: die Parteiungen im Innern, welche von der Volksherrschaft unzertrennlich seien, und die Gefahren, mit denen kriegerische Verwickelungen sie bedrohen. Das Volk ist, wie er sagt,²⁸⁷) ein Geschöpf mit vielen Zungen und wenig Augen; ein Ungethüm, das aus Widersprüchen zusammengesetzt ist, das leidenschaftlich von einem Extrem zum andern übergeht, und in seiner Laune die Tugend und das Laster gleich sehr in Schutz nimmt oder unterdrückt. Können wir uns wundern, wenn da, wo die Entscheidung ihm zusteht, alles von Unzufriedenen wimmelt und die Freiheit sich nur unter fortwährenden Parteikämpfen erhält, und wenn in diesem Spiel der Parteien die Intrigue und die Bestechung freie Bahn hat?²⁸⁸) Wird andererseits eine Republik in Krieg verwickelt, so bringt ihre Verfassung Uebelstände mit sich, denen eine Monarchie nicht in dem gleichen Maß ausgesetzt ist. Eine Republik kann keine großen Feldherrn ertragen, denn solche sind immer eine Gefahr für ihre Freiheit; sie ist daher auf eine friedliche Politik angewiesen und wird naturgemäß die Armee vernachlässigen, ebendadurch aber, sowie auch durch die Unmöglichkeit einer strengen Geheimhaltung ihrer Pläne, im Kriegsfall ihren Feinden gegenüber im Nachtheil sein.²⁸⁹) Es stimmt dieß freilich mit dem nicht durchaus überein, was Friedrich zum Lobe der republikanischen Verfassung gesagt hat; und wenn er glaubt, die Freistaaten seien ihrer Natur nach den Kriegen und dem Kriegswesen abgeneigt, so hält er selbst anderswo dieser Behauptung das Beispiel alter und neuerer Republiken, der Griechen, der Römer, der Venetianer, der Schweizer, Englands, Hollands, Schwedens und Polens entgegen.²⁹⁰) Man sieht deutlich, wie sich hier zwei Einflüsse kreuzen: jene Vorliebe für freie Verfassungen, welche von den alten Schriftstellern und von neueren Philosophen und Geschichtschreibern auf ihn übergegangen ist, und andererseits die Beobachtungen, welche ihm die Zustände der Republiken in seiner Zeit an die Hand geben. Um diese verschiedenartigen Elemente widerspruchslos zu vereinigen, hätte er sich nicht damit begnügen dürfen, die Republiken im allgemeinen mit den Monarchieen zu vergleichen, er hätte vielmehr die verschiedenen Arten von Republiken unterscheiden, die Bedingungen ihrer Entstehung und Erhaltung untersuchen, und diese Bedingungen bei seinem Urtheil über ihre Vorzüge und Mängel im Auge behalten müssen. Allein auf eine erschöpfende politische Theorie ist er, wie bemerkt, überhaupt nicht ausgegangen; und eine solche in der Art zu gewinnen, daß nicht schlechtweg nach der besten Verfassung, sondern genauer nach den Einrichtungen gefragt wurde, welche für eine Gesellschaft von bestimmter Beschaffenheit und in bestimmten Verhältnissen sich am besten eignen, würde zwar der realpolitischen Meisterschaft, die wir an seiner Staatsleitung bewundern, entsprochen haben, aber von der Richtung, welche die politischen Theorieen des achtzehnten Jahrhunderts beherrschte, lag es weit ab.

Zu den Republiken rechnet Friedrich gelegenheitlich auch England;²⁹²) im Antimachiavel (VIII, 125) wird Voltaire's Urtheil über die englische Verfassung²⁹³) wiederholt: wenn irgend eine, so sei sie es, deren Weisheit man unserer Zeit als Muster vorhalten könnte; hier sei das Parlament der Schiedsrichter zwischen König und Volk, und der König habe alle Macht zum Guten, aber keine zum Bösen." Minder günstig urtheilt der König später über diese Verfassung, wenn er 1750 in seiner Abhandlung über Gesetzgebung (X, 21) bemerkt: England habe zwar viele gute Gesetze, aber sie werden weniger, als irgendwo sonst, gehalten. Die fortwährenden Reibungen zwischen dem König und dem Parlament bewirken, daß weder jener noch dieses der Rechtspflege die nöthige Aufmerksamkeit zuwende; diese unruhige und stürmische Regierung ändere die Gesetze fortwährend nach der jeweiligen parlamentarischen Lage; England bedürfe daher mehr als jedes andere Reich einer Justizreform. Ihm selbst bewiesen die Verlegenheiten, welche ihm beim Beginn des siebenjährigen Krieges die Unentschlossenheit und der Unverstand, gegen das Ende desselben die verrätherische Treulosigkeit seines englischen Verbündeten bereitete,²⁹⁴) wie viel schlechtes und verkehrtes auch in England trotz der parlamentarischen Regierung, und zum Theil im unmittelbaren Zusammenhang mit dem parlamentarischen Parteigetriebe, geschehen konnte.

Indessen ist es dem Könige, wie bemerkt, bei seinen politischen Betrachtungen an erster Stelle weder um die Republiken noch um die constitutionellen Staaten, sondern um Verhaltungsmaßregeln für einen Fürsten, wie er selbst, einen unbeschränkten Monarchen, zu thun. Und hier ist für ihn der maßgebende Gesichtspunkt, wie wir bereits wissen, der, daß das Regieren weniger ein Recht, als eine Pflicht, daß die Herrschergewalt das verantwortungsvollste Amt, der Fürst der erste Diener des Staats sei.²⁹⁵) Hieraus folgt unmittelbar, daß auch nur das Staatswohl die Richtschnur seiner Regierung sein darf, wie dieß der König oft und bestimmt ausspricht.²⁹⁶) Weit entfernt daher, daß in der Monarchie nur das Belieben eines Einzelnen zu entscheiden hätte, soll auch in ihr durchaus das Gesetz herrschen, dessen letztes Ziel eben das Glück des Volks ist. „Die guten Monarchieen (erklären die Briefe über Vaterlandsliebe IX, 216), deren Regierung weise und mild ist, bilden heutzutage eine Staatsform, die der Oligarchie näher steht als dem Despotismus; die Gesetze allein sind es, die in ihnen regieren." „Denke man sich die Zahl der Personen, die im Rathe des Fürsten, in der Justiz- und Finanzverwaltung, im auswärtigen Dienst, im Handels- und Verkehrswesen, in der Armee, in der inneren Verwaltung angestellt sind; nehme man die dazu, welche in den Provinzialständen Sitz und Stimme haben, sie alle haben theil an der Staatsgewalt. Der Fürst ist daher kein Despot, der blos seiner Laune folgen dürfte. Man muß ihn als den Mittelpunkt betrachten, in den alle vom Umkreis aus gezogenen Radien einmünden. Diese Regierungsform gewährt für die Berathungen das Geheimniß, an dem es den Republiken fehlt, und da die verschiedenen Zweige der Verwaltung in Einer Hand liegen, werden sie, wie die römischen Viergespanne, in derselben Linie geführt, und wirken miteinander zum Vortheil des Gemeinwesens zusammen. Man findet ferner immer in den Monarchieen, wenn ein kräftiger Herrscher an ihrer Spitze steht, weniger Sonderbestrebungen und Parteigeist, als in den Republiken, welche nicht selten durch die Eifersucht und die Stärke einzelner Bürger zerrissen werden, die sich gegenseitig zu stürzen suchen." „Ein gut regiertes Königreich muß einer Familie gleichen, deren Vater der Fürst ist, die Unterthanen seine Kinder; sie theilen Gutes und Böses, denn der Fürst kann nicht glücklich sein, wenn sein Volk im Elend lebt. Ist diese Verbindung wohl gekittet, so erzeugt die Pflicht der Dankbarkeit gute Bürger, weil sie mit dem Staate zu innig verbunden sind, um sich von ihm trennen zu können; sie hätten dabei alles zu verlieren und nichts zu gewinnen." Es soll also nach der Absicht des Königs durch das Pflichtgefühl des Fürsten das gleiche erreicht werden, was die Republiken und die constitutionelle Verfassung Englands durch politische Einrichtungen erreichen wollten: die Herrschaft der Gesetze und eine Verwaltung, die alle Kräfte des Staatslebens dem einen Zweck des Volkswohls dienstbar macht; und wenn er in jüngeren Jahren geneigt war, diese höchsten Güter, die der Staat seinen Bürgern gewährt, in der Republik gesicherter zu finden, als in der Monarchie, (s. S. 101 f.) so treten die Mängel der letzteren jetzt in seinen Augen zurück und die der Republiken gegen sie stärker hervor. Was aber die Pflicht von dem Fürsten fordert, das räth ihm auch die Klugheit. Denn die Tugend — dieß führt schon der Antimachiavel nachdrücklich und wiederholt aus — ²⁹⁷) ist die beste Politik: je besser ein Fürst regiert, um so besser wird er bedient sein, je mehr seine Unterthanen auf seine Gerechtigkeit, seine Staatsklugheit, seine Güte vertrauen können, je unbedingter sie ihr Wohl in seinen Händen gewahrt wissen, um so anhänglicher werden sie an ihn sein, um so treuer seinen Feinden gegenüber zu ihm stehen; während der schlechte Fürst sich sein eigenes Volk zum Feinde macht, der treulose und grausame dasselbe in der Treulosigkeit und Gewaltthat unterrichtet, die sich früher oder später gegen ihn selbst kehren wird. Meint aber der Gegner, man richte bei den Menschen, so wie sie sind, mit der Furcht mehr aus, als mit der Liebe, mit Härte und Grausamkeit mehr, als mit Milde, so ist ihm zu erwiedern: daß die Strenge freilich unter Umständen, namentlich in der Armee, unentbehrlich ist, und die Güte nicht selten mißbraucht wird; daß aber ein Fürst, der nur gefürchtet sein wollte, über Memmen und Sklaven regieren würde, und von seinem Volke keine große und edle Leistung erwarten könnte. In unserer Zeit ohnedieß, glaubt Friedrich, haben es die Fürsten nicht mehr nöthig, sich durch strenge Maßregeln gegen Revolutionen zu schützen; sie sollen sich durch Güte die Liebe ihrer Unterthanen erwerben, nur dürfe diese Güte nie in Schwäche ausarten.

Je umfassender nun die Pflichten sind, die einem Monarchen seine Stellung auferlegt, um so dringender verlangt Friedrich, daß er seine ganze Kraft einsetze, um ihnen durch seine eigene Thätigkeit zu genügen. Wenn die Fürsten ihre Pflicht unabläffig vor Augen hätten, bemerkt er schon in seiner ersten politischen Abhandlung, ²⁹⁸) so würden sie ihre Geschäfte nicht vernachläffigen, um für das Wohl ihres Volkes einen Minister sorgen zu lassen, der bestochen oder unfähig sein könne und der fast immer ein geringeres Interesse daran habe, als sein Herr. Sie würden eine unausgesetzte Arbeit für den gemeinen Nutzen dem müßigen und üppigen Hofleben vorziehen. Und im Antimachiavel unterscheidet er zwei Klassen von Fürsten: diejenigen, welche alles mit ihren eigenen Augen sehen und ihre Staaten selbst regieren, und die, welche sich auf ihre

Minister verlassen und sich von fremdem Einfluß regieren lassen. Jene, sagt er, seien die Seele ihrer Staaten; sie tragen allein die ganze Last der Regierung, wie Atlas die der Welt; sie leiten die inneren wie die äußeren Angelegenheiten; alle Verordnungen, Gesetze und Erlasse gehen von ihnen aus; sie seien in Einer Person die höchsten richterlichen, militärischen und Finanzbeamten, kurz alles, was mit der Politik zusammenhängt. Ihre Minister seien nur die Werkzeuge, deren sie sich bedienen, um ihre Absichten zu verwirklichen und das, was sie im großen entworfen haben, in die Einzelheiten auszuführen. Die Fürsten der zweiten Klasse dagegen versinken durch ihre Unfähigkeit und Gleichgültigkeit in eine solche Lethargie, daß der Staat nur durch die Klugheit und Thatkraft eines fähigen Ministers aus der Ohnmacht erweckt werden könne, in welche die Schwäche seines Beherrschers ihn versetzt habe. In diesem Fall sei der Fürst nur das Werkzeug seines Ministers, ein Phantom der königlichen Majestät, das für den Staat ebenso unnütz sei, wie der Minister ihm unentbehrlich ist.[299]) Diese Selbstthätigkeit des Fürsten verlangt Friedrich namentlich für die Leitung des Heerwesens und der äußeren Politik. Er setzt, hierin mit Macchiavelli einig, überzeugend auseinander, daß ein Fürst das Kriegshandwerk verstehen, die Ordnung und Mannszucht in seiner Armee aufrechthalten, sie selbst führen, ihre Strapazen theilen, sie durch seine Gegenwart ermuthigen müsse.[300]) Er verlangt ebenso entschieden (VIII, 26), daß ein solcher alle Schritte seiner Nachbarn selbst überwache, ihre Pläne errathe, ihren Unternehmungen zuvorkomme, sich zuverlässige Verbündete verschaffe. Er selbst ist seinem Ideal einer persönlichen Regierung möglichst nahe gekommen; brachte er doch schon gleich nach seiner Thronbesteigung durch die Unabhängigkeit seiner Entschlüsse, die Unmöglichkeit, ihn auszuforschen oder zu beeinflussen, die Hofleute und die fremden Gesandten zur Verzweiflung. Dabei verkennt er aber die Unentbehrlichkeit tüchtiger Diener und Beamten ebensowenig, als die Schwierigkeit, solche zu finden und die Maske zu durchschauen, die jeder seinem Fürsten gegenüber vorzunehmen pflege; und während er findet, daß gewissenlosen Fürstendienern recht geschehe, wenn sie ihren Herren als Schlachtopfer dienen müssen, erklärt er es zugleich für eine Forderung der Gerechtigkeit wie der Klugheit, daß treue Diener freigebig belohnt und nachsichtig bestraft werden.[301]) In einer späteren Schrift gesteht er, wie wir bereits gehört haben (S. 105), den Beamten sogar einen gewissen

Antheil an der Regierungsgewalt zu, und dieß ist auch ganz in der Ordnung: wenn der Fürst nur der oberste Beamte des Staats ist, so sind die übrigen Staatsbeamten zwar seine Untergebenen, aber nicht blos seine persönlichen Diener.

Unter den Aufgaben, die einem Fürsten obliegen, erscheinen die friedlichen Arbeiten der inneren Politik dem Könige nicht minder werthvoll, und für ihn selbst haben sie sogar einen viel größeren Reiz, als die kriegerische Vergrößerung des Landes. Er verkennt nicht, daß es gerechte und nothwendige Kriege gebe, daß ein Fürst zu den Waffen greifen müsse, wenn er kein anderes Mittel habe, um die Freiheit seines Landes zu schützen oder seinem Recht Achtung zu verschaffen, daß der Krieg unter Umständen ein kleineres Uebel sei als der Friede. Er findet auch Angriffskriege nicht unbedingt ungerecht. Wenn sich eine Macht bildet, die mit der Zeit alle andern zu verschlingen droht, so erfordert die Vorsicht, daß man ihr zuvorkomme, so lange man die Hände noch frei hat; wenn man sich zur bewaffneten Unterstützung für einen Verbündeten verpflichtet hat, so ist es ein Gebot, gleichsehr der Klugheit wie der Ehre, daß man sein Versprechen erfülle.[302]) Friedrich rechnet daher die Sorge für die bewaffnete Macht und die Führung derselben im Kriege zu den unerläßlichsten von den Pflichten, welche das Herrscheramt seinem Inhaber auferlegt (vgl. S. 107). Er ist auch bei aller Friedensliebe ein viel zu entschlossener und weitsichtiger Staatsmann, eine viel zu groß angelegte Natur, um nicht den offenen Krieg einem faulen Frieden, den Verzweiflungskampf einer schmählichen Unterwerfung vorzuziehen. In der Einleitung zur Geschichte des siebenjährigen Krieges (IV, 15) tadelt er den übereilten Abschluß des Aachener Friedens mit dem Zusatz: „Es bedürfte oft nur eines weiteren Feldzuges oder einiger Festigkeit in den Unterhandlungen, um die Streitigkeiten der Fürsten für lange Zeit zu beendigen; aber man gibt einem Palliativmittel den Vorzug vor einer Operation und einem Waffenstillstand, den man aus Ungeduld unterzeichnet, vor einem dauerhaften Frieden."[303]) Während des siebenjährigen Krieges wies er den Gedanken, den Frieden mit Zugeständnissen zu erkaufen, mit unerschütterlicher Standhaftigkeit ab, so bringend er ihm auch durch seine Lage noch viel mehr, als durch die Aufforderungen seiner Freunde, nahegelegt war;[304]) und er hatte es seiner Festigkeit und seinem Feldherrntalent zu verdanken, daß er aus dem ungleichen Kampfe unbesiegt und ungeschwächt hervorgieng. Aber dieser gefeierte Kriegsheld hat nie aufgehört, den Krieg für ein Uebel zu halten, dem ein Volk nur dann ausgesetzt werden dürfe, wenn sich die wesentlichen Interessen des Staats auf keine andere Art sicherstellen lassen, für ein bloßes Mittel zum Schutze der friedlichen Arbeit für das Gemeinwohl, in der allein der letzte Zweck und die positive Aufgabe der politischen Thätigkeit liegt: nicht seine Neigung, nur sein Pflichtgefühl hat ihn zum Feldherrn gemacht. Wie er schon beim Beginn seines zwanzigsten Lebensjahres in dem ersten politischen Versuche, den wir von seiner Hand besitzen (XVI, 5 vgl. Anm. 338), Preußen groß zu sehen wünscht, „damit es die Zuflucht der Bedrängten, die Stütze der Witwen und Waisen, der Hort der Armen, der Schrecken der Ungerechten sei," so hat er die wesentliche Bestimmung des Staatswesens fortwährend hierin gesucht. Wenn Macchiavelli einen Machtzuwachs für die Fürsten nur von der äußeren Vergrößerung ihres Gebiets erwartet, so erinnert Friedrich (VIII, 135 f.) daran, daß ein Staat nicht blos durch Eroberung vergrößert werden könne, sondern daß auch durch eine gute Verwaltung, durch Förderung des Landbaues, der Gewerbe und des Handels, der Kunst, der Wissenschaft und der Volksbildung, seine Macht vermehrt werde; und er ermahnt seine fürstlichen Genossen eindringlich, diesen Ruhm dem eines Eroberers vorzuziehen. Ein Fürst, erklärt er, erfülle seinen Beruf nur zur Hälfte, wenn er sich blos auf den Krieg lege; ihrer ursprünglichen Bestimmung nach seien die Fürsten Richter; erst in der Folge sei dazu das Feldherrnamt hinzugekommen. Was sollte denn, fragt er, einen Menschen bestimmen, und was könnte ihm das Recht geben, seine Macht auf das Elend und die Vernichtung anderer Menschen zu gründen, und wie kann er glauben, sich dadurch Ruhm zu erwerben, daß er nichts als Unglückliche macht? Durch seine neuen Eroberungen wird das Land, das er schon besitzt, nicht reicher, sein Volk hat davon keinen Gewinn und er selbst wird nicht glücklicher. Er wird sich nicht mit Einer Eroberung begnügen, und je mehr seine Ländergier wächst, um so unbefriedigter wird er sich fühlen. Wenn es Jemand gelänge, die ganze Erde sich zu unterwerfen, wäre er doch ein viel zu beschränktes Wesen, um sie wirklich selbst regieren zu können. Nicht auf der Größe seines Landes beruht der Ruhm eines Fürsten, auch nicht auf den kriegerischen Eigenschaften, die ja für sich genommen bewunderungswürdig sein können, mit denen man aber, wenn man sie ungerecht gebraucht, doch nur ein Ehrgeiziger und ein schlechter Mensch ist. Nur dann erwirbt man Ruhm, wenn man seine Talente zum Schutze des Rechts verwendet, wenn man aus Nothwendigkeit, nicht aus Liebhaberei, zum Eroberer wird. Es verhält sich mit den Helden wie mit den Wundärzten, die man schätzt, wenn sie durch ihre Operationen Menschen das Leben retten, die man aber verabscheuen würde, wenn sie dieselben nur dazu vornähmen, um ihre Geschicklichkeit zu zeigen. Wenn sich die Fürsten vergegenwärtigten, welches Elend jeder Krieg in seinem Gefolge hat, müßten sie Bedenken tragen, einen solchen ohne die zwingendsten Gründe zu unternehmen; von der Gewissenlosigkeit derjenigen nicht zu reden, die das Blut ihrer Unterthanen an fremde Regierungen verhandeln.[305] Und die gleiche Ueberzeugung hat er oft ausgesprochen. Ein Jahr nach der siegreichen Beendigung des zweiten schlesischen Kriegs verfaßte er jene Ode über den Krieg (X, 27 ff.), worin er die Gräuel desselben in schwungvollen Worten beklagt, die Fürsten zu einer milden, väterlichen Behandlung ihrer Völker ermahnt, und den allgemeinen Frieden ersehnt. In seiner Schilderung des großen Kurfürsten (I, 84) stellt er dem Vorurtheil, welches nur glänzende Kriegsthaten bewundert, das Ideal eines Monarchen entgegen, der gleich groß ist wenn er im Rathe das Recht verwaltet, wie wenn er im Felde für die Unabhängigkeit seines Landes kämpft. In den beiden Vorreden zu der Geschichte seiner Zeit, von 1746 und 1775, (II, XIX. XXX. f.) zieht er aus der Betrachtung der Menschen- und Geldopfer, welche die von ihm beschriebenen Kriege gekostet haben, und aus den überraschenden Glückswechseln, von denen die Geschichte so viele Beispiele darbietet, die Lehre, daß der maßlose Ehrgeiz verderblich sei, die wahre Klugheit in der Mäßigung bestehe; daß man das Leben von Tausenden und das Wohl der Völker nicht durch leichtfertige Kriege auf's Spiel setzen, sondern diese Opfer nur dann verlangen dürfe, wenn die öffentliche Ruhe und Sicherheit, die dauernde Feststellung der Grenzen, die Erhaltung des politischen Gleichgewichts sie fordern. Die Geschichte des zweiten schlesischen Kriegs schließt Friedrich (III, 180) mit dem Bedauern, daß hier, wie so oft, die finanzielle Erschöpfung der kriegführenden Theile nach viel unnützem Blutvergießen zu einem Frieden geführt habe, der das Werk der Menschlichkeit, nicht der Nothwendigkeit hätte sein sollen, und da er alles beim Alten ließ, es auch hätte sein können; und daß sein Vater bei einem Zerwürfniß mit Hannover dem drohenden Kriege durch die Annahme einer schiedsrichterlichen Entscheidung vorbeugte, findet er (I, 158) um so löblicher und nachahmenswerther, da man selbst mit dem glücklichsten Kriege in der Regel nicht weiter komme, als mit einer freundschaftlichen Verständigung. Der Krieg erscheint in allen diesen Aeußerungen eben nur als ein letztes Mittel, das man anwenden darf, wo berechtigte Interessen durch kein anderes geschützt werden können. Wie für den König in der Geschichte der Völker die Fortschritte des menschlichen Geistes in Wissenschaft, Kunst und Civilisation das wichtigste und anziehendste sind,[305]) so sind es auch eben diese Punkte, welche bei ihrer Regierung vor allem in's Auge gefaßt werden müssen, und welche derselben die dankbarsten Aufgaben darbieten.[307])

Wie nun diese Aufgaben nach Friedrich's Ansicht behandelt werden müssen, wird hinsichtlich einiger von ihnen noch in den nächsten Abschnitten zur Sprache kommen. Eine allgemeiner gehaltene Erörterung der Gesichtspunkte, nach denen hiebei zu verfahren ist, enthält die Abhandlung über die Gesetzgebung[308]) aus dem Jahr 1750. Nach einem historischen Rückblick auf die Gesetze der bedeutendsten älteren und neueren Kulturvölker, welcher natürlich über die allgemeinen Ergebnisse der damaligen Geschichtskenntniß in keiner Beziehung hinausgeht, setzt hier (IX, 22 ff.) der König seine eigenen Gedanken über diesen Gegenstand auseinander. Er erklärt, ein gutes Gesetzbuch wäre die höchste Leistung des menschlichen Geistes auf dem staatlichen Gebiete. Er verlangt von einem solchen, daß es mit gründlicher Kenntniß des menschlichen Herzens und des Geistes jeder Nation nach einem einheitlichen Plane folgerichtig ausgeführt, in allen seinen Bestimmungen auf das Wohl des Volkes berechnet, alle Verhältnisse durch klare, scharfe, einfache, widerspruchslose und unzweideutige Vorschriften ordne. Er verkennt nicht, daß die Macht der Gewohnheit nicht selten einer Verbesserung der Gesetze unübersteigliche Hindernisse in den Weg lege, und auch er selbst hat wohl in einzelnen Fällen dieser Macht noch größere Zugeständnisse gemacht, als durch die thatsächlichen Verhältnisse geboten war;[309]) aber er will andererseits auch, daß der Gesetzgeber da, wo es sein muß, reformatorisch eingreife, und daß nöthigenfalls mehrere Staaten sich vereinigen, um weit verbreiteten Mißbräuchen durch gemeinsame Maßregeln entgegenzutreten.[310]) Von den dreierlei Gesetzen, die Friedrich unterscheidet, werden diejenigen, welche sich auf die Verfassung des Staates beziehen, hier nur kurz mit der Bemerkung (S. 23) berührt, daß in Monarchieen milde und gerechte Gesetze sich selbst aufrecht= halten, weil jedermann seinen Vortheil dabei finde, während tyrannische gegen den Widerstand eines ganzen Volkes sich nicht lange behaupten können; daß aber auch in Republiken die Gesetze nur dann Anerkennung finden, wenn sie das richtige Gleichgewicht zwischen den Befugnissen der Regierung und der Freiheit der Bürger herstellen. Für eine zweite Klasse von Gesetzen, die Strafgesetze, stellt der König den Grundsatz auf, daß sie so mild sein sollen, als ihr Zweck, von Verbrechen abzuschrecken, dieß erlaube, und er will aus diesem Grunde die Anwendung der Todesstrafe auf die schwersten Verbrechen beschränkt wissen. Zugleich bemerkt er aber auch, daß es noch andere Mittel gebe, um die Zahl der Verbrechen zu vermindern, und daß die Strafen um so gelinder sein können, je civilisirter ein Volk ist.[311]) Ueber die bürgerliche Gesetzgebung bemerkt Friedrich, die verschiedenen Länder zeigen in ihr eine weit größere Mannigfaltigkeit, als hinsichtlich der Strafgesetze, weil sie in der Regel mehr als diese vom Herkommen beeinflußt werde; es könne übrigens auch in manchen Fällen, wie z. B. bei der Bevorzugung des Erstgeborenen im Erbrecht, eine dem natürlichen Recht scheinbar widerstreitende Bestimmung durch das öffentliche Interesse gefordert sein. Neben der Nothwendigkeit guter Gesetze wird aber auch die eines zweckmäßigen Gerichtsverfahrens von ihm nachdrücklich betont. Er verwirft die Folter, die er selbst un= mittelbar nach seiner Thronbesteigung abgeschafft hatte;[312]) er verlangt, daß in den Vorträgen der Advokaten nichts geduldet werde, was nicht zur Sache gehört und die Richter irrezuführen geeignet ist; er erkennt namentlich auch in der langen Dauer der Processe und der allzugroßen Zahl der Instanzen, die sie durchlaufen, ein Uebel, dem gesteuert werden müsse, wo es noch bestehe. Wie viel unter seiner eigenen Regierung, mit der Hülfe trefflicher Juristen,[313]) zur Verbesserung der Gesetze, des gericht= lichen Verfahrens und der Rechtspflege geschehen ist, darf hier als bekannt vorausgesetzt werden.

Nach denselben Grundsätzen, welche für ihre innere Verwaltung gelten, sollen sich die Staaten auch in ihrer äußeren Politik richten. „Die Fürsten sind von Hause aus Richter der Völker, sie haben ihre Größe der Ge= rechtigkeit zu verdanken; sie dürfen daher niemals die Grundlage ver= leugnen, auf der ihre Macht und ihre Einsetzung beruht."[314]) Dieß gilt auch für ihr Verhalten zu anderen Staaten. Wenn Macchiavelli seinem

Fürsten gerathen hatte, schwächere Nachbarn dadurch von sich abhängig zu machen, daß er sie gegeneinander aufhetze, so weist Friedrich (VIII, 72) diesen Rath mit Entrüstung zurück, da der Mächtigere den Schwächeren gegenüber vielmehr die Rolle des Beschützers, Schiedsrichters und Friedens= stifters übernehmen sollte; und wenn jener einem Herrscher kein höheres Ziel steckt, als die Erweiterung seines Gebiets, werden die Eroberer als solche von dem philosophischen König nur ungünstig beurtheilt. Daß ein Krieg, selbst ein Angriffskrieg, unter Umständen unvermeidlich und gerecht= fertigt sein könne, hat er (wie schon S. 108 gezeigt ist) nie bestritten; aber die bloßen Eroberungskriege hat er immer verurtheilt. Schon seine erste politische Schrift schließt er (VIII, 27) mit der Erklärung: es sei eine Schande, seine Staaten zu verlieren, eine Ungerechtigkeit und eine verbrecherische Raubsucht, solche zu erobern, auf die man kein begründetes Recht habe. Im Antimachiavel eignet er sich das Wort an, daß der Eroberer sich vom Straßenräuber nur durch seine glänzenderen Erfolge unterscheide; er zeigt, daß die ehrgeizigen Pläne, die einzelnen gelingen, für die meisten zum Verderben ausschlagen, die Grundsätze, nach denen sie verfahren, alle Verbrechen rechtfertigen, eine allgemeine Verwirrung herbeiführen würden; er findet es eines vorgeschrittenen Zeitalters un= würdig, den traurigen Ruhm des Eroberers der Menschlichkeit und Gerechtigkeit vorzuziehen.[315]) Und in dem gleichen Sinn beurtheilt er überhaupt die Verpflichtungen der Staaten gegen einander. Er verabscheut nicht blos die Theorie, welche einen Fürsten von allen sittlichen Gesetzen entbindet, und ihm zum Zweck seiner Vergrößerung die empörendsten Verbrechen gestattet oder sogar anräth,[316]) sondern er tritt auch der that= sächlichen Verletzung der völkerrechtlichen Moral, wo sie ihm begegnet, mit dem Grundsatz entgegen, daß wenigstens bei den Fürsten, wenn sonst nirgends, noch Ehre und Treue zu finden sein sollte, und daß sie, wenn irgend jemand, sich hüten sollten, durch Verletzung derselben ihre eigene Würde herabzusetzen.[317])

Friedrich verbirgt sich jedoch nicht, und seine eigene Erfahrung mußte es ihm auch nahe genug legen, daß die Regeln, welche sich aus den Grundsätzen der Moral für das Verhalten der Privatleute ergeben, sich in die Politik nicht unbedingt übertragen lassen, weil der Fürst und der Staatsmann nicht seine eigenen Interessen zu vertreten hat, sondern die seines Volkes, und weil im Verhältniß der Staaten, die keinen Richter über sich haben, manches erlaubt und sogar nothwendig sein kann, was dieß in dem unter anderen Bedingungen stehenden Verhältniß der Einzelnen nicht ist. „Bei einem Privatmann", schreibt er Jordan 1742, „handelt es sich nur um seinen persönlichen Vortheil; diesen hat er immer dem Wohl der Gesellschaft zu opfern. Er hat daher die Vorschriften der Moral streng einzuhalten, nach der Regel: es ist besser, daß Ein Mensch leidet, als wenn ein ganzes Volk zu Grunde gienge. Ein Herrscher hat zu seiner Aufgabe den Vortheil einer großen Nation, er ist verpflichtet, dafür zu sorgen; um dieß zu erreichen, muß er sich selbst zum Opfer bringen, und noch mehr Grund hat er, seine Versprechungen zu opfern, wenn sie dem Wohl seines Volkes zu widerstreiten beginnen." 318) Und vierundzwanzig Jahre später setzt er der Kurfürstin von Sachsen auseinander (XXIV, 109): Ein Staatsoberhaupt sei der erste Beamte seines Volkes, seine wesentliche Pflicht sei es, den Vortheil desselben nach bestem Vermögen zu wahren. Er sei in der Lage eines Vormunds, der mit seinem eigenen Vermögen freigebig sein möge, mit dem seines Mündels dagegen geizen müsse. Er für seine Person, fügt er bei, würde der Kurfürstin (die sich für eine handelspolitische Verhandlung auf seine Philosophie berufen hatte) jedes persönliche Opfer bringen, aber seiner vormundschaftlichen Pflicht könne er nichts vergeben, ohne sich die schmerzlichsten Gewissensbisse zuzuziehen. Dieser Unterscheidung zwischen der politischen und der Privatmoral, die freilich noch einer genaueren Bestimmung bedürfte, so begründet sie auch an sich ist, bedient sich Friedrich zur Beantwortung einer Frage, die ihm erst theoretisch, dann auch praktisch nahe trat, der Frage, ob es einem Fürsten erlaubt sei, sich von vertragsmäßigen Verpflichtungen zu entbinden. Und er will selbst im Antimacchiavel nicht leugnen, daß die Umstände einen Bruch von Verträgen und Bündnissen zur Nothwendigkeit machen können; nur verlangt er, daß man sich auch in diesem Fall gegen die bisherigen Verbündeten anständig benehme, und daß man einen solchen Schritt sich überhaupt nur dann erlaube, wenn man ihn nicht vermeiden kann, ohne seine Pflicht gegen das eigene Volk zu verletzen."319) Etwas weiter führt er dieß in dem Vorwort zur Geschichte seiner Zeit vom Jahr 1746 (II, XVI) aus. Man werde, sagt er hier, in seinem Werke von Verträgen lesen, die geschlossen und gebrochen wurden. Aber man sei von seinen Mitteln und Kräften abhängig: wenn die Interessen sich ändern, müsse man sich mit ihnen ändern. Das Amt eines Fürsten sei es, über das Glück seines Volkes zu wachen; wenn ein Bündniß dasselbe gefährde, müsse man es eher brechen, als das Volk der Gefahr aussetzen; der Fürst opfere sich hierin für das Wohl seiner Unterthanen. Wer als Privatmann einem anderen sein Wort gegeben habe, müsse es halten, möge er auch aus Unbesonnenheit etwas versprochen haben, was zu seinem größten Schaden anschlage, denn die Ehre stehe höher als der Vortheil. Aber ein Fürst, der eine Verpflichtung übernehme, stelle damit nicht sich allein blos, sondern er setze ganze Provinzen und Staaten allem möglichen Unglück aus: der Fürst müsse daher eher seinen Vertrag brechen, als ein ganzes Volk zu Grunde gehen lassen. Es sei ein Fall, wie der eines Wundarztes, der einen Arm abnehme, um ein Menschenleben zu retten. Genauer untersucht der König in der späteren Bearbeitung dieses Vorworts von 1775, unter welchen Umständen Verträge gebrochen werden dürfen; und nachdem er wiederholt hat, daß das Wohl des Staates dem Staatsoberhaupt als Regel für sein Verhalten dienen müsse, erklärt er, ein Vertragsbruch sei in vier Fällen erlaubt: 1) wenn der Verbündete seine Verpflichtungen nicht erfülle; 2) wenn man ihm zuvorkommen müsse, um nicht seinerseits von ihm betrogen zu werden; 3) wenn man von einer überlegenen Macht gezwungen werde, sich von dem Vertrag loszusagen; 4) endlich, wenn man nicht mehr die Mittel habe, um den Krieg fortzusetzen. „Wenn der Fürst", sagt er auch jetzt wieder, „selbst seine Person dem Wohl seiner Unterthanen zu opfern verpflichtet ist, so hat er eine noch stärkere Verpflichtung, ihnen Verbindungen zu opfern, deren Fortsetzung ihnen zum Nachtheil gereichen würde." Dabei unterläßt er aber nicht, auch darauf aufmerksam zu machen, daß ein Privatmann sich an die Gerichte wenden könne, wenn der andere Theil sein Versprechen nicht erfülle, während ein Fürst vor dem Schaden, der ihm und seinem Volke daraus erwachse, sich selbst schützen müsse. Und er schließt aus allem diesem, das Verhalten eines Fürsten, der sich die Verletzung einer Vertragsbestimmung erlaubt habe, lasse sich ohne eine reifliche Erwägung der Umstände, des Verhaltens seiner Verbündeten, der Hülfsquellen, die ihm zu Gebote standen, nicht beurtheilen.[38]) Friedrich will mit diesen Erörterungen dem Vorwurf begegnen, daß er seine Bundesgenossen im Stiche gelassen habe, als er 1742 durch den Breslauer Frieden den ersten schlesischen Krieg beendigte; und bei unparteiischer Beurtheilung seiner damaligen Lage wird man ihn wirklich gegen diesen Vorwurf in Schutz nehmen müssen. Er ist in seinem Rechte, wenn er fragt,³²¹) ob er verpflichtet sei, seinen Verbindlichkeiten treu zu bleiben, wenn er das Menschenmögliche gethan habe, um sie zu erfüllen, aber von seinen Verbündeten der eine gar nicht und der andere verkehrt handle; wenn er überdieß befürchten müsse, von dem mächtigsten derselben beim ersten Glückswechsel im Stiche gelassen zu werden; wenn endlich die Fortsetzung des Krieges ihn mit der Erschöpfung seines Schatzes, der Entvölkerung seines Landes, dem Unglück seines Volkes, dem Verlust seiner Eroberungen bedrohe. In dieser Beziehung trifft ihn daher kein Tadel, und wenn er in einer Schrift vom Jahr 1775 sich selbst das Zeugniß ausstellt, er habe nie in seinem Leben jemand betrogen,³²²) so wird man sein Verhalten gegen seine Verbündeten dieser Behauptung nicht entgegenhalten können.

In einem viel auffallenderen Widerspruch mit seiner politischen Theorie könnten beim ersten Anblick zwei andere Regierungsmaßregeln des Königs zu stehen scheinen: die Wegnahme Schlesiens im Jahre 1740 und die Theilung Polens; denn der zweite schlesische Krieg war ebenso, wie der siebenjährige, der Sache nach ein bloßer Vertheidigungskrieg, der dem König keinen materiellen Gewinn brachte, und dessen er sich ohne Zweifel gern enthalten haben würde, wenn sich auf einem anderen Wege die Gefahr hätte abwenden lassen, nicht allein die Provinz, welche er durch den Breslauer Frieden erworben hatte, sondern seine ganze Machtstellung an Oesterreich und seine Bundesgenossen zu verlieren. Jene beiden Schritte sind nun bekanntlich bis auf den heutigen Tag nicht selten auf's stärkste getadelt worden. Wegen seines Angriffs auf Schlesien wollte schon Voltaire dem jungen Eroberer, freilich nur hinter seinem Rücken, den Ehrentitel eines zweiten Mark Aurel wieder aberkennen;³²³) und auch in neuerer Zeit hat es an Stimmen nicht gefehlt, die einen schreienden Widerspruch der Praxis mit der Theorie darin fanden, daß der König in demselben Augenblick eine österreichische Provinz wegnahm, in dem eine Schrift fertig geworden war, welche jede Eroberungspolitik so entschieden verurtheilte, wie sein Antimachiavel. Er selbst jedoch scheint nicht das Bewußtsein gehabt zu haben, daß er sich dieses Widerspruchs schuldig mache. In dem gleichen Briefe, worin er sich mit Algarotti über seine eben erschienene Schrift unterhält, fügt er bei: der Tod Karls VI. eröffne für ihn eine neue, vielleicht ruhmvolle, Epoche; indessen handle es sich nur um die Ausführung längst gefaßter Pläne.³²¹) Er muß demnach schon vor der Vollendung des Antimachiavel sich mit dem Gedanken getragen haben, nach dem Tode des Kaisers seine Ansprüche auf Schlesien nöthigenfalls mit den Waffen in der Hand geltend zu machen. Wollte man ihm nun auch die Zweizüngigkeit zutrauen, daß er die Eroberungskriege in seinem Werke verurtheilte, während er gleichzeitig die Absicht hatte, einen solchen bei erster Gelegenheit zu unternehmen, so ist es doch ganz unglaublich, daß ein Fürst, der so viel auf seine Ehre und seinen guten Ruf hielt, und der die Folgen seiner Handlungen sich so deutlich zu vergegenwärtigen pflegte, wie Friedrich, eine Schrift hätte ausgehen lassen, in der er zum voraus auf's entschiedenste verdammte, was er selbst in einem Falle, dessen baldiges Eintreten sich erwarten ließ, zu thun entschlossen war. Alle psychologische Wahrscheinlichkeit spricht vielmehr für die Annahme, er selbst habe in seinem Vorgehen gegen Oesterreich eben keinen von jenen unerlaubten Eroberungskriegen gesehen, welche der Antimachiavel so unbedingt verwirft; und diese Annahme findet eine Bestätigung in der Art, wie seine Geschichte der schlesischen Kriege diesen Gegenstand behandelt. Er setzt hier (II, 50) ff.) zwar die Gründe eingehend auseinander, welche seine Politik nach dem Tode Karls VI. bestimmten; aber er thut dieß durchaus in dem Tone geschichtlicher Berichterstattung, ohne jene Gefühlserregung, die in seinen Erörterungen über den Breslauer Frieden (s. o. S. 116) so unverkennbar durchklingt. Bei diesen wird er lebhafter, weil er sich gegen den Schein der Wortbrüchigkeit zu vertheidigen hat; daß ihm die Wegnahme Schlesiens den Vorwurf der Eroberungssucht und der Rechtsverletzung zuziehen werde, scheint er weniger zu befürchten, bei der Kriegserklärung sich in seinem Rechte sicherer zu fühlen, als beim Abschluß des Friedens. In Wahrheit wird man ihm jene so wenig zum Vorwurf machen können, wie diesen. Nicht allein weil er wirklich auf mehrere schlesische Herrschaften Ansprüche hatte, die er selbst (II, 54) als unbestreitbar bezeichnet, die aber von Oesterreich sicher niemals freiwillig anerkannt worden wären; sondern weit mehr noch deßhalb, weil ein Waffengang mit dem mächtigen Nachbar das einzige Mittel war, um sich und sein Land von einer unerträglichen Abhängigkeit zu befreien und seinem Staat freien Raum für die Entwicklung zu verschaffen, deren er für sein eigenes Leben wie zur Erfüllung seiner geschichtlichen Aufgabe bedurfte. Seit Preußen durch den großen Kur-

fürsten zu einer selbständigen Macht geworden, und seit die Führung des
protestantischen Deutschlands ihm zugefallen war, hatte Oesterreich jede
Gelegenheit benützt, seinem Wachsthum Hindernisse in den Weg zu legen;
es hatte seine Dienste fortwährend in Anspruch genommen, die werthvollste Unterstützung von ihm erhalten, und sich seinen Gegenleistungen so
viel wie möglich entzogen; es hatte namentlich Friedrich Wilhelms I.
Ergebenheit in einem solchen Grade gemißbraucht, daß selbst diesem treuen
Unterthanen des Kaisers am Ende die Geduld ausgieng, und es hatte sich
seine Zustimmung zur pragmatischen Sanction mittelst eines Vertrages
verschafft, den es sofort brach, indem es die Erbfolge in Jülich und Berg,
die es Preußen dafür zugesagt hatte, gleichzeitig noch zwei anderen Be-
werbern versprach.³²⁵) Friedrich war mit allen diesen Vorgängen wohl
bekannt, hatte sie zum Theil miterlebt; und es hatte sich ihm schon frühe
die Ueberzeugung aufgedrungen, daß Oesterreich lediglich darauf ausgehe,
eine unbeschränkte Herrschaft über Deutschland zu gewinnen.³²⁶) Er sah
in dieser Macht nicht ohne Grund einen Gegner, den Preußen immer und
überall auf seinem Weg finden, gegen den seine selbständige Existenz nur
dann gesichert sein werde, wenn seine eigene Stärke ihm die Bürgschaft
dafür gewährte. „Sollte man", (fragt er II, 48 aus Anlaß der Berg'schen
Erbschaftsangelegenheit) „sich der Treulosigkeit des Wiener Hofes zum
Opfer bringen, oder zu den Waffen greifen, um sich sein Recht selbst zu
verschaffen?" und in der ausführlichen Auseinandersetzung der Gründe,
welche ihn nach dem Tode Karls VI. zu seinem Vorgehen gegen die
Königin von Ungarn bestimmten (II, 50 ff.), macht er geltend: er habe
allen Anlaß gehabt, gleich beim Beginn seiner Regierung durch einen
Beweis von Kraft und Entschlossenheit die Achtung vor dem preußischen
Namen wiederherzustellen, welche durch die Friedensliebe seines Vaters eine
solche Einbuße erlitten hatte, daß Preußen von seinen eigenen Verbündeten, und namentlich von Oesterreich, auf's rücksichtsloseste behandelt
worden sei; er habe sein Land aus der Zwitterstellung herausführen
müssen, in welche es durch den Widerspruch zwischen seiner realen Macht
und zwischen den Ansprüchen versetzt war, die in seiner Erhebung zum
Königreich ihren Ausdruck gefunden hatten. Er griff mit Einem Wort
zu den Waffen, um seinem Staate von einem Nachbar, dessen übler Wille
sich seit einem Jahrhundert unzweifelhaft bethätigt hatte, den sein Charakter,
seine Traditionen, seine Interessen zu Preußens natürlichem Gegner ge-

macht hatten, das zu erkämpfen, was ihm als Bedingung seiner Unabhängigkeit und seiner ferneren Entwickelung unentbehrlich war, was er aber auf einem anderen Wege zu erlangen schlechterdings keine Aussicht hatte. Welche Früchte aus diesem Entschlusse mit der Zeit nicht allein für Preußen, sondern für ganz Deutschland hervorgehen sollten, liegt heute vor aller Augen, seit der Kampf, der bei Mollwitz begann, bei Königgrätz ausgefochten ist. Friedrich konnte die Folgen seiner Politik nur zum kleinsten Theil übersehen; aber schon diejenigen, welche in seinem Gesichtskreise lagen, würden dieselbe auch dann vollkommen gerechtfertigt haben, wenn ihr neben jenen allgemeineren Gründen nicht noch bestimmte vertragsmäßige Rechte zur Seite gestanden hätten. Wenn Preußen nicht aufhören wollte, ein unabhängiges, entwicklungsfähiges protestantisches Staatswesen zu sein, Oesterreich nicht darauf verzichtete, die Kaiserwürde in seiner Dynastie erblich zu machen und alle die Rechte, welche sie ihrem Inhaber gewährte, unter Hintansetzung der dringendsten Pflichten gegen das Reich, zur Stärkung seiner Hausmacht zu benützen, so war einer von jenen großen politischen Konflikten da, welche nach einem unverbrüchlichen Gesetz der Geschichte noch niemals anders als auf dem Schlachtfeld gelöst werden sind. Es ist Friedrich's Größe, daß er vor der Gefahr des ungleichen Kampfes nicht zurückbebte, und daß er ihn in dem Augenblick aufnahm, der für seine glückliche Durchführung die günstigsten Aussichten darbot. Einen Vorwurf würde er nur dann verdienen, wenn es ihm an dem Muth oder an der Einsicht dazu gefehlt hätte. Ohne eine Verletzung des positiven Rechts kann es aber in solchen Fällen bei dem einen Theil so wenig abgehen, als bei dem andern; denn gerade dadurch entstehen Verwicklungen dieser Art, daß die geschichtlichen Verhältnisse zu einer Aenderung des Bestehenden treiben, über die man sich nicht einigt, und so war es auch im vorliegenden Falle. Wenn sich Preußen von Kaiser und Reich unabhängig zu machen suchte, so lief dieß den Pflichten eines Reichsstandes keinesfalls in höherem Maße zuwider, als es den Pflichten des Kaiserthums zuwiderlief, wenn Oesterreich alle Hebel ansetzte, um das Reich zum erblichen Vasallen seiner Hauspolitik zu machen; und wenn es ein formeller Bruch des Reichsrechts war, daß Friedrich seine schlesischen Ansprüche nicht allein auf dem Wege der Selbsthülfe durchführte, sondern sie auch auf ganz Schlesien ausdehnte, so stimmt es mit demselben nicht besser überein, daß Maria Theresia deutsche

Länder mit fremden Truppen überschwemmte und den rechtmäßig gewählten Kaiser Karl VII. mit denselben bekämpfte; noch viel weniger freilich, daß sie in der Folge, um die große Coalition gegen Preußen zu Stande zu bringen, Schweden und Franzosen deutsches Reichsland anbot, und außer ihren Heeren auch die gefährliche russische Macht über die deutsche Grenze führte. Hat nun auch Friedrich in seinem Antimachiavel die Eroberungskriege nicht selten so unbedingt verurtheilt, daß auch er selbst von diesem Urtheil mit betroffen würde, so werden doch diese Aeußerungen durch andere so wesentlich beschränkt,³²⁷) daß man alles zusammengenommen kein Recht hat, einen Widerspruch seines thatsächlichen Verhaltens und seiner Grundsätze zu behaupten; und wenn er einen Fehler gemacht hat, so besteht dieser nur darin, daß er mit dem rednerischen Pathos, das jener Jugendschrift eigen ist, an manchen Stellen dasjenige schlechthin verwirft, wovon er selbst einräumen muß, daß es unter Umständen erlaubt und sogar nothwendig sein könne, daß er die Frage nach den Bedingungen, unter denen ein Eroberungskrieg moralisch zulässig ist, nicht genau genug untersucht hat.

Noch viel härter, als wegen seines Angriffs auf Oesterreich, ist Friedrich von seinen Zeitgenossen und von der Nachwelt wegen der Theilung Polens getadelt worden. Erst in den letzten Jahrzehnden hat die Erkenntniß Platz zu greifen begonnen, daß es sich bei dieser Angelegenheit nicht um eine ruchlose Verschwörung der Mächtigen zur Beraubung des Schwachen handelte, sondern um die Abwendung eines europäischen Kriegs auf Kosten eines Landes, dessen schließliches Schicksal in dem Zeitpunkt, als Friedrich in dasselbe eingriff, schon unabwendbar feststand. ³²⁸) Die polnische Frage spielte in der Politik des achtzehnten Jahrhunderts eine ähnliche Rolle, wie sie die türkische (welche eben damals zuerst anstauchte, um sich sofort mit jener zu verwickeln und ihre Lösung zu beschleunigen) in der des neunzehnten gespielt hat, und ohne Zweifel auch noch in der des zwanzigsten spielen wird. Ein ausgedehntes, ehedem mächtiges Staatswesen, durch jahrhundertelange Mißwirthschaft in unheilbaren Verfall gerathen, zugleich aber in andere so eng eingebaut, daß sein Einsturz fortwährend die Nachbarhäuser mit Trümmern zu bedecken, das Feuer, welches bald da bald dort in ihm ausbricht, dieselben zu ergreifen droht. Hat ein solcher Staat wohlwollende und uneigennützige Nachbarn, so werden sie vielleicht die Bewohner desselben

zur Ausbesserung ihres Hauses und zum Umbau der schadhaftesten Theile
auffordern, werden ihnen vielleicht auch selbst dabei mit Rath und That
an die Hand zu gehen bereit sein. Zeigt es sich aber, daß es jenen dazu
ebenso an dem Willen fehlt, wie an den Mitteln, oder sind unter den
Nachbarn selbst einzelne, welche ihren Vortheil dabei finden und die Macht
haben, eine Herstellung des Nachbarhauses zu verhindern, dieses Gebäude
dem Einsturz, die Eigenthümer desselben dem Konkurs entgegenzutreiben,
dann bleibt auch den andern nichts übrig, als ihr eigenes Interesse zu
Rathe zu ziehen und bei Zeiten dafür zu sorgen, daß ihnen selbst aus
dem Zusammenbruch des Nachbars möglichst wenig Schaden und möglichst
viel Vortheil erwachse. Eben dieß war aber die Lage, in welcher sich
Polen zur Zeit der ersten Theilung befand. In seinem Innern war
dieses Staatswesen so heillos zerrüttet, daß die heutigen Zustände der
Türkei im Vergleich damit als wohlgeordnete zu bezeichnen sind. Der
großen Mehrzahl der Bevölkerung wurden in dieser slavischen Adels=
republik die elementarsten Menschenrechte so schonungslos verweigert, wie
der türkischen Rajah um den Anfang dieses Jahrhunderts; die protestan=
tischen und griechisch-katholischen Dissidenten seit dem Siege der jesuitischen
Gegenreformation von den Katholiken kaum besser behandelt, als die Un=
gläubigen von den Muhamedanern. Ihre äußere Unabhängigkeit hatte
die Republik durch den sittlichen Verfall und die Parteikämpfe im Innern
so vollständig verloren, daß sie zum Spielball für die Intriguen der
fremden Mächte geworden war; und unter diesen hatte Rußland seit dem
Ausgang des großen nordischen Krieges, und vollends seit der Thron=
besteigung Katharina's II., durch die Mißgriffe der polnischen Politik,
die Bestechlichkeit des Adels, die wohlbegründete Unzufriedenheit der Dissi=
denten unterstützt, ein solches Uebergewicht erlangt, daß Polen thatsächlich
kaum noch etwas anderes als ein russischer Vasallenstaat war. Ihren
völkerrechtlichen Verpflichtungen kam die Republik so wenig nach, daß
ihr angeblich neutrales Gebiet während des ganzen siebenjährigen Krieges
von den Russen gerade so gut, wie eigenes oder feindliches Land, zur Er=
richtung von Magazinen, zum Durchmarsch und zur Aufstellung von
Truppen benützt, und ihnen dadurch allein der Angriff auf Pommern
und die Mark und das Zusammenwirken mit den österreichischen Heeren
möglich gemacht wurde. Wenn Friedrich in der Lage gewesen wäre, sie
dafür zur Rechenschaft zu ziehen, und wenn er diese Gelegenheit benützt

hätte, die Gebiete, welche er durch die Theilung erhielt, an Preußen zu bringen, so hätte ihn niemand darum tadeln, und selbst ohne diese bestimmte Veranlassung hätte man es ihm kaum verdenken können. Von dem früheren Ordensland Preußen hatten die Polen im fünfzehnten und sechszehnten Jahrhundert die eine Hälfte den Deutschen gewaltsam entrissen, die andere unter ihre Lehnsherrlichkeit gebracht. Dadurch war aber nach der Vereinigung Preußens mit dem Kurfürstenthum Brandenburg dieses neue Staatswesen in eine Lage versetzt, aus der sich zu befreien eine Hauptaufgabe der preußischen Politik war; und auch nachdem der große Kurfürst die polnische Oberherrlichkeit abgeschüttelt hatte, war die Trennung Preußens von dem Hauptland ein Uebelstand, den nur die Schwäche Polens erträglicher machte. Sobald dagegen das polnische Preußen in stärkere Hände zu kommen drohte, entstand daraus für den brandenburgisch-preußischen Staat eine Gefahr, zu deren Abwendung es vollkommen berechtigt gewesen wäre, zu den Waffen zu greifen. Daran konnte Friedrich nun freilich nicht denken, da die Erschöpfung seines Landes nach dem siebenjährigen Kriege und die Unmöglichkeit, andere Bundesgenossen zu finden, ihn zwang, sich den Frieden, dessen er so dringend bedurfte, durch den Anschluß an Rußland zu sichern. Um so mehr aber mochte er durch die Erfahrung, die er selbst mit Polen gemacht hatte, in der Ansicht bestärkt werden, daß dieses Land kein lebensfähiges und berechtigtes Glied des europäischen Staatensystems mehr sei, daß es Rußland, unter dessen Botmäßigkeit es in der Hauptsache bereits stand, früher oder später ganz anheimfallen werde, und daß es sich für seine übrigen Nachbarn nur darum handeln könne, bei der schließlichen Auseinandersetzung über die polnische Gantmasse einen europäischen Krieg zu vermeiden und für die Gefahr, mit der Rußlands Vordringen gegen Westen sie bedrohte, einen Ersatz zu erhalten.[328] Friedrich unterschätzte diese Gefahr durchaus nicht,[330] aber er sah kein Mittel, sie abzuwenden. Denn der Gedanke, Polen selbst zu kräftigen und sich an ihm einen Rückhalt nach Osten zu schaffen, war durch einen Blick auf die dortigen Zustände so vollständig ausgeschlossen, daß er in seine politische Rechnung von Anfang an gar nicht eintreten konnte.[231] Als daher Rußlands Erfolge gegen die Türken und seine darauf gegründeten weitgreifenden Ansprüche auf türkische Gebietsabtretungen die dringende Gefahr eines Krieges zwischen Oesterreich und Rußland hervorriefen, in den

Preußen unvermeidlich hineingezogen worden wäre,[332]) brachte Friedrich zuerst 1769 den kurz zuvor von russischer und von französischer, in früherer Zeit selbst von polnischer Seite angeregten Gedanken einer Entschädigung durch polnische Provinzen in Petersburg zur Sprache. Damals erfolglos; als aber zwei Jahre später die Oesterreicher von sich aus einige polnische Bezirke besetzten, und nun auch Katharina II. auf den früher von ihr abgelehnten Plan einer Verständigung auf Kosten Polens zurückkam, gab Preußen ebenfalls seine Zustimmung, und die erste Theilung Polens erfolgte. Von jenen Gewissensbedenken, welche Maria Theresia während dieser Verhandlungen beunruhigten, welche aber, wie es scheint, mehr auf politischen und confessionellen, als auf rein moralischen Beweggründen beruhten, und welche auch die österreichische Regierung nicht abhielten, bei der Vergrößerung durch polnisches Land möglichst weit auszugreifen — von diesen Bedenken findet sich in Friedrich's Aufzeichnungen aus diesen Jahren, auch in den vertrauten Briefen an seinen Bruder, keine Spur; er hebt es vielmehr in seiner Geschichte dieser Zeit (VI, 47) rühmend hervor, daß die Theilung Polens der erste Fall sei, in dem sich drei Mächte über eine solche Frage friedlich verständigten, und ebenso macht er es Voltaire gegenüber (XXIII, 222. 288) als sein Verdienst geltend, daß er Europa ohne Blutvergießen vor einem allgemeinen Brande bewahrt habe; indem er beifügt, er getraute sich, diese Sache vor allen Richterstühlen der Welt zu führen und wäre sicher, sie zu gewinnen, er habe nur Gründe, darüber zu schweigen. Er sah in dem von ihm eingeschlagenen Wege das einzige Mittel, um Europa vor einem Kriege zu bewahren, der über sein eigenes, noch aus hundert Wunden blutendes Land schweres Unglück zu bringen drohte.[333]) Diesen abzuwenden, erschien ihm als seine erste und heiligste Pflicht; und wenn dieß nicht ohne eine formelle Verletzung fremder Rechte möglich war, so konnte er sich doch damit um so leichter abfinden, da er sich sagen durfte, daß einerseits die Polen selbst an der Verwicklung schuld waren, welche nunmehr eine für sie so verhängnißvolle Lösung fand,[334]) andererseits aber das, was er jetzt ohne Schwertstreich gewann, sonst mit der Zeit Rußland zugefallen wäre, dem es um keinen Preis überlassen werden durfte. Und wie er durch die Erwerbung dieser Landestheile eine Pflicht gegen seinen Staat erfüllte, so erfüllte er durch ihre Verwaltung eine Pflicht gegen die neuen Unterthanen, deren große Mehrzahl erst durch ihn die Wohlthaten der Gesittung und der staatlichen Ordnung kennen lernte. War die Aneignung Westpreußens eine Gewaltthat gegen die polnische Republik, so war sie dafür ein Segen für die Bevölkerung jenes Landes; aber auch die Polen konnten sich über die Gewalt, die sie erlitten, kaum beschweren, nachdem sie selbst Zustände herbeigeführt hatten, welche Preußen nur die Wahl ließen, entweder jetzt im Bunde mit Rußland gegen Oesterreich und später um Westpreußen gegen Rußland Krieg zu führen, oder im Einverständniß mit beiden Polen zu nehmen, was dieses vor drei Jahrhunderten den Deutschen genommen hatte, indem es von einem Lande, welches Rußland bereits als sichere Beute in der Hand hielt, den für seine eigene Sicherheit und Unabhängigkeit unentbehrlichen Theil für sich verlangte.

7. Friedrich's Stellung zur Religion.

Nichts ist Friedrich von der großen Mehrzahl seiner Zeitgenossen mehr verdacht worden, und nichts hat ihn einer Minderzahl unter denselben mehr empfohlen, als die Entschiedenheit, mit der er sich in dem Kampfe der Aufklärung mit der religiösen Auktorität auf die Seite der ersteren stellte. Wenn er dabei der Religion nicht gerecht wurde, wenn er das innere Wesen derselben nur unvollkommen verstand, die Wahrheit der positiven Religion fast ausschließlich nach der wissenschaftlichen Haltbarkeit ihrer Dogmen beurtheilte, und in Folge davon auch ihre Entstehung und Entwickelung nicht tiefer zu begreifen wußte, wenn er mit Einem Wort in seiner Auffassung der Religion über die der gesammten Aufklärungsperiode eigenthümliche Einseitigkeit und Aeußerlichkeit nicht hinauskam, so werden wir uns dieß nicht blos aus den Einflüssen, welche ihn direkt nach dieser Seite hintrieben, wie der Bayle's und Voltaire's, sondern mindestens ebensosehr daraus zu erklären haben, daß ihm, wie jenen, die Religion von Hause aus in einer viel zu abstoßenden und versteinerten Gestalt entgegengetreten war, um seine Zuneigung gewinnen, seinen Spott und seine Zweifel zum Schweigen bringen zu können. Wenn er aber trotzdem als Freidenker eine bestimmte Grenze nicht überschritt, den atheistischen Radikalismus mißbilligte, die sittlichen Wirkungen der Religion zu würdigen wußte, und im Unterschied von seinen aufklärerischen Zeitgenossen auch dem Aberglauben und der Beschränktheit gegenüber dem großen Grundsatz der Toleranz treu blieb, so wird man darin einen Beweis seines gesunden Sinnes und der Regentenweisheit zu sehen haben, die ihn von seinem Nacheiferer und Geistesverwandten Joseph II. so vortheilhaft unterschied.

Die allgemeine Voraussetzung aller Religion, den Glauben an die Gottheit, hat Friedrich, wie schon früher (S. 38 ff.) gezeigt worden ist, nie bezweifelt; und daß ihm dieser Glaube nicht blos Verstandes-, sondern auch Herzenssache war, tritt wenigstens in einzelnen Aeußerungen unverkennbar hervor.[333]) Aber das Uebermaß von mechanischen Religionsübungen, die ihm von seiner Kindheit an auferlegt waren,[334]) konnte eher dazu dienen, die religiöse Empfindung in dem feinfühligen Knaben abzustumpfen, als sie zu entwickeln; und nachdem er auf eine Fürsorge der Gottheit für die Einzelnen und ihre Schicksale verzichtet, und der Begriff der Vorsehung sich ihm in den des Weltzusammenhangs aufgelöst hatte (s. o. S. 45 f.), verlor der Gottesglaube für ihn gerade deßhalb seine specifisch religiöse, praktische Bedeutung, weil er in allem dem, wovon das persönliche Leben des Menschen beeinflußt wird, nur eine Folge des Naturzusammenhangs, nicht wie der pantheistische Fromme, eine durch ihn vermittelte Berührung mit der Gottheit sehen konnte. Ein Spinoza fühlt sich trotz seiner mechanischen Welterklärung, ein Schleiermacher trotz seines kritischen Rationalismus in fortwährender persönlicher Beziehung zur Gottheit, weil ihnen die Welt, deren Theile sie sind, an sich selbst ein Göttliches ist; bei Friedrich hätte, auch wenn seine ganze Geistesart der jener Männer verwandter gewesen wäre, sein deistischer Dualismus dieses Gefühl nicht aufkommen lassen: er bewunderte und verehrte die Gottheit als die Schöpferin des Weltganzen, aber was ihn persönlich betraf, konnte er nur auf die „Ursachen zweiter Ordnung" zurückführen. Erhielt aber dadurch seine eigene Religion einen überwiegend intellektuellen Charakter, so stellte sich ihm auch die seiner Kirche, und die positive Religion überhaupt, so wie sie damals behandelt zu werden pflegte, wesentlich als ein Lehrsystem dar; und so hieng denn auch sein Urtheil über ihren Werth oder Unwerth zunächst von dem Verhältniß der positiven Glaubenslehre zu seiner eigenen philosophischen Ueberzeugung ab. Es ist leicht zu sehen, daß dasselbe, unter der Voraussetzung dieses Maßstabes, in der Hauptsache nur ungünstig ausfallen konnte; und es ist immerhin noch ein Beweis historischer Gerechtigkeit, wenn sich der Beurtheiler durch seine schroffe

Ablehnung der positiven Dogmatik nicht abhalten ließ, wenigstens den sittlichen Charakter einer Religion anzuerkennen, deren Glaubenssätze er ungereimt fand.

Wann Friedrich die Lehren seiner Kirche zu bezweifeln begann, und welche Einflüsse diese Zweifel in ihm wach riefen, läßt sich nicht so urkundlich nachweisen, als man wohl wünschen möchte. Jene Verhandlungen, welche während seiner Gefangenschaft in Küstrin im Herbst 1730 der Prediger Müller auf Befehl seines Vaters mit ihm führte, um ihn von der Allgemeinheit der göttlichen Gnade zu überzeugen,[337] bewegen sich noch ganz auf dem Boden der überlieferten Dogmatik; doch scheint es sich dabei, nachdem der Prinz nicht blos durch Bibelstellen, sondern durch Gründe belehrt sein wollte, mehr um Erörterungen über Fragen der sogenannten natürlichen Theologie als um die Folgesätze der christlichen Heilslehre gehandelt zu haben. Auch aus den nächstfolgenden Jahren liegen uns Aeußerungen vor, in denen der spätere Freigeist ein warmes Interesse für die Sache der Religion, und insbesondere für die des Protestantismus an den Tag legt, ohne sich indessen so bestimmt zu erklären, daß sich mit Sicherheit daraus entnehmen ließe, inwieweit die religiöse Empfindung, mit der es ihm ohne Zweifel ernst ist, und das protestantische Bewußtsein, das er auch später nicht verleugnet hat, in jener Zeit noch mit dem Glauben an die positiv christlichen Dogmen verbunden war.[338] Dagegen zeigt sich Friedrich in den Jahren, während deren wir ihn mit philosophischen Studien beschäftigt finden, in seinen Briefen und Schriften von Anfang an der positiven Dogmatik so weit entfremdet, daß wir den Anfang dieser Entfremdung nothwendig erheblich weiter, und daher auch über sein Studium der Wolff'schen Philosophie und seinen Briefwechsel mit Voltaire hinaufrücken müssen; die Schriften des letzteren mögen allerdings neben denen eines Bayle und Lucrez und des einen und anderen englischen Freidenkers auf diese Wendung in der Denkweise des jungen Philosophen Einfluß gehabt haben. Wenn Friedrich schon im März 1736 dem Unsterblichkeitsglauben die früher (S. 55) besprochenen Einwürfe entgegenhielt, so waren ihm diejenigen Lehren, welche einer naturalistischen Weltansicht weit ferner liegen, und von denen die meisten jenen Glauben unbedingt voraussetzen, gewiß noch vorher zweifelhaft geworden; und er selbst bekennt auch wenige Wochen später, daß sein Glaube leider sehr schwach sei, und beweist dieß mit der That durch

Fragen, aus denen deutlich hervorgeht, daß er für seine Person dem Glauben an eine übernatürliche Offenbarung, an die alttestamentlichen Weissagungen, an eine Erlösung durch den Tod Christi, den Abschied gegeben hatte, und die Apostel für nichts anderes hielt als für Schwärmer.³³⁹) Noch unumwundener äußert er sich in einem Brief aus dem nächsten Jahr über eine Abendmahlsfeier, die er hatte mitmachen müssen, gegen Camas.³⁴⁰) Selbst der vergötterte Voltaire wird getadelt, weil er bei Gelegenheit vom Gottmenschen gesprochen hatte;³⁴¹) und in seiner Schrift gegen Macchiavelli rechnet Friedrich die Einführung des Christenthums unter die Ursachen der mittelalterlichen Barbarei.³⁴²) Er weiß mit Einem Wort in allem, was über seinen eigenen deistischen Gottesglauben hinausgeht, nur Aberglauben und Irrthum zu sehen. Der historische Theil der christlichen Religion besteht, wie er sagt, aus „Fabeln, die ungereimter, thörichter, lächerlicher sind, als die ausschweifendsten Erfindungen des Heidenthums", die nur eine „alberne und stupide Leichtgläubigkeit" annehmen kann;³⁴³) und er scheint sich so in seiner Auffassung der Religion von einem Voltaire und Bolingbroke nicht zu unterscheiden.³⁴³ᵇ)

Damit stimmt es zusammen, wenn Friedrich die Entstehung der Religionen mit jenen nur aus zwei Quellen abzuleiten weiß, welche beide gleich trübe sind, und sich nur dadurch unterscheiden, daß es in dem einen Fall an der Einsicht gefehlt haben soll, in dem andern an der Ehrlichkeit: einerseits aus Furcht und Unwissenheit, andererseits aus Eigennutz und Schlauheit. Der Irrthum und der Aberglauben — so setzt uns der König selbst seine Ansicht auseinander³⁴⁴) — scheinen das Erbtheil des Menschengeschlechts zu sein, alle Völker haben die gleiche Neigung zum Götzendienst. Die Furcht war die Mutter der Leichtgläubigkeit, die Eigenliebe ließ den Himmel an den Schicksalen der Menschen sich betheiligen; daraus entstanden alle die verschiedenen Kulte, die eigentlich nichts anderes waren als Versuche, den Zorn des Himmels durch einen oft sehr seltsamen Ausdruck der Verehrung zu beschwichtigen. In der Angst vor Unglück aller Art machte man es wie die Kranken, die es mit allen möglichen Mitteln versuchen: man schrieb allen Naturdingen eine göttliche Wesenheit und Kraft zu, man betete alles, vom höchsten bis zum niedrigsten, an: Pflanzen, Thiere, große Männer; und wenn eine allgemeine Noth eintrat, verdoppelte sich der Aberglaube. Friedrich spricht hier zunächst von den heidnischen Religionen; aber anderswo drückt er sich ganz allgemein aus. In einer Abhandlung aus dem Jahr 1770³⁴⁵) bemerkt er: Die Erfahrung zeige uns die Menschen in allen Jahrhunderten fortwährend als Sklaven des Irrthums, ihre Gottesverehrung auf ungereimte Fabeln gegründet, mit seltsamen Gebräuchen, lächerlichen Festen und abergläubischen Uebungen verbunden, an welche man den Bestand der Staaten geknüpft glaubte, die Welt von einem Ende bis zum andern von Vorurtheilen beherrscht. Fragen wir aber nach den Gründen dieser Erscheinung, so werden uns deren zwei genannt: die Unwissenheit der Masse und der Reiz des Wunderbaren. Die überwiegende Mehrzahl der Menschen muß sich ihren Lebensunterhalt Tag für Tag erarbeiten, und hat keine Zeit zum Nachdenken: sie kann daher der Unwissenheit nicht Herr werden, die auf ihr lastet. Ungeübt im Denken und urtheilslos, wie sie ist, vermag sie die Dinge nicht kritisch zu untersuchen und den Auseinandersetzungen, durch die man sie über ihre Irrthümer aufzuklären sucht, nicht zu folgen. „Die Vorurtheile sind die Vernunft des Volkes", und die Gewohnheit kettet es so fest an den hergebrachten Kultus, daß ein neuer Glaube nach dem Zeugniß der Geschichte den alten immer nur mit gewaltsamen Mitteln verdrängen konnte. Dazu kommt nun ferner als ein zweiter Grund des Aberglaubens die Vorliebe der Menschen für alles, was ihnen wunderbar erscheint. Alles Uebernatürliche lenkt die Aufmerksamkeit auf sich; es scheint unsern Geist zu erheben und unser Wesen zu adeln, indem es unserer Einbildungskraft ein grenzenloses Feld eröffnet. Alles Große, alles was Erstaunen oder Bewunderung erregt, zieht den Menschen an; kündigt man ihm dabei noch die unsichtbare Gegenwart einer Gottheit an, so bemächtigt sich ein ansteckender Aberglaube seines Geistes, befestigt sich in ihm und macht ihn schließlich zum Fanatiker. Es ist dieß eine Folge der Herrschaft, welche seine Sinnlichkeit über ihn ausübt; denn sie ist stärker, als seine Vernunft. Die Meinungen der Menschen gründen sich daher größtentheils auf Vorurtheile, Fabeln, Irrthum und Betrug.³⁴⁶)

Mit der Unwissenheit und dem Irrthum der Masse verbindet sich nämlich, wie schon hier angedeutet ist, die berechnende Klugheit Einzelner und ganzer Klassen, die jene Unwissenheit für ihre eigenen Zwecke ausbeuten. Denn kann es auch, wie der König einräumt, Fälle geben, in denen es erlaubt ist, sich dem Aberglauben des Volkes anzubequemen und ihn zu dem eigenen Besten desselben zu benützen, so ist doch von dieser

unschuldigen Täuschung diejenige zu unterscheiden, welche auf Beförderung
des Aberglaubens ausgeht; gerade von dieser letzteren aber, von der be=
trügerischen Schlauheit ehrgeiziger Religionsstifter und gewinnsüchtiger
Priester glaubt Friedrich mit seinen englischen und französischen Vor=
gängern, daß sie in der Geschichte der Religionen eine hervorragende
Rolle gespielt habe. Auf d'Alembert's Frage, ob es nützlich sei, in
Sachen der Religion das Volk zu täuschen, erwidert er: Wo kein Aber=
glaube und Irrthum wäre, dürfte man ihn nicht einführen, man müßte
vielmehr sein Aufkommen verhindern. Indessen sei es doch nicht einerlei,
ob man den Aberglauben zum Fußgestell für seine eigene Größe mache,
oder ob man sich des Wunderglaubens bediene, um das Volk im öffent=
lichen Interesse zu leiten. Jenes haben Betrüger, wie die Bonzen, Zoro=
aster, Mahomet u. s. w. gethan, und diese wolle er nicht vertheidigen;
das andere sei in Rom nicht selten mittelst der Augurien geschehen, ebenso
von einem Scipio, Marius und Sertorius, und dieß lasse sich nicht immer
vermeiden, wenn man es mit der großen Masse zu thun habe.³⁴⁷)

Noch deutlicher spricht der König seine Meinung in einem kleinen
satirischen Stück aus dem Jahr 1777, dem „Traum" (XV, 26 ff.) aus,
wenn er hier die Priester aller Religionen und Sekten als Marktschreier
darstellt, die ihre Quacksalbereien unter Selbstanpreisung und Gezänke feil=
bieten. Und von diesem Urtheil wird auch die alt= und neutestamentliche
Religion nicht ausgenommen. Neben Mohammed³⁴⁸) ist ihm auch Moses
einfach ein Betrüger, und das ganze Judenthum, mit seinen ungereimten
Wundergeschichten, seinen abgeschmackten Gebräuchen und seinem rach=
süchtigen Gott, eine widerwärtige Erscheinung.³⁴⁹) Mit ungleich größerer
Achtung wird zwar die christliche Religion als solche und der Stifter der=
selben behandelt. Die Anerkennung, welche Friedrich, wie wir finden
werden, der christlichen Moral zollt, muß ihm an erster Stelle zugute=
kommen. Er wollte, wie der König glaubt, keine Dogmen aufstellen;
seine Religion war ein reiner Gottesglaube, seine Moral vortrefflich, die
der Essener, welche der stoischen nahe verwandt ist. Man darf das heutige
Christenthum, und schon das des dritten Jahrhunderts, nicht mit dem ur=
sprünglichen, mit der Religion Jesu verwechseln, und diese nicht für den
Mißbrauch verantwortlich machen, der im Laufe der Zeit mit ihr getrieben
worden ist.³⁵⁰) Je schärfer aber der philosophische Fürst zwischen der ursprüng=
lichen Gestalt der christlichen Religion und ihrer späteren Entartung

unterscheidet, um so schlechter kommen die weg, welche an dieser Entartung schuld sind. In den Monaten, während deren der König im Feldlager vor Schweidnitz Fleury's Kirchengeschichte studirte,³⁵¹) begleitet er jeden Band dieses Werkes in seinen Briefen an d'Argens und seinen an Catt gerichteten Versen immer auf's neue mit dem Ausdruck seines Staunens über den Unsinn der Dogmen, die im Laufe der Zeit der einfachen Lehre Jesu beigefügt, seines Entsetzens über die Gräuel, die im Namen dieses Predigers einer reinen Moral verübt wurden; wenn er sich die Mittel vergegenwärtigt, welchen das Christenthum seine Verbreitung, der Klerus seine Herrschaft zu danken hat, erscheint es ihm unbegreiflich, daß man für ein Werk Gottes halten könne, was so augenscheinlich das Werk der Menschen, ja großentheils das der Gewalt und des Betrugs sei;³⁵²) und wenn er bedenkt, wie viel Unglück die Herrschsucht, die Gewinnsucht, die Streitsucht, die Unduldsamkeit, der Fanatismus der Priester und der Theologen über die Menschheit gebracht hat, bricht er in Anklagen aus, deren leidenschaftlicher Schwung an die berühmten Verse erinnert, die sein Lieblingsdichter Lucrez dem Aberglauben der Volksreligion entgegengeschleudert, und in denen er Epikur als den Ueberwinder dieses Ungeheuers gefeiert hat.³⁵³) Im Vorwort zu dem Auszug aus Fleury's Kirchengeschichte³⁵⁴) faßt er die Ergebnisse derselben dahin zusammen: der Stifter des Christenthums sei ein Jude aus der Hefe des Volks von zweifelhafter Abkunft, welcher den Ungereimtheiten der alten ebräischen Prophetieen die Vorschriften einer guten Moral beimischte, welchem man Wunder beilegte, und welcher schließlich zu einem schmählichen Tode verurtheilt wurde. Zwölf Schwärmer (fanatiques) verbreiteten seine Lehre bis nach Italien; sie gewannen die Geister durch die Verkündigung jener heiligen und reinen Moral; und abgesehen von einigen Wundern, welche die Phantasie erregen konnten, lehrten sie nur den Deismus. Die trostlosen Zustände des römischen Kaiserreichs begünstigten die Ausbreitung der neuen Religion: sie ließen den Menschen keine andere Zuflucht als den Stoicismus; diesem glich aber die christliche Moral, und darauf allein gründet sich die rasche Verbreitung des Christenthums. Die obrigkeitlichen Verbote riefen den Widerstand der Christen hervor; die Märtyrer, von denen manche wegen Erregung von Unruhen und Widersetzlichkeit mit Recht bestraft worden waren, wurden vergöttert, an ihren Grabstätten geschahen Wunder, fromme Betrüger überboten sich in Erfindungen, die nach und nach zur Verehrung der Heiligen führten. Gleichzeitig wurde unter dem Einfluß griechischer Spekulation aus Christus, der anfangs nur für einen Gott wohlgefälligen Menschen gegolten hatte, allmählich ein Gott gemacht; und als Constantin aus politischen Beweggründen an die Spitze der christlichen Kirche trat, war es mit der Glaubensfreiheit, welche während der ersten drei Jahrhunderte trotz aller theologischen Streitigkeiten thatsächlich bestanden hatte, zu Ende: seit dem Concil von Nicäa wurde ein Dogma nach dem andern zum Kirchengesetz gemacht, ohne daß das Volk, dem der Klerus die heilige Schrift aus der Hand genommen hatte, und das unter den Wirren der Völkerwanderung in die tiefste Unwissenheit und Barbarei versunken war, die Neuerungen als solche erkannte.[333]) Die Bischöfe bemerkten und benützten den Vortheil, den ihnen die Erfindung neuer Glaubenslehren gewährte: der einträgliche Glaube an das Fegfeuer wurde aufgebracht, die falschen Dekretalen, die dem päpstlichen Throne zum Fußschemel dienten, verfertigt. In dem Wettstreit der großen kirchlichen Würdenträger um die Erweiterung ihrer Macht gewannen die Päpste als die verschlagensten, von den Verhältnissen des römischen Westreichs begünstigt, den Sieg. Sie wußten sich von Byzanz unabhängig zu machen, die fränkischen Könige für sich zu gewinnen, unter den Nachfolgern Karls d. Gr. den Glauben zu verbreiten, als ob die Fürsten ihre Kronen erst durch die kirchliche Weihe erhielten. Je dichter von Jahrhundert zu Jahrhundert die Nacht der Unwissenheit wurde, um so fester glaubte man an die Päpste als die unfehlbaren Stellvertreter Christi; und seit Gregor VII. gelang es einer ebenso geschickten als gewissenlosen Politik, gegen die schwachen, unter einander und mit ihren Vasallen in beständigem Streit liegenden Regierungen die ausschweifendsten Ansprüche des Papstthums durchzusetzen, während die sittlichen Zustände durch das Ablaßwesen und das schlechte Beispiel des Klerus immer tiefer sanken, und die Kreuzzüge, diese abenteuerlichen, lediglich zur Hebung der päpstlichen Macht ins Werk gesetzten Unternehmungen, Europa entvölkerten. Endlich war das Maß voll: auf das Baseler Concil, auf Wicleff und Huß folgte die Reformation. Friedrich würdigt, wie sogleich näher gezeigt werden soll, die Dienste in vollem Maße, welche sie der Denk- und Gewissensfreiheit, der Sittlichkeit, der Unabhängigkeit der Staaten, der Wissenschaft und der Bildung auch in der katholischen Welt leistete; so lebhaft er auch die schweren Opfer beklagt, mit denen namentlich Deutschland diese Fortschritte erkaufte. Aus dem ganzen Verlauf der Kirchengeschichte geht ihm aber deutlich hervor, daß dieselbe nicht das Werk Gottes ist, sondern lediglich das der Menschen. Was für eine traurige Rolle — ruft er — läßt man Gott hier spielen! Er schickt seinen einzigen Sohn, der selbst Gott ist, in die Welt, er bringt sich sich selbst zum Opfer, um sich mit seinen Geschöpfen zu versöhnen, er wird Mensch, um die sündige Menschheit zu bessern, und die Welt bleibt ebenso schlecht, wie sie vorher war. Wo ein einfacher Akt seines allmächtigen Willens genügt hätte, sollte er so unzureichende Mittel angewandt haben? Nur beschränkte Geister können Gott ein Verfahren zuschreiben, das seiner so wenig würdig ist, und ihn mittelst der größten Wunder ein Werk unternehmen lassen, das ihm mißlingt. Und dieselben Menschen, die so widerspruchsvolle Vorstellungen von Gott haben, führen mit jeder neuen Kirchenversammlung neue Glaubensartikel ein, die nach dem Belieben und Interesse der Priester wechseln. Sie wollen als die Stellvertreter Christi unfehlbar sein, und ihr Leben ist so, daß man sie eher für Stellvertreter des Teufels halten könnte. Päpste excommuniciren einander, spätere Concilien ändern das, was frühere gelehrt haben; statt der Macht der Wahrheit zu vertrauen, wird der Glaube mit Feuer und Schwert ausgebreitet; Wunder geschehen in Menge in Zeiten der Unwissenheit, in aufgeklärteren werden sie selten. „Die Geschichte der Kirche zeigt uns mit Einem Wort ein Werk der Politik, des Ehrgeizes und des Eigennutzes der Priester; statt den Charakter der Gottheit hier zu finden, sieht man den Namen des höchsten Wesens in ihr nur lächerlich gemißbraucht von geistlichen Betrügern, die sich seiner bedienen, um ihre verbrecherischen Leidenschaften damit zu verschleiern."

So schroff aber diese Urtheile auch lauten, so unterscheidet sich Friedrich doch in seiner Ansicht über das Christenthum, auch abgesehen von seinem Widerspruch gegen den Atheismus der Encyclopädisten,[356]) von Voltaire und der Mehrzahl der französischen Freidenker durch zwei Züge: einmal durch die Ueberzeugung, daß es unmöglich sei, den Aberglauben in der breiteren Masse des Volks auf die Dauer durch aufgeklärtere Begriffe zu verdrängen; und sodann durch die Anerkennung, welche er der Sittenlehre und dem sittlichen Charakter des Christenthums zollt. Jene Ueberzeugung hat er nun namentlich in seinen späteren Jahren sehr oft ausgesprochen. Wer so, wie er, die Wurzeln des Aberglaubens in der menschlichen Natur selbst und in den Verhältnissen entdeckt zu haben glaubte, in denen die große Mehrzahl der Menschen lebt, dem mußte der Versuch, ihn gänzlich auszurotten, von vorne herein aussichtslos erscheinen. Er konnte sich nicht die Macht zutrauen, die Menschen anders zu machen, als die Natur sie geschaffen hat, oder die Umstände zu ändern, welche nur den wenigsten von ihnen die zum eigenen Denken erforderliche Ausbildung gestatten. Auf einem anderen Weg aber, als auf dem der Belehrung, der Vernunft zum Siege verhelfen zu wollen, hätten ihm seine Grundsätze verboten, wenn er sich auch von einem so widerspruchsvollen Beginnen irgend einen Erfolg hätte versprechen können. ³³⁷) Diesen Standpunkt hatte der König jedoch nicht blos gegen Helbach, sondern auch gegen seine Freunde Voltaire und b'Alembert zu vertheidigen; denn auch sie waren von einer Neigung nicht frei, welche jedem Radikalismus, dem neuernden wie dem reaktionären, dem religiösen wie dem politischen, anhaftet, und welche ebenso eine Bedingung seiner Erfolge wie eine Ursache seiner Verirrungen zu sein scheint: sie dachten sich den Sieg ihrer Sache leichter, als sich nach der Natur der Dinge erwarten ließ, und hätten im Zusammenhang damit kein Bedenken getragen, denselben, wenn sie die Macht dazu gehabt hätten, auch wohl durch andere Mittel, als die der freien Ueberzeugung, zu beschleunigen. Dem gegenüber kommt Friedrich immer wieder darauf zurück, daß die große Mehrzahl der Menschen zu schwach und zu wenig an's Denken gewöhnt sei, um sich von der Herrschaft des ungereimtesten Aberglaubens zu befreien, daß ein Betrüger immer Gläubige finden werde, daß die Trägheit, die Gleichgültigkeit, die Feigheit der meisten, der Einfluß der Erziehung, die Macht des Klerus und die Verblendung der Regierungen einer allgemeinen Aufklärung unübersteigliche Hindernisse in den Weg lege, daß dieselbe auch im achtzehnten Jahrhundert lange keine so großen Fortschritte gemacht habe, wie man wohl meine, und manche Maßregeln, die man ihr gutschreibe, viel selbstsüchtigere Beweggründe haben. Er beruft sich auf das Zeugniß der Geschichte, die uns zeige, daß nicht blos das Heidenthum sich viele Jahrhunderte lang erhalten habe, sondern daß in allen Religionen die Moral, welche die Gesellschaft nicht entbehren kann, mit ungereimten Fabeln vermengt gewesen sei und noch sei. Er ist überzeugt, daß die Menschen im ganzen und großen nie zur Vernunft kommen werden, daß man jederzeit Mühe haben werde, unter hunderttausend Bewohnern unseres Planeten einen Philosophen zu finden, und daß das Volk, wenn man

heute einen Staat mit einer Vernunftreligion gründete, in fünfzig Jahren
wieder einen neuen Aberglauben und einen neuen Götzendienst ersonnen
haben würde.³⁵⁸) Mit der bloßen Aufklärung der Menschen, bemerkt er
treffend gegen Voltaire (XXIII, 111), sei es nicht gethan: man müßte
ihnen auch Tapferkeit und Geistesstärke (courage de l'esprit) einflößen
können, wenn nicht die Weichlichkeit und Todesfurcht immer wieder über
die stärksten und methodischsten Gründe den Sieg davontragen sollen.
„Der Wunderglaube (schreibt er d'Alembert 1770; XXIV, 478) scheint für
das Volk gemacht zu sein. Man schafft eine lächerliche Religion ab und
führt eine noch abenteuerlichere dafür ein; man sieht die Meinungen um-
schlagen, aber auf jeden Kultus folgt wieder ein anderer. Ich halte die
Aufklärung der Menschen für gut und nützlich. Wer den Fanatismus
bekämpft, der entwaffnet das grausamste und blutdürstigste Ungeheuer;
wer gegen den Unfug des Mönchswesens, gegen diese naturwidrigen, der
Bevölkerungszunahme hinderlichen Gelübde seine Stimme erhebt, der
leistet wirklich seinem Vaterland einen Dienst. Aber ich glaube, es wäre
unklug und selbst gefährlich, wenn man den Aberglauben unterdrücken
wollte, mit welchem die Kinder öffentlich genährt werden, die ihre Väter
so genährt wissen wollen." Wenn schon die Abschaffung einiger Glaubensartikel durch die Reformation so viel Krieg, Blutvergießen und Zerstörung herbeigeführt habe, wie es erst gehen würde, wenn man sie alle
abzuschaffen versuchte! Ein Volk ohne Irrthümer, Vorurtheile, Aberglauben und Fanatismus wäre gewiß ein einziges Schauspiel; aber man
werde ein solches erst dann finden, wenn man eines ohne Fehler, ohne
Leidenschaften und Verbrechen entdecke. Wie viel Licht auch von den
Philosophen ausgehen möge: einige Gelehrte werden ihnen Recht geben,
aber die Welt werde nach wie vor blind bleiben. Die Philosophie habe
sich ja im achtzehnten Jahrhundert nachdrücklicher und muthiger ausgesprochen als je, aber was damit erreicht worden sei? Selbst die Vertreibung der Jesuiten sei nicht ihr Werk, sondern das der Eitelkeit, der
Rache, der Kabalen, des Interresse's.³⁵⁹) Und diesem einen Erfolge stehen
so viele Beispiele der Unduldsamkeit und des Fanatismus gegenüber, daß
es mit der Herrschaft der Vernunft immer noch schlecht bestellt sei. Gegen Denselben äußert er zehn Jahre später (XXV, 138): „Bei meiner Geburt fand ich
die Welt dem Aberglauben ergeben; bei meinem Tode werde ich sie ebenso zurücklassen. Das Volk verschluckt ein Dutzend Glaubensartikel wie

Pillen und nimmt es damit nicht so schwer, wie mit dem, was seine Freiheit oder seinen Beutel angeht; es sieht nicht, daß seine dogmatische Unfreiheit die Sklaverei unvermeiblich zur Folge hat." Er führt Fontenelle's Ausspruch im Munde, daß er seine Hand nicht öffnen würde, wenn er sie voll Wahrheit hätte, weil das Volk dessen nicht werth sei, und er erläutert diesen Satz mit den Worten: „Ein Esel beugt sich unter seiner Last, wenn er überladen wird; aber ein Abergläubischer trägt alles, was sein Priester ihm aufpackt, ohne seine unwürdige Erniedrigung zu merken." ³⁵⁹ᵇ) „Der Ehrgeiz und die Politik der Fürsten, sagt er, (XXV, 206) werden den heiligen Stuhl in allem, was ihren Interessen widerstreitet, erniedrigen; aber die Dummheit, die Leichtgläubigkeit und der Aberglaube der Völker werden die abenteuerlichen Fabeln, die sich Geltung erworben haben, noch viele Jahrhunderte lang aufrecht halten." Und nachdem er dieß näher begründet hat, fügt er bei: Es möge wohl gelingen, die Zahl der Mönche, dieser Werkzeuge und Lärmtrompeten des Fanatismus, erheblich zu verringern, und die Bischöfe duldsamer zu machen, indem man sie auf einen solchen Fuß setze, daß sie durch ihre Verfolgungen nichts zu gewinnen haben. Die Menschen sämmtlich zu Philosophen zu machen, sei unmöglich; man müsse zufrieden sein, wenn man sie durch Zerstörung des Fanatismus tolerant mache; man möge der Welt ihren Lauf lassen und sich begnügen, selbst frei zu denken. Dabei verwahrt er sich aber ausdrücklich gegen das Mißverständniß, als ob er die Religion deßhalb aufrecht erhalten wissen wolle, weil ohne sie das Volk nicht im Zaum gehalten werden könne. Dieß sei nicht seine Meinung. Eine Gesellschaft könnte, wie er glaubt und durch das Beispiel einzelner Völker, namentlich der Chinesen, bestätigt findet, ohne Religion bestehen, aber nicht ohne Gesetze und Strafen gegen Gesetzesverletzung. Aber wenn es auch einen Staat gäbe, der von allem Aberglauben gereinigt wäre, würde er sich nicht lange in diesem Zustand erhalten, es würde überall gehen, wie in China, wo zwar die höheren Klassen dem Theismus huldigen, das Volk dagegen allem Aberglauben der Bonzen.³⁶⁰) Er hält die positive Religion zwar für kein unentbehrliches Werkzeug der Regierung, aber für eine unvermeibliche Folge aus dem Zustande der großen Masse.

Während aber der König demzufolge seine Erwartungen über die praktischen Wirkungen der Aufklärung lange nicht so hoch spannt, wie seine philosophischen Freunde, so hat er andererseits von denen der Religion eine bessere Meinung als jene. Selbst die gemäßigteren unter den französischen Freidenkern wußten im Christenthum und in der positiven Religion überhaupt nichts anderes zu sehen, als eine Masse abergläubischer Meinungen, deren Albernheit den Spott, deren Mißbrauch im Dienste der Herrschsucht, des Eigennutzes und des Fanatismus, den Haß herausforderte; bei den radikaleren, denen die Religion für den Erbfeind der menschlichen Glückseligkeit, die Hauptquelle aller Unterdrückung, aller Verfolgung, alles Elends in der Welt galt, stand dieser Haß hinter dem der Theologen gegen die Neuerer an Leidenschaftlichkeit nicht zurück, und als ihm in der Folge die Revolution ihre Macht zur Verfügung stellte, trug er auch die gleichen Früchte wie jener. Friedrich wetteifert mit ihnen im Spott über die Ungereimtheiten der Dogmen, im Abscheu vor den Gräueln, die im Namen der Religion verübt wurden, den Betrügereien und Verbrechen, denen sie zum Werkzeug und Deckmantel dienen mußte. Aber seine Beurtheilung der Religion beschränkt sich nicht hierauf. Unbefangener als jene weiß er in ihr neben dem verkehrten auch einen berechtigten und für die Gesellschaft höchst werthvollen Bestandtheil zu entdecken: die mit den Dogmen verknüpfte Moral; und gerade deßhalb findet er sich leichter, als seine französischen Gesinnungsgenossen, in den Gedanken, den seine Menschenkenntniß ihm aufdringt, daß es der Philosophie nie gelingen werde, sich selbst an die Stelle der Religion zu setzen. Alle Religionen sind, wie er glaubt, eine Mischung von gesunder Moral und theologischen Fabeln;[361]) und während sie über die letzteren unaufhörlich mit einander im Streite liegen, stimmen sie in ihren sittlichen Vorschriften im wesentlichen überein. In jüngeren Jahren hören wir zwar auch Friedrich den Satz vertheidigen, daß die Moral der Heiden hinter der der Christen weit zurückstehe, da sie die Tugend nicht auf den Gedanken an die Vollkommenheit Gottes gründe, sondern nur auf das Bedürfniß der Gesellschaft oder auf noch unreinere Beweggründe.[362]) Allein eine Behauptung, welche aus den Lehren über die Erbsünde und den alleinseligmachenden Christenglauben entsprungen war und mit ihnen stand und fiel, nahm sich im Mund eines solchen, der dieselben über Bord geworfen hatte oder dieß zu thun im Begriffe stand, schlecht aus; und es konnte dem Schüler Wolff's, dem Friedrich mit ihr entgegentrat, nicht schwer werden, sie so überzeugend zu widerlegen, daß dieser selbst sie alsbald zurücknahm.[363])

Seitdem weiß Friedrich den Religionslehren keine positive Bedeutung für das sittliche Leben mehr abzugewinnen. Die Meinungen der Menschen, sagt er, haben in der Regel wenig Einfluß auf ihr Verhalten, sie ändern weder ihre Leidenschaften noch ihren Charakter; und auch der Glaube an eine jenseitige Vergeltung sei den gegenwärtigen Reizen und Vortheilen gegenüber viel zu machtlos, um der Sittlichkeit und der bürgerlichen Ordnung gleich starke Bürgschaften zu gewähren, wie die Furcht vor der Strafe und die Achtung vor der öffentlichen Meinung.[364]) Aber mit den Glaubensvorstellungen sind, wie er anerkennt, in allen Religionen als der werthvollste Bestandtheil derselben Moralvorschriften verbunden, deren Verhältniß zu den Dogmen freilich so wenig untersucht wird, daß sie fast zusammenhangslos neben einander zu stehen scheinen; und diese Moral ist in allen, oder wenigstens allen höher stehenden Religionen, wie Friedrich glaubt, im wesentlichen die gleiche,[365]) weil sie eben die ist, welche sich aus den Bedürfnissen der menschlichen Gesellschaft ergab.[366]) Dieß schließt aber natürlich nicht aus, daß sie in einer Religionsgesellschaft reiner gelehrt und geübt werden kann, als in andern; haben wir doch schon gehört (S. 130 ff.), welche Entartung und welche Verschlimmerung der sittlichen Zustände selbst innerhalb der christlichen Kirche mit der Zeit eintrat. Und da gesteht nun Friedrich nicht blos in der Zeit, welche ihn uns erst im Uebergang zu der vollständigen Lossagung von den christlichen Dogmen zeigt,[367]) sondern fortwährend dem Christenthum zu, daß sein Stifter die reinste Moral gelehrt und die vollkommenste Tugend geübt habe;[368]) und er läßt schon durch den warmen Ton seiner Worte erkennen, wie hoch er das Verdienst anschlägt, welches beide sich dadurch erworben haben. „Wie kann der Verfasser" — sagt er in seiner Kritik des Systems der Natur IX. 161 — „behaupten, das Christenthum sei an allem Unglück der Menschheit schuld? ... Was kann man im Ernste an der Moral des Dekalog's aussetzen? Stände in den Evangelien auch nur das eine Gebot: thut andern das nicht, wovon ihr nicht wollt, daß sie es euch thun,[369]) so müßte man einräumen, daß diese wenigen Worte den Kern der ganzen Moral enthalten. Und die Pflicht, Beleidigungen zu verzeihen, und die Barmherzigkeit, und die Menschenliebe, sind sie nicht von Jesus in seiner herrlichen Bergrede gepredigt worden? Man durfte daher nicht das Gesetz mit dem Mißbrauch, das, was geschrieben steht, mit dem, was geschieht, die wahre Sittenlehre des Christenthums mit der von den

Priestern entstellten verwechseln. Wie kann daher der Verfasser der christlichen Religion den Vorwurf machen, daß sie an sich selbst an der Sittenverderbniß schuld sei? Er konnte gegen die Geistlichen die Klage erheben, daß sie den Glauben an die Stelle der gesellschaftlichen Tugenden, äußere Gebräuche an die Stelle der guten Werke, leichte Bußübungen an die Stelle der Gewissensbisse, den Ablaß, den sie verkaufen, an die Stelle der Besserung setzen; er konnte ihnen den Vorwurf machen, daß sie vom Eid entbinden, den Gewissen Zwang und Gewalt anthun." Er mußte wissen, daß die Religionen so wenig, wie die Gesetze, alle Verbrechen verhüten können; daß Uebertreibungen keine Gründe sind, und Verleumdungen einem Philosophen nicht anstehen. Die Dogmen der christlichen Religion mochte er angreifen;[370]) ihre Moral hätte er unangetastet lassen sollen. Das allein richtige ist: „Die christliche Moral aufrechtzuhalten und wo es nöthig ist, zu verbessern; die höher Gestellten, welche auf die Regierung Einfluß haben, aufzuklären; den Aberglauben in vollem Maß lächerlich zu machen; die Dogmen zu verspotten, den falschen Glaubenseifer zu ersticken, um in den Geistern einer allgemeinen Toleranz den Weg zu bahnen: was liegt dann daran, an welchem Kultus das Volk hängt?"[371]) Auch dem letzteren gegenüber sollte aber nach der Absicht des Königs im Religionsunterricht das Hauptgewicht auf die Moral gelegt werden. Bei Catt[372]) beklagt er sich über die Pedanten von Predigern, welche „bles von Dogmen und unfaßboren Mysterien reden und jene göttliche Moral bei Seite lassen, die man den Menschen nicht zu oft wiederholen könne", während sie vielmehr nur die Moral predigen, und diese so predigen sollten, wie Saurin; und er findet den Grund dieses Mangels darin, daß die jungen Leute, die sich dem Predigtamt widmen, oft keine Begabung dafür haben, daß sie die h. Schrift nicht gründlich studiren, und zu wenig Menschen- und Weltkenntniß besitzen. Er selbst verfaßte während des Winterfeldzugs von 1759 einen Plan für den Unterricht der künftigen Theologen. Er verlangte in demselben zunächst, daß die Lehrer nach dem Vorgang der Jesuiten die Individualität ihrer Schüler genau studiren; sodann daß man diejenigen, welche zur Theologie bestimmt werden, dazu anhalte und anleite, sich mit der Bibel vollkommen vertraut zu machen; daß aber hiebei mehr auf die Moral gesehen werde, als auf die Dogmatik. „Denn die Moral", sagte er (wie Catt berichtet), „sei alles am Menschen, Gott und seinen Nächsten von ganzem Herzen zu lieben der Kern des ganzen Gesetzes"; nur müsse man, um diese Moral fruchtbar zu behandeln, sich selbst und die Welt nicht blos aus Büchern, sondern aus eigener Beobachtung kennen. Das Predigtamt soll mithin so vollständig wie möglich in den Dienst der Moral gezogen, sie soll unter Zurückstellung der Dogmen, in denen der philosophische König nur Aberglauben zu sehen weiß, als das wesentliche und allein werthvolle in der Religion behandelt werden. Es sind dieß die gleichen Gedanken, welche den deutschen Rationalismus beherrschten und seinen Unterschied von der religionsfeindlichen Aufklärung der französischen Freidenker begründeten. Ihren schärfsten Ausdruck haben sie in Kant's Religionsphilosophie erhalten; aber wie diesem Friedrich in der Strenge seines Pflichtbegriffs vorangieng, so gehört er auch zu den ersten unter den deutschen Vertretern der Aufklärungsphilosophie, welche die Bedeutung der Religion so entschieden und ausschließlich in ihrem moralischen Gehalt gesucht haben.

Es läßt sich nun nicht verkennen, daß bei Friedrich, wie bei der ganzen deutschen Aufklärungsphilosophie, die Züge, wodurch seine Stellung zum Christenthum sich von der seiner französischen Geistesverwandten unterscheidet, mit seinem protestantischen Bekenntniß auf's engste zusammenhängen. Voltaire und seine Nachfolger kennen das Christenthum von Hause aus nur in der Gestalt, die es in der verweltlichten, von den Jesuiten beherrschten, mit dem staatlichen Despotismus verbündeten katholischen Kirche unter Ludwig XIV. und XV. angenommen hatte. Bei ihnen sind gerade die praktischen Früchte dieses entarteten Christenthums, der Mißbrauch der Religion zur Ausbeutung des Volks, zur Beherrschung der Gesellschaft, zur Glaubensverfolgung und zur Unterdrückung der Denkfreiheit das, was sie nicht beim Spott über die religiösen Dogmen und Gebräuche stehen bleiben läßt, sondern einen unversöhnlichen Haß gegen die ganze Institution in ihnen hervorruft, welche auf sie und ihr Land einen so schweren Druck ausübt.[373]) Friedrich ist der Sohn und das Oberhaupt eines protestantischen Volkes; und mögen ihm die Glaubensvorstellungen noch so fremd geworden sein, denen dieses Volk beim Beginn seiner Regierung fast ausnahmslos, und auch später wenigstens seiner großen Mehrzahl nach anhieng: in seinen praktischen Zielen weiß er sich mit ihm einig, in seiner Herrscherstellung fühlt er sich als den Schirmherrn des protestantischen Deutschlands. Er hat es mit keiner Hierarchie zu thun, die seiner Regierungsthätigkeit ernstliche

Schwierigkeiten in den Weg legen oder sie in ihren Dienst zwingen
könnte, denn er selbst ist der oberste Regent seiner Landeskirche; er hat
an seinem Vater gesehen, wie mit einer Orthodoxie und einer Ueber=
schätzung äußerer Religionsübungen, die ihm ja lästig genug geworden
ist, große Tüchtigkeit in der Erfüllung eines schwierigen Berufs verbunden
sein kann;[374]) er hat Beamte, deren Pflichttreue, Unterthanen, deren
Bürgertugend und Gehorsam sich mit ihrem Christenthum vollkommen
verträgt; und die Soldaten, deren tausendstimmiger Choral über das
Schlachtfeld von Leuthen hinbrauste, haben sich unmittelbar vorher unter
seiner Führung auf's heldenmüthigste geschlagen. Reichten solche Er=
fahrungen auch nicht hin, ihm die sittlichen Kräfte, die in der Religion
liegen, und die Quelle derselben vollständig aufzuschließen, so mußten sie
ihn doch abhalten, im Christenthum als solchem eine Gefahr für die
Sittlichkeit und die menschliche Glückseligkeit zu sehen, und ihm das Zu=
geständniß abdringen, daß diese Religion eine Gestalt annehmen könne,
in der sie den Ansprüchen einer reinen Moral vollkommen genügt. Sie
hatte dieselbe, wie uns Friedrich schon wiederholt gesagt hat, in der Lehre
und dem Leben ihres Stifters; sie ist zu ihr, gerade nach der praktischen
Seite hin, wie auch er annimmt, im Protestantismus zurückgekehrt.

Die protestantische Dogmatik kommt zwar bei dem königlichen Philo=
sophen nicht besser weg, als die katholische,[375]) seine Angriffe gelten der
kirchlichen Lehre in einem solchen Umfang, daß die Lehrunterschiede der
Confessionen dagegen verschwinden. Er bemerkt ferner auch bei den
protestantischen Theologen den verkehrten Glaubenseifer und die Unduld=
samkeit, mit der, wie er glaubt, alle Theologen behaftet sind, und er
rechnet auch sie bei Gelegenheit zu den Quacksalbern, die ihre Mittel
marktschreierisch anpreisen; er verbirgt ebensowenig, daß bei der Ein=
führung des Protestantismus weltliche Beweggründe eine große Rolle
gespielt haben.[376]) Allein gerade die Eigenschaften, welche seinen Un=
willen am stärksten herausfordern, findet er doch nur bei der römischen
Kirche und ihren Vorgängern, und daß die Reformation einen außer=
ordentlichen Fortschritt in der Geschichte des menschlichen Geistes be=
zeichnet, hat er nie verkannt. Alle jene Vorwürfe, zu denen ihn die Ge=
schichte der Kirche veranlaßt (s. o. S. 129 ff.), beziehen sich auf die alte
und noch mehr auf die mittelalterliche; in der katholischen Kirche und
ihrer Hierarchie hat er von Anfang an den Hauptsitz des Aberglaubens,

des Fanatismus, der geistlichen Betrügerei und Herrschsucht gesehen. Ihr gilt es, wenn der Antimachiavel in bitterer Satire ausführt, wie die Priester, wo sie regieren, das Volk ausgesogen, die Armuth und den Bettel befördert, das ärgerlichste Leben geführt, sich mit Grausamkeit und Treulosigkeit befleckt, die Religion ihren selbstsüchtigen Zwecken dienstbar gemacht haben,[377] und wenn ein Gedicht aus derselben Zeit (XIV, 72) Rom beklagt, das zur Sklavin eines stolzen oder üppigen Priesters geworden sei, und nun dieses Priesterregiment mit seinen Betrügereien, seinem Aberglauben, seiner Habsucht, seinen Scheiterhaufen, seiner Knechtung von Fürsten und Völkern in grellen Farben schildert. Und nicht anders hat er sich dreißig und vierzig Jahre später geäußert. In einem Schreiben an die Herzogin von Gotha (XVIII, 237; 1764) nennt er den Papst „den Betrüger der Betrüger;" die Briefe des Chinesen Phihihu (XV, 147 ff. 1760) sind eine einschneidende geistvolle Satire auf das Papstthum und die römische Kirche; in dem Epos über die Kriegführung der Barer Conföderirten vom Jahr 1771 wird die katholische Kirche als der Palast dargestellt, in welchem die Dummheit, von der Unvernunft, der Inconsequenz, dem Irrthum, der Leichtgläubigkeit umgeben, auf der sedes stercoraria thront;[378] und der gleiche verachtungsvolle Haß des römischen Wesens spricht sich noch später in den Briefen des Königs an d'Alembert aus. Wenn dieser aus Anlaß der angeblichen Vergiftung Clemens' XIV. das Carthaginem delendam auf die Jesuiten anwendet, antwortet ihm der König (XXV, 3): „Karthago gebe ich Ihnen preis; ich verstehe darunter das, was Calvin Babylon nannte: die Hierarchie und allen Aberglauben, der von ihr abhängt; es wäre ein Glück für die Menschheit, wenn sie davon befreit würde;" sie beide werden dieß aber freilich nicht erleben, denn dazu brauche es Jahrhunderte, und vielleicht sei bis dahin ein neuer Aberglaube aufgekommen. Die Philosophen, schreibt er 1780 (XXV, 138), haben den „Charlatans des Aberglaubens" bis jetzt erst Scharmützel geliefert; sie haben manchen Stoß geführt, aber den Feind noch nicht vollständig und gründlich geschlagen. Wenn er noch jung wäre, wollte er wie ein Hercules diese Hyder des Papstthums angreifen, deren concentrirte Laster immer neue Köpfe zeugen. Die Wahrheit sollte ihre ungereimten Fabeln zu Boden werfen, die Tugend das Gewebe der Verbrechen an's Licht ziehen, mit denen die Hierarchie sich befleckt habe. Aber diese Waffen —

fügt er halb scherzend, halb wehmüthig bei — wollen von kräftigen Händen geführt sein und die seinigen haben die Gicht. Den Umschwung, der sich in dem katholischen Deutschland seit den siebziger Jahren vollzog, begrüßt Friedrich (XXV, 35; 1775) mit lebhafter Freude; als Joseph's II. rücksichtslose kirchliche Reformen im Jahr 1782 Pius VI. zu seinem demüthigenden und erfolglosen Besuch in Wien veranlaßten, schreibt er d'Alembert (XXV, 211): eigentlich müßte der Kaiser, um seine Vorgänger und die ganze Laienwelt an der bischöflichen Tyrannei zu rächen, den Papst in Wien so empfangen, wie Heinrich IV. in Canossa empfangen wurde. Aber es wäre nicht edelmüthig, einen armen Priester, der nichts Böses thue, die Thaten Hildebrand's entgelten zu lassen. Er seinerseits lasse die babylonische Hure ruhig auf den sieben Bergen sitzen. Wenn der Papst seine Dogmen mit der Moral vertausche und die Menschenliebe predige, sei er so wenig sein Feind, als der des großen Lama in Tibet. Es ist nicht die katholische Kirche als solche, sondern die katholische Hierarchie mit ihrem Anspruch auf Beherrschung der Völker und des menschlichen Denkens, welcher der König mit voller grundsätzlicher Entschiedenheit entgegentritt.

Die Reformation hatte für das Gebiet, welches sie sich eroberte, die Macht dieser Hierarchie gebrochen; und schon deßhalb hätte Friedrich dem Protestantismus vor dem Katholicismus unbedingt den Vorzug geben müssen, wenn auch nicht die Macht der Erziehung und der in früher Jugend erhaltenen Eindrücke und die geschichtliche Stellung seines Staats ihm diese Ueberzeugung aufgedrungen hätte. Und als Protestanten hat er sich auch wirklich, trotz aller Ausstellungen, die er an der protestantischen Theologie und den protestantischen Theologen zu machen hat, immer gefühlt; so wenig er auch die weltbewegende Macht des protestantischen Princips aus seinem inneren Wesen zu begreifen verstand. Er erkennt die Verdienste an, welche die Reformation sich um die geistigen Fortschritte der Menschheit erworben habe, indem sie nicht allein die Protestanten von einer Menge anerzogener Vorurtheile befreite und an den Gebrauch ihrer Vernunft gewöhnte, sondern auch die katholische Geistlichkeit zwang, sich besser, als bisher, zu unterrichten. Er sieht einen Gewinn darin, daß statt der früheren Alleinherrschaft einer Kirche jetzt die verschiedenen Religionsgesellschaften sich gegenseitig in Schranken halten und zur Mäßigung ihrer Ansprüche nötbigen. Er erklärt, der Protestantismus eigne sich gleich sehr für Republiken wie für Monarchieen: für jene, weil er sich mit dem Geist der Freiheit am besten vertrage, für diese, weil er die Kirche der Regierung unterordne, statt ihr in einem geistlichen Staat einen nicht selten überlegenen Nebenbuhler zur Seite zu stellen. Er erkennt an, daß die strengen Sitten der Protestanten auch ihre Gegner zu größerem Anstand genöthigt haben, daß die Reformation auch für die katholische Kirche eine wesentliche Beschränkung des Aberglaubens und der päpstlichen Machtansprüche herbeigeführt, der Sittenlosigkeit am päpstlichen Hof ein Ende gemacht, in den protestantischen Staaten ein Asyl der Religionsfreiheit gegründet habe. Er rühmt Luther, so sehr er an seiner Derbheit und Leidenschaftlichkeit Anstoß nimmt, als den unerschrockenen Kämpfer, der die Chimäre niedergeworfen, der den Schleier des Aberglaubens wenigstens zur Hälfte zerrissen habe, der es schon allein durch die Erlösung der Fürsten und der Völker aus der römischen Sklaverei verdient hätte, daß man ihm als einem Befreier des Vaterlandes Altäre errichtete.[379] Friedrich versichert daher noch in seinen alten Tagen, wenn er unter den christlichen Parteien zu wählen hätte, würde er sich für die protestantische entscheiden;[380] er verlangt, daß das Volk durch guten Religionsunterricht vom Uebertritt zum Katholicismus abgehalten werde, „denn die evangelische Religion sei die beste und weit besser, als die katholische";[381] und wie er schon als junger Mann den Beruf Preußens in der Beschirmung des Protestantismus erkannt hatte, so fühlt er sich während des siebenjährigen Krieges als einen Vorkämpfer desselben gegen Oesterreich und Rom.[382] Als im Jahr 1764 die Verheirathung einer gothaischen Prinzessin mit dem Herzog von Orleans im Werke war, und die Mutter derselben Friedrich's Ansicht darüber zu hören wünschte, hielt er mit dem Bedenken nicht zurück (XVIII, 237), daß ihre Tochter, eine Enkelin Ernst's des Frommen, aus einem gut protestantischen Hause, um dieser Heirath willen ihren Glauben wechseln müßte; und als die beabsichtigte Verbindung wirklich hieran scheiterte, schrieb er der Herzogin (ebd. 238 f.): Er habe erwartet, daß sie nicht durch einen so auffallenden Schritt die Ueberlieferung ihrer ganzen Familie Lügen strafen und ihrer Tochter einen Flecken anhängen werde. Philosophisch betrachtet seien sich alle Religionen ungefähr gleich; aber doch verdienen die vor den andern den Vorzug, deren Gottesverehrung am wenigsten mit Aberglauben belastet sei, und dieß sei unbestreitbar die protestantische, welche außerdem auch am wenigsten verfolgungssüchtig sei. Er werde sich deßhalb immer für den Glauben seiner Väter erklären. Wenn er zu Luther's Zeit gelebt hätte, würde er sich dafür bemüht haben, daß derselbe zum Socinianismus fortgehe. Sei er aber auch auf halbem Wege stehen geblieben, so könne man sich dieß doch immerhin gefallen lassen und die Verschiedenheit der theologischen Meinungen ebenso ertragen, wie man die der Gesichter ertrage, wenn sich nur die Menschen durch dieselbe nicht zum theologischen Haß und zur Unduldsamkeit verleiten und sich der Menschenliebe durch sie nicht entfremden lassen.

An die Verschiedenheit der Stellung, welche der König der katholischen und der protestantischen Kirche gegenüber einnimmt, muß man sich nun auch erinnern, um einen Ausdruck richtig aufzufassen, in dem er sich an Voltaire's verrufenstes Wort, Écrasez l'infâme, anschließt. Bei Voltaire hat dieses Wort eine typische Bedeutung: es ist das gemeinsame Feldgeschrei der Freidenker im Kampf gegen den Aberglauben und Fanatismus. Fragt man aber, wo diese ihren Sitz haben, wer die „Infame" ist, die zermalmt werden soll, so lautet die Antwort: die christliche Kirche, die aber für Voltaire und seine Freunde mit der katholischen fast ununterscheidbar zusammenfällt. [343]) Friedrich faßt zwar mit Voltaire alles, was ihm an der positiven Religion zum Anstoß gereicht, unter dem Namen der „Infamen" zusammen, zu deren Bekämpfung er auffordert und deren Untergang er herbeiwünscht. Aber auf die Frage, wer diese sei, würde er nicht dieselbe Antwort gegeben haben, wie sein Vorgänger. Denn eine Vernichtung des Christenthums als solchen hält er, wie oben nachgewiesen wurde, weder für möglich noch für wünschenswerth: er will, daß der Dogmenglaube bei denen, deren Bildungsstufe dieß erlaubt, zerstört, dem Volksaberglauben entgegengearbeitet, der religiösen Verfolgung gesteuert, die Uebergriffe der geistlichen Herrschsucht verhindert, daß die Moral als das allein wesentliche in der Religion behandelt werde; aber der Versuch, die positive Religion bei der Masse der Menschen durch eine reine Vernunftreligion zu ersetzen, erscheint ihm viel zu aussichtslos, als daß er dazu auffordern könnte. [344]) So oft er daher, namentlich Voltaire gegenüber, der „Infamen" erwähnt, und in den Schlachtruf gegen sie einstimmt, [345]) so wenig wird doch dieser Ausdruck bei ihm in einer so unzweideutigen Beziehung auf das Christenthum als Ganzes gebraucht, daß man behaupten könnte, er habe mit demselben die christliche Kirche ohne Vorbehalt bezeichnen wollen. Sondern die Kirche heißt bei ihm so nur wiefern sie der Sitz des Aberglaubens, der priesterlichen Herrschsucht und der Unduldsamkeit ist. Diese Eigenschaften legt er aber unseren früheren Nachweisungen zufolge im wesentlichen nur der katholischen Kirche bei. Die christliche Religion als solche wird von ihm nie die „Infame" genannt, und konnte nicht so genannt werden, denn sie war ja, wie er glaubt, ursprünglich ein Theismus mit reiner Moral, dem nur wenige jüdische Fabeln beigemischt waren.³⁸⁶) Auch vom Protestantismus hat er, trotz seiner Dogmatik, eine viel zu gute Meinung, als daß er ihm jenes ehrenrührige Prädikat hätte geben können; und wenn er auch manche der prostetantischen Kirche angehörige Erscheinungen in diesen Ausdruck ohne Zweifel miteinschloß, so findet sich doch keine Aeußerung bei ihm, die uns nöthigte, die protestantische Kirche als Ganzes zur Infäme zu rechnen. Wo vielmehr dieser Name über die allgemeine Bedeutung einer Personifikation alles Aberglaubens, Pfaffenthums und Fanatismus hinausgeht, und auf eine bestimmte Religionsgesellschaft bezogen wird, ist es immer nur die katholische Kirche, in der die „Infame" bei Friedrich ihren Sitz hat. Wenn der König XXIII, 129 f. ausführt, dieselbe lasse sich nicht mit den Waffen zerstören, sondern es werde dieß neben der Macht der Wahrheit durch das Interesse der Regierungen bewirkt werden, indem diese die Klöster aufheben um ihre Güter einziehen zu können, und in Folge davon werden auch die Bischöfe ihre Macht verlieren — wenn er den Sturz der Infäme hievon erwartet, so paßt dieß nur auf die katholische Kirche. Wenn der junge Etallonde „den Klauen der Infäme entrissen" wird,³⁸⁷) bezieht sich dieser Ausdruck auf ein katholisches Blutgericht. Wenn Voltaire im Scherz gesagt wird (XXIII, 182), wegen der Behutsamkeit, mit der er sich in seinen „encyklopädischen Fragen" über die Religion geäußert hatte, werde er unfehlbar einen Platz im Himmel angewiesen erhalten, seine Reliquien werden Wunder thun, „und die Infame ihren Triumph feiern", so befinden wir uns gleichfalls auf römisch-katholischem Boden. Ebenso ist es die katholische Geistlichkeit, deren Zudringlichkeit gegen den sterbenden d'Argens Friedrich mit dem Zusatz erwähnt: „und die Infame errichtet sich eine Trophäe".³⁸⁸) Auch die Angabe (XXIII, 122), daß der Engländer Woolston der „Infamen" noch eine Lebensdauer von zweihundert Jahren gebe, ist nur dann richtig, wenn man bei diesem Ausdruck an etwas anderes denkt, als an die christliche Religion, welche

Woolston zwar vom Wunderglauben und von der Priesterherrschaft gereinigt, aber nicht zerstört zu sehen wünschte;[389] Friedrich seinerseits versteht hier unter der „Infamen", wie aus dem Zusammenhang klar hervorgeht, die römische Kirche.[390] Wird ferner in einer an Voltaire gerichteten Allegorie[391] der Kampf gegen die Infame geschildert, in dem jenem der Preis gebührt, so paßt diese Schilderung gleichfalls nur auf Rom, denn die Fundamente der Stadt, deren Taufname Sion, deren Uebername l'Infâme ist, bestehen aus Träumen, Wundern, Fegfeuern und Indulgenzen; und unter ihren Angreifern befindet sich neben Philosophen, Naturforschern und Freidenkern auch eine Anzahl christlicher Sekten: Wiclefiten, Taboriten, Utraquisten, Socinianer und Wiedertäufer; die Reformatoren allerdings werden unter denselben auffallender Weise nicht genannt. Ausdrücklich erklärt endlich der König in einem Brief an d'Alembert,[392] unter dem Karthago, das er mit jenem zerstört wissen wolle, verstehe er das, was Calvin Babylon nenne, die Hierarchie mit allem, was daran hängt. Babylon ist aber von der sonst[393] genannten prostituée de Babylone und von der Infâme, das Carthaginem delendam von dem Écrasez l'Infâme nicht verschieden;[394] ist nun mit Babylon oder der babylonischen Prostituirten nach dem bekannten und von Friedrich getheilten Sprachgebrauch der Reformatoren die römische Kirche gemeint, so wird es sich auch mit der Infâme nicht anders verhalten. Dieser Name bezeichnet in Friedrich's Mund nicht das Christenthum oder die christliche Kirche, sondern die Hierarchie, im besonderen die römische Hierarchie, und alle die abergläubischen Meinungen und Mißbräuche, die sie aufgebracht hat und aufrechthält.

Aus Friedrich's Ansicht von der Religion ergibt sich als ihre praktische Anwendung jener Grundsatz der religiösen Duldsamkeit, oder richtiger: der Glaubensfreiheit, durch dessen Anerkennung und Durchführung der große König seiner Zeit ein so glänzendes Beispiel gegeben hat. Je abstoßender ihm schon in seinen jüngeren Jahren die theologische Unduldsamkeit entgegengetreten war, und je mehr er selbst sich durch den gegen ihn geübten Glaubenszwang beengt gefühlt hatte,[395] um so tiefer prägte sich ihm die Lehre ein, die er aus dieser Erfahrung zog, seinerseits niemals einen ähnlichen Zwang gegen andere zu üben; und je öfter er über die Natur des religiösen Glaubens nachdachte, um so mehr mußte er in dieser Ueberzeugung befestigt werden. Denn einestheils ist das,

worauf es der Gesellschaft bei ihren Mitgliedern allein ankommt, ihr
moralisches Verhalten, seiner Ansicht nach so unabhängig von ihren
Glaubensvorstellungen, daß sich die gleiche Moral mit den verschiedensten
Dogmen verträgt;³⁹⁶) andererseits erscheint es ihm als ein vergebliches
Beginnen, die Menschen auf einem anderen Weg, als dem der Belehrung,
von ihren Irrthümern zurückbringen oder dem Zwiespalt der religiösen
Parteien durch Regierungsmaßregeln ein Ende machen zu wollen.³⁹⁷)
Wie ihm daher unter allen den Fehlern, die er der Hierarchie vorwirft,
keiner verhaßter ist, als ihre Unduldsamkeit,³⁹⁸) so hat er umgekehrt die
Toleranz nicht blos von Anfang an auf seine Fahne geschrieben, sondern
er hat sie auch als Herrscher in dem weitesten mit dem Staatswohl ver-
träglichen Umfang geübt. Schon der Antimacchiavel bemerkt aus Anlaß
der Religionskriege: Wenn diese im Innern eines Staats ausbrechen,
sei es fast immer die Regierung, welche durch die unkluge Begünstigung
oder Beschränkung einer Sekte Streitigkeiten der religiösen Parteien zu
einer Feuersbrunst anfache, die erlöschen würden, wenn man sich nicht
dareinmischte; und er fügt bei: „die bürgerliche Regierung kräftig zu
handhaben und jedem die Freiheit des Gewissens zu lassen, immer König
zu sein und nie den Priester zu spielen, das ist das sicherste Mittel,
um den Staat vor den Stürmen zu bewahren, welche der dogmatische
Geist der Theologen fortwährend zu erregen sucht."³⁹⁹) Im „Fürsten-
spiegel" (IX, 6) warnt er seinen Zögling, den jungen Herzog Karl von
Württemberg, vor religiöser Unduldsamkeit, nicht allein weil die wahre
Religion, die Humanität, sie verbiete, und weil unter den Menschen, die
alle dem Irrthum unterworfen seien, keiner seinen Weg für den allein
richtigen halten dürfe, sondern auch weil er, als katholischer Fürst eines
protestantischen Landes, nur durch Toleranz die Liebe seiner Unterthanen
gewinnen könne. Da alle Religionen — bemerkt er in der Brandenburgischen Geschichte I, 212 — in der Moral sich nahe stehen, könne die
Regierung sie alle auf Eine Linie stellen und jedem die Freiheit lassen,
den Weg zum Himmel einzuschlagen, der ihm am besten gefällt: daß er
ein guter Bürger sei, sei alles, was man von ihm verlange. Der falsche
Glaubenseifer sei ein Tyrann, der die Länder entvölkere, die Duldsamkeit
eine Mutter, die sie pflege und blühend mache. Und in dem Versuch über
die Regierungsformen⁴⁰⁰) führt er aus: Es sei die größte Verkehrtheit,
zu verlangen, daß jedermann gleich denke, oder dieß gar durch Strafen

erzwingen zu wollen. Es werde nie eine Gesellschaft geben, die einerlei Ansichten habe: selbst unter den Christen gebe es ja eine Menge Ketzer; denn die meisten seien Anthropomorphiten und die Katholiken der unteren Klassen, die zwischen Verehrung der Heiligen und Anbetung ihrer Bilder nicht unterscheiden, seien Götzendiener. Jeder glaube eben, was ihm wahr scheine, und wenn man ihn auch zwinge, eine Formel herzusagen, stimme er ihr darum in seinem Innern doch nicht bei. Aber der Fürst habe auch gar keine Gewalt über die Denkungsart der Bürger. Er sei eingesetzt, um das Wohl der Gesellschaft zu wahren, nicht um die Freiheit ihrer Mitglieder zu unterdrücken. Für das Wohl der Gesellschaft sei aber die Toleranz unentbehrlich, auf ihr beruhe das Gedeihen der Staaten. Sobald die Gottesverehrung frei sei, sei jedermann zufrieden, während die Religionsverfolgung die blutigsten, langwierigsten und verheerendsten Kriege hervorgerufen habe. Die religiöse Duldung ist also mit Einem Wort nach der Ueberzeugung des Königs ebenso durch das natürliche Recht wie durch die Staatsklugheit unbedingt gefordert.

Zur Duldsamkeit rechnet nun Friedrich auch eine Schonung fremder Vorurtheile, die ihm freilich durch seine politische Stellung besonders nahe gelegt war. Zunächst ist es allerdings eine bloße Klugheitsregel, wenn er ein Halbjahr vor seiner Thronbesteigung Voltaire schreibt (XXI, 342), es sei am Hofe ein Sturm gegen die Ungläubigen losgebrochen, er werde sich aber bemühen, eine gute Meinung von seiner Orthodoxie zu erregen. Sokrates und Cicero haben auch den Göttern geopfert. Man müsse sich den Einbildungen eines einfältigen Volkes bequemen und mit den Thoren einige Thorheiten begehen, um Verfolgung und Vorwürfe zu vermeiden und in Frieden zu leben. Aber auch als er in der Lage war, sich für seine Person den Zwang einer Betheiligung an Religionsübungen, die ihren Werth für ihn verloren hatten, nicht mehr anzulegen zu müssen, hielt er doch daran fest, daß man alles vermeiden müsse, was die religiösen Gefühle des Volkes verletzen könne. Als ihm Voltaire (1766) mittheilte, er und einige seiner Freunde denken daran, nach Cleve überzusiedeln, um hier unter seinem Schutze sicher zu leben, erklärte er sich bereit, ihnen dieß zu gestatten, „doch unter der Bedingung, daß sie auf diejenigen Rücksicht nehmen, auf die man Rücksicht nehmen muß, und in ihren Druckschriften den Anstand beobachten" (XXIII, 101). Als um die gleiche Zeit in Abbeville von zwei jungen Leuten der eine hingerichtet,

Schonung der Vorurtheile.

der anbere zum Tobe verurtheilt worden war, weil sie vor einer Procession ben Hut nicht abgenommen, anstößige Lieder gesungen und ein Crucifix beschädigt haben sollten, hielt Friedrich mit dem Ausdruck seiner Entrüstung über diese Unmenschlichkeit zwar nicht zurück; aber doch kann er sich nicht enthalten, Voltaire bemerklich zu machen, daß die so grausam Bestraften nicht ohne Schuld seien. Man solle den Vorurtheilen nicht zu nahe treten, die dem Volk heilig seien, den bestehenden Glauben und Gottesdienst nicht verhöhnen, und den Gesetzen, die ihn schützen, gehorchen.⁴⁰¹) Als Clemens XIV einige Schriften Voltaire's und Friedrich's Auszug aus Fleury hatte verbrennen lassen, meinte der Dichter, es sei schade, daß Loretto nicht an der preußischen Grenze liege, damit der König den Papst durch Einziehung seiner Schätze bestrafen könnte. Dieser aber erwiedert (XXIII, 160), auch dann würde er es nicht anrühren: nicht aus Respekt vor den Geschenken, welche die Dummheit geweiht habe, sondern weil es sich gehöre, das, was das Volk verehrt, zu achten, kein Aergerniß zu geben, aus Mitleid mit den Schwächen anderer ihre Vorurtheile nicht zu verletzen. „Es wäre zu wünschen — fügt er bei — daß die angeblichen Philosophen unserer Tage ebenso dächten." Er selbst weigert sich aus diesem Grunde, Voltaire's Aufforderung zur Veröffentlichung seiner Kritik des „Systems der Natur" zu entsprechen. Er habe, sagt er (XXIII, 168), diese Arbeit nur zu seiner eigenen Unterhaltung und Belehrung gemacht; aber sie sei zur Zeit für die Leser, denen sie in die Hände fallen könnte, zu kühn. Er wolle kein Aergerniß geben; bei Schriften für's Publikum habe er den Grundsatz, die Empfindlichkeit abergläubischer Ohren zu schonen, niemand zu verletzen, und zu warten, bis das Jahrhundert so aufgeklärt sei, daß man ohne Schaden laut denken könne. An diesen Grundsatz hat er sich auch wirklich als Schriftsteller gehalten. So rückhaltlos er sich gegen seine Freunde über die Religion äußert, so nimmt er doch in den Schriften, die er selbst der Oeffentlichkeit übergab, im ganzen genommen, auf fremde Ueberzeugungen alle die Rücksicht, die er nehmen konnte ohne seiner eigenen etwas zu vergeben.⁴⁰²)

Es ist bekannt, in welchem großen und weitherzigen Sinn Friedrich als König den Grundsatz der Glaubensfreiheit zur Geltung gebracht, und wie er dadurch seinem Jahrhundert ein Vorbild gegeben hat, das weit über die Grenzen seines eigenen Landes hinaus segensreich wirkte, von den besten unter seinen fürstlichen Zeitgenossen nachgeahmt wurde, und die Neigung zur religiösen Verfolgung auch da, wo sie bestand, immer mehr einzudämmen half. Und diese Duldsamkeit erstreckte sich nicht blos auf diejenigen, deren Geistesart der seinigen verwandt war, sondern auch solche Glaubensformen, die ihm selbst als Aberglaube erschienen, wurden in ihren Rechten und ihrer Freiheit von ihm geschützt, wenn nur keine Störung der öffentlichen Ordnung von ihnen zu befürchten war. Er hat nicht blos einen La Mettrie und de Prades an seinen Hof gezogen, eines d'Etallonde und Rousseau sich angenommen, und den französischen Philosophen eine Zuflucht in seinem Land angeboten;⁴⁰²) sondern auch protestantischen Sekten und katholischen Mönchsorden gewährte er Duldung und war bereit, sie selbst Muhamedanern zu gewähren. Unmittelbar nach seiner Thronbesteigung verpflichtete er sich die Lutheraner dadurch, daß er ihnen erlaubte, beim Gottesdienst gewisse Ceremonien wieder einzuführen, die sein Vater abgeschafft hatte, weil er sie zu papistisch fand. Gleichzeitig lehnte er den Antrag, die katholischen Schulen aufzuheben, weil sie die Schüler verleiten können, zur katholischen Kirche überzugehen, mit der berühmten Begründung ab: „hier muß jeder nach seiner Façon selig werden." Uebereinstimmend damit verbietet er im August 1749,³¹⁹) als einige Prediger in Stargard dortige Bürger wegen ihrer religiösen Meinungen auf der Kanzel geschmäht und ihnen sogar ein ehrliches Begräbniß versagt hatten, dieses ärgerliche Betragen mit der Erklärung: „jeder müsse bei seiner Art, Gott zu dienen, ungekränkt gelassen werden, so lange die gemeine Ruhe nicht dadurch gestört werde"; und im folgenden Jahr sagt er aus Anlaß der Herrnhuter, indem er sich weigert, gegen sie einzuschreiten: Sekten werden am besten dadurch zur Vernunft gebracht, daß man sie meprisire."⁴) Als 1780 das Berliner Oberconsistorium statt des älteren Porst'schen Gesangbuchs ein im Zeitgeschmack verbessertes, rationalistischer gehaltenes einführte, und darüber ein Streit entstand, stellte es der König, dessen Entscheidung von den Streitenden angerufen worden war, den einzelnen Gemeinden anheim, wie sie es damit halten wollen, und machte dadurch dem Zerwürfniß ein Ende.⁴⁰⁵) Die Wahrung des Friedens zwischen den Religionsgesellschaften und die Beschützung der Einzelnen und der Gemeinden gegen Glaubensdruck: dieß sind die leitenden Gedanken seiner Kirchenpolitik, denen er während seiner ganzen Regierung so unabänderlich folgte, daß der Eigensinn religiöser Parteien von ihm nicht selten mit einer Scrule, und die Wünsche der Gemeinden mit einem

Entgegenkommen behandelt wurden, wie man sie von seinem durchgreifenden Wesen kaum erwarten konnte.[106])

Der katholischen Kirche gegenüber fand diese Duldsamkeit allerdings eine Grenze an den Rücksichten, welche seine Pflicht gegen den Staat dem König auferlegte. Mochte er sich in die religiösen Ueberzeugungen und die gottesdienstlichen Uebungen noch so wenig einmischen, mochte er noch so bereit sein, auf diesem Gebiet auch solches unangetastet zu lassen, was ihm selbst als ein kindischer Aberglaube oder ein elender Betrug erschien: anders verhielt es sich mit der Gefahr, welche der Selbständigkeit des Staats und dem öffentlichen Frieden von einer so mächtigen, so fest organisirten, so herrschsüchtigen und so unduldsamen Hierarchie, wie die römische, drohte. Wir haben bereits gehört, (S. 140 ff.), wie wenig Friedrich diese Gefahr unterschätzte, wie gründlich er die geistliche Herrschsucht und Verfolgungssucht haßte, wie noch der Greis sich sehnte, der „Hyder des Papstthums" die Köpfe zertreten zu können. Die gleiche Gesinnung wünscht er auch auf seine Nachfolger fortzupflanzen. In der Instruktion, welche er dem Erzieher seines späteren Nachfolgers, des Prinzen Friedrich Wilhelm, unter dem 24. September 1751 ertheilte, sagt er, (IX, 38): wenn der Zögling noch einige Jahre älter sei, möge man ihm eine Uebersicht über die verschiedenen Religionen verschaffen, ohne ihm gegen eine derselben Haß einzuflößen, indem man ihm bemerklich mache, daß alle Gott anbeten, nur auf verschiedenen Wegen. Der katholischen Religion gegenüber dürfe der künftige Beherrscher so vieler Katholiken sich freilich nicht als fanatischer Calvinist verhalten. Man dürfe auch dem Geistlichen nicht gestatten (im Religionsunterricht) beleidigend über die Papisten zu reden. „Aber der Erzieher soll seinem Zögling auf geeignete Art begreiflich machen, daß nichts so gefährlich ist, als wenn die Katholiken in einem Lande die Oberhand haben: wegen der Religionsverfolgungen, der päpstlichen Herrschsucht, und weil ein protestantischer Fürst weit mehr, als ein katholischer, Herr in seinem Haus ist." Allein als König hatte er mit der Macht der katholischen Kirche und mit dem Glauben und den Bedürfnissen seiner katholischen Unterthanen zu rechnen, deren Zahl sich durch die Erwerbung Schlesiens und später durch die Westpreußens so stark vermehrte. Er glaubte wohl, daß die Macht der Hierarchie durch Verminderung ihrer Einkünfte und Aufhebung der Klöster erheblich geschwächt werden könne, er hoffte, das Papstthum selbst werde schließlich der Habsucht der Fürsten zum Opfer fallen, und in Folge davon die katholische Kirche sich in einzelne Landeskirchen auflösen; und er sah mit großer Befriedigung bald nach dem Ende des siebenjährigen Krieges diesen Erfolg in den katholischen Ländern sich vorbereiten.⁴⁰⁷) Aber direkt dazu mitzuwirken, war er als ein protestantischer Fürst, der auf die Gefühle seiner neu erworbenen katholischen Unterthanen Rücksicht nehmen mußte, nicht in der Lage: dieß mußte er den großen katholischen Mächten überlassen; und er hatte zudem auch im Breslauer Frieden ausdrücklich versprochen, die katholische Kirche Schlesiens in ihrem Bestande nicht zu beeinträchtigen. Der maßgebende Gesichtspunkt für die Behandlung der katholischen Kirche ist daher bei ihm dieser. Er duldet zwar einerseits keine Eingriffe der kirchlichen Behörden in den Wirkungskreis der Staatsgewalt; er macht seine landesherrlichen Befugnisse ihnen gegenüber mit aller Entschiedenheit geltend; er sucht die geistlichen Güter theils durch hohe Besteurung theils durch bessere Bewirthschaftung, theils durch die ihnen auferlegte Fürsorge für Schulen und für gewerbliche Anlagen dem gemeinen Nutzen dienstbar zu machen; er weiß das friedliche Zusammenleben der Confessionen gegen Störungen zu schützen.⁴⁰⁸) Andererseits aber gewährt er den Katholiken gleicherweise wie den Protestanten die freie Ausübung ihrer Religion und den Genuß ihrer bürgerlichen Rechte, ohne Rücksicht auf ihr Bekenntniß.⁴⁰⁹)

Daß Friedrich in dieser Duldsamkeit gegen den Katholicismus dazu fortgieng, selbst den Jesuiten, auch nach ihrer Vertreibung aus den meisten katholischen Ländern und nach der förmlichen Aufhebung des Ordens durch den Papst, in seinem Land eine Zuflucht und einen Wirkungskreis zu gewähren, könnte auffallen, und seine allgemeinen Grundsätze hätten es auch nicht verlangt; in diesem Fall waren es vielmehr rein praktische Gründe, die sein Verfahren bestimmten. Grundsätzlich war er selbstverständlich kein Freund der Jesuiten. In einem Brief an Voltaire aus dem Jahr 1737 (XXI, 76) versichert er, er verachte sie viel zu sehr, um ihre Schriften zu lesen; die schlechten Eigenschaften des Herzens verdunkeln bei ihnen die Vorzüge des Geistes. Seiner Schwester Wilhelmine bemerkt er 1754 (XXVII a, 259) aus Anlaß eines Besuchs, den sie dem Jesuitencollegium in Lyon abgestattet hatte: „Man findet in allen Jesuitenklöstern gelehrte und liebenswürdige Leute, und man muß gestehen, daß jeder französische Jesuit für sich genommen ein achtungswerther Mann ist; aber trotz dieses Vorzugs ist die Gesellschaft als Ganzes genommen abscheulich." Er sage dieß, fügt er bei, nicht als Ketzer, sondern als ein Philosoph, welcher die lockere Moral und die entsetzlichen Grundsätze hasse, die alle ihre Casuisten lehren, und nach denen der Orden verfahre. In Frankreich sei derselbe allgemein verhaßt, und ihm könne man diesen Haß schon deßhalb nicht verübeln, weil die Jesuiten die ausgesprochenen Feinde aller Könige und jeder gesetzlichen Gewalt seien, die sich ihrer Laune nicht füge. Als Friedrich dieß schrieb, hatte er schon längst Gelegenheit gehabt, die Wirksamkeit des Ordens in seinem eigenen Gebiet zu beobachten. In Schlesien hatte derselbe das ganze gelehrte Unterrichtswesen in der Hand. Friedrich hatte in der neugewonnenen Provinz an diesem Zustand nichts geändert. Während des siebenjährigen Krieges gaben ihm nun zwar die Jesuiten durch ihre landesverrätherische Parteinahme für Oesterreich gegründeten Anlaß zur Unzufriedenheit,[410]) und in Folge davon trug er sich ernstlich mit dem Gedanken ihrer Ausweisung[411]) und hieß ihre Vertreibung aus Frankreich und Spanien willkommen.[412]) Als im Jahr 1765 Papst Clemens XIII. eine Bulle erließ, worin er sich des so eben in Frankreich aufgehobenen Ordens annahm, verbot der König die Publikation derselben für sein Land; und er that dieß, wie er selbst sagt,[413]) „um in demselben dem schädlichen Gewürme keine neue Anerkennung zu gewähren, dem es hier früher oder später ebenso gehen werde, wie in Frankreich und in Portugal." Nichtsdestoweniger entschloß er sich nach einigen Jahren, die Jesuiten in Schlesien, und seit er Westpreußen besaß auch in dieser Provinz, unter Beibehaltung ihrer Ordenseinrichtungen, Lehranstalten und Einkünfte, auch ferner zu dulden; nur daß sie seit der päpstlichen Aufhebung des Ordens (1773) ihre Ordenstracht ablegten und den Landesbischöfen unterstellt wurden. Die Publikation der päpstlichen Aufhebungsbulle wurde nicht gestattet, und gegen die Angriffe des apostolischen Vikar's wurden sie geschützt.[414]) Es konnte nicht fehlen, daß dieses Verfahren eines Fürsten, dessen Gesinnung allgemein bekannt war, seinen philosophischen Freunden so unverständlich sein mußte, wie allen andern; und dieß veranlaßte ihn, sich gerade gegen sie über seine Beweggründe offen auszusprechen. Diese lagen aber weder in der Hoffnung, durch Duldung des Ordens einen Theil seines Reichthums nach Preußen zu ziehen,[415]) noch in der Achtung vor dem Breslauer Frieden, die der König selbst vorschützt;[416]) denn die Verpflichtung, welche er in diesem übernommen hatte,

die katholische Kirche in ihrem Bestande zu belassen, konnte doch unmöglich
so gedeutet werden, als ob damit auch solche Veränderungen des
Bestehenden ausgeschlossen sein sollten, die das Oberhaupt jener Kirche
selbst kraft seiner Regierungsgewalt verfügte. Er duldete die Jesuiten
vielmehr lediglich deßhalb, weil er ihre Dienste für die Gelehrtenschulen
in den katholischen Theilen seines Landes nicht zu entbehren und durch
keine anderen zu ersetzen wußte.⁴¹⁷) Denn ihre wissenschaftlichen Verdienste hat er stets anerkannt, und als Lehrer und Erzieher fand er sie
allen anderen an Geschicklichkeit überlegen.⁴¹⁸) Dieser ihrer Brauchbarkeit
gegenüber traten die Bedenken, welche von den Grundsätzen und der
bisherigen Wirksamkeit des Ordens hergenommen waren, für ihn jetzt in
den Hintergrund. Er meinte, die Verbrechen, die den Jesuiten schuldgegeben wurden, seien theils unerwiesen, theils seien nur Einzelne, nicht
der Orden als Ganzes dafür verantwortlich;⁴¹⁹) seine guten schlesischen
Patres seien jedenfalls nicht dabei betheiligt.⁴²⁰) Was ihm aber an der
Thätigkeit der Jesuiten immer als das gefährlichste erschienen war, ihre
Einmischung in Staatsangelegenheiten und ihre Aufstachelung des religiösen
Fanatismus, dessen durfte er sich wohl Herr zu werden getrauen. Nachdem
sie aus allen europäischen Ländern vertrieben waren, konnte er sicher sein,
daß sie die Zufluchtsstätte, die er ihnen darbot, nicht durch Umtriebe gegen
seine Regierung auf's Spiel setzen würden. Als vollends die kirchliche
Aufhebung des Ordens erfolgt war, schrieb er ganz vergnügt an Voltaire:
nun habe ja der Papst selbst diesen Füchsen die Schwänze abgeschnitten;
jetzt werden sie die Grubten der Philister nicht mehr anstecken.⁴²¹)
Theils durch ihre Lage, theils durch die Macht, welche die absolute Monarchie in seine Hand legte, waren sie mit ihrer ganzen Existenz von ihm
abhängig; so lange sein scharfes Auge sie überwachte und sein eiserner
Arm über ihnen schwebte, war nicht zu befürchten, daß sie ihn überhaupt
nöthigen würden, jene Macht gegen sie zu gebrauchen. Er durfte es sich
erlauben, sie zu dulden, so lange sie sich in die weltlichen Dinge nicht
einmischten,⁴²²) weil er der Mann dazu war, jede solche Einmischung zu
verhindern; und er konnte sich über die Komik, die darin lag, daß die
Jünger Loyola's ihren Beschützer gerade an ihm finden sollten, mit gutem
Humor hinwegsetzen.⁴²³) Dagegen kam es ihm nicht in den Sinn, in
der Begünstigung des Ordens weiter zu gehen, als für seinen nächsten
praktischen Zweck nöthig war: als bei der drohenden Aufhebung desselben

der Ordensgeneral die Bitte an ihn richtete, durch sein Fürwort diesen Schlag abzuwenden, lehnte er dieß mit der Bemerkung ab, der Papst sei Herr in seinem Hause, und Häretiker haben ihm in seine kirchlichen Maß= nahmen nichts einzureden.¹²⁴) Man sieht auch hieraus, wie man seine Duldung der Jesuiten zu beurtheilen hat. Die kirchliche Aufhebung dieses Ordens und seine Verbannung aus den katholischen Ländern war ihm ganz erwünscht, weil sie dem Theil seiner Wirksamkeit, deren Verderb= lichkeit er vollkommen anerkannte, ein Ziel setzte, die Einmischung in staatliche Angelegenheiten und die Verfolgung Andersdenkender ihm unmög= lich machte. Daß er ihn auch nach der päpstlichen Aufhebungsbulle ge= schützt hätte, wenn er seiner Dienste für sein eigenes Land nicht bedurft hätte, läßt sich kaum annehmen. Die Bestimmungen des Breslauer und des Dresdner Friedens verpflichteten ihn, wie bemerkt, nicht dazu, und ebensowenig folgte es aus dem allgemeinen Grundsatz der religiösen Dul= dung; sobald er vielmehr die Ueberzeugung gewann, daß die fernere An= wesenheit und Wirksamkeit der Jesuiten in seinem Lande gemeinschädlich oder staatsgefährlich sei, war er berechtigt, dasselbe dem Orden zu ver= schließen. Diese Ueberzeugung hatte er aber während des siebenjährigen Krieges gewonnen und sich in Folge davon mit dem Gedanken seiner Ausweisung vertraut gemacht. Wenn er diesen Gedanken später wieder aufgab, so liegt der Grund dafür nur in der Erwägung, daß es dem öffentlichen Interesse entspreche, den Orden in seiner bisherigen Wirk= samkeit zu belassen, und daß davon keine ernstliche Gefahr mehr zu be= fürchten sei. Der Grundsatz der Toleranz war bei diesem Verfahren nur insofern betheiligt, wiefern er es dem König möglich machte, die Frage ohne dogmatische Vorurtheile rein politisch, aus dem Gesichtspunkt der Zweckmäßigkeit und des staatlichen Interesse's, zu behandeln.

Aehnlich verhält es sich mit dem Plane, welcher Friedrich in der Zeit nach der Theilung Polens wiederholt beschäftigte, und an dessen Ausführung auch wirklich Hand angelegt wurde, neben den mancherlei christlichen Sekten, denen seine Vorgänger und er selbst Aufnahme gewährt hatten, auch muhamedanische Kolonieen in seinem Land anzusiedeln.¹²⁵) Man wird in diesem Plan allerdings einen Beweis für die religiöse Weitherzigkeit und die großartige Duldsamkeit des Königs sehen dürfen; denn er konnte nur in einem Geist entstehen, der über jede dogmatische Beschränktheit so erhaben und von der Unabhängigkeit des bürgerlichen

Gemeinwesens vom religiösen, der Möglichkeit eines friedlichen Zusammenlebens der verschiedensten Bekenntnisse, so fest überzeugt war, wie der seinige. Aber sein eigentliches Motiv lag doch ohne Zweifel nicht in der Absicht, den Muhamedanern zur ungestörten Ausübung ihrer Religion Gelegenheit zu geben, sondern in dem Wunsche, für sein schwach bevölkertes Land weitere Bewohner, weitere Arme für den Feldbau, weitere Ersatzmannschaften für eine Armee zu gewinnen, welche damals noch für einen großen Theil ihres Bestandes auf die Anwerbung von Ausländern angewiesen war, wenn sie auf ihrer mit der Bevölkerungszahl des Staatsgebiets außer Verhältniß stehenden Höhe erhalten werden sollte.[426]) Der positive Beweggrund des Königs ist ein politischer; aber der Grundsatz der Religionsfreiheit ist es, der seiner Politik freien Raum schafft.

8. Friedrich's Ansichten über Unterricht und Erziehung.

Die Erziehung der Jugend war das ganze Mittelalter hindurch in allen den Stücken, wofür die Ordnung und Sitte des einzelnen Hauses nicht genügt und das Eingreifen eines Gemeinwesens erforderlich ist, ausschließlich der Kirche, d. h. der Geistlichkeit, überlassen gewesen; und dieses Verhältniß hatte sich auch durch die humanistische Bewegung und die Reformation nur zum kleineren Theile geändert, so viel es auch im übrigen ausmachte, ob das Unterrichtswesen in katholischem oder in protestantischem Geiste, ob es von Mönchsorden und Cölibatären, die rein kirchlichen Behörden unterstellt waren, oder ob es von Familienvätern unter staatskirchlicher Aufsicht geleitet wurde. Als seit der Mitte des siebzehnten Jahrhunderts das Staatsleben und die weltliche Bildung in Deutschland wie anderwärts sich immer mehr auf ihre eigenen Füße zu stellen begannen, machte auch das Bedürfniß eines weltlich gerichteten und vom Staat als solchem geleiteten Unterrichts sich in verstärktem Maß geltend; und wenn ein Fürst den Zusammenhang mit der Kirche für seine Person so vollständig gelöst hatte, wie Friedrich, und zugleich von dem Umfang und der Höhe der staatlichen Aufgaben und von seinen eigenen Verpflichtungen gegen den Staat so durchdrungen war, wie er, so mußte die

Frage der Volkserziehung sein Nachdenken und seine Fürsorge mehr als nur oberflächlich beschäftigen. Friedrich hat denn auch dieser Frage von Anfang an seine volle Aufmerksamkeit gewidmet; hauptsächlich ist es aber die zweite Hälfte seiner Regierung, jene dreiundzwanzigjährige, nur einmal vorübergehend unterbrochene Friedenszeit nach dem siebenjährigen Kriege, in welcher die Hebung des höheren wie des Volksschulwesens eine wichtige Stelle unter den Maßregeln einnimmt, durch die der König das Wohl seines Landes zu fördern und die ihm durch die Kriegsnoth geschlagenen Wunden zu heilen bemüht war; und wie er sich nun immer über die Gründe und die leitenden Gesichtspunkte seines Verfahrens auch theoretisch Rechenschaft zu geben pflegte, so gehören in die gleiche Zeit die Schriften, welche uns über seine pädagogischen Ansichten unterrichten.[427])

Es bedarf nun keines besonderen Nachweises, daß Friedrich dem Unterricht und der Erziehung den höchsten Werth beilegen mußte. Wer den Menschen für ihr sittliches Leben und ihre Geistesbildung das Ziel so hoch steckte, zugleich aber von der angeborenen Güte der menschlichen Natur eine so geringe Meinung hatte, wie er,[428]) für den gab es ja kein anderes Mittel, um sie ihrer höheren Bestimmung zuzuführen. So hoch schlägt er die Macht der Erziehung allerdings nicht an, daß er einem Helvetius einräumte, sie allein sei es, welche die Menschen zu dem macht, was sie sind.[429]) Aber noch viel weniger theilte er Rousseau's Meinung, der zufolge die Menschen von Hause aus so vortrefflich sind, daß die Erziehung sich darauf beschränken soll, ihre natürliche Entwickelung zu beschützen, daß dagegen jeder Eingriff in diese Entwickelung sie nur verderbt, alle Wissenschaft und Bildung eine Entartung, ein Abfall von der Natur ist. Alles, sagt er, was der Mensch vor den Thieren, was ein gebildetes Volk vor Barbaren voraus habe, beruhe auf jenen geistigen Vorzügen, die nur durch Unterricht und Erziehung erworben werden. Der Mensch wird mit Anlagen geboren, die mehr oder weniger entwickelungsfähig sind. Aber sie entwickeln sich nur, wenn man sie ausbildet, nur durch die Erweiterung der Kenntnisse, die Schärfung des Urtheils. Der größte Geist ist ohne Kenntnisse nicht mehr als ein ungeschliffener Edelstein; erst die Bearbeitung gibt ihm seinen Werth. Und weit entfernt, daß von der Kunst und Wissenschaft eine Verweichlichung zu befürchten wäre, ist vielmehr zu sagen, daß alles, was den Geist aufklärt und den Umfang seiner Kenntnisse erweitert, die Seele erhebe, statt sie zu erniedrigen.¹³²) Dieß gilt von den Völkern, wie von den Einzelnen. Nichts ist verkehrter als die Meinung, ein unwissendes und dummes Volk sei leichter zu regieren als ein aufgeklärtes. Je unterrichteter und gebildeter ein Volk ist, um so mehr fähige Diener liefert es dem Staate, je roher es ist, um so schwerer ist die Hartnäckigkeit zu überwinden, die es vernünftigen Maßregeln entgegensetzt. „Ein schönes Land das", — ruft Friedrich aus — „in dem alle Talente ewig erstickt wären und es nur Einen Menschen gäbe, der weniger beschränkt wäre als die andern! Ein Staat mit einer so unwissenden Bevölkerung sähe aus wie das verlorene Paradies der Genesis, das nur von Thieren bewohnt war." Die Wissenschaft schadet nur den Betrügern, deren Schliche sie aufdeckt; sie allein haben das Interesse, sie in übeln Ruf zu bringen.¹³³) Jeder einsichtige Fürst dagegen wird sich alle Mühe geben, die Generation, auf welcher die Zukunft seines Staates beruht, zu nützlichen und tugendhaften Bürgern zu bilden.¹³³ᵇ) Und es gibt ja auch wirklich kein civilisirtes Volk, dessen Regierung sich des öffentlichen Unterrichts nicht annähme;¹³⁴) wie es umgekehrt in Friedrich's Augen ein Beweis der empörendsten Tyrannei war, daß der polnische Adel die Schulen nicht blos vernachlässigte, sondern geradezu zerstörte.¹³⁵)

Je größer nun freilich der Werth war, welchen der König der Erziehung zuerkannte, und je höhere Leistungen er von ihr verlangte, um so weniger befriedigten ihn die pädagogischen Zustände seiner Zeit; und es waren nicht allein die Volksschulen, die ihm zu Verbesserungen und neuen Schöpfungen die reichste Gelegenheit boten, nicht allein die Gymnasien und Universitäten, an deren Lehrart er manches mißbilligte, sondern er fand an der herkömmlichen Erziehung überhaupt, und namentlich an der der höheren Stände, vieles zu tadeln. In seinem Brief über die Erziehung¹³⁶) unterwirft der König die Art, wie der Adel seines Landes seine Kinder aufwachsen lasse und behandle, einer scharf eingehenden Kritik. Zuerst, sagt er, werden die Kinder bei den meisten im elterlichen Hause durch übel angebrachte Nachsicht verwöhnt, von der Dienerschaft verdorben, von einem Erzieher, der selbst der Erziehung noch bedürfte, in den Elementen nothdürftig unterrichtet. Nachdem sie dann Gymnasium und Universität besucht haben, entziehen sich gerade die Söhne der ersten Familien in der Regel dem Dienst in der Armee, deren strenge Schule sie scheuen, um sich statt dessen der Justiz oder Verwaltung oder der Bewirthschaftung ihrer Güter zu widmen, und sie sind von da an ihre eigenen Herren. Der König hebt es nachdrücklich hervor, welchen Schaden diese Art der Erziehung den Einzelnen, den Familien und dem Staat bringe: wie die jungen Leute, schon in der Kindheit verzärtelt und verwöhnt, und später viel zu früh sich selbst überlassen, sich und ihr Vermögen durch eine ungeordnete Lebensweise zu Grunde richten, vor der eine sorgfältigere und strengere Aufsicht der Eltern sie hätte bewahren können; und er beklagt es besonders, daß dem Staate von den Familien, welche dazu den meisten Beruf hätten, viel zu wenig brauchbare Offiziere geliefert werden, weil ihre Söhne zu diesem Stande theils keine Lust theils nicht die erforderlichen Kenntnisse besitzen. Nicht besser steht es aber, wie Friedrich glaubt, auch mit dem weiblichen Theil der Gesellschaft. Er klagt darüber, daß man bei den Frauen der jüngeren Generation nicht mehr die gediegene Bildung finde, durch die manche der älteren sich auszeichnen, weil die Erziehung der Töchter in den vornehmen Familien in der Regel eine viel zu oberflächliche und äußerliche sei, weil sich dieselbe viel zu sehr auf das beschränke, wodurch sie in der Gesellschaft gefallen, statt an erster Stelle auf die Vorzüge des Geistes und des Herzens hinzuarbeiten, durch welche sie in den Stand gesetzt würden, ihrem Beruf als Hausfrauen und als Mütter zu genügen und ihre Zeit mit einer würdigen Beschäftigung auszufüllen. Er weist mit eindringender Menschenkenntniß auf die sittlichen Gefahren hin, welche der Mangel an einer gründlichen Bildung für die Frauen mit sich bringe: wie sie sich oft nur deßhalb zu Verirrungen hinreißen lassen', weil sie die Leerheit und Langweiligkeit ihres Lebens nicht ertragen, und sich durch unbesonnenen Aufwand in Schulden stürzen, weil man sie nicht gelehrt habe, eine ordentliche Haushaltungsrechnung zu führen. Er ist empört darüber, daß diese Hälfte des menschlichen Geschlechts in ihrer geistigen Ausbildung in so hohem Grade vernachlässigt, ihre Begabung für die Gesellschaft so wenig ausgebeutet werde. Er eifert nicht minder gegen den Mißbrauch der väterlichen Gewalt, dessen man sich schuldig mache, wenn man seine Töchter verheirathe, ohne ihre Neigung zu befragen und ohne sich darüber zu besinnen, ob die Charaktere der künftigen Gatten zusammenpassen. Die Hebung des weiblichen Geschlechts, an der seit den letzten Jahrzehenden des vorigen Jahrhunderts in Deutschland und namentlich auch in der Hauptstadt des preußischen

Staats so eifrig gearbeitet wurde, hat an dem großen König einen ihrer ersten Wortführer gefunden.

Wie die häusliche Erziehung der höheren Stände Friedrich's herben Tadel erfährt, so hat er auch an den öffentlichen Unterrichtsanstalten, die für sie bestimmt sind, den Gymnasien und Universitäten, manche Ausstellungen zu machen, so wenig er auch das durch sie vertretene System des wissenschaftlichen Unterrichts grundsätzlich mißbilligt. In der eben genannten Schrift (IX, 116) wird zwar anerkannt, daß es im preußischen Staat mehrere gute, mit tüchtigen Lehrern versehene Gymnasien gebe; aber doch wird an ihnen getadelt, daß sie sich damit begnügen, das Gedächtniß ihrer Schüler mit Kenntnissen anzufüllen, das wichtigste dagegen, die Gewöhnung an eigenes Denken, die Ausbildung des Urtheils, die Erhebung des Geistes und die Veredlung der Gesinnung, zu wenig in's Auge fassen, und daß in Folge davon die jungen Leute das, was sie in der Schule gelernt haben, beim Abgang von derselben sofort wieder zu vergessen pflegen. Damit verbindet sich die weitere Bemerkung, daß die Individualität der Schüler in der Regel zu wenig beobachtet und berücksichtigt werde, und daß man dieselben nicht tief genug in den Geist der alten Schriftsteller einführe; und der König meint, die Jesuiten (von denen aber wenigstens die deutschen dieses Lob nicht verdienten) seien die einzigen Lehrer, welche sich auf dieses beides verstehen.[437]) Die Universitäten, unter denen Friedrich Halle und Frankfurt rühmend hervorhebt, erhalten IX, 117) das Zeugniß, daß die Roheit und Unordnung, welche das Studentenleben früher beherrschte, abgestellt sei, und man ihnen seine Söhne ruhig anvertrauen könne. Indessen findet Friedrich noch immer vieles an ihnen zu bessern. Er mißbilligt es nicht allein fortwährend, wie er dieß schon in einer Denkschrift aus dem Jahre 1760 (Anm. 437) gethan hatte, daß das Griechische und Lateinische nicht mehr so gründlich, wie früher, betrieben werde, sondern er ist auch mit der ganzen Art des akademischen Unterrichts unzufrieden. Die Professoren, sagt er, beschränken sich aus Trägheit und Gewinnsucht auf das Abhalten ihrer Vorlesungen und lassen sich den Privatunterricht so hoch bezahlen, daß ihn nur die Wohlhabenden benützen können; die Studirenden lassen sich ihre Dissertationen und Vorträge von anderen machen, werden nicht zu eigener Arbeit und eigenem Denken angehalten; man treibe die Medicin nach Hippokrates und Galen statt nach Hoffmann und Boerhave, die Philosophie nach

Wolff statt nach Locke und Thomasius,⁴³⁸) auch der Unterricht in der Mathematik stehe in Deutschland nicht auf derselben Höhe, wie in anderen Ländern. Nicht günstiger lautet das Urtheil des Königs über die wissenschaftlichen Lehranstalten Deutschlands zehn Jahre später, in der Schrift über die deutsche Literatur VII, 97 ff.). Die Klage über die Vernachlässigung der alten Sprachen geht hier bis zu der übertriebenen Behauptung fort: wenige deutsche Gelehrte können einen griechischen oder lateinischen Schriftsteller ohne Schwierigkeit lesen. Einzelnen guten Gymnasiallehrern steht, wie Friedrich glaubt, eine Mehrzahl von pedantischen, nachlässigen oder unwissenden gegenüber, deren Unterricht es an wissenschaftlicher Strenge wie an gutem Geschmack fehlt. Auch an dem Universitätsunterricht vermißt der König — von dem sich aber freilich nicht annehmen läßt, daß er von dem thatsächlichen Zustande des damaligen Gymnasial- und Universitätsunterrichts eine genaue und durchaus zuverlässige Kenntniß hatte — eine gute und allgemein anerkannte Methode. Da habe, beispielsweise, ein Jurist ein paar Lieblingsschriftsteller, deren Ansichten er wiedergebe, ohne von anderen Notiz zu nehmen; er erzähle seinen Zuhörern von längst verschollenen Gesetzen, statt sie in die der Gegenwart einzuführen. Nicht anders mache es der Philosoph. Seine Schüler lernen bei ihm von den Meinungen der Menschen nur die wenigsten kennen und bekommen den Kopf voll von Vorurtheilen. Von der Medicin könne man bezweifeln, ob sie eine Wissenschaft sei; schließlich fahre man mit einem alten Praktiker besser als mit einem jungen Schüler von Hoffmann oder Boerhave. An den Geometern hat der königliche Kritiker, der sonst nicht für sie eingenommen ist,⁴⁴⁰) dießmal nichts auszusetzen, und von der Theologie will er hier nicht reden,⁴⁴¹) um so schärfer wird es den Historikern vorgehalten, daß sie sich mit Kleinigkeiten herumzuschlagen pflegen und darüber die Hauptsache, eine klare und methodische Darstellung der wichtigeren Ereignisse und ihrer Ursachen, hintansetzen. Mögen nun auch diese Urtheile mancher Berichtigung und Einschränkung bedürfen, so sieht man doch schon aus ihnen, welches die Punkte sind, auf die es nach der Ansicht des Königs beim wissenschaftlichen Unterricht hauptsächlich ankommt.

Noch unmittelbarer ergibt es sich aus seinen positiven Anordnungen, Einrichtungen und Vorschlägen zur Verbesserung der Gelehrtenschulen. Was zunächst die für das frühere Lebensalter bestimmten, die Gymnasien und verwandte Anstalten betrifft, so gründete der König zwei Jahre nach dem Ende des siebenjährigen Krieges in der Berliner Ritterakademie, die er nach Call noch während desselben geplant hatte,¹¹²) eine Anstalt, deren Einrichtungen und Lehrplan er, wie er selbst sagt,¹¹³) persönlich angeordnet hatte, die daher sein eigenstes Werk und der getreue Ausdruck dessen ist, was er von einer derartigen Erziehungsanstalt verlangte. Aus der Instruktion für die Direktion derselben, welche um den Anfang des Jahres 1765 verfaßt wurde, (IX, 75 ff.) ergibt sich, daß sie zugleich für die Erziehung und den Unterricht von Söhnen aus adligen Häusern bestimmt war, welche später in die Armee oder den Staatsdienst einzutreten beabsichtigten. Die Zöglinge sollten deßhalb alle in einem Hause zusammenwohnen; auf je drei von ihnen kam ein Hofmeister; von diesen Hofmeistern sollten sie sorgfältig überwacht, bei ihren Arbeiten beaufsichtigt, auf Spaziergängen und bei Besuchen in der Stadt begleitet, in militärischer Ordnung gehalten, aber die natürliche Heiterkeit der Jugend sollte ihnen durch keine unnöthige Strenge verkümmert werden, und wenn Strafen nöthig waren, sollten diese auf Weckung, nicht auf Unterdrückung des Ehrgefühls berechnet sein; körperliche Züchtigung der Zöglinge war daher den Hofmeistern streng untersagt. Um so mehr aber sollten sie es sich zur Pflicht machen, durch ihr lebendiges Beispiel auf dieselben wohlthätig einzuwirken, und ihnen das Vorbild eines vernünftigen und tadellosen Verhaltens zu geben. Für den Unterricht war als leitender Gesichtspunkt der Grundsatz aufgestellt, daß er darauf hinarbeiten solle, den Schülern nicht blos nützliche Kenntnisse beizubringen, sondern auch und vor allem ihr Urtheil auszubilden, sie an Klarheit der Begriffe und Schärfe des Denkens zu gewöhnen.¹¹⁴) Der Lehrplan umfaßte in den unteren Klassen das Lateinische, das Französische und die Religion; weiter die Logik, die Rhetorik und Grammatik, die Geschichte und Geographie, die Metaphysik, die Mathematik und die Rechtslehre. Für alle diese Fächer werden den Lehrern Vorschriften gegeben, welche sämmtlich in der Forderung übereinkommen, sich nicht bei untergeordnetem aufzuhalten, dafür aber die Schüler zu einer gründlichen Aneignung und selbständigen Beherrschung des wesentlichen und wichtigen in dem ihnen gebotenen Unterrichtsstoff anzuleiten. In der Logik soll auf die schulmäßigen Schluß- und Beweisformen nicht zu viel Gewicht gelegt, um so mehr aber darauf gesehen werden, daß die Schüler richtig denken lernen, daß sie auf strenge Definitionen ausgehen, alles zweideutige, schielende, falsche vermeiden; daß sie aus den gegebenen Voraussetzungen Folgerungen ziehen, ihre Ideen verknüpfen lernen. Ebenso soll in der Rhetorik die Mittheilung der Regeln mit Uebungen in eigener Composition und mit dem Lesen mustergültiger Reden in den verschiedenen Gattungen — Cicero für die gerichtliche, Demosthenes für die berathende, Fléchier und Bossuet für die epidiktische Rede — verknüpft werden; und ein kurzer Kursus der Poëtik soll zugleich dazu dienen, die Schüler mit Homer und Virgil, Horaz, Voltaire, Boileau und Racine bekannt zu machen. Mit der Grammatik soll ein Abriß der Literaturgeschichte, Uebung im Briefschreiben und Lesen der Briefe von Frau von Sevigné, dem Grafen d'Estrades und dem Kardinal d'Ossat, Hand in Hand gehen. Auch die alten Redner und Dichter sollten, aber in französischen Uebersetzungen, gelesen werden; denn mit der Aufgabe eines Gymnasiums sollte die der Ritterakademie doch nicht zusammenfallen; wie sie vielmehr im philosophischen Unterricht und im Studium der französischen Literatur über jene hinausgeht, so bleibt sie in der klassischen Philologie hinter ihr zurück. Dem Lehrer der Geschichte wird vorgeschrieben, von der alten und mittelalterlichen Geschichte nur das wichtigere mit Beihülfe französischer Compendien mitzutheilen, dagegen auf die neuere seit Karl V. wegen ihrer Bedeutung für die Gegenwart genauer einzugehen; ebenso in der Geographie Europa ausführlicher als die anderen Welttheile, und Deutschland eingehender als die übrigen Länder zu behandeln. Zugleich soll aber der Geschichtsunterricht dazu benützt werden, die erzählten Begebenheiten mit den jungen Leuten zu besprechen, und dadurch den Zweifel an Wundererzählungen, die Liebe zum Vaterland, die Einsicht in die schädlichen Wirkungen des Aberglaubens, den Abscheu vor dem Fanatismus in ihnen zu erwecken. Der Lehrer der Philosophie soll zunächst die Grundzüge der Moral vortragen; er soll den Nutzen der Tugend für den, welcher sie übt, ihre Unentbehrlichkeit für die Gesellschaft nachweisen, und als den Gipfel der Tugend jene vollkommene Uneigennützigkeit bezeichnen, welche alles dem Vaterland und dem allgemeinen Wohl opfert. Er soll seinen Schülern wahren Ehrgeiz einflößen, sie für die Tugend begeistern, das Rechtsgefühl und den Widerwillen gegen alles Gemeine in ihnen nähren. Der Unterricht in der Metaphysik soll mit einer Geschichte der menschlichen Meinungen beginnen; der Lehrer soll seiner Zuhörerschaft zunächst die Hauptschulen des

Alterthums im Anschluß an die auf sie bezüglichen Artikel von Bayle und an einige ciceronische Schriften (letztere in französischer Uebersetzung) vorführen; dann soll er sich zu Descartes, Leibniz, Malebranche und schließlich zu Locke wenden, um bei diesem, als dem Vertreter der gesundesten Philosophie, am längsten zu verweilen. Auch hier sollen aber auf jeden Vortrag unter Leitung des Lehrers Disputationen der Zuhörer über den Inhalt desselben folgen, um sie zur Aufmerksamkeit auf den Vortrag anzuhalten und im Denken und Reden zu üben. Der mathematische Unterricht soll nicht weiter geführt werden, als der künftige Beruf der Zöglinge es verlangt: neben der Trigonometrie und Befestigungskunst, die seinen Mittelpunkt zu bilden haben, nennt die Instruktion noch einen Abriß der Astronomie und die Grundlinien der Mechanik; und ähnlich soll das Recht nicht in sachmäßiger Vollständigkeit vorgetragen werden, sondern dieser Theil des Unterrichts soll sich darauf beschränken, die Schüler mit den Grundbegriffen des bürgerlichen Rechts, des Staatsrechts und des Völkerrechts und mit dem Codex Fridericianus, der Gesetzsammlung von 1748, bekannt zu machen. Für den ersten Theil dieser Aufgabe wird ein Auszug aus Hugo Grotius empfohlen; dabei soll aber den Zuhörern nicht verschwiegen werden, daß das Völkerrecht ohne praktischen Werth sei, da es keine Gewalt gebe, die seine Beobachtung erzwingen könnte.

Bei diesem ganzen Unterrichtsplan handelt es sich nun, wie sein Urheber selbst sagt (IX. 82), um die Bildung von „Leuten von Welt." Etwas andere Anforderungen stellt Friedrich an die Gymnasien. Da sie zum Universitätsstudium vorbereiten, aber es nicht ersetzen sollen, wird der höhere wissenschaftliche Unterricht aus ihrem Lehrplan ausgeschieden, das Französische, für den Mann von Welt unentbehrlich, wird als Unterrichtsgegenstand kaum erwähnt: um so größerer Nachdruck wird dagegen auf die klassischen Sprachen gelegt, und neben der Logik, die für alle Unterrichtsanstalten gleich nothwendig ist, auch die Uebung im deutschen Stil nicht außer Acht gelassen. Die allgemeinen Grundsätze sind natürlich hier die gleichen wie dort. Von den zwei umfassenden Aufgaben der Pädagogik: Erziehung und Unterricht, fällt jene allerdings in erster Reihe der Familie zu;[115] und in seinem Brief über die Erziehung redet der König den Vätern auf's eindringlichste an's Herz, um ihnen ihre Pflichten gegen ihre Kinder einzuschärfen, denen sie keine werthvollere Erbschaft hinterlassen können, als Tugend und Einsicht."⁴⁴⁶) Auch die Schule hat aber hiefür in ihrem Theil mitzuwirken. Die Bildung des Charakters ist der wichtigste Theil der Erziehung; ⁴⁴⁷) für diesen Zweck sollte in den Schulen theils der Geschichtsunterricht, namentlich aber der Religionsunterricht benützt werden, den der König durchaus in diesem Sinne behandelt zu sehen wünscht,⁴⁴⁸) theils sollte dem Studium der Moral die größte Sorgfalt gewidmet, und es sollten der Jugend schon frühe in geeigneter Weise richtige moralische Begriffe beigebracht werden.⁴⁴⁹) Der König selbst verfaßte für diesen Zweck zum Gebrauch seiner Ritterakademie jenen Katechismus der Moral, in welchem er den jungen Leuten ihre Pflichten in so warmen Worten einschärft, die um so wirksamer sein mußten, da sie aus diesem Munde kamen.⁴⁵⁰)

Unter den Gegenständen, womit sich der wissenschaftliche Unterricht an den Gymnasien zu beschäftigen hat, hebt Friedrich die Logik und die alten Sprachen als die wichtigsten hervor. Der Unterricht soll den Schülern nicht bloß Kenntnisse beibringen; seine Hauptaufgabe ist vielmehr die Uebung und Ausbildung des Denkens, das „Raisonnement."⁴⁵¹) „Wer zum besten raisonniren kann — sagt der König⁴⁵²) — wird immer zum weitesten kommen, besser als der, der nur falsche Schlüsse zieht." Eben dazu aber soll die Logik uns anleiten. Sie ist daher „das allervernünftigste, denn ein jeder Bauer muß seine Sachen überlegen, und wenn ein jeder richtig dächte, das wäre sehr gut."⁴⁵³) In dieser Ueberzeugung legt Friedrich bei den Gymnasien wie bei der Ritterakademie den größten Werth auf den Unterricht in der Logik und den mit ihm zusammenhängenden in der Rhetorik. Für jene wird Wolff's Logik oder ein Auszug aus derselben, für diese Quintilian als das beste Lehrbuch bezeichnet; weiter empfiehlt der König die Schriften von Bayle als das trefflichste Vorbild eines scharfen, streng logischen Denkens.⁴⁵⁴) In beiden Fächern soll der Unterricht möglichst gründlich, aber nicht pedantisch und formalistisch betrieben werden. Die Logik soll das Urtheil bilden, sie soll daran gewöhnen, nie ohne Gründe zu entscheiden, aus sorgfältig geprüften und begründeten Principien richtige Folgerungen zu ziehen; die Rhetorik soll die Schüler lehren, ihre Gedanken zu ordnen und durch natürliche Uebergänge zu verknüpfen, ihren Stil dem Gegenstand anzupassen, gefällig, geschmackvoll, und in der für ihre Zuhörer geeigneten Weise zu sprechen und zu schreiben.⁴⁵⁵) Das Bild eines logisch-rhetorischen Unterrichts, der seinen Anforderungen entspräche, entwirft der König in der Instruktion, welche er dem bekannten Leuchsenring ertheilte, als er diesen 1784 für seinen, damals im vierzehnten Jahre stehenden Großneffen, den späteren König Friedrich Wilhelm III., zum Lehrer in jenen Fächern bestellte.⁴⁵⁶) Der Unterricht, verlangt er hier, solle mit einer Auseinandersetzung über den Ursprung unserer sinnlichen Vorstellungen und einem Abriß des Inhalts von Locke's Werk über den menschlichen Verstand beginnen. Der Lehrer solle alsdann dem Zögling zunächst die Nothwendigkeit einer genauen Bestimmung der Begriffe klar machen, die man mit den Worten verbinde. Er solle hierauf zu der Beweisführung übergehen, welche (wie Locke lehrt) in der Vergleichung eines bekannten Gegenstandes mit einem nur unvollständig bekannten bestehe, und hieran die Lehre von den Schlußformen anknüpfen. Wenn der Schüler so weit sei, daß er selbst Schlüsse bilden könne, solle zu dem Kapitel von der rednerischen Beweisführung und den rednerischen Figuren übergegangen, es solle jedoch nicht versäumt werden, bei dieser Gelegenheit vor Hyperbeln und falschen Antithesen zu warnen. Bei diesem ganzen Unterricht solle aber streng darauf gehalten werden, daß von keinem Lehrstück zu einem andern fortgeschritten werde, ehe sich der Schüler mit jenem vollständig bekannt gemacht habe. In Verbindung mit der Logik sollen auch einige Punkte der Leibnizischen Metaphysik, namentlich der Satz des Widerspruchs und die wenigen andern unbestreitbaren Axiome, besprochen werden. Seine Hauptaufgabe soll aber dieser ganze Unterricht darin suchen, „die Ideen des jungen Mannes zu berichtigen, und ihn so viel als möglich daran zu gewöhnen, daß er die Wahrheit erfasse, so weit es dem menschlichen Geiste vergönnt ist zu ihr zu gelangen." In derselben Weise wünschte der König den Unterricht in der Logik natürlich auch an den Gymnasien betrieben zu sehen, da in der Stellung des künftigen Thronerben kein Grund lag, um bei diesem Gegenstand von dem Lehrplan abzuweichen, der sich aus der Natur desselben als der zweckmäßigste ergab.⁴⁵⁷)

Das Studium der alten Sprachen nahm in Deutschland gerade in dem Zeitraum, welchem Friedrich's pädagogische Thätigkeit angehört, einen neuen Aufschwung. Der König scheint nun zwar davon nicht viel gewußt zu haben;⁴⁵⁸) und es läßt sich deßhalb nicht annehmen, daß er nur einer Zeitströmung gefolgt sei, wenn er so nachdrücklich, wie er es gethan hat, auf jenes Studium drang. Nur um so merkwürdiger ist aber diese That-

Sache selbst. Der Fürst, welcher kein Wort griechisch verstand, welchem selbst der Unterricht im Lateinischen versagt geblieben war,⁴⁵⁹) ist von dem Werthe des in diesen Sprachen niedergelegten, ihm selbst nur in Bruchstücken durch Uebersetzungen vermittelten Bildungsstoffes so durchdrungen, daß er den Zugang zu demselben allen, die auf höhere Bildung Anspruch machen, unbedingt geöffnet wissen will. Wie er an dem Gymnasial- und Universitätsunterricht die Vernachlässigung der alten Sprachen als einen von den größten Uebelständen beklagt, (vgl. S. 160 f.) so erklärt er seinerseits dem Minister v. Zedlitz (XXVII c, 254), Lateinisch und Griechisch müssen die jungen Leute absolut lernen, davon gehe er nicht ab; es müsse nur auf die leichteste und beste Methode raffinirt werden, es ihnen beizubringen. Denn nur dann, wenn man die Klassiker im Urtext liest, kann ihre Wirkung zur vollen Geltung kommen; nur dann können sie uns als die Vorbilder dienen, an denen sich unsere Literatur aus ihrer Verkommenheit emporranken kann.⁴⁶⁰) Eben dieß aber ist in den Augen des Königs der Hauptzweck der klassischen Studien: sie sollen uns den gleichen Dienst leisten, den sie schon früher den Italienern, den Franzosen, den Engländern geleistet haben; unsere Schriftsteller und unser Volk sollen ihren Geschmack, ihre Sprache, ihren Stil durch sie bilden.⁴⁶¹) Damit sie diesem Zweck entsprechen, verlangt Friedrich, daß sie nach einer andern als der herkömmlichen Methode betrieben werden: daß sich der Lehrer nicht auf die Worterklärung beschränke, sondern auf die Composition, den Stil, den künstlerischen Charakter der Schriften eingehe, auf ihre Schönheiten und ihre Mängel aufmerksam mache, und dieselben wohl auch durch Vergleichung mit Neueren in's Licht stelle.⁴⁶²) Aus demselben Grunde bringt er darauf, daß die hervorragenden unter den alten, und auch mustergültige neuere Schriftsteller in's Deutsche übersetzt werden, und daß auf diese Weise theils die Uebersetzer selbst ihren Stil vervollkommnen, theils andern, und namentlich den Schülern, Stilmuster geliefert werden,⁴⁶³) und ihnen zugleich das sachliche Verständniß der Originale erleichtert werde. So hofft er eine glücklichere Zeit der deutschen Literatur herbeiführen zu helfen, die er selbst freilich nicht erleben werde, sondern nur von ferne schaue, wie Moses das gelobte Land; von der er aber mit aller Bestimmtheit hofft, daß sie erscheinen, und daß dann die deutsche Sprache, vervollkommnet und verfeinert, um der klassischen Werke willen, die in ihr geschrieben seien, von einem Ende Europa's zum andern sich verbreiten werde.⁴⁶⁴) Daß diese neue

Zeit schon vor der Thüre stand und bereits den Fuß auf die Schwelle gesetzt hatte, war ihm verborgen, und die Erscheinungen, welche ihr Nahen ankündigten, hat er theils nicht gekannt, theils nicht zu würdigen und zu deuten gewußt.⁴⁶⁵) Aber wie tief beschämt nicht trotzdem dieser König, der keine Seite eines griechischen oder lateinischen Schriftstellers im Original gelesen, nur einen Theil derselben in französischen Uebersetzungen kennen gelernt hat, der auch unserer eigenen Nationalliteratur so fremd geblieben war, mit seinem Glauben an eine Wiedergeburt derselben durch das klassische Alterthum diejenigen Schüler unserer humanistischen Lehranstalten, welche sich heutzutage gewaltsam die Augen zuhalten, um nicht zu sehen, wie glänzend die Entwicklung dieser Literatur seit einem Jahrhundert die Hoffnungen bestätigt hat, die er mit dem Blick eines Sehers erfaßte, wenn er auch über den Zeitpunkt ihrer Erfüllung sich geirrt hat!

Wie der König in dem Studium der alten Sprachen neben seinem unmittelbaren Bildungswerth zugleich eines der wirksamsten Mittel zur Vervollkommnung in der Muttersprache erkannte, und es wesentlich auch aus diesem Gesichtspunkt empfahl, so verlangte er auch den Unterricht in der deutschen Grammatik.⁴⁶⁶) Er selbst empfand es als einen Mangel, daß man ihn in seiner Jugend nicht deutsch sprechen und schreiben gelehrt, und dadurch eine Lücke in seiner Bildung herbeigeführt hatte, die er in späteren Jahren nicht mehr auszufüllen wußte.⁴⁶⁷) In der Erziehung seiner Unterthanen sollte dieser Fehler nicht gemacht werden. Am wenigsten natürlich da, wo das Bildungsinteresse mit dem politischen zusammenfiel, wo Angehörige einer fremden Nationalität durch die deutsche Sprache für das geistige Gemeinleben des Staates gewonnen, aus Fremden zu Volksangehörigen gemacht werden mußten. In diesem Sinn hielt der König nach der Erwerbung Schlesiens, und ebenso in der Folge nach der Westpreußens, von Anfang an mit allem Nachdruck darauf, daß der polnisch redende Theil der Bevölkerung deutsch lerne;⁴⁶⁸) und es ist ihm auf diesem Wege, in Verbindung mit den übrigen Maßregeln seiner Staatsverwaltung, gelungen, diejenigen, welche er als Polen übernommen hatte, binnen weniger Jahrzehnte in gute Preußen zu verwandeln, sie (wie er selbst mit Bezug auf Westpreußen sich ausdrückt) „von der polnischen Sklaverei zurückzubringen und zur preußischen Landesart anzuführen."

Nächst der Logik und den alten Sprachen legt Friedrich der Geschichte auch für den Gymnasialunterricht einen besonderen Werth bei. Wie er sie gelehrt wissen wollte, erhellt, neben dem früher (S. 163) angeführten und dem sogleich (S. 170 f.) anzuführenden, aus dem Schreiben an Zedlitz und aus der weit früheren Instruktion für die Erziehung seines Neffen und späteren Thronfolgers vom 24. Septbr. 1751. Dort verlangt er (XXVII c, 256), daß sich der Geschichtslehrer bei den alten Zeiten nicht zu lange aufhalte, aber doch die Hauptsachen den Schülern beibringe; in den neueren Zeiten müsse man schon etwas genauer und gründlicher eingehen, was aber, wie er meint, auch spielend angehe. Aehnlich wird in der Instruktion (IX, 37) für die alte Geschichte eine Beschränkung auf die wichtigsten Thatsachen und die hervorragendsten Persönlichkeiten vorgeschrieben, während dem Zögling die europäische Geschichte seit Karl d. Gr. sorgfältig, aber doch ohne Ueberladung mit Einzelheiten, vorgetragen werden soll. Im allgemeinen wird bemerkt: man solle ihm die Geschichte nicht beibringen wie einem Papagei; der große Nutzen derselben beruhe daran, daß man das Frühere mit dem Späteren vergleiche, die Ursachen der geschichtlichen Umwälzungen erkenne, daß man aus ihr sehe, wie in der Regel das Schlechte bestraft und das Gute belohnt werde.[469]) Zugleich müsse man aber auch darauf hinweisen, daß die Angaben der Alten nicht ungeprüft hingenommen werden dürfen. Es ist also im wesentlichen die kritische, pragmatische und moralische Betrachtung der Geschichte, welche den leitenden Gesichtspunkt für den Unterricht in derselben bilden soll.[470])

Daß es freilich für die Hebung des Unterrichts mit Anweisungen allein nicht gethan ist, sondern auf die Tüchtigkeit der Lehrer alles ankommt, übersah der König durchaus nicht,[471] wenn er auch vielleicht nach der Art seines pädagogischen Jahrhunderts den Werth und die Wirkung einer vorgeschriebenen Methode überschätzte. Zur besseren Beaufsichtigung der Schüler und ihrer Studien empfiehlt er das Zusammenwohnen derselben in eigenen Anstalten, wie er es auch für seine Ritterakademie eingeführt hatte.[472]) In welcher Art und in welchem Umfang diese pädagogischen Gedanken des Königs auf die Einrichtungen und den Zustand der preußischen Gymnasien zurückwirkten, kann an diesem Orte nicht untersucht werden; es genügt hier an der Bemerkung, daß diese Anstalten unter der Regierung des Königs, dem hiebei so treffliche Männer wie Zedlitz zur Seite standen, sich ganz außerordentlich gehoben, viele von ihnen, namentlich in Schlesien und in Berlin selbst, eine durchgreifende Reform, und fast alle eine Umgestaltung ihres Lehrplans erfahren haben, welche namentlich den klassischen Studien zugute gekommen ist.[473])

Weniger eingehend, als mit den Gymnasien, hat sich Friedrich in seinen Schriften mit den Universitäten beschäftigt; und auch seine Regierungsthätigkeit griff bei diesen in die bestehenden Einrichtungen und Zustände weniger tief ein, so viel auch immer zur Verbesserung derselben geschah. In der Schrift über die deutsche Literatur (VII, 109 ff.) verlangt er, um den von ihm gerügten Uebelständen (worüber S. 160 f.) zu steuern, indem er auch hier wieder die Geometrie und die Theologie unberührt läßt, zunächst von dem Philosophen, daß er seinen Unterricht mit einer genauen Definition der Philosophie beginne, hierauf die Ansichten der sämmtlichen Philosophen der Zeitfolge nach darstelle und beurtheile; und er begnügt sich nicht damit, die Ergebnisse dieser Beurtheilung dem betreffenden Philosophen selbst zu überlassen, sondern er führt auch, seinen uns bekannten Ansichten gemäß, aus, wie dieselbe bei einer Reihe von philosophischen Lehren und Systemen auszufallen hätte. Er ermahnt die Mediciner, ihre Schüler dazu anzuleiten, daß sie die Krankheitssymptome (die er im einzelnen aufzählt), die Constitution der Kranken und die für jede Constitution geeigneten Mittel genau beobachten, damit wenigstens, wenn sie auch noch lange keine Wunder thun lernen, doch weniger Leute „durch die Unwissenheit oder Trägheit der Aerzte um's Leben kommen". Er stellt den Rechtslehrern vor, daß es sich nicht um Worte handle, sondern um Sachen, die es nachgerade Zeit wäre mit weniger Pedanterie und mehr gesundem Menschenverstand zu behandeln; daß uns mit einem Staats- und Völkerrecht nicht gedient sei, das von den Mächtigen nicht beachtet werde und die Schwachen nicht schütze; er schlägt ihnen vor, die Zeit nicht mit gelehrten Untersuchungen über verschollene Gesetze von Minos bis auf Justinian zu vergeuden, sondern nach einer allgemeinen Erörterung über den Zweck aller Gesetzgebung und über den Unterschied der verschiedenen Arten von Gesetzen,[474]) sich sofort, unter Vermeidung aller unnützer Subtilitäten und Streitfragen, den Landesgesetzen zuzuwenden. Er verbreitet sich endlich ausführlich über die Aufgabe des Geschichtsunterrichts auf den Universitäten; er fordert von diesem eine Vollständigkeit, welche der auf den Gymnasien nicht anstreben kann, sofern er alle uns bekannten Völker darin berücksichtigt wissen will; aber er gibt zugleich die Regel, daß jede Zeit und jede geschichtliche Erscheinung nur in dem Maß eingehender behandelt werde, in dem sie ein fortwährendes Interesse für die Gegenwart hat, und daß daher die Geschichte der letzten Jahrhunderte, namentlich soweit sie Deutschland angeht, am vollständigsten und genausten darzustellen sei. In der Behandlung des Geschichtsstoffs soll auf den Ursprung der Gesetze und Rechte und auf die Einsicht in die Ursachen der Ereignisse ein besonderes Gewicht gelegt, es soll ferner neben der politischen auch die Geschichte der Meinungen und der hervorragenden Schriftsteller, Entdecker u. s. w., also mit Einem Wort die Kulturgeschichte (der ja auch der König selbst in seinen Geschichtswerken viele Aufmerksamkeit schenkt) nicht vernachläßigt werden. Namentlich soll aber das Studium der Geschichte eine Anleitung zur eigenen Lebensführung gewähren. „Was für ein Schauspiel, sagt der König (S. 116), könnte es geben, welches interessanter, belehrender, und für einen jungen Mann, der in die Welt eintreten will, nothwendiger wäre, als diese Reihe von Veränderungen zu verfolgen, welche die Welt so oft umgestaltet haben! Wo kann er die Nichtigkeit der menschlichen Dinge besser kennen lernen, als auf einem Gang durch die Trümmer der ausgedehntesten Reiche? Aber welcher Genuß für ihn, unter der Masse von Verbrechen, die man ihm vor Augen führt, von Zeit zu Zeit einzelnen von jenen tugendhaften, göttlichen Seelen zu begegnen, welche für die Schlechtigkeit der menschlichen Gattung Verzeihung zu erflehen scheinen! Dieß sind die Vorbilder, denen er nacheifern muß. Er hat eine Menge Menschen im Glück von Schmeichlern umgeben gesehen; der Tod zertrümmert den Götzen, die Schmeichler fliehen, die Wahrheit kommt an's Licht und der Schrei der öffentlichen Entrüstung erstickt die Stimme der Lobredner. Ich hoffe, daß der Lehrer einsichtig genug sein wird, um seinen Schülern die Grenze zu zeigen, die einen edeln Wetteifer von dem maßlosen Ehrgeiz scheidet, daß er sie auf die vielen unheilvollen Leidenschaften aufmerksam machen wird, welche das Unglück der größten Staaten herbeigeführt haben; er wird ihnen durch hundert Beispiele darthun, daß jederzeit die Sittlichkeit die wahre Schutzwache der Staaten war, während die Sittenverderbniß, der Luxus, das ungemessene Streben nach Reichthum die Vorläufer ihres Sturzes gewesen sind. Wenn der Professor meinen Plan befolgt, beschränkt er sich nicht darauf, Thatsachen in dem Gedächtniß seiner Schüler anzuhäufen; sondern er arbeitet darauf hin, ihr Urtheil zu bilden, sie an richtiges Denken zu gewöhnen, und vor allem, ihnen Liebe zur Tugend einzuflößen; was meiner Meinung nach mehr werth ist als alle die unverbauten Kenntnisse, mit denen man den jungen Leuten den Kopf voll stopft."

Ich habe diese Stelle im Wortlaut mitgetheilt, weil sie Friedrich's Ansicht über die Universitäten und den Universitätsunterricht in bezeichnender Weise zum Ausdruck bringt. Die wissenschaftliche Aufgabe der Universitäten tritt für ihn gegen die praktisch-pädagogische so sehr zurück, daß wir seine Ausführungen von der Einseitigkeit jenes Utilitarismus nicht freisprechen können, welcher die pädagogischen Reformbestrebungen der Zeit beherrschte, dem ganzen Standpunkt des Königs (worüber S. 67 f.) entsprach, und bei ihm namentlich auch durch den Einfluß eines Philosophen und Pädagogen, auf den er soviel hielt, wie auf Locke, genährt worden sein mag. Den praktischen Nutzen des Unterrichts faßt er allerdings im edelsten Sinn auf. Wenn er verlangt, daß nicht Anfüllung des Gedächtnisses mit todten Kenntnissen, sondern Uebung des Denkens und Bildung des Charakters das Ziel des Unterrichts sei, so wird ihm jeder Einsichtige Recht geben. Aber bei denjenigen, welche sich gelehrten Studien widmen, ist eben gerade der streng wissenschaftliche Betrieb dieser Studien das wirksamste Mittel, um sie für die Denk- und Charakterbildung fruchtbar zu machen; und dieß kommt in den Aeußerungen des Königs, dem die Universitäten und das Universitätsstudium doch nur von außen her bekannt waren,[472]) nicht genügend zur Geltung. Er denkt sich den Weg zur Wissenschaft kürzer, als er ist, unterschätzt die Unentbehrlichkeit und die erziehende Kraft der gelehrten Arbeit; und so lebhaft er den Lehrern die Ausbildung des Denkens als den Hauptzweck ihres Unterrichts verhält, ist er doch von der Neigung nicht frei, den Werth desselben mehr nach seinen Ergebnissen zu beurtheilen als nach der Methode, mittelst deren sie gewonnen werden. Die Bedeutung der Rechtsgeschichte für die Schulung des juristischen Denkens, wie für das Verständniß und die Fortbildung des bestehenden Rechts, hat sich der König nicht klar gemacht; an der Geschichte ist ihm die moralische Nutzanwendung fast noch wichtiger, als die Einsicht in die Ursachen und den Zusammenhang der geschichtlichen Erscheinungen, so entschieden er auch auf die letztere dringt; und den Philosophen möchte er nicht blos den Lehrgang,

sondern auch den Standpunkt vorschreiben, von dem sie bei der Beur=
theilung ihrer Vorgänger auszugehen haben.⁴⁷³) Hat ihn aber auch seine
unvollkommene Kenntniß des Gegenstandes in seinen Urtheilen über die
Universitäten und seinen Vorschlägen zu ihrer Reform da und dort zu
einem Fehlgriff verleitet, so sind doch die allgemeinen Gedanken, von denen
sie ausgehen, zutreffend und fruchtbar. Einen Versuch, die Einrichtungen
und die Lehrweise seiner Universitäten in seinem Sinne durchgreifend
umzugestalten, hat der König nicht gemacht. Die Hochschulen seines
Landes wurden zwar unter seiner Regierung, namentlich seit ihre Leitung
in die Hand des trefflichen Zedlitz gelegt war, durch Berufung tüchtiger
Gelehrten, Abstellung von Mißbräuchen, Verbesserung der Zucht und
Ordnung unter Lehrern und Schülern, Einrichtung pädagogischer Semi=
narien, stetig gehoben;⁴⁷⁴) aber die Jesuitenuniversität in Breslau ist
die einzige, welche eine tiefer gehende Umänderung erfuhr.⁴⁷⁵) Daß die
übrigen mehr sich selbst und ihrer eigenen Entwicklung überlassen wurden,
haben wir ohne Zweifel nicht zu bedauern. Die wesentlichsten Ver=
besserungen konnten doch nur von innen heraus kommen und durch die
fortschreitende Wissenschaft selbst herbeigeführt werden; zu vieles Ein=
greifen der Aufsichtsbehörde hätte namentlich dann, wenn dieselbe auch
die Unterrichtsmethode und die wissenschaftlichen Ergebnisse vorzuschreiben
versucht hätte, sicher mehr geschadet als genützt. Für den inneren Fort=
schritt der Wissenschaft und des wissenschaftlichen Unterrichts hat aber
Friedrich durch die Lehrfreiheit, die er beiden in vollem Maße gewährte,
und der er gleich beim Beginn seiner Regierung durch Wolff's Zurück=
berufung eine so glänzende Genugthuung gab, mehr gethan, als irgend
ein anderer von seinen fürstlichen Zeitgenossen.

Umfassender und durchgreifender war die Thätigkeit des Königs für
die Volksschulen.⁴⁷⁶) Die Fürsorge der Regierung war dieser Grund=
lage aller Volksbildung in Brandenburg und Preußen wie in anderen
protestantischen Ländern seit der Reformation zugewandt gewesen, so manche
Unterbrechungen sie auch bald unter dem Druck der Kriegszeiten, bald durch
die Gleichgültigkeit einzelner Fürsten gegen diesen Theil ihrer Aufgabe erlitten
hatte. Mit besonderem Eifer hatte sich Friedrich Wilhelm I. der Volksschule
angenommen, und er war namentlich darauf bedacht gewesen, die ökonomische
Lage der Schullehrer sicherzustellen, zu allgemeinem und regelmäßigem
Schulbesuch anzuhalten, und diesen auch den Kindern der Armen zu=

gänglich zu machen; wenn auf den Religionsunterricht ein übermäßiges
Gewicht gelegt und dieser allzu mechanisch ertheilt wurde, entsprach dieß
dem Herkommen ebenso, wie dem Charakter des Königs; daß die Volksschulen confessionell getrennt waren und unter der Aufsicht der Geistlichkeit
standen, galt als selbstverständlich, und dabei blieb es ja im ganzen auch
unter Friedrich II. und seinen Nachfolgern bis vor wenigen Jahren um
so mehr, da der Klerus seinerseits nicht in der Lage war, sich den staatlichen Anordnungen zu widersetzen,[477] und der niedrige Bildungsstand
der meisten Schullehrer in jener Zeit den Gedanken, sie den Geistlichen
gegenüber selbständiger zu stellen, von vorne herein ausschloß. Indessen
fand Friedrich das Volksschulwesen bei seinem Regierungsantritt, trotz
aller Mühe, die sich sein Vater um seine Verbesserung gegeben hatte,
immer noch in einem sehr unbefriedigenden Zustand. Die Armuth des Volkes,
die Gleichgültigkeit der Eltern gegen die Erziehung ihrer Kinder, der
üble Wille der meisten Schulpatrone, namentlich unter dem Landadel,
der Mangel an Schulfonds und an Bildungsanstalten für die Lehrer[478]
legten seiner Verbesserung Hindernisse in den Weg, mit denen auch
Friedrich II. während seiner ganzen Regierung zu kämpfen hatte. Die
Bauern ließen ihre Kinder das Vieh hüten oder in ihrer Wirthschaft
arbeiten, statt sie in die Schule zu schicken; in vielen Dörfern fehlte es
an Schulgebäuden, und die Schulmeister trieben neben dem Lehramt, dessen
elender Ertrag sie nicht nährte, nicht selten noch ein Gewerbe, widmeten
sich diesem sogar während der Schulstunden und überließen den Unterricht
auch wohl ihren Frauen.[479] Um bessere Zustände herbeizuführen, hielt
Friedrich schon in seinen ersten Regierungsjahren die Anordnungen seines
Vaters nicht allein aufrecht, sondern er suchte auch seinerseits die Gutsherren
zur Erfüllung ihrer Pflichten gegen die Schule, und die Lehrer zu einem
zweckmäßigen Unterricht anzuhalten, und in dem neugewonnenen Schlesien
wurde sofort die Errichtung evangelischer Schulen gestattet. Minden und
Ravensberg erhielten 1754 eine Schulordnung, welche bereits im
wesentlichen mit den beiden General-Land-Schul-Reglements übereinstimmt,
mit denen der König unmittelbar nach dem Ende des siebenjährigen
Krieges seine erfolgreiche Thätigkeit für das Volksschulwesen eröffnete:
demjenigen, welches 1763 für die evangelischen Volksschulen der ganzen
Monarchie, und dem, welches 1765 für die katholischen Landschulen in
Schlesien erlassen wurde. Auf dem hier vorgezeichneten Wege wurde bis

zum Tode des Königs von ihm und seinen Dienern, einem Zedlitz, Schlabrendorff u. s. w., denen ein Rochow und Felbiger als freiwillige Gehülfen zur Seite standen, an der Hebung des Volksschulwesens mit einer Geduld und Mühe gearbeitet, von der man erst dann den richtigen Begriff erhält, wenn man aus den zahllosen auf diesen Gegenstand bezüglichen Schreiben und Erlassen die Schwierigkeiten kennen gelernt hat, welche bei dieser Schulreform zu überwinden waren. War schon in den alten Landestheilen nach allem bisher erreichten doch immer noch ungemein viel zu thun, so mußte in den neu gewonnenen, in Schlesien und vollends in Westpreußen,[180]) die Volksschule so gut wie neu gegründet werden. Hunderte von Schulen wurden hier an Orten errichtet, wo es bisher keine gegeben hatte.[181]) Die allgemeine Schulpflicht wurde wiederholt eingeschärft und in den neuen Provinzen eingeführt, die Regelmäßigkeit des Schulbesuchs überwacht, ein in's Einzelne eingehender Lehrplan vorgeschrieben. Die Abfassung zweckmäßiger Schulbücher wurde angeordnet. Den Lehrern wurde ein ihrem Beruf angemessenes Verhalten zur Pflicht gemacht; Nebenbeschäftigungen, die sich mit ihm nicht vertragen, wurden ihnen untersagt, für ihren Lebensunterhalt, so weit es die Beschränktheit der Mittel erlaubte, Sorge getragen. Um der Jugend brauchbare Lehrer zu sichern, wurde für die Schulamtskandidaten eine Prüfung und der Besuch eines Seminars vorgeschrieben; neben dem Seminar, welches der Prediger Hecker in Berlin mit seiner Realschule verbunden hatte, wurden noch weitere an einigen schlesischen Schulen errichtet.[182]) Winkelschulen von Leuten, die sich über ihre Befähigung nicht ausgewiesen hatten, wurden verboten. Die Einhaltung der gegebenen Vorschriften sollte durch regelmäßige Visitationen überwacht werden.[183]) Da in seinem eigenen Lande gute Lehrer nicht in hinreichender Anzahl zu finden waren, bemühte sich der König, aus dem Auslande solche herbeizuziehen.[184]) Daß er zu demselben Zweck in seinen letzten Lebensjahren auch die Verwendung von Invaliden befahl, welche die für ein Schulamt nöthigen Kenntnisse besäßen, war allerdings kein glücklicher Gedanke, aber doch auch keine solche Verschlimmerung des bestehenden Zustandes, daß viel Aufhebens davon zu machen wäre.[185])

Die Fassung und die technischen Einzelheiten der Verordnungen, welche Friedrich in Schulsachen erließ, sind nun natürlich nur ausnahmsweise einmal sein eigenes Werk, und es wäre verfehlt, deßhalb, weil ein

Aktenstück seine Unterschrift trägt, den ganzen Inhalt desselben ihm in Lob oder Tadel auf Rechnung zu schreiben; noch verfehlter allerdings, den Werth seiner Maßregeln nach dem Maßstab heutiger pädagogischer Zustände und Theorieen, und nicht nach dem zu beurtheilen, welchen die Verhältnisse, die Bedürfnisse, die Anschauungen ihrer Zeit den Männern an die Hand gaben, welchen die Leitung des preußischen Schulwesens oblag. Aber die maßgebenden Gedanken seiner Unterrichtsverwaltung gehören auch in ihrer Anwendung auf die Volksschule dem Könige selbst an.[486]) Und hier sind es zwei Hauptpunkte, welche als charakteristisch hervortreten: die enge Verbindung der sittlichen Erziehung mit der Religion, und der Werth, welcher auch im Volksschulunterricht auf die Ausbildung des Denkens gelegt wird. Wer so wie Friedrich überzeugt war, daß die Masse des Volkes über die positive Religion und ihre Dogmen nie hinauskommen werde, daß sich aber in ihr mit diesen Dogmen, besonders im Protestantismus, eine reine Sittenlehre verbinde, dem lag es nahe, die Religion dadurch für die moralische Volkserziehung zu benützen, daß dieser ihr werthvollster Bestandtheil im Unterricht als das wesentliche herausgehoben und dem Erziehungszweck dienstbar gemacht werde; und eben dieß ist der Weg, den Friedrich's Verordnungen über die Volksschule einschlagen. Auf den Religionsunterricht wird ebenso, wie auf regelmäßigen Kirchenbesuch, großes Gewicht gelegt und die Zeit für ihn reichlich bemessen; aber zugleich wird verlangt, daß er zur Grundlage der Moral gemacht, daß in demselben die Anwendung der Religionslehren und der biblischen Erzählungen auf's Leben fortwährend im Auge behalten, die Furcht vor Gott und die Liebe zu Gott als moralisches Motiv verwerthet, den Kindern in der Eigenliebe die Quelle aller Sünden nachgewiesen werde.[487]) Der sonstige Unterricht wird für die Landesschulen in dem Kabinetsschreiben an Zedlitz auf „ein bischen Lesen und Schreiben" beschränkt, denn wenn die Leute zu viel wissen, meint dort der König, „so laufen sie in die Städte und wollen Secretärs und so was werden". Indessen fügen die Schulordnungen die Anfangsgründe des Rechnens und Anleitung zu leichteren deutschen Ausarbeitungen hinzu, und die jüngste derselben stellt ein Lesebuch in Aussicht, welches einen Inbegriff der ersten und nöthigsten Kenntnisse enthalte. Noch mehr Gewicht wird in den polnischen Landestheilen auf die Erlernung des Deutschen gelegt. In den städtischen Trivialschulen soll der Unterricht im Rechnen und den schriftlichen Arbeiten weiter geführt, deutsche Grammatik, und wenn sie drei Lehrer haben auch die ersten Anfangsgründe des Lateinischen und Französischen, der Geschichte und der Geographie, und mit Hülfe eines Grundrisses das nöthigste und brauchbarste aus der Physik, Landwirthschaft, Gewerbe und Handel gelehrt werden;[148]) so daß hier die Volksschule bereits in eine Bürgerschule oder niedere Realschule übergeht. Aber auch in den untersten Schulen soll der Unterricht so lange fortgesetzt werden, bis die Kinder „nicht nur das nöthigste vom Christenthum gefaßt haben und fertig lesen und schreiben, sondern auch von demjenigen Red' und Antwort geben können, was ihnen beigebracht werden soll".[149]) Denn der Satz, daß der am weitesten komme, welcher am besten raisonnirt, gilt nach Friedrich's ausdrücklicher Erklärung auch von den Bauern; auch ihnen ist richtiges Denken vor allem andern zu wünschen.[150]) Dazu soll auch die Volksschule in ihrem Theile beitragen; und so beschränkt die Zahl der Gegenstände ist, auf welche ihr Unterricht sich erstreckt, so sollen diese doch in demselben so behandelt werden, daß der allgemeinste Zweck alles Unterrichts, die Denkbildung, wenigstens so weit erreicht wird, als er in dieser Beschränkung erreicht werden kann.

9. Rückblick.

Wenn ein Fürst, der es mit seinen Regentenpflichten so ernst nimmt, wie Friedrich der Große, während eines langen Lebens, im Glück und im Unglück, unter den anstrengendsten Geschäften und den aufreibendsten Sorgen, sein Nachdenken immer wieder philosophischen Fragen zuwendet, so beweist dieß, wie tief und nachhaltig er die Nothwendigkeit solcher Untersuchungen empfindet. Es beweist aber an sich noch nicht, daß er in der philosophischen Forschung einen selbständigen Lebenszweck für sich sieht. So tief die Freude an geistiger Thätigkeit und geistigen Genüssen in Friedrich's Individualität wurzelte, so unentbehrlich ihm die Beschäftigung mit der Kunst und der Literatur war, so war er doch seiner ganzen Natur nach zu entschieden auf praktische Ziele gerichtet und für staatsmännisches Wirken begabt, als daß wir ihn uns, auch wenn er nicht als Thronerbe geboren worden wäre, in der rein wissenschaftlichen Thätigkeit so befriedigt, so in ihr aufgehend denken könnten, wie einen Anaxagoras oder Aristoteles,

einen Kant oder Descartes oder Spinoza. Seit vollends das Bewußtsein seiner Herrscherpflicht in ihm zu jener durchgreifenden Stärke gelangt
war, in der es sich schon in seinen ersten Schriften ausspricht, mußte alles
andere dem Gedanken der Pflicht untergeordnet und auch der Werth der
Wissenschaft an erster Stelle darin gesucht werden, daß sie uns lehrt,
unsere Pflicht zu erfüllen. (Vergl. S. 2. Anm. 2) Aber das merk-
würdige und für seine Geistesart entscheidende ist nun, daß er der Philosophie für diesen Zweck nicht zu entrathen weiß. Pflichterfüllung auf
dem Grund einer vernunftmäßigen Ueberzeugung: dieß ist der leitende
Gedanke seiner Lebensführung wie seiner Philosophie. Es ist derselbe
Gedanke, in dessen Verfolgung Sokrates zum Reformator der Wissenschaft
und des sittlichen Lebens geworden ist, den dann Plato und in der Folge
die Stoa von ihm übernommen hat. Auch Friedrich mag er zuerst in
den alten Schriftstellern, welche die Philosophie oft als die Führerin des
Lebens preisen und sie als solche behandeln, bei einem Cicero, Seneca,
Mark Aurel entgegengetreten sein. Je früher und vollständiger sodann
diejenige Lehrerin, der er in seiner Kindheit überwiesen worden war, die
Religion, ihr Ansehen bei ihm verlor, um so entschiedener mußte sich das
Bedürfniß geltend machen, daß die Philosophie in die Lücke eintrete, die
dadurch entstanden war. Aber die Bedeutung, welche sie thatsächlich
für ihn gehabt hat, hätte sie nicht gewinnen, die Richtung, in der er sie
verfolgte, nicht annehmen können, wenn ihr nicht die zwei Grundzüge
seines Wesens, die Klarheit seines Geistes und die Festigkeit seines
Willens, entgegengekommen wären. Nichts zu glauben, ohne daß man sich
der Gründe, nichts zu thun, ohne daß man sich der Ziele und der Wege
deutlich bewußt ist, nach klar erkannten Grundsätzen zu handeln, seine
Entschlüsse nach reiflicher Ueberlegung zu fassen und mit unerschütterlicher
Beharrlichkeit durchzuführen — dieß ist es, was uns in dem Charakter
und der Handlungsweise des Königs von Anfang an als unverbrüchliche
Norm entgegentritt; und eben dazu soll die Philosophie ihm verhelfen.

Hiefür war nun zweierlei nöthig. Die Philosophie mußte ihren
Jünger zu der Denkbildung, der Klarheit der Begriffe, der Schärfe des
Urtheils, der methodischen Sicherheit des „Räsonnement" anleiten, ohne
die nach Friedrich's Ueberzeugung kein vernünftiges und folgerichtiges
Handeln möglich ist; und sie mußte ihn nicht bloß über die sittlichen
Aufgaben des Menschen als solche, sondern überhaupt über alles das

belehren, was für die Lösung dieser Aufgaben von Bedeutung ist. Für die logische Schulung des Denkens hat nun Friedrich zwei Männer als seine hauptsächlichsten Lehrer anerkannt: Christian Wolff und Pierre Bayle. Jener gilt ihm für den Urheber der vollkommensten logischen Theorie, dieser für das vollkommenste thatsächliche Vorbild eines streng logischen Denkens; jener hat in dem Satz vom zureichenden Grunde das Princip aufgestellt, in dem Friedrich die Richtschnur alles richtigen Denkens erkannt, (vgl. S. 9 f.) dieser hat als Kritiker in mustergültiger Weise gezeigt, wie man es machen muß, um nichts ohne zureichenden Grund anzunehmen. In materieller Beziehung bedarf der Moralphilosoph neben der moralischen Theorie selbst auch der Orientirung über diejenigen metaphysischen Fragen, welche auf seine Ansicht über das sittliche Vermögen und die Bestimmung des Menschen und über die moralischen Beweggründe, und dadurch auf sein Handeln Einfluß haben, und dieß sind im wesentlichen die Fragen der sog. natürlichen Theologie: über das Dasein Gottes, seine Einwirkung auf die Welt, die Willensfreiheit, die Unsterblichkeit. Nur wegen seines Zusammenhangs mit der Frage über die Unsterblichkeit scheint der Gegensatz des psychologischen Spiritualismus und Materialismus für Friedrich ein Interesse zu haben;[491] und nur weil sie ihm die Aussicht auf eine rationale Begründung des Unsterblichkeitsglaubens eröffnete, hatte Wolff's Lehre von den einfachen Wesen für ihn eine Zeit lang diesen Reiz. Er eignet sich von der Metaphysik eben nur das an, was auf den Menschen und namentlich auf das sittliche Leben des Menschen Bezug hat. Und in der Metaphysik wählte er zuerst Wolff zu seinem Führer; denn ein zusammenhängendes Studium dieser Wissenschaft scheint er erst an seiner Hand vorgenommen zu haben, wenn auch einzelne Fragen, wie die über das Dasein Gottes und die Unsterblichkeit, ihn schon früher beschäftigt hatten, und die Ansichten einzelner Philosophen ihm bekannt geworden waren.[492] Nach einiger Zeit wandte er sich nun allerdings wieder von Wolff ab, um sich theils Bayle, theils Locke in die Arme zu werfen; sein Wahlspruch ist jetzt Beschränkung auf die Erfahrung und das, was sich aus der Erfahrung ableiten läßt, und Mißtrauen gegen jede über die Erfahrung hinausgehende Speculation. Indessen greift diese Aenderung in die Weltanschauung des fürstlichen Philosophen nicht so tief ein, wie man zunächst glauben möchte. Er verzichtet auf die Leibniz-Wolff'sche Metaphysik als

solche, d. h. auf die Lehre von den einfachen Wesen (denn die prästabi=
lirte Harmonie scheint er überhaupt nie angenommen zu haben); aber
er hält alle die Bestimmungen jener Metaphysik, deren er zur Unterlage
für seine praktische Philosophie bedarf, jenen ganzen naturalistischen
Deismus fest, in dem sich Locke und Voltaire mit der Consequenz der
Leibniz-Wolff'schen Lehren berührten. Nur die Frage über die Willens=
freiheit beantwortete er in der späteren Zeit, auf Grund von Erwägungen,
die wesentlich aus dem praktischen Interesse hervorgiengen, anders, als er
dieß früher im Anschluß an Wolf und Locke gethan hatte. Daß er sich
aber bei allen diesen Sätzen die skeptische Erinnerung an die Unsicherheit
unseres Erkennens vorbehielt, hatte bei ihm nicht mehr zu bedeuten, als
bei dem Philosophen, welchen er selbst für die gleiche Haltung belobt,
bei Cicero: wo man auf die volle Sicherheit der Ueberzeugung verzichtet,
tritt das Wahrscheinliche an die Stelle des Wahren und leistet für das
praktische Verhalten die gleichen Dienste wie dieses, nur daß man in der
Vertretung seiner Ansichten vorsichtiger, bescheidener, duldsamer gegen
andere ist.

Trägt aber auch Friedrich's theoretische Philosophie schon um den
Anfang seiner Regierung das Gepräge desselben Eklekticismus, welcher
während der zweiten Hälfte derselben in Deutschland zu immer größerer
Verbreitung gelangte, so verhält es sich doch anders mit seinen auf das
menschliche Leben bezüglichen Gedanken. Auf diesem Gebiete kommt die
Selbständigkeit seines Geistes weit stärker zur Geltung. Jene Unbe=
dingtheit des Pflichtgefühls, welche ihn in seinen moralischen und politischen
Ausführungen alle anderen Zwecke und Beweggründe dem der Pflicht
unterordnen läßt, mag sich immerhin an stoischen Schriften genährt und
gestärkt haben: daß er gerade diese Moral sich aneignete und die epiku=
reischen Einflüsse, für die er von Hause aus durchaus nicht unempfänglich
war, immer vollständiger zurückdrängte, war doch sein eigenes Werk; und
seine Selbständigkeit tritt hier nur um so heller an's Licht, wenn wir
den Ernst und die Geschlossenheit seiner vom Pflichtbegriff getragenen
Lebensanschauung mit der Weichlichkeit, der Selbstzufriedenheit, dem ver=
trauensseligen Optimismus, überhaupt mit allen den schwächlichen Zügen
vergleichen, durch welche die großen Verdienste der gleichzeitigen Auf=
klärungsphilosophie um die Humanität, die Toleranz, die Geistesfreiheit
geschmälert werden; oder wenn wir die Strenge seiner Grundsätze mit dem

oberflächlichen utilitarischen Eudämonismus zusammenhalten, dem unter seinen Vorgängern der damalige Hauptvertreter des Locke'schen Empirismus in Deutschland, der von ihm so sehr überschätzte Thomasius, huldigte.⁴⁹³) Der einzige unter den Wortführern der deutschen Aufklärungsphilosophie, dessen Tugendlehre wir an Reinheit mit der Friedrich's vergleichen können, ist Lessing; sofern auch er das Gute rein um seiner selbst willen gethan wissen will, und trotz seines Glaubens an eine Fortdauer nach dem Tode doch gegen die „Eigennützigkeit des menschlichen Herzens" sich auflehnt, welche die Aussicht auf eine künftige Vergeltung als Beweggrund unseres Handelns nicht zu entbehren vermag.⁴⁹⁴) In der strengen Fassung des Pflichtbegriffs kommt aber auch Lessing Friedrich nicht gleich. In dieser Beziehung läßt sich ihm von seinen Zeitgenossen nur Kant zur Seite stellen. Seine Begründung der Moral durch die Selbstliebe würde dieser allerdings nicht gutgeheißen haben; und es läßt sich ja auch nicht verkennen, daß dieselbe von Lücken und Unklarheiten nicht durchaus frei ist, und mit der Forderung einer vollkommen uneigennützigen Handlungsweise nur durch eine tiefer gehende Analyse des menschlichen Wesens vermittelt werden konnte. An sich selbst aber ist der Gedanke, den Friedrich in jener Abhandlung verfolgt, wohl berechtigt, und gerade Kant's formalistische Fassung und aprioristische Ableitung des Moralprincips bedarf einer solchen Ergänzung.¹⁹⁵)

Auf die Philosophie seiner Zeit hat Friedrich ohne Zweifel viel weniger durch seine Schriften eingewirkt, als durch seine Thaten. Jene verfaßte er mehr für sich selbst als für andere, und es wurden von ihnen außer dem Antimachiavel nur einige wenige bei seinen Lebzeiten einem größeren Kreise bekannt; diese erfüllten Europa mit ihrem Ruhm und wirkten in Deutschland auf das geistige Leben wie ein befruchtender Regen auf dürres Erdreich. Kann man auch von der Philosophie unseres Volkes nicht sagen, was Goethe in einer bekannten Stelle⁴⁹⁶) von seiner Poesie sagt, daß durch Friedrich d. Gr. der erste wahre und höhere Lebensgehalt in sie gekommen sei, so läßt sich ihm doch, abgesehen von allem, was er durch einzelne Regierungsmaßregeln für die Hebung des wissenschaftlichen Lebens gethan hat, ein vierfaches Verdienst um sie nicht absprechen. Der Philosoph auf dem Throne hat durch seinen Vorgang den Namen der Philosophie in den weitesten Kreisen zu Ehren gebracht und den Sinn für sie belebt; er hat durch den Schutz, welchen er der Lehr- und Denkfreiheit gewährte, um den wissenschaftlichen Fortschritt sich ein unschätzbares Verdienst erworben; er hat durch die Größe seiner Thaten und den Glanz seiner Erfolge dem Geist unseres Volkes einen Schwung gegeben, der auf alle Lebensgebiete zurückwirken, allenthalben den Sinn auf's Große lenken, den Muth zum Wagen stärken mußte; er hat endlich als Herrscher ein Beispiel der Pflichterfüllung aufgestellt, und seine Unterthanen an eine Strenge der Pflichterfüllung gewöhnt, welche für Kant's Reform der Moral den Boden bereitete. Wenn die Philosophie seinen Geist gebildet, sein Denken geschult, seinem inneren Leben einen Halt gewährt, wenn sie ihn zu seinem Herrscheramt ausgerüstet und gestärkt hat, so hat er ihr durch seine Führung dieses Amtes seinen Dank als König bezahlt.

Anmerkungen.

¹) Er schilt ihn so in dem charakteristischen höchst ungnädigen Schreiben vom September 1728, das in den Oeuvres de Frédéric Bd. XXVII, c, 10 abgedruckt ist.

²) Aehnlich aber an demselben schon 20 Jahre früher (27. Jan. 1739; XXI, 362): Les sciences doivent être considérées comme des moyens qui nous donnent plus de capacité pour remplir nos devoirs; wofür der Hauptgrund hier darin gefunden wird, daß sie methodisch und consequent handeln lehren. L'esprit philosophique établit des principes; ce sont les sources du raisonnement et la cause des actions sensées.

³) So schreibt er d. 27. Juni 1760 (XIX, 182) an d'Argens: J'aime la philosophie parce qu'elle modère mes passions, et parce qu'elle me donne de l'indifférence pour ma dissolution et pour l'anéantissement de ma pensée. An demselben d. 10. November 1760, acht Tage nach der Schlacht bei Torgau (XIX, 205): Je n'ai de soutien au milieu de tant de contrariétés que ma philosophie; c'est un bâton sur lequel je m'étaye, et mon unique consolation dans ces temps de troubles et de subversion de toutes choses. Und ähnlich d. 18. Jan. 1762 (XIX, 283) nach einer Schilderung seiner verzweifelten Lage: Je me sauve delà en envisageant l'univers en grand, comme le contemplant d'une planete éloignée; alors tous les objets me paraissent infiniment petits, et je prends mes ennemis en pitié de se donner tant de mouvement pour si peu de chose. Que deviendrions-nous sans la philosophie, sans réflexion, sans détachement du monde, et sans ce mépris raisonnable que nous inspire la connaisance des choses frivoles, passagères et fugitives dont les avares et les ambitieux font un trop grand cas, parce qu'ils les croient des biens solides et durables. Aehnlich äußert er sich d. 13. Juli 1757, bald nach der Niederlage bei Kollin, gegen seine Schwester in Baireuth (XXVII, a, 297): Heureux le moment où je me suis familiarisé avec la philosophie! Il n'y a qu'elle qui puisse soutenir l'âme dans une situation pareille à la mienne. Mit Beziehung auf dieselbe Schwester schreibt er d. 12. Febr. 1753 (XXVI, 108) seinem Bruder, dem Prinzen von Preußen: er dürfe ihre Seelenstärke nicht für ein Erbtheil ihrer Familie

halten. Die Philosophie sei es, die sie über das Unglück erhebe, weil sie uns die Dinge ihrem wahren Werthe nach würdigen und selbst bei dem unersetz:lichsten Verluste, dem unserer Freunde, unsern Schmerz mäßigen lehre.

⁴) An Voltaire, 18. Mai 1740 (XXI, 378): Je vous assure que la philosophie me parait plus charmante et plus attrayante que le trône u. s. w.; und am Schlusse: ob mit dem Lorbeer oder dem Diadem geschmückt, immer werde er seine Ruhe nur in seinem eigenen Herzen suchen; es falle ihm schwer, seine glückliche Zurückgezogenheit zu verlassen, aber er könne sich seinem Schicksal nicht entziehen. Vgl. auch die Verse XII, 174 (1761), wo Friedrich von seiner eigenen Stellung sagt: Le Hasard... voulut qu'un philosophe eût le sceptre des rois und das Gedicht an Jordan aus dem Jahr 1742 (XVII, 222), welches anfängt: J' étais né pour les arts, und nachdem dieß näher begründet ist, fort:fährt: Bientôt, un coup du sort sur un plus grand théatre... m'a fait monter malgré mes vœux.

⁵) Wenige Wochen nach diesem Siege, der am 7. Mai 1742 den Erfolg des ersten schlesischen Krieges entschied, schreibt er an Jordan (XVII, 214): Je lis ce que je puis, et je t'assure que dans ma tente je suis autant philoso:phe que Sénèque, ou plus encore. Quand nous verrons-nous sous ces beaux et paisibles hêtres de Remusberg, ou sous les superbes tilleuls de Charlottenbourg? Quand pourrons-nous raisonner à notre aise sur le ridicule des humains et sur le néant de notre condition? (Ebenso S. 223: er hoffe, er könne bald in Charlottenburg raisonner avec vous sur le vide et la nullité de toutes les choses de cette vie.

⁶) Fr. äußert diesen Vorsatz kurz vor dem Tode seines Vaters, d. 23. März 1740, (XXI, 360) gegen Voltaire mit dem Beisatz: die Gewohnheit habe seine ursprüngliche Befähigung für die Künste in eine Temperamentseigenschaft ver:wandelt; wenn er weder arbeiten noch lesen könne, gehe es ihm wie einem Ge:wohnheitsschnupfer, dem man seine Dose weggenommen habe, und der nun vor Unruhe fast umkomme und jeden Augenblick mit der Hand in die Tasche fahre. Seiner Neigung, fügt er bei, würde die Unabhängigkeit des Privatlebens besser zusagen, als die Unterwerfung unter eine schwere Pflicht. Das einzige, was ihn beruhige, sei der Gedanke an die Dienste, die er seinen Mitbürgern und seinem Vaterland leisten könne.

⁷) In diese Zeit fällt der Brief an d'Argens vom 23. Sptbr. 1757, XII, 50 f. XIII, 153 f., in dem er den Entschluß ausspricht, seinen Sturz nicht zu überleben, und unter philosophischen Betrachtungen über den Tod von dem Freunde Abschied nimmt; die épître chagrine vom 15. Oktbr. 1757 (XII, 46 f.); der Brief an seine Schwester in Baireuth (August 1757; XII, 36 f.) und die beiden an seine Schwester Amalie (September und Oktober 1757; XII 43 f. 57 ff.); die Ode an Prinz Heinrich vom 4. Oktbr. 1757 (XII, 1 f. XIII, 131 f.); der Brief an Voltaire vom 9. Oktober 1757 (XIV, 116).

⁸) Zu den Belegen für diese Thatsache, an denen Friedrich's Correspondenz

mit seinen Freunden reich ist, gehören auch die Verse Oeuvres XIV, 175 f. Wenn jedoch Catt (Memoiren S. 154 f. Koj.) und nach ihm Preuß (a. a. O. und S. XXIV) u. a. diese Verse am Vorabend der Schlacht von Zorndorf verfertigt sein lassen, hat jetzt Koser (Memoiren und Tagebücher von H. de Catt S. 473. XXVI) die Falschheit dieser Angabe nachgewiesen.

⁹) Friedrich selbst berichtet über diese kirchengeschichtlichen Studien an d'Argens zuerst d. 29. April 1762 (XIX, 310) aus Breslau, dann wieder d. 18. Mai aus Pettlern. D. 22. Oktbr. (S. 360, aus Peterswaldau) schreibt er, er habe den Kopf voll von Bullen, Concilien u. s. w.; d. 28. Oktbr. (S. 366, ebenfalls aus Peterswaldau) ist er bereits am 28. Band, d. 30sten (S. 369) am 29sten, und d. 25. Novbr. (S. 375, aus Meißen) kann er melden, daß er die Geschichte der frommen Betrüger beendet habe, und nunmehr als Gegengift gegen das Gift des Fanatismus d'Argens' Schrift über den Timäus lese. Den Eindruck, den seine kirchenhistorischen Studien auf ihn machten, sprechen die sechs poetischen Episteln (XIV, 136 ff.) aus, welche Fr. vom 30. September bis zum 25. November 1762 aus Bögendorf und Meißen an seinen Sekretär Catt richtete. Im Jahre 1766 erschien auf Friedrich's Veranstaltung angeblich zu Bern (wo er bald darauf öffentlich verbrannt wurde), in der Wirklichkeit zu Berlin, ein Abrégé de l'Histoire ecclésiastique de Fleury, der nach Dantal, dem letzten Vorleser des Königs, von diesem selbst, nach andern von Abbé de Prades verfaßt war (vgl. Preuß in der Einleitung zu Bd. VII der Oeuvres S. XIV f.); Friedrich's Vorrede zu demselben steht a. a. O. VII, 131—144.

¹⁰) Preuß, Friedrich's d. Gr. Jugend und Thronbesteigung (1840) S. 224—237. Das Schriftchen von Merkens: Friedrich d. Gr. Philosophie, Religion und Moral (Würzb. 1876. 16 S.) geht nicht über das bekannteste hinaus.

¹¹) Rigollot Frédéric II. philosophe. Par. 1875. 270 eng gedruckte Seiten gr. 8. Wenn neben diesem Werke bei Ueberweg-Heinze, Grundr. d. Gesch. d. Phil. III., 152 5. Aufl. auch Eug. Pelletan's „Un roi philosophe" (Par. 1878) genannt wird, so scheint dieß auf den bloßen Titel hin geschehen zu sein. Friedrich's Philosophie wird in dieser Schrift kaum berührt; sie kann aber auch überhaupt nicht für eine historische Darstellung gelten, da sie ohne jede Rücksicht auf geschichtliche Wahrheit und guten Geschmack lediglich darauf ausgeht, ihre Leser mit einem Zerrbild Friedrich's d. Gr. und seines Vaters zu unterhalten.

¹²) Er bezeichnet sich so in der Ausgabe seiner Gedichte, die er 1750 und 1752 unter dem Titel Oeuvres du philosophe de Sans-Souci in wenigen Exemplaren für seine Freunde drucken ließ. Mit demselben Namen unterzeichnet er sich häufig in seinen Briefen an Voltaire.

¹³) Friedrich war den 12. Juni 1733 mit der Prinzessin Elisabeth von Braunschweig-Bevern getraut worden; 1734 wurde Rheinsberg unweit Neu-Ruppin für ihn gekauft; das Schloß, in das er hier eine alte verfallene Burg

umwandelte, wurde im August 1736 bezogen und bis zu seiner Thronbesteigung (31. Mai 1740) von ihm bewohnt. (Preuß, Friedr. Jugend 172. 176 ff. Bratuscheck, Erz. Friedr. 129 f.)

¹⁴) So schreibt er den 22. Juni 1737 (XVI, 329) an Suhm: je deviens tous les jours plus avare de mes moments... tout mon esprit n'est tourné que vers la philosophie; elle me rend des services merveilleux... je me trouve heureux me trouvant beaucoup plus tranquille qu'autrefois... je supprime les premiers effets de mes passions, et je ne prends mon parti qu'après avoir bien considéré de quoi il s'agit. Ebenso den 3. Febr. 1737 (XXVII, a, 46) an die Markgräfin von Baireuth, nach einer Schilderung seines Lebens in Rheinsberg: Avec cela, la philosophie va toujours son train, car c'est la plus solide source où nous puissions puiser notre bonheur. Vgl. auch das an Voltaire gerichtete Gedicht vom 30. Oktober 1737. XIV, 22 und Catt, Mem. 61. 72. 282.

¹⁵) Le Marc-Antonin de nos jours, le Marc-Aurèle de notre siècle, wird Fr. schon in Briefen Suhm's vom 6. August 1736 und 2. Sptbr. 1737 (XVI, 275. 340) genannt; ebenso von Voltaire (d. 8. März 1738; XXI, 174) le Marc-Aurèle d'Allemagne, und in den Versen, die einem Brief an Friedrich vom 15. Apr. 1739 (XXI, 284) beigefügt sind, disciple de Trajan, rival de Marc-Aurèle und so noch öfters. Dagegen schreibt Voltaire (ebd.) d. 21. Juni 1741, während des ersten schlesischen Kriegs, an Thieriot, diese Verse passen nicht mehr, sie seien nur auf einen friedfertigen Fürsten, nicht auf einen Eroberer berechnet gewesen. Ueber Friedrich's Bewunderung für Mark Aurel vergl. S. 35 f.; das Wort von der Mutter und von der Stiefmutter steht in Mark Aurel's Selbstgesprächen VI, 12; Friedrich eignet es sich in dem Brief an d'Argens vom 11. Novbr. 1761 (XIX, 262) an.

¹⁶) Die poetische Epistel an d'Argens vom 22. Oktbr. 1762 (XIX, 359) beginnt mit der Bemerkung: in der Blüthe seiner Jahre habe er sich erst mit Ovid und Tasso beschäftigt, in der Folge, als der erste Flaum sein Kinn beschattete, mit Sophokles, Horaz und Cicero; plus mûr j'étudiais César dans son-allure. Leibniz et Gassendi mais surtout Épicure. Weniger beweist es, wenn er (XXIV, 11; 24. Novbr. 1761) Catt sagt, in seinem Alter habe auch er Epikur zum Lehrmeister gehabt. Schreibt er endlich der Kurfürstin von Sachsen (XXIV, 129; 12. Februar 1767): dès ma tendre jeunesse j'ai été frappé du conseil qu'Épicure donne à ses disciples: „ne vous mêlez point, leur dit-il, des affaires du gouvernement", so kann ihm dieser vielbesprochene Grundsatz Epikur's zu Ohren gekommen sein, ehe er mit seiner Philosophie näher bekannt wurde. Daß die obige Aufzählung (Leibniz, Gassendi, Epikur) chronologisch genau sei, und Fr. demnach Leibniz früher kennen gelernt habe, als Epikur (Bratuscheck Erz. Friedr. S. 127, A. 163), halte ich für möglich, aber für ganz unerweislich: zunächst richtet sich die Reihenfolge der Namen, wie mir scheint, nach dem Bedürfniß des Reims und des Metrums.

¹⁷) Friedrich hatte sich schon seit 1727 hinter dem Rücken seines Vaters eine Bibliothek angeschafft, welche ihm aber dieser nach seinem Fluchtversuch, 1730, wegnahm und sie verkaufen ließ. (Das nähere über dieselbe bei Bratuscheck (Erz. Friedr. S. 39—52. Anm. 79—108). In dem Katalog dieser Bibliothek ist nun allerdings auch der Abriß von Bernier genannt. Allein daraus folgt nicht, daß Fr. denselben in den Jahren, während deren er im Besitz jener Bibliothek war, auch wirklich kennen gelernt hatte. Von den 3750 Bänden, die sie 1730 enthielt, waren nämlich die wenigsten zu sofortigem Gebrauch bestimmt; weit das meiste scheint vielmehr nach einer von Friedrich's Lehrer Duhan getroffenen Auswahl aus der Hinterlassenschaft des gelehrten Naudé übernommen worden zu sein, und ganze Abtheilungen, wie z. B. die vielen mathematischen und naturwissenschaftlichen Schriften, sind von Friedrich wohl kaum eines Blickes gewürdigt worden. Aber auch von solchen, die seinen späteren Studien näher lagen, wird er zwischen seinem 16. und 19. Jahr, in der Zeit, die er selbst später als nutzlos vergeudet bezeichnete, (s. o. S. 5), und in der er auch wirklich, wie bekannt, den Zerstreuungen der Jugend keineswegs fremd blieb, nicht allzu viele studirt haben. Um auch nur den zehnten Theil seines Bücherverraths in drei Jahren durchzulesen, hätte er dieser Beschäftigung viel mehr Zeit widmen müssen, als er ihr damals gewidmet haben kann. Daß er Bernier früher nicht oder nur flüchtig kennen gelernt hatte, erhellt aus seinem Brief an d'Argens vom 2. Juli 1761 (XIX, 239), worin er diesem schreibt, er sei mit seinen (Bernier'schen) Gassendi zu Ende, und über den Eindruck, den er ihm gemacht habe, eingehend berichtet, ohne einer früheren Bekanntschaft mit diesem Werk zu erwähnen. Vgl. S. 19.

¹⁸) An die Theodicee erinnert die Ode: Apologie des bontés de Dieu, deren erster Entwurf (XIV, 11) vom 17. Aug. 1737 datirt ist; aber zum Beweis für Friedrich's Bekanntschaft mit der Leibniz'schen Schrift reicht diese Aehnlichkeit nicht aus. Ebensowenig spricht aber gegen dieselbe, daß die Theodicee in dem vor. Anm. erwähnten Verzeichniß fehlt.

¹⁹) Das nähere hierüber findet man in meinen „Vorträgen und Abhandlungen" I, 149 f. und den weiteren dort nachgewiesenen Schriften.

²⁰) Diesen ausgezeichneten und einflußreichen Prediger nennt Friedrich schon den 9. Septbr. 1736 (XXI, 14) neben dem von ihm hoch verehrten Beausobre als einen von den Geistlichen, die durch ihre Liebe zur Wahrheit, ihre Philosophie und die Lauterkeit ihres Charakters unter ihren Standesgenossen eine Ausnahme bilden. (Er war es auch, den er 1740 beauftragte, mit Wolff über dessen Rückkehr zu verhandeln.

²¹) Diese Uebersetzung der Logik vom Jahr 1736 war dem Kronprinzen mit einer Zuschrift zugeeignet, mit deren geschmacklosen Lobeserhebungen sowohl Suhm als Friedrich selbst (XVI, 292. 294) unzufrieden sind. 1740 erschien von des Champs eine französische Uebersetzung von zwei Abhandlungen aus Wolff's Horae subsecivae Marburgenses (1730 f.) unter dem Titel Le philosophe-roi et

le roi-philosophe und: la théorie des affaires publiques; in demselben Jahr die Cinq Sermons sur divers textes, expliqués selon la méthode du célèbre M. Wolff, der nunmehrigen Königin, vor der sie in Rheinsberg gehalten worden waren, gewidmet.

²²) So nennen Friedrich und Suhm, und nennt man auch jetzt noch gewöhnlich die Schrift, welche unter dem Titel „Vernünftige Gedanken von Gott, der Welt und der Seele des Menschen, auch allen Dingen überhaupt" (d. h. Theologie, Kosmologie, Psychologie und Ontologie) zuerst 1719, in neuen Auflagen 1721, 1725, 1729 u. s. f. (8. Aufl. 1741) erschien.

²³) Der Brief, worin Suhm dieser Auftrag ertheilt wurde, scheint verloren gegangen zu sein; er wird aber in die Zeit fallen, in der Friedrich von Berlin aus an Manteuffel schreibt (11. März 1736; XVI, 107): er habe sich unter anderem damit beschäftigt, d'avoir mis le nez dans les ouvrages de Wolff. Den 13. März 1736 (XVI, 219) erklärt sich Suhm zur Uebernahme der Arbeit bereit, indem er zugleich das erste Kapitel seiner Uebersetzung beilegt. Aus den folgenden Briefen geht hervor, daß Friedrich mit Suhm's Uebertragung sehr zufrieden war (XVI, 259), und daß er jeden einzelnen Abschnitt sofort nach seiner Vollendung erhielt. Den 7. Dezember 1736 schickt ihm Suhm aus Lübben, von wo er drei Wochen später als sächsischer Gesandter nach Petersburg abreiste, den Schluß des Werks. (Eine Abschrift dieser Suhm'schen Uebersetzung, deren Friedrich auch den 7. Mai 1736 (XXVII, a, 38) gegen seine Schwester erwähnt, war jenes Exemplar der Metaphysik, das Friedrich's Affe Mimi (wie er XVI, 312, den 22. Jan. 1737 berichtet) eines Tages, während er bei Tische war, in unvorsichtiger Nachahmung seines lesenden Herrn an's Licht hielt und verbrannte: die Einen sagen (schreibt Friedrich) aus Verdruß darüber, daß er sie nicht verstand, andere meinen, er sei von Lange bestochen worden, eine dritte Ansicht sei die, daß er es gethan habe, weil Wolff die Thiere zu tief unter den Menschen herabsetze; das wahrscheinlichste Motiv liege aber in der Eifersucht darüber, daß Friedrich dem Buche des Philosophen größere Aufmerksamkeit schenkte, als den Possen des Affen. Gedruckt wurde die französische Metaphysik erst 1740.

²⁴) Friedrich an Voltaire 8. Febr. 1737 (XXI, 35); an Suhm 15. Aug. 1736, 23. März 1737 (XVI, 278. 317). Mit der „Moral" sind die „Vernünftigen Gedanken von der Menschen Thun und Lassen" (1720) gemeint. Ob diese Uebersetzung fertig wurde, kann ich nicht sagen; gedruckt wurde sie meines Wissens nicht; jedenfalls zeigt sich Friedrich in dem Brief an Voltaire mit Wolff's Behandlung der Moral wohl bekannt.

²⁵) Wie wenig Friedrich seiner Muttersprache die Eigenschaften einer gebildeten Sprache zugestand, zeigen u. a. die Verse an Gottsched (XII, 83; Oktober 1757), worin diesem „sächsischen Schwan" gesagt wird, ihm komme es zu d'adoucir dans tes chants d'une langue barbare les durs et détestables sons. Noch 1780 klagt er in seiner Denkschrift über die deutsche Literatur

(VII, 104) über die Schwierigkeit d'adoucir les sons durs dont la plupart des mots de notre langue abondent, wozu freilich damals, im Beginn des goldenen Zeitalters unserer Literatur, kein Grund mehr vorlag.

²⁶) Schon nachdem er das erste Kapitel von Suhm's Uebersetzung erhalten hat, bezeugt er ihm den lebhaftesten Dank für seine Bemühungen um dieses „bewunderungswürdige" Werk (XVI, 250), und mit jeder neuen Lieferung wiederholen und steigern sich die Ausdrücke seiner Begeisterung für dasselbe. So S. 255, den 27. März 1736: enfin je commence à apercevoir l'aurore d'un jour qui ne brille pas encore tout à fait à mes yeux; S. 259 (14. April): je suis charmé de la force du raisonnement de Wolff; et à présent que je commence à me styler sur sa manière de raisonner, j'en découvre la force et la beauté; S. 262 (27. April): j'étudie Wolff avec une très grande application, et je me forme de plus en plus à sa manière de raisonner, qui est très profonde et très juste. Aehnlich S. 265. 269. 277. 287. 308. In die Provinz Preußen, wohin Friedrich im Juli 1736 seinen Vater begleitete, nahm er Wolff's Metaphysik mit (S. 273; 3. Juli), und den 18. Juli schreibt er (ebenf.) aus dem Uebungslager bei Weblau über Wolff: c'est le point fixe sur lequel toute mon attention est tournée; plus je lis, plus il me donne de satisfaction. J'admire la profondeur de ce célèbre philosophe, qui a étudié la nature, comme jamais personne ne l'a fait, et qui est parvenu à pouvoir rendre raison de choses qui autrefois étaient non seulement obscures et confuses, mais encore tout à fait inintelligibles. Il me semble que j'acquiers tous les jours plus de lumières avec lui, et que, à chaque proposition que j'étudie, il me tombe une nouvelle écaille de dessous les yeux. C'est un livre que tout le monde devrait lire, afin d'apprendre à raisonner et à suivre le fil ou la liaison des idées dans la recherche de la vérité. S. 282 bezeichnet er einen Descartes, Leibniz, Newton und Wolff als Männer, die einem Sokrates, Plato und Aristoteles um ebensoviel überlegen seien, wie das spätere gereiftere Zeitalter dem früheren. Noch in dem Brief vom 12. Septbr. 1737 (XVI, 336) wird diese günstige Meinung von Wolff ohne Beschränkung ausgesprochen, und ebenso werden wir bei der Anmerkung 14 angeführten Aeußerung zunächst an ihn zu denken haben.

²⁷) Friedrich schickte Voltaire die erste Hälfte der Metaphysik, die er ihm schon in seinem ersten an ihn gerichteten Brief vom 8. August 1736 (XXI, 3) gerühmt hatte, in Suhm's Uebersetzung im Dezember 1736, indem er als Hauptvorzug derselben le grand ordre de cet ouvrage et la connexion intime qui lie toutes les propositions les unes avec les autres hervorhob (XXI, 26). (Gleich hier bemerkte er aber, die Lehre von den „einfachen Wesen" werde Voltaire vielleicht etwas dunkel scheinen. Auf die gleichen Punkte kommt er S. 35 (8. Febr. 1737) zurück. In seinem Schreiben vom 17. April 1737 (S. 55) geht Voltaire nun wirklich auf die Frage über die einfachen Wesen ein, in der Friedrich treffend den Angelpunkt des Wolff'schen Systems erkannt

habe, und setzt seine Bedenken gegen dieselben auseinander. Friedrich sucht den 14. Mai (XXI, 61) diese Bedenken zu entkräften; mit welchem Erfolg, zeigt Voltaire's Erwiederung (S. 71): comment, selon M. Wolff, la matière serait composée d'êtres simples sans étendue; c'est à quoi ma pauvre âme ne peut arriver ... J'espère que cette seconde partie me donnera des ailes pour m'élever vers l'être simple; ma misérable pesanteur me rabaisse toujours vers l'être étendu — woran sich dann sofort ächt voltairisch die Frage anschließt: quand est-ce que j'aurai des ailes pour aller rendre mes respects à l'être le moins simple, le plus universel qui existe dans le monde, à V. A. R.? Eine zweite Lieferung der Metaphysik wurde an Voltaire den 9. Mai, der Rest den 25. durch Keyserlingk („Cesarion") abgeschickt (a. a. O. S. 60. 65. 79).

²⁸) Wie Preuß in der Einleitung zu Bd. XXVII, a S. XV, übereinstimmend mit Seckendorff, Journal secret S. 146, nach den Originalbriefen berichtet. Unter den gedruckten Briefen Friedrich's an seine Schwester be ührt der vom 7. Mai 1736 Wolff's Verhältniß zu Descartes mit der Bemerkung: dieser habe das Verdienst der ersten Entdeckung, aber seit Newton und zuletzt Wolff an die Philosophie die letzte Hand angelegt haben, sei er veraltet.

²⁹) Auch Friedrich selbst spricht dieß aus, wenn er z. B. den 15. August 1736 (XVI, 277) an Suhm schreibt: nous étudions Wolff en dépit de nos prêtres, und den 9. Septbr. desselben Jahres (XXI, 15) an Voltaire: je n'aurais jamais embrassé avec tant de chaleur la cause de M. Wolff, si je n'avais vu des hommes, qui pourtant se disent raisonnables, porter leur aveugle fureur jusqu'à se répandre en fiel et en amertume contre un philosophe qui ose penser librement.

³⁰) Dieses Gefühl einer persönlichen Solidarität mit dem angefeindeten Philosophen spricht sich namentlich in den Briefen an Voltaire vom 8. Aug. und 9. Septbr. 1736 (XXI, 3. 13) aus, wenn Friedrich hier in den Angriffen auf einen Voltaire und Wolff nur eine Aeußerung der allgemeinen Eifersucht gegen alle hervorragenden Geister sieht.

³¹) Schon jene Streitschrift Lange's gegen Wolff, die Friedrich nebst Reinbeck's Widerlegung derselben in's Französische übersetzen ließ und Voltaire mit seinem ersten Brief an ihn zusandte (XXI, 3), hatte auf ihn den schlechtesten Eindruck gemacht (il n'y a rien de plus pauvre ni de plus pitoyable, schreibt er darüber den 13. Aug. 1736, XXVII a, 42, seiner Schwester Wilhelmine); und ebenso unangenehm berührten ihn bei einem persönlichen Zusammentreffen mit Lange an der königlichen Tafel (1738) die Bemühungen des letzteren, dem König den Gedanken an Wolff's Zurückberufung durch fortgesetzte Verletzung desselben zu verleiden. Vergl. Büsching, Charakter Friedrich's II. (2 Aufl. 1789) S. 86 f. Preuß, Friedrich d. Gr. Jugend 228. Bei Catt, Mém. 75 erzählt Friedrich selbst von seiner Empörung über Wolff's Vertreibung aus Halle und seinem Antheil an der Umstimmung des Königs. Von dem letzteren

weiß aber sonst niemand, und Friedrich wäre auch gewiß nicht in der Lage gewesen, sich bei seinem Vater, der seiner Orthodoxie ohnedieß nicht traute, durch ein Eintreten für den von ihm wegen seiner Irrlehren abgesetzten Philosophen noch verdächtiger zu machen. Aber Friedrich Wilhelm I. hatte Wolff schon 1733 die Rückkehr nach Halle anbieten lassen, und damals hätte doch von einem Einfluß seines Sohnes auf diesen Schritt keinensfalls schon die Rede sein können, wenn auch dieser mit Wolff bereits bekannt gewesen wäre, was gleichfalls nicht der Fall war. Wie unzuverlässig Gatt's Darstellung hier ist, sieht man schon daraus, daß er selbst sich dem Könige gegenüber auf dessen Briefe an Voltaire aus der Rheinsberger Zeit berufen haben will, die er 1758 unmöglich schon kennen konnte und schwerlich vor 1785 kennen gelernt hat.

³²) Daß auch dieses Verhältniß von sich reden machte und mißgünstig beurtheilt wurde, sieht man aus Friedrich's Brief an Voltaire vom 8. Febr. 1737. XXI, 34.

³²ᵇ) Es ist bekannt, wie viel es sich Friedrich kosten ließ, dieser Liebhaberei seines Vaters zu schmeicheln, und wie viel dieser Umstand, bei den bescheidenen Mitteln des Kronprinzen, zu den ökonomischen Verlegenheiten beitrug, von denen namentlich seine Briefe an Suhm, so lange dieser in Petersburg war, (1737 bis 1740), Zeugniß ablegen. So erwähnt er 1738 (XVI, 155) gegen Camas eines Rekruten, der ihn 6000 Thaler gekostet hatte.

³³) Man vgl. außer dem, was S. 10, Anm. 26. 27 mitgetheilt ist, aus den Briefen an Voltaire XXI, 4: er werde Voltaire die Metaphysik schicken; et je suis sûr que la force de l'évidence vous frappera dans toutes ses propositions, qui se suivent géométriquement et connectent les unes avec les autres comme les anneaux d'une chaine. S. 35 (8. Febr. 1737) über Wolff's Moral: ihre Methode sei die gleiche, wie die der Metaphysik; les propositions sont intimement liées les unes avec les autres et se prêtent, pour ainsi dire, mutuellement la main pour so fortifier. S. 63 (14. Mai 1737): ein Aristoteles und Plato und die scholastischen Größen haben ihre Unwissenheit hinter Worte verbergen müssen; Wolff gebe von jedem Wort eine Definition, die es nur noch eindeutig zu gebrauchen erlaube, und schneide dadurch viele Streitigkeiten zum voraus ab.

³⁴) XVI, 179. 23. Mai 1740: Tout être pensant et qui aime la vérité doit prendre part au nouvel ouvrage que vous venez de publier; mais tout honnête homme et tout bon citoyen doit le regarder comme un trésor que votre libéralité donne au monde, et que votre sagacité a découvert ... c'est aux philosophes à être les précepteurs de l'univers et les maitres des princes. Ils doivent penser conséquemment, et c'est à nous de faire des actions conséquentes u. s. w. Vgl. die Worte im Antimachiavel VIII, 137: Les rois honorent l'humanité lorsqu' ils distinguent et récompensent ceux qui lui font le plus d'honneur, et qu'ils encouragent ces esprits supérieurs qui s'emploient à perfectionner nos connaissances, et qui se dévouent au culte de la vérité.

³⁵) Gottsched Historische Lobschrift Beil. S. 66. Preuß, der dieses Schreiben aus Gottsched anführt (Friedr. d. Gr. Jug. 233), hat es in seine Sammlung der Briefe nicht aufgenommen.

³⁶) Mém. de Brandebourg (I, 231): Wolff commenta l'ingénieux système de Leibniz sur les monades, et noya dans un déluge de paroles, d'arguments de corollaires et de citations, quelques problèmes que Leibniz avait jetés peut-être comme une amorce aux métaphysiciens. Le professeur de Halle écrivit laborieusement nombre de volumes, qui, au lieu de pouvoir instruire des hommes faits, servirent tout au plus de catéchisme de dialectique pour des enfants. Dieses Urtheil erscheint um so härter, da es noch bei Wolff's Lebzeiten (1751) veröffentlicht wurde. Ehrenvoller wird Wolff's ebd. S. 236 gedacht, wogegen die Hist. de mon temps (1775; II, 38) von ihm sagt, er habe Leibniz' Gedanken breit wiedergekaut. Vgl. Catt Mem. 74.

³⁷) Schon den 27. März 1736 (XVI, 114) setzt Fr. Achard Wolff's Lehre von den einfachen Wesen auseinander. An dem gleichen Tag schreibt er an Suhm (ebd. 255 vgl. Anm. 26) befriedigt über die aus ihr abzuleitenden Folgerungen für die Seelen- und Unsterblichkeitsfrage. Demselben 27. Apr. 1736 (ebd. 262): La proposition de la raison suffisante et celle de la différence des êtres simples et composés, sont, à mon avis, celles qu'il faut le plus s'imprimer quand on veut bien comprendre la suite de sa Métaphysique; er selbst lese diese Sätze täglich mehr als einmal. Den Satz des zureichenden Grundes erläutert Friedrich XXI, 190 (19. Apr. 1738) Voltaire, indem er ihn nach Wolff's Vorgang mit der schiefen Bemerkung begründet, daß alles einen zureichenden Grund haben müsse, da es nicht von dem Nichts hervorgebracht sein könne. Seiner noch etwas früheren Verhandlungen mit Voltaire über die einfachen Wesen wurde schon Anm. 27. gedacht.

³⁸) An Suhm 16 Juni 1736 (XVI, 269): Je continue à lire Wolff avec la plus grande application, et je tâche de m'inculquer ses propositions le plus profondément que je puis. Il est bon de faire souvent de pareilles lectures, car elles sont d'un double usage: elles instruisent et humilient. Je ne me sens jamais plus petit qu'après avoir lu la proposition de l'être simple. Quelle profondeur! quelle application suivie à sonder tous les secrets de la nature entière, à porter la clarté et la netteté où, jusqu'ici, il n'y eut qu'ombre et que ténèbres. Vgl. Anm. 27.

³⁹) Vernünftige Gedanken von Gott u. s. w. § 76.

⁴⁰) XXI, 62. 14. Mai 1737. Ebd. 64. 16. Aug. 1737. Wenn Rigollot Fréd. philos. 71 Friedrich wegen dieser Auseinandersetzungen zum Vorläufer des Kantischen Idealismus macht, ist er dieß doch nicht mehr, als es schon Leibniz und Wolff waren, deren Lehre er darin wiedergibt.

⁴¹) XXI, 119; 19. Novbr. 1737. Aehnlich den 12. Mai 1738 (XVII, 280) an Duhan, Friedrich's früheren Lehrer: in allen Jahrhunderten habe man den

für den besten Philosophen gehalten, welcher den sinnreichsten Roman über die Werke der Natur verfaßte.

42) Diese Abneigung gegen die Mathematik hat Friedrich oft ausgesprochen. So den 19. Jan. 1738 (XXI, 150) an Voltaire: pour la géometrie, je vous avoue que je la crains; elle sèche trop l'esprit. Die Deutschen seien ohnedem zu trocken; diesen undankbaren Boden müsse man fortwährend bewässern. Demselben schreibt er den 30. Septbr. 1738 (XXI, 237), auch die mathematischen Sätze seien durchaus nicht über alle Zweifel erhaben, und den 13. Febr. 1749 (XXII, 181. XI, 131): Bei der Philosophie denke er weder an Geometrie noch an Metaphysik. La première, quoique sublime, n'est point faite pour le commerce des hommes; je l'abandonne à quelque rêve-creux d'Anglais: qu'il gouverne le ciel comme il lui plaira, je m'en tiens à la planète que j'habite. Aehnlich bekennt er bald darauf (XXII, 199), daß er die mathematischen Grübeleien weder zu den nützlichen noch zu den angenehmen Dingen rechne und daher für ziemlich werthlos halte, und noch 1775 und 1780 nennt er in Briefen an Voltaire (XXIII, 306) und d'Alembert (XXV, 149) die „transscendente" Geometrie, d. h. diejenige, welche nicht auf die Astronomie, Mechanik oder Hydrostatik angewandt werde, un luxe de l'esprit. Weiteres Anm. 92.

43) An Voltaire XXI, 278 (22. März 1739). An Denselben XXI, 377 (18. Mai 1740): Bei aller Achtung vor dem Satz des zureichenden Grundes sei er doch der Meinung, daß uns derselbe viel nützlicher wäre, wenn unsere Kenntnisse weit genug giengen. Wir kennen einige Eigenschaften der Materie und ein paar mechanische Gesetze; aber es gebe zahllose Geheimnisse des Schöpfers, die wir nie entdecken werden. Die Menschen können über die Eigenschaften und Wirkungen Gottes nicht reden, ohne Armseligkeiten vorzubringen. Wenn Gott aus uns Metaphysiker hätte machen wollen, würde er uns eine unendlich hoch über der unsrigen stehende Einsicht verliehen haben. Réfutation du prince de Machiavel (1740) VIII, 220: Unter allen alten Philosophen seien die Akademiker die vernünftigsten und bescheidensten gewesen.

44) Ebenso zwanzig Jahre später (25. Novbr. 1769. XXIII, 144) an Denselben: J'aime les belles lettres à la folie... J'aimerais tout autant la philosophie (wobei wir zunächst an die theoretische Philosophie zu denken haben) si notre faible raison y pouvait découvrir les vérités cachées à nos yeux et que notre vaine curiosité recherche si avidement; mais apprendre à connaitre c'est apprendre à douter. (Ueber dieses Wort der Frau Deshoulières, das sich Friedrich schon in dem S. 13 angeführten Brief vom 17. Juni 1738 und in der 1750 erschienenen épitre à d'Argens sur la faiblesse de l'esprit humain aneignet, vgl. Preuß zu dieser Stelle X, 97). J'abandonne donc cette mer si féconde en écueils d'absurdités, persuadé que, tous les objets abstraits de nos spéculations étant hors de notre portée, leur connaissance nous serait entièrement inutile, si nous pouvions y parvenir. Aehnlich 1775 in der Histoire de mon temps (II, 36) nach einer Uebersicht über die wichtigsten natur-

wissenschaftlichen Entdeckungen der Neuzeit: ils ont fait des efforts étonnants pour découvrir les premiers principes dela nature, mais vainement: ils sont placés entre deux infinis: et il parait démontré que l'auteur des choses s'en est réservé à lui seul le secret.

⁴⁵) So heißt es in dem Brief über die Erziehung (1769) IX, 118: der doctissimus sapientissimus Wolffius habe jetzt den Aristoteles verdrängt und an die Stelle der substantiellen Formen seien die Monaden und die prästabilirte Harmonie getreten, système aussi absurde et aussi inintelligible que celui qu'on a abandonné. Ni plus ni moins, les professeurs repètent ce galimatias, parce qu'ils s'en sont rendu les termes familiers, et parce que c'est la coûtume d'être wolffien. Um die gleiche Zeit bestreitet Friedrich (IX, 131 f.) den Anspruch Holbach's, daß die Wahrheit für den Menschen bestimmt sei, indem er ausführt: die Philosophen bemühen sich vergeblich, sie an's Licht zu bringen, niemand sei von Irrthümern frei, und die größten Thorheiten seien von Philosophen ersonnen worden: die Wirbel Descartes', die Erklärung der Apokalypse von Newton, das System der prästabilirten Harmonie von Leibniz; die große Masse ohnedem sei ganz unfähig, sich diejenige Verstandesbildung zu erwerben, durch die sie allein von Unwissenheit, Vorurtheilen, Aberglauben und Wundersucht frei werden könnte; vgl. S. 128. Der Satz, daß der Mensch mehr sensible als raisonnable sei, findet sich oft; vgl. IX, 89. 133. XVIII, 182. XXIV, 64. 137. 151. 480. XXV, 45. 236.

⁴⁶) So nennt er es noch 1780 in der Denkschrift über die deutsche Literatur (VII, 111) und 1778 (VII, 55) in dem Éloge de Voltaire, dem Sinne nach aber schon 1740 (Réfut. de Machiavel. VIII, 251). In einem Brief an Voltaire von 1775 (XXIII, 337) kommt der früher vergötterte Wolff schlecht weg (le génie de Leibniz et la grosse monade de Wolff). Weiteres S. 12 und Anm. 45. 49 Schl.

⁴⁷) Er selbst nennt diese beiden in der épitre an d'Argens vom 5. Januar 1760 (XII, 125) neben Epikur als Lehrer aller vorurtheilsfreien Kenner der Natur.

⁴⁷ᵇ) Diese befand sich schon in Friedrich's erster Bibliothek (Bratuscheck Erz. Friedr. 49), und wenn er sie auch damals noch nicht gelesen haben sollte, ist es doch nicht wahrscheinlich, daß er sie nicht spätestens nach dem Erscheinen der Voltaire'schen Briefe sich verschafft hat.

⁴⁷ᶜ) Vgl. die neue Ausgabe dieser Schrift von Posner, Publikationen des preuß. Staatsarchivs IVb, 193.

⁴⁸) In der Instruktion für die Berliner Ritterakademie (1765. IX, 80 f.) verlangt Friedrich, daß der Unterricht in der Metaphysik mit einer Uebersicht über die Lehren der bedeutendsten alten und neueren Philosophen beginne; und nachdem von den letzteren Descartes, Leibniz und Malebranche genannt sind, sagt er: et enfin Locke, qui, se guidant par l'expérience, s'avance dans ces ténèbres autant que ce fil le conduit, et s'arrête au bord des abimes impé-

nétrables à la raison. C'est donc à Locke principalement que le maitre doit s'arrêter. Aehnlich Littér. allem. (1780, VII, 112): Je me flatte que M. le professeur, s'il a le sens commun, n'oubliera pas le sage Locke, le seul des metaphysiciens qui a sacrifié l'imagination au bon sens, qui suit l'expérience autant qu'elle peut le conduire, et qui s'arrête prudement quand ce guide vient à lui manquer. Weiter vgl. XIII, 3 (1765), wo Fr. Locke, Tacitus, und Homer als die Geister nennt, mit denen er verkehre; XIII, 106 (1773), wo es an Newton und Locke gerühmt wird, daß sie ihre Ansichten immer nur mit rein wissenschaftlichen Mitteln, mit Beweisen an der Hand der Erfahrung vertheidigt haben; XX, 289 (20. Juli 1762), wo Friedrich an Mylord Marischal (den Bruder des Feldmarschall Keith, damals Gouverneur von Neuschatel) schreibt: Die neusten Philosophen mißfallen ihm wegen der Paradoxen, die sie zu Markte bringen. Je m'en tiens à Locke, à mon ami Lucrèce, à mon bon empereur Marc-Aurèle; ces gens nous ont dit tout ce que nous pouvons savoir, à la physique d'Epicure près, et tout ce qui nous peut rendre modérés, bons et sages. Bei Catt (Mem. S. 368, 30 Kos.) liest er 1758 Locke in einem Auszug, weil ihm das Original zu weitläufig ist. Wenige Wochen vor seinem Tode nennt er Locke und Newton „die größten Denker unter den Menschen." (Bei Zimmermann Friedrich d. Gr. Lpz. 1788, abgedruckt in: Friedrich d. G. Lpz. 1886. II, 415.)

⁴⁹) Wie Gottsched (in dem Anm. 113 besprochenen Brief an Flottwell) und Büsching (Charakter Friedrich's II, S. 131 f.) erzählen, beauftragte Friedrich 1754 den Wolffianer Meier in Halle, über Locke zu lesen, war aber mit der Art, wie dieser Auftrag ausgeführt wurde, nicht zufrieden und bedauerte, keinen Thomasius mehr zu haben. (Eine freie Ausmalung seines Gesprächs mit Meier scheint die Erzählung in dem Brief über die Erziehung IX, 119 zu sein). In den Mémoires de Brandenbourg (I, 211) stellt Friedrich Thomasius Leibniz zur Seite, wenn er beider Verdienste, in sehr ungenauer Zusammenfassung, mit den Worten rühmt: De tous les savants qui ont illustré l'Allemagne, Leibniz et Thomasius rendirent les plus grands services à l'esprit humain: ils enseignèrent les routes par lesquelles la raison doit se conduire pour parvenir à la vérité; ils combattirent les préjugés de toute espèce; ils en appelèrent, dans tous leurs ouvrages, à l'analogie et à l'expérience, qui sont les deux béquilles avec lesquelles nous nous trainons dans la carrière du raisonnement; et ils firent nombre de disciples. Ebenso werden in der Histoire de mon temps (1775; II, 38) Leibniz und Thomasius als die hervorragendsten deutschen Philosophen bezeichnet. Daß ebd. S. 36 Leibniz in der Recension von 1775 nicht mehr wie in der von 1746 (worüber Anm. 47 c), neben Bayle als Vorgänger Locke's genannt ist, ergab sich schon aus einer genaueren Berücksichtigung der Chronologie. Damit übereinstimmend bezeichnet Friedrich 1769 in dem Brief über die Erziehung (IX, 118) Thomasius als denjenigen, dessen Methode die Lehrer der Philosophie sich aneignen sollten, indem er ihn un grand

homme, fait pour enseigner la philosophie nennt; in der Abhandlung über die deutsche Literatur (VII, 114) und der von Büsching Charakter Friedrich's d. Gr. S. 60 angeführten Resolution aus dem Jahr 1770 wird Thomasius sogar den Lehrern der Geschichte als Muster vorgehalten, wozu ihn seine geschichtlichen Schriften gewiß nicht empfahlen.

⁵⁰) Schon die Bibliothek, welche Friedrich 1727—1730 besaß, (s. Anm. 17) enthielt Bayle's sämmtliche Werke (Pratsched Erz. Friedr. S. 39 und. 47. 50 f., womit aber die Behauptung ebd. 122, Anm. 107, Friedrich habe das Dictionnaire erst 1736 kennen gelernt, nicht stimmt), auch Jurieu's und anderer Streitschriften gegen Bayle. Daraus folgt nun natürlich nicht, daß er sich auch den Inhalt dieser Schriften vollständig zu eigen gemacht, und namentlich das Dictionnaire von Anfang bis zu Ende durchstudirt hatte. Ebendeßhalb aber kann man seine Unbekanntschaft mit dem letzteren nicht mit Brat. daraus erweisen, daß er sich bis 1736 noch mit manchen Philosophen unbekannt zeigt, mit denen ihn Bayle hätte bekannt machen können. In Rheinsberg las er nach Lucchesini (b. Bischoff, Gespr. Friedr. 167. 248) den ganzen Bayle und machte sich einen Auszug aus den Artikeln, die ihm besonders gefielen.

⁵¹) 1742 an Jordan (XVII, 213): Qui aurait dit, il y a quelques années, que ton écolier en philosophie, celui de Cicéron en rhétorique et de Bayle en raison, jouerait une rôle militaire dans le monde? 1779 an Catt (XXIV, 25): Élève de Bayle, j'ai l'esprit tranquille à l'égard de ces superstitions.

⁵²) Um weniges früher (Ende 1763 oder Anfang 1764) schreibt Friedrich an d'Alembert (XXIV, 391) über Descartes und Newton: So bewunderungs: würdig diese schöpferischen Geister in der Algebra sein mögen, finde er sie doch en aucune manière dignes d'entrer en comparaison avec un raisonneur comme Bayle. Habe dieser auch keine so sublimen Absurditäten ersonnen, wie Newton, (in dessen Annahme eines leeren Raums sich Friedrich nicht zu finden wußte) so mache er doch nie falsche Schlüsse (B. ne déraisonne au moins jamais); und seien auch nicht alle seine Erörterungen gleich stark, so lasse ihn doch seine siegreiche Dialektik nie im Stich und genüge ihm, wie dem Herkules seine Keule, als einzige Waffe für alle seine Kämpfe. An Denselben sind die Verse (XIII, 106; 1773) gerichtet, in denen Bayle als Beispiel eines Mannes ange: führt wird, den keine sinnliche Neigung ablenken konnte du plaisir de penser et de bien raisonner, während sein Gegner Jurieu un faquin méprisable ge: nannt wird. An d'Argens schreibt Friedrich den 9. Juli 1761 (XIX, 244): Bayle a étendu tous les arguments que Gassendi avait énoncés, et il me semble que ce premier l'emporte, en qualité de dialecticien, par sa dexterité à manier les matières, et par la justesse de son esprit à pousser les conse: quences des principes plus loin qu'aucun philosophe les ait poussées avant et après lui. Vgl. Catt, Mem. 424.

⁵³) Nach Preuß (VII, xiii) hatte Friedrich schon 1750 eine Schrift: l'Esprit de Bayle, verfassen lassen wollen; seine Quelle für diese Angabe führt

Preuß nicht an. Ueber seine Arbeit an bem „Auszug" schreibt Friedrich den 22. und 27. April 1764 (XXVI, 300 f.) an Prinz Heinrich, den 9. Oktbr. 1764 (XVIII, 247) an die Herzogin von Gotha. In demselben Oktober schickt er den Avant-Propos, mit dem er seinen Extrait begleitete, an d'Alembert mit der Bitte, ihm seine Meinung darüber mitzutheilen (XXIV, 387). Dieser entspricht Friedrich's Wunsch in einem Briefe vom 3. Novbr. (a. a. O. 388), ist aber mit dem Vorzug, den Friedrich Bayle und Gassendi vor Descartes und Leibniz zuerkennt, nicht unbedingt einverstanden: von den letzteren habe der eine die Anwendung der Algebra auf die Geometrie, der andere die Differentialrechnung erfunden, während Bayle und Gassendi zwar als Metaphysiker richtiger denken, aber eigentliche Entdeckungen, wie sie das Kennzeichen des Genie's seien, nicht gemacht haben. Friedrich scheint diesen Bemerkungen in der Schlußredaktion seines Vorworts durch die Worte, die er wahrscheinlich jetzt erst beifügte (VII, 125): non pas pour avoir découvert des vérités nouvelles, Rechnung getragen zu haben.

54) Vergl. die Stelle des Briefes an die Herzogin von Gotha vom 8. Mai 1760, XVIII, 186: J'ai lu Hume, madame, et pour vous en dire mon sentiment avec toute franchise, je vous avoue qu'il me semble qu'il court trop après les paradoxes, ce qui l'égare quelquefois, et le fait tomber en contradiction avec lui même; il fouette la religion chrétienne sur les fesses du mahométisme, et partout il en dit ou trop ou trop peu. La métaphysique, selon mais faibles lumières, veut être traitée avec beaucoup de circonspection, et il ne faut y admettre que des raisonnements rigoureux, où l'évidence soit partout convaincante, ou, si l'on a des ménagements à garder, il vaut mieux se taire. Ce qu'il y a de mieux dans le livre de M. Hume est tiré de Locke; mais l'auteur moderne ne renchérit pas sur l'ancien. Au contraire, il parait que Locke prête des béquilles à M. Hume pour l'aider a se trainer dans un pays où le terrain semble sans cesse se dérober sous ses pieds.

55) Nach der Anmerkung 53 angeführten Aeußerung d'Alembert's scheint Friedrich in dem ersten Entwurf seines Vorworts neben Bayle auch Gassendi wegen der größeren Richtigkeit seines Denkens vor Descartes und Leibniz den Vorzug gegeben zu haben; in der Fassung desselben, welche uns VII, 125 ff. vorliegt, ist er nicht genannt.

56) In dem Discours de l'utilité des sciences vom Jahre 1772, IX, 177. Wann Friedrich zuerst mit Descartes bekannt wurde, dessen Abhandlung „über die Methode" er allerdings schon vor 1730 besaß (Bratuscheck, Erz. Fr. 49), läßt sich nicht angeben.

57) In den Briefen an d'Argens vom 2. und 9. Juli 1761; XIX, 239. 243; vgl. Anmerkung 17.

58) Weiteres über Friedrich's Beurtheilung der Atomistik S. 55. Anm. 165.

59) So IX, 177. XIII, 106. vgl. Anm. 48.

⁶⁰) Friedrich kommt öfters auf diese Punkte zu sprechen, und erklärt sich dabei immer gegen Newton. Schon den 17. Juni 1738 (XXI, 209) schreibt er an Voltaire, der ihm seine so eben vollendete Philosophie de Newton geschickt hatte: er finde bei Newton einige überraschende Wahrheiten, aber ob nicht seine Principien zu weit greifen und zu viel Filigranarbeit in seinem System sei? Er behalte sich vor, über das Leere, über die Attraction als die Ursache von Ebbe und Fluth, über die Farben u. a. sich weitere Aufklärung zu erbitten. Im folgenden Jahr (22. März 1739. XXI, 278) kommt er noch einmal auf den Gegenstand zurück, indem er bemerkt, daß sich Newton's Theorie über die Emission des Lichts mit der Annahme des leeren Raums nicht vertrage; 1742 (XVII, 223, f. c. Anm. 5) nennt er das Leere unter den Gegenständen, worüber er sich mit Jordan unterhalten möchte. Noch den 25. Januar 1778 (XXIII, 421) schreibt er Voltaire: Quant à votre Newton, je vous confesse que je n'entends rien à son vide ni à son attraction; il a démontré avec plus d'exactitude que ses devanciers le mouvement des corps célestes, j'en conviens; mais vous m'avouerez pourtant que c'est une absurdité en forme que de soutenir l'existence du rien. Ne sortons pas des bornes que nous donne le peu de connaissance que nous avons de la matière. A mon sens, la doctrine du vide et des esprits, qui existent sans organes, sont le comble de l'égarement de l'esprit humain. Wenn ein Ignorant, wie er, die Existenz des Nichteristirenden behauptete, würde man ihm in's Gesicht lachen; weil sich Newton mit diesem Widersinn hinter einen Haufen von Zahlen verschanzt habe, glaube man ihm auf's Wort, nur um sich nicht mit ihm in das Labyrinth der Integral= und Infinitesimalrechnung verirren zu müssen. Erst 1780, in der Abhandlung über die Teutsche Literatur (VII, 111), räumt Friedrich ein, daß im Unterricht Newton's System sammt dem Leeren, der Gravitation, der Centripetal= und Centrifugalkraft, vorgetragen und seine vollkommene Uebereinstimmung mit den Naturerscheinungen constatirt werde; nur sollen diese Kräfte als etwas uns unbekanntes behandelt, und es soll, das Leere betreffend, unentschieden gelassen werden, ob dasselbe ein reines Nichts oder ein Wesen sei, über das wir uns keine bestimmte Vorstellung bilden können.

⁶⁰ᵇ) Für diese ihm von der Verfasserin zugesendete Schrift bedankt er sich bei ihr durch Voltaire XXI, 277 (8. März 1739).

⁶¹) Bd. XXI der Werke enthält aus den vier Jahren zwischen dem 8. August 1736 und Friedrich's Thronbesteigung 69 Briefe des Kronprinzen und 55 von Voltaire, welche zusammen 387 S. groß Oktav füllen. Als König hatte Friedrich natürlich weniger Muße für diese Correspondenz; aber doch bringt Bd. XXII aus den 10 Jahren bis zu Voltaire's Ankunft in Potsdam auf 256 S. von dem König noch 73, von Voltaire 70 Briefe. Von den ersteren sind 13 im Felde, während des ersten schlesischen Kriegs geschrieben: dagegen zeigen die Briefe des Königs eine Lücke vom 7. April 1744 bis zum 18. Dezbr. 1746, die Voltaire's vom 7. Jan. 1744 bis 22. September 1746.

Auch die aus den Jahren 1746—1748 belaufen sich von beiden zusammen nur auf sieben, dagegen die aus 1749 und 1750 (bis zum 23. August) auf 41.

⁶²) Er dankt zwar Voltaire schon den 16. März 1754 (XXIII, 3) in einem Schreiben, worin das Vergangene in offenem, würdigem und freundschaftlichem Tone berührt wird, für ein literarisches Geschenk, aber erst am 9. Oktbr. 1757 entschließt er sich, wieder an ihn zu schreiben. Zu dem weiteren: Strauß S. 209 f. Daß vom Jahr 1760 nur ein Brief und von 1761—1764 keiner vorhanden ist, und Friedrich 1765 (in dem Anm. 76 berührten Schreiben) sich wundert, von Voltaire wieder einen erhalten zu haben, wird neben anderem doch wohl auch mit der S. 23 besprochenen Unzufriedenheit des Königs mit Voltaire zusammenhängen.

⁶³) Außer der Correspondenz mit Voltaire bringen die gesammelten Werke XVII, 1 ff. auch 20, meist kürzere, Briefe der Marquise an Friedrich, und 10 Friedrich's an die Marquise aus den Jahren 1738—1744. Es versteht sich nun bei dem Stil damaliger französischer Galanterie von selbst, daß weder in diesen noch in denen an Voltaire, die seiner Freundin doch gleichfalls zu Gesichte kommen mußten, der Weihrauch für die divine Émilie, die Minerva von Cirey, die Venus=Newton u. s. w. gespart wird; wenn auch ihr Bewunderer selbst ihr gegenüber gegen Inhalt und Darstellung einiger Partieen ihrer Physik sich Ein= wendungen erlaubt (XVII, 12. 39). Wie viel aber davon in Abzug gebracht werden muß, wenn man Friedrich's eigentliche Meinung kennen lernen will, zeigt die Aeußerung gegen Jordan, dem er den 24. Septbr. 1740 (XVII, 70) nach seiner ersten Begegnung mit Voltaire schreibt: La du Châtelet est bien heureuse de l'avoir; car des bonnes choses qui lui échappent une personne qui ne pense point et qui n'a que de la mémoire pourrait en composer un ouvrage brillant. La Minerve vient de faire sa Physique; il y a de bon. C'est König (der bekannte Leibnizianer, über dessen Anwesenheit in Cirey und seinen späteren Streit mit Maupertuis Strauß Voltaire S. 110 f. berichtet) qui lui a dicté son thème; elle l'a ajusté et orné par-ci par-là de quelque mot échappé à Voltaire à ses soupers. Le chapitre sur l'étendue est pi- toyable, l'ordre de l'ouvrage ne vaut rien; il y a même de très-grosses fautes, car dans un endroit elle fait tourner les astres d'occident en orient. Enfin c'est une femme qui écrit et qui se mêle d'écrire au moment où elle commence ses études . . . . Après tout, puisqu'elle trouve du plai- sir à écrire, qu'elle écrive, quoique ses amis devraient lui conseiller charitable- ment d'instruire son fils sans instruire l'univers. Doch solle dieß nur von ihrem Buch gesagt sein, das sie sich hätte ersparen können; sonst höre er ja von ihr viel Gutes. Mit der gleichen Geringschätzung der schriftstellernden Frau schreibt er den 12. Sptbr. 1749 (XVIII, 66) an Algarotti: La du Châtelet est accouchée d'un livre et l'on attend encore l'enfant; peut-être que, par distraction, elle oubliera d'accoucher, ou, si l'embryon paraît, ce sera des oeuvres mêlées. (Das Kind, auf das dieser rücksichtslose Scherz sich bezieht, war damals, was Friedrich noch)

nicht wußte, bereits geboren, aber auch seine Mutter schon am 10. September gestorben). Weiter vgl. m. die Aeußerungen bei Catt Mem. S. 378. Selbst Voltaire gegenüber verbirgt Friedrich nicht, daß ihm an der Marquise wenig gelegen sei. Nachdem ihm dieser versprochen hat, wenn Friedrich zur Huldigung nach Cleve komme, ihn zu besuchen, bittet er zunächst zwar Frau du Châtelet (XXII, 13), ihm wenigstens die zweite Stelle in Voltaire's Herzen zu gönnen, schreibt dann aber an diesen den 5. Aug. 1740 (XXII, 20): er werde, da Voltaire es wünsche, die Marquise auch einladen; aber à vous parler franchement de son voyage, c'est Voltaire, c'est vous, c'est mon ami que je désire de voir; et la divine Émilie, avec toute sa divinité, n'est que l'accessoire de l'Apollon newtonianisé. Und am folgenden Tage fügt er bei: S'il faut, qu'Émilie accompagne Apollon j'y consens; mais, si je puis vous voir seul, je préférerai le dernier — eine Erklärung, über deren Sinn der Beisatz, daß der vereinigte Glanz der beiden Gottheiten ihn zu sehr blenden würde, den Empfänger des Briefs ohne Zweifel so wenig als seine Freundin getäuscht hat. Voltaire erschien dann auch wirklich allein. In seiner Abneigung gegen gelehrte Frauen begegnete sich übrigens der große König mit dem größten von seinen Unterthanen, mit Kant; und auch dieser läßt sie an Frau du Châtelet aus. Im 3. Abschnitt seiner „Beobachtungen über das Gefühl des Schönen und Erhabenen" (W. W. ed. Hartenstein 1. Ausg. VII, 407) meint er: „Ein Frauenzimmer, das den Kopf voll Griechisch habe, wie die Frau Dacier, oder über die Mechanik gründliche Streitigkeiten führe, wie die Marquise von Chastelet, möge nur immerhin noch einen Bart dazu haben; denn dieser würde vielleicht die Miene des Tiefsinnes noch kenntlicher ausdrücken, um welchen sie sich bewerben." Indessen haben Voltaire's Freundin bekanntlich neben den hervorragenden Eigenschaften ihres Geistes auch die Reize wie die Schwächen ihres Geschlechts nicht gefehlt.

64) Den 28. Novbr. 1740 (XVII, 72) schreibt er ihm: Ton avaro boira la lie de son insatiable désir de s'enrichir; il aura mille (wofür nach dem folgenden trois mille stehen müßte) trois cents écus. Son apparition de six jours me coûtera par journée cinq cent cinquante écus. C'est bien payer un fou; jamais bouffon de grand seigneur n'eut de pareils gages. Vergl. Strauß Voltaire S. 87.

65) Friedrich nennt ihn so in den Versen, mit denen er den 24. Mai 1750 (XXII, 247 f.) eine Anweisung auf die 4000 Thlr. begleitet, die Voltaire für seine Reise von Paris nach Potsdam verlangt hatte. Ueber die glänzenden Bedingungen, unter denen Friedrich den Dichter zu sich berief, s. m. Strauß a. a. O. 97.

66) Das nähere bei Strauß S. 74 f. Wegen eines ähnlichen Verhaltens im Jahr 1743 wird Voltaire XXII, 127 f. von Friedrich zur Rede gestellt.

67) Vielleicht die Winkelzüge, mit denen Voltaire seine Abreise nach Potsdam fortwährend hinhielt. Darauf weist Nr. 243 f. der Correspondenz mit Voltaire

(XXII, 211 ff.) und das vient de faire in dem Brief an Algarotti: Voltaire's Aufnahme in die französische Akademie war schon einige Jahre früher erfolgt.

⁶⁸) Einen Affen ließ ihm bekanntlich auch Friedrich einmal während seiner Abwesenheit nebst einigen andern anzüglichen Thierbildern an die Wand seines Zimmers in Sanssouci malen, wo dieselben noch zu sehen sind. Ebenso nennt er ihn bei Catt, Mem. 66.

⁶⁹) Je ne ferai semblant de rien. Dieses ne gehört offenbar nicht her.

⁷⁰) Daß er von ihm Französisch lernen wolle, schreibt Friedrich Voltaire selbst XXII, 215.

⁷¹) An die Markgräfin von Baireuth 22. Jan. 1751 (XXVII, a, 199). An Dieselbe 29. Dezbr. 1751 (S. 205): je vous apprendrai que Voltaire s'est conduit comme un méchant fou, qu'il a attaqué cruellement Maupertuis, et qu'il a fait tant de friponneries, que sans son esprit, qui me séduit encore, j'aurais en honneur été obligé de le mettre dehors. Nachdem es dann wirklich dazu gekommen war, berichtet er den 12. April 1753 (S. 226 f.) seiner Schwester über den ganzen Hergang und er sagt dabei unter anderem: Il s'est comporté ici comme le plus grand scélérat de l'univers .... c'est le scélérat le plus traître qu'il y ait dans l'univers. Vous serez étonée de toutes les noirceurs, de toutes les duplicités et méchancetés qu'il a faites ici. On roue bien des coupables qui ne le méritent pas autant que lui. Weiter vergleiche man aus den Briefen an Dieselbe: S. 230 (29. Apr. 1753): ne croyez pas que je vous aie dit la centième partie des friponneries de Voltaire ... C'est bien dommage que les grands talents de cet homme soient ternis par l'âme la plus noire et la plus perfide qui aigrit et gâte tout son esprit. S. 232 und 235 (16. Juni und 7. Juli 1753); S. 251 (21. Novbr. 1754): C'est bien dommage qu' avec tant de talents ce fou soit si méchant et si tracassier; mais c'est une consolation pour les bêtes de voir qu'avec tant d'esprit souvent on n'en vaut pas mieux.

⁷²) An Darget, April 1752. XX, 32.

⁷³) Weiter vgl. man außer dem, was Anm. 71 mitgetheilt ist, XX, 39 (an Darget April 1753): V. est le plus méchant fou que j'aie connu de ma vie; il n'est bon qu'à lire. Vous ne sauriez imaginer toutes les duplicités, les fourberies et les infamies qu'il a faites ici; je suis indigné que tant d'esprit et tant de connaissances ne rendent pas les hommes meilleurs. Er habe sich auf Maupertuis Seite gestellt, weil dieser ein rechtschaffener Mann sei, ohne sich doch zu einer weiteren Verfolgung seines Gegners herzugeben: Maupertuis hätte diesen als einen Affen behandeln müssen, qu'il devait mépriser après qu'on l'avait fouetté (was aber freilich dem unglücklichen „Doctor Akakia" etwas schwerer gemacht war, als dem König). An Denselben d. 1. Apr. 1754 (XX, 44). An Lord Keith, damals Gesandten in Paris, Polit. Corresp. Friedr. IX, 395. 426. 430. X, 39. 166. 216. An Algarotti d. 26. Mai 1754 (XVIII, 97): Voltaire habe sich in Colmar mit den Jesuiten

überworfen, was sehr unklug von ihm sei. Il est étonnant que l'âge ne corrige point de la folie, et que cet homme, si estimable par les talents de l'esprit, soit aussi méprisable par sa conduite. Demselben schickte er am 9. Febr. 1754 (XVIII, 94), als Voltaire das Gerücht ausgesprengt hatte, er sei in Colmar gestorben, ein Epigramm, dessen kurzer Sinn ist: Charon habe den Dichter mit einem Fußtritt zur Oberwelt zurückbefördert, weil er ihn um das Fahrgeld zu prellen versucht habe. Aus den gleichen Jahren stammt das Portrait de M. de Voltaire (XV, 198 f.), das aber nur ein schon 1735 erschienenes Flugblatt mit einigen Aenderungen wiedergibt.

74) XIX, 230 f. 24. Mai 1761. Ebenso lautet der Brief an Catt vom 22. März 1761 (XXIV, 5), in dem Friedrich Voltaire's Widmungsbriefe an die Pompadour und den Kardinal Quirini ein Gewebe von Lügen nennt. C'est un grand faquin. Je le dis à regret, c'est dommage qu'un aussi beau génie ait une âme aussi perverse, aussi basse et aussi lâche. Je l'abandonne à sa turpitude. Es sei demüthigend für die Menschheit, daß die Vorzüge des Geistes und des Herzens so selten beisammen seien, und man begreife es, wenn die Perser geglaubt haben, ein Theil des menschlichen Wesens stamme von Ormuzd, ein anderer von Ahriman. Milder äußert der König seinen Unmuth über Voltaire's Versuche, sich einen christlichen Anstrich zu geben, dem doch niemand traue, gegen d'Alembert später; vgl. Anm. 89.

75) Aus der Zeit des Zerwürfnisses gehören hieher neben dem noch scherzhaft gehaltenen Schreiben de Prades' (XXII, 307) die Briefe, welche XXII, 262. 265. 301. 308. 309 abgedruckt sind, und der von de Prades in Friedrich's Auftrag an Voltaire's Nichte, Frau Denis, gerichtete ebd. 311 f.

76) In demselben Zweck, dem Mißbrauch eines Briefs durch Voltaire zu begegnen, bedient sich Friedrich einmal, wie er selbst den 24. März 1765 (XXIV, 397) an d'Alembert schreibt, des eigenthümlichen Mittels, Voltaire's Angriffe gegen das Christenthum darin so geflissentlich zu loben, daß dieser den Brief nicht mittheilen konnte, ohne sich selbst bloszustellen. Es ist dieß der Brief vom 1. Jan. 1765, XXIII, 91.

77) XXIV, 542 (25. Juli 1771). Weiter vergl. man Anm. 74. 78. 89 Schl. und XXIII, 65. 73 (17. Novbr. 1759. 3. Apr. 1760), wo Friedrich Voltaire von seinen fortgesetzten hämischen Ausfällen auf Maupertuis (der kurz vorher, den 27. Juli 1759, gestorben war) auf's eindringlichste abmahnt; XXIII, 93 (25. Novbr. 1765): Pour moi, qui voulais conserver la paix dans la maison, je fis tout ce que je pus pour vous empêcher d'éclater. Malgré tout ce que je vous disais, vous en devîntes le perturbateur; vous composâtes un libelle presque sous mes yeux; vous vous servîtes d'une permission que je vous avais donnée pour un autre ouvrage, pour imprimer ce libelle. Enfin vous avez eu tous les torts du monde vis-à-vis de moi; j'ai souffert ce qui pouvait se souffrir, et je supprime tout ce que votre conduite me donna d'ailleurs de justes sujets de plainte. parce que je me sens capable de par-

donner. Ebd. S. 95 (8. Jan. 1766) schreibt Friedrich an Voltaire, der sich mit der menschlichen Schwäche entschuldigt hatte: Wenn er vor 10 Jahren so gesprochen hätte, wäre er noch in Berlin; tout était dit et je vous aurais aimé avec vos défauts parce que vous avez assez de grands talents pour couvrir quelques faiblesses. Noch 1775 (XXIII, 307) findet sich Friedrich veranlaßt, dem Achtzigjährigen über seinen unauslöschlichen Haß gegen seinen alten Gegner Vorstellungen zu machen, der doch ein Mann von Talent, Kenntnissen und rechtschaffener Gesinnung gewesen sei. Aber, fügt er bei, es sei seltsam: im Ausland vertragen sich nie zwei Franzosen mit einander. Ueber Friedrich's Verhältniß zu Maupertuis s. m. Preuß XVII, XV. Catt, Mem. S. 20. 66. 378.

78) XXIII, 82 (12. Mai 1760): Vous avez eu sans doute les plus grands torts envers moi. Votre conduite n'eût été tolérée par aucun philosophe. Je vous ai tout pardonné et même je veux tout oublier. Mais, si vous n'aviez pas eu affaire à un fou amoureux de votre beau génie, vous ne vous en seriez pas tiré aussi bien chez tout autre. Tenez le vous donc pour dit, et que je n'entende plus parler de cette nièce (über deren schlechte Behandlung bei den bekannten Vorgängen in Frankfurt sich Voltaire S. 76 beklagt hatte) qui m'ennuie, et qui n'a pas autant de mérite que son oncle pour couvrir ses défauts. XXIII, 55 (8. Juli 1759): Vous êtes en vérité une singulière créature; quand il me prend envie de vous gronder, vous me dites deux mots, et le reproche expire au bout de ma plume. Avec l'heureux talent de plaire, — Tant d'art de grâces et d'esprit, — Lorsque sa malice m'aigrit, — Je pardonne tout à Voltaire, — Et sens que de mon coeur contrit — Il a désarmé la colère. Voilà comme vous me traitez. Pour votre nièce (die Friedrich's Ode auf den Rückzug der Franzosen im Jahre 1758 verbrannt hatte), qu'elle me brûle ou me rôtisse, cela m'est assez indifférent. Das gleiche wiederholt Friedrich in demselben Brief S. 56, wo er unter anderem schreibt: Si vous n'aviez point de défauts, vous rabaisseriez trop l'espèce humaine, et l'univers aurait raison d'être jaloux et envieux de vos avantages. Mit den hier und im folgenden aus Friedrich's Briefen angeführten Urtheilen über Voltaire stimmen die Aeußerungen überein, welche Catt Mem. S. 17 f. dem König in den Mund legt. Diese Aeußerungen sind jedoch allem nach nicht ein urkundlicher Bericht über das, was derselbe bei einer bestimmten Gelegenheit gesagt hatte, sondern eine in die Form eines fortlaufenden Vortrags eingekleidete, vielleicht auch aus sonstigen Quellen ergänzte Zusammenfassung dessen, was Catt über Voltaire von Friedrich gehört zu haben sich erinnerte. Die Memoiren verlegen jene Mittheilung auf den 23. März 1758, gleich nach Catt's Ankunft im königlichen Hauptquartier. Und doch bemerken sie selbst in einer Anmerkung, sie sei erst am 26. September erfolgt; auch dieß ist aber unrichtig, denn aus dem Tagebuch S. 367 ergibt sich, daß Catt vom 26.—28. Septbr. 1758 gar nicht zum König berufen wurde, und von einer Unterredung über Voltaire ist aus jener ganzen Zeit nichts angemerkt, als S. 367 (23. Septbr.) — vgl.

Mem. 320 — das Wort über Voltaire's Todesfurcht, die ihn bestimmen werde, sich vor seinem Tod an den Beichtvater zu wenden. Dagegen finden sich sonst öfters Bemerkungen, in denen Voltaire's Geist bewundert, sein Charakter in der Regel ungünstig beurtheilt wird; vgl. S. 66. 70. 178 ff. 225. 230 f. 238. 256. 270. 295. 299. 320. 404. 418.

79) Man vgl. außer dem so eben angeführten: XXIII, 50 (Anm. 84). 83. 288. (Ebd. 87 (21. Juni 1760), wo Friedrich Voltaire le plus beau génie nennt, quo les siècles aient porté, und ihm neben anderen Ausdrücken seiner Bewunderung sagt: Vous êtes la créature la plus séduisante que je connaisse, capable de vous faire aimer de tout le monde, quand vous le voulez. Vous avez tant de grâces de l'esprit, que vous pouvez offenser et mériter en même temps l'indulgence de ceux qui vous connaissent. Enfin vous seriez parfait si vous n'étiez pas homme. Voltaire's beispiellose, bis ins höchste Alter sich ungeschwächt erhaltende Geistesfrische und Anmuth wird sehr oft (XXIII, 95. 138. 315. 335. 403 u. s. w.) gerühmt; in den Versen vom 19. März 1771 (XXIII, 190) neben anderem mit den Worten: le couchant de tes jours surpasse leur aurore. XXIII, 143 (25. Novbr. 1769) spricht Friedrich seine Freude darüber aus, daß er von dem Heros der Vernunft, dem Prometheus unserer Tage, nach zwei Jahren wieder etwas höre. XXIII, 146 (4. Jan. 1770) nennt er ihn den Stellvertreter Apollo's in dieser Welt, dessen Werke dauern werden, so lange die Sonne die Welt bescheine und so lang ein Funken von Wissen und Geschmack, von Freude an erhabenen Gedanken, von Sinn für Wohllaut sich erhalte. (Aehnlich S. 222, 1. Novbr. 1772: Apollon vous a cédé sa place au Parnasse. S. 226 f. und ö.) XXIII, 169 (16. Septbr. 1770) erklärt er, die Griechen müßten eifersüchtig sein, daß ein Franzose Homer und Sophokles übertroffen, Thucydides erreicht, Plato und Aristoteles hinter sich gelassen habe. Aehnliches S. 227. 228 f. 311. XXIII, 289 (19. Septbr. 1774) steht die Vergleichung mit dem Atlas. Den 27. Juli 1775 (S. 339) schreibt der König, um im Alterthum oder in der Neuzeit einen Voltaire zu finden, müßte man fünf oder sechs ihrer ersten Schriftsteller zusammennehmen; den 13. Febr. 1776 (S. 369) feiert er ihn als den Proteus, der alles sei, was er wolle. Den 23. Febr. 1775 (XXIII, 315) nennt er Voltaire das einzige denkende Wesen, das sich im 84sten Jahr diese Kraft des Geistes bewahrt habe, und fleht die Natur an, qu'elle daigne conserver longtemps ce réservoir de pensées heureuses.

80) Das vorstehende nach XXIII, 345. 348 f. 205 (13. Aug. 8. Septbr. 1775. 18. Novbr. 1771) vgl. S. 156 (24. Mai 1770).

81) Vgl. XXIII, 94. 335. 352. 355.

82) (Ebd. S. 280. 328. 343 f. 351. 393. Ueber die hier berührten Vorgänge und Voltaire's Antheil an denselben: Strauß, Voltaire 143 ff. 211 f.

83) Friedrich hatte über diesen Gegenstand zunächst mit d'Alembert correspondirt und sich bei dieser Gelegenheit auch gegen ihn mit der höchsten Anerkennung

über Voltaire und seine Werke ausgesprochen (XXIV, 491 f.). D'Alembert verlas dieses Schreiben in der Akademie, womit sich Friedrich nachträglich einverstanden erklärt (XXIV, 497. 500. XXIII, 168). Den 21. Dezbr. 1770 schreibt d'Alembert an Voltaire: der König habe für die Statue 200 Louisd'ors geschickt (Oeuvres de Voltaire éd. Beuchot LXVI, 540); er selbst kündigt ihm XXIV, 501 nur 200 Thaler an, de sorte que son crâne et sa cervelle seront sûrement à moi, et le reste pour les autres souscripteurs. Nach Voltaire's Tod ließ der König auf d'Alembert's Veranlassung zum Ersatz für die ihm in Paris verweigerten kirchlichen Ehren in Berlin eine Seelenmesse für ihn lesen (vergl. Anm. 176) und eine von ihm angekaufte, von Houdon sehr fein und elegant ausgeführte Büste des Dichters in der Akademie aufstellen (XXV, 122. 126. 128. 136. 141. 144. 147. 149. 152. 154. 156. 159), welche sie noch besitzt. D'Alembert's Vorschlag, ihm in der Berliner katholischen Kirche ein Denkmal zu errichten, lehnte er ab: theils weil der architektonische Eindruck derselben durch Denkmäler leiden würde, theils weil Voltaire in der Akademie sich wohler fühlen werde als bei den Priestern.

⁸⁴) Außer Anm. 64. 71. 73 vergl. man XVIII, 94 (9. Febr. 1754), wo Friedrich über das Anm. 73 berührte Gerücht von Voltaire's Tod an Algarotti schreibt: Le fou s'est dit mort à Colmar pour entendre ce qu'on dirait de lui; XX, 266 (12. Juni 1756), wo er Lord Keith bemerkt, er korrespondire mit Voltaire nur durch de Prades: pour moi, qui connais le fou, je me garde bien de lui donner la moindre prise. In der Sache sagt er aber auch Voltaire selbst ähnliches, wenn er sich von ihm XXIII, 50 (10. Juni 1759) einige zu weit gehende Freiheiten mit dem Zusatz verbittet: êtes-vous sage à soixante-dix ans? ... Devenez enfin philosophe, c'est à dire raisonnable. Puisse le ciel, qui vous a donné tant d'esprit, vous donner du jugement à proportion! Si cela pouvait arriver, vous seriez le premier homme du siècle, et peut-être le premier que le monde ait porté.

⁸⁵) Den 26. Febr. 1766, XVIII, 254. Vgl. die scherzhafte Aeußerung gegen d'Argens XIX, 422 und XXIII, 83 (wo aber statt joie aimable zu lesen ist: folie aim.) (Ebd. 71: peuple charmant, aimables fous.

⁸⁶) XXII, 140. 187. XXIII, 83 XXIV, 550 vgl. 542. Hist. de mon temps II, 36 f.

⁸⁷) XXIII, 83 (12. Mai 1760), womit auch die Aeußerungen gegen Denselben XXII, 105. 139 f. XXIII, 223 zu vergleichen sind. Den Leichtsinn und Wankelmuth, den esprit inquiet et volage der Franzosen tadelt Friedrich schon 1740 (VIII, 74) im Antimachiavel, 1742 (XVII, 156) in einem Brief an Jordan; und später, in der Histoire de mon temps (III, 4; 1775) sagt er bei Gelegenheit: en France, où les petites choses se traitent avec dignité et les grandes légèrement. D'Alembert schreibt er außer dem im Text angeführten den 4. Jan. 1770 (XXIV, 468): Cette nation gentille fourre son nez partout, souvent où elle n'a que faire, et porte l'inquiétude qui la dévore d'un bout

du globe à l'autre. Elle croit qu'en la communiquant elle diminuera la portion qui lui en est échue, et qu'elle en deviendra moins agitée; mais c'est peine perdue, dit-on, et pour la rendre plus tranquille (je n'ose pas dire plus sage) il faudrait exorciser le démon qui la possède.

⁸⁸) Ueber die Franzosen schreibt Friedrich 12. Mai 1760 (XXIII, 83) an Voltaire: Votre nation est de toutes celles de l'Europe la plus inconséquente; elle a beaucoup d'esprit, mais point de suite dans les idées; über Voltaire ben 24. Mai 1761 (XIX, 231) an d'Argens: Cet homme n'a point de suite dans sa conduite.

⁸⁹) Aus Strauß Voltaire S. 213 f. ist bekannt, in welcher possenhaften Weise Voltaire einmal, da ihn der Bischof von Annecy ercommunicirt hatte, seinem Pfarrer die Zulassung zur Ostercommunion zu entlocken wußte. Ueber diesen Auftritt bemerkt nun Friedrich den 2. Juli 1769 gegen d'Alembert (XXIV, 456), nachdem er von Voltaire's Verdiensten um die Bekämpfung des Aberglaubens gesprochen hat: Après d'aussi belles choses je suis un peu fâché que ce même Voltaire fasse si platement ses pâques, et donne une farce aussi triviale au public; qu'il fasse imprimer sa confession de foi, à laquelle personne n'ajoute foi, et qu'il souille sa mâle parure de la philosophie par les accoutrements de l'hypocrisie dont il s'affuble. Schließlich fügt er dann beschwichtigend bei, was er Voltaire selbst auch schon gesagt hatte (vgl. Anm. 78, Schl. 84): dieser Mann wäre seinen Zeitgenossen zu sehr überlegen, wenn er nicht auch seine Schwächen hätte. Zu diesen rechnet Friedrich (vgl. Anm. 77) namentlich seine Unversöhnlichkeit gegen literarische Gegner: il est haineux comme le Dieu d'Abraham, d'Isaac et de Jacob; il punirait jusqu'au quatrième degré la génération des Desfontaines u. s. w.

⁹⁰) Friedrich hat diese Ansicht namentlich Voltaire selbst gegenüber, aber er hat sie gegen ihn viel zu oft und zu entschieden ausgesprochen, als daß man darin nur eine dem Dichter dargebrachte Huldigung sehen könnte. So schreibt er z. B. den 29. Jan. 1771 (XXIII, 181) über das französische Theater: Durant les beaux jours du siècle de Louis XIV, ce spectacle n'aurait pas fait fortune. Il passe pour bon dans ce siècle de petitesses, où le génie est aussi rare que le bon sens, où la médiocrité en tout genre annonce le mauvais goût qui probablement replongera l'Europe dans une espèce de barbarie dont une foule de grands hommes l'avait tirée. Tant que nous conserverons Voltaire, il n'y aura rien à craindre; lui seul est l'Atlas qui soutient par ses forces cet édifice ruineux. Son tombeau sera celui du bon goût et des lettres. Weiter vgl. man XXIII, 97. 99. 110. 113. 125. 237. 288 f. 291 und die Briefe an d'Alembert vom 25. Juli 1771 und 1. Aug. 1780 (XXIV, 542. XXV, 159), an Condorcet vom 9. Aug. 1785 (XXV, 377).

⁹¹) Das nähere über d'Alembert's Verhältniß zu Friedrich findet sich XXV, 259 ff. XX, 257. XXIV, XVIII f. 370. 493. 502. 512. 518. 523. Vgl. Catt, Mém. S. 300 und ebb. S. 231, wo die Einleitung zur Encyklopädie von dem

König als d'Alembert's Meisterstück gerühmt wird. D'Alembert's Reise, für die er von Friedrich 2000 französische Thaler erbeten und erhalten hatte, sollte nach Italien gehen; da er aber in Genf wieder umgekehrt war, wollte er die 3500 Fr., welche er nicht gebraucht hatte, dem Könige zurückgeben, der sie jedoch nicht annahm.

⁹⁸) Friedrich's Abneigung gegen die Mathematik wurde schon Anm. 42 berührt; man vgl. auch die Aeußerungen über Lambert in dem Brief an d'Alembert XXIV, 391. Die Mathematiker, und namentlich d'Alembert, mit der Trockenheit und Pedanterie ihrer Wissenschaft aufzuziehen, gewährte ihm ein besonderes Vergnügen. In zwei kleinen Arbeiten aus dem Jahr 1762, den Réflexions IX, 57 ff. und der Facétie XII, 217 ff. verwahrte er sich in Prosa und in Versen gegen d'Alembert's Urtheil über die Poesie, worauf ihm dieser (XXIV, 373. 376) brieflich mit ebenso viel Feinheit als gutem Humor antwortete; und in dem Todtengespräch vom Jahre 1773 (XIV, 253) macht er sich über die „Encyklopädisten" lustig, die meinen, wer keine Geometrie studirt habe, könne auch nicht richtig denken, und für die gewöhnlichsten Dinge ihre geschmacklosen Formeln gebrauchen; unter den Beispielen, deren er sich bedient, erinnert die Behauptung: si une puce les a mordus, ce sont des infiniment petits du premier ordre qui les incommodent, geradezu an die Erfindungen des Aristophanes über Sokrates. Unverblümt spricht der König seine Unzufriedenheit mit d'Alembert's Behandlung der Poesie den 25. Mai 1762 (XIX, 321) gegen d'Argens aus. Auf die starken Aeußerungen des letzteren (S. 318) über die métaphysiques chimères de d'Alembert sur la poésie et sur l'histoire erwiedert Friedrich: er sei damit ganz einverstanden; d'Alembert hätte lieber gar nicht schreiben sollen, als daß er Paradoxieen und Armseligkeiten vorbringe. Pascal, Newton und er, die drei größten Geometer Europa's, haben viele Albernheiten gesagt, der erste in seinen Pensées, der zweite in seiner Erklärung der Apokalypse, der dritte über die Dichtkunst und Geschichte. Die Geometrie lehre doch wohl nicht so richtig denken, wie man ihr nachrühme, wenn drei so große Mathematiker so wenig Urtheil bewiesen (si pitoyablement raisonné) haben. D'Alembert selbst schreibt dem König im December 1762 (XXIV, 376): nachdem Daun die Winterquartiere bezogen habe, komme nun er an die Reihe; car le sort de V. M. est d'être toujours en guerre, l'été avec les Autrichiens, l'hiver avec la géométrie, und im März 1771 (XXIV, 529), als sich Friedrich in einem Gedicht an Voltaire des Ausdrucks dur comme un géomètre en ses opinions bedient hatte: Je vois que V. M. a toujours une dent secrète contre la géométrie; mais je lui répondrai ce que disait le duc d'Orléans, régent, à une de ses maitresses qui parlait mal de Dieu: „Vous avez beau faire, madame, vous serez sauvée." V. M. aura beau dire aussi; elle est plus géomètre qu'elle ne pense, et que bien de gens qui prétendent l'être. Tous les esprits justes, précis et clairs appartiennent à la géométrie, et en cette qualité nous espérons, Sire, que V. M. voudra bien nous faire l'honneur

d'être des nôtres. Ein mathematischer Kopf in diesem Sinn war Friedrich allerdings im höchsten Grade.

⁹³) XXIV, 617 (7. Januar 1774) mit dem Beisatz: in Petersburg, wohin Diderot damals auf Einladung der Kaiserin Katharina gegangen war, finde man in ihm, wie er höre, einen raisonneur ennuyeux. Die Quelle dieser Nachricht wird man theils in der Eifersucht der russischen Hofleute auf den Günstling der Kaiserin theils darin zu suchen haben, daß Diderot's fesselnde Unterhaltungsgabe in größerer Gesellschaft wirklich nicht so zur Geltung kam, wie im kleinen Kreise; vgl. Rosenkranz, Diderot's Leben II, 330 f. Trotz dieser ungünstigen Meinung über Diderot wünschte aber Friedrich doch, ihn kennen zu lernen, und lud ihn ein, auf der Rückreise von Petersburg nach Berlin zu kommen, was jedoch unterblieb (s. a. O. vgl. XXIV, 624). Früher hatte Friedrich für den Fall, daß der Druck der Encyklopädie in Frankreich nicht fortgesetzt werden könnte, Diderot anbieten lassen, dieß in Preußen zu bewerkstelligen (Ebd.).

⁹⁴) La Mettrie, den 25. Dezbr. 1709 in St. Malo geboren, hatte wegen seiner Schriften erst Frankreich, dann die Niederlande verlassen müssen, kam im Februar 1748 nach Berlin, erhielt hier eine Stelle in der Akademie, starb aber schon den 11. Novbr. 1751. Aeußerungen Friedrich's über La Mettrie, welche mit dem im Text angeführten übereinstimmen, berichtet Catt, Mem. S. 20. 351. 392 (wo u. a.: La M. écrivait mal, ne pouvant lier trois idées de suite).

⁹⁵) Den 15. März dieses Jahres schreibt Friedrich (XXIV, 395) an d'Alembert, daß er ihn erwarte; er blieb längere Zeit und war von dem Geist und der Liebenswürdigkeit des Königs sehr entzückt. Vgl. (St. Lambert) Essai sur la vie et les ouvrages de M. Helvetius (Oeuvres philosophiques V, 275).

⁹⁶) De l'Homme X, 1 (Oeuvres, Par. 1818, II, 569) nennt er ihn neben Heinrich IV. und Elisabeth unter denen, welche sich in der Schule des Unglücks zu großen Regenten gebildet haben. Auf diese Stelle bezieht sich Friedrich's Aeußerung gegen Voltaire XXIII, 251: er wünschte diese allzu günstige Meinung zu verdienen.

⁹⁷) Nach Helvetius' Tod schreibt er d'Alembert den 26. Jan. 1772 (XXIV, 557): j'ai appris sa mort avec une peine infinie; son caractère m'a paru admirable. On eût peut-être désiré qu'il eût moins consulté son esprit que son coeur. Und den 7. April 1772 (S. 563): J'ai bien regretté ce vrai philosophe, qui a donné des marques d'un parfait désintéressement, et dont le coeur était aussi pur que l'esprit facile à s'égarer.

⁹⁸) Diese Urtheile finden sich über Helvetius' erste Schrift, De l'Esprit, XXIV, 396; über das nach seinem Tod erschienene Werk De l'Homme XXIII, 251 (vgl. Anm. 429); auch XXV, 82 (Anm. 430) scheint dieses gemeint zu sein, wiewohl De l'Esprit genannt wird. Das Gedicht Le Bonheur kritisirt Friedrich XXIII, 227.

⁹⁹) Das examen de l'essai sur les préjugés steht IX, 129 ff., das examen critique du systeme dela nature, das aber Friedrich Bedenken trug, drucken zu lassen (XXIII, 165), ebend. 153 ff. Die Briefe an Voltaire (XXIII, 161. 183. 201) und d'Alembert (XXIV, 484. 489. 507), worin der beiden Holbach'schen Schriften erwähnt wird, sind alle aus den Jahren 1770 und 1771.

¹⁰⁰) IX, 131 f. 155 vgl. Anm. 45.

¹⁰¹) IX, 156—161. Das nähere hierüber S. 40. 62.

¹⁰²) IX, 161 ff. Vgl. S. 129. 137.

¹⁰³) Friedrich hatte sich dieser Bezeichnung in den Briefen über die Vaterlandsliebe IX, 239 wiederholt bedient. D'Alembert protestirte: irgend ein angeblicher Philosoph möge das, was der König table, gesagt haben, aber in der Encyklopädie werde so wenig, als überhaupt von irgend einem wirklichen Philosophen, die Vaterlandsliebe herabgesetzt (XXV, 132. 19. Novbr. 1779). Friedrich erwiedert ihm (S. 134): er habe jene Sätze in einer von den Schriften gefunden, die vor oder bald nach dem „System der Natur" erschienen seien; übrigens rechne man in Teutschland alle französischen Tagesphilosophen zu den Encyklopädisten; er selbst wisse natürlich zwischen einem d'Alembert und einem Diderot, Rousseau u. s. w. zu unterscheiden. Daß sich d'Alembert dabei nicht beruhigte, zeigt seine Antwort a. a. O. 136.

¹⁰⁴) Als im September 1743 Voltaire den König in Potsdam besuchte, und sich bei dieser Gelegenheit auch einiger politischen Aufträge entledigen wollte, gab ihm Friedrich sehr unzweideutig zu erkennen, daß er ihn als Politiker nicht ernsthaft nehmen könne (III, 23 f. XXII, 141 f. vgl. Strauß, Voltaire 484). Während des siebenjährigen Kriegs erwiedert er auf Voltaire's Ermahnung zum Frieden (XXIII, 51 ff. 20. Juni und 2. Juli 1759): damit müsse er sich an seinen eigenen Herrn und dessen Staatsminister in der Haube (die Pompadour) wenden. Ob Voltaire denn glaube, dieses Hundeleben im Felde, unter Blutvergießen, Verlusten, Sorgen und Gefahren, mache ihm Vergnügen? Er wisse den Werth des Friedens so gut, wie jeder andere, zu schätzen; aber er müsse seine Pflicht thun, und werde den Frieden niemals mit einer Erniedrigung erkaufen. Aehnlich S. 60. 67. 71 f. 74. 86; vgl. Catt, Mem. S. 300. Umgekehrt führt Friedrich dem Dichter 1773, als ihn dieser aufforderte, zur Befreiung Griechenlands die Waffen zu ergreifen, mit vielem Behagen zu Gemüthe, daß er nach allen den Strafreden der Philosophen gegen den Krieg sich wohl hüten werde, sich durch einen solchen den Titel eines Räuberhauptmanns zu verdienen und der Excommunication von Seiten des Patriarchen von Ferney und seines Gefolges, der Encyklopädisten, zu verfallen (XXIII, 257. 265. vgl. 253. 255). Den gleichen Grund giebt er für seine Friedfertigkeit so oft (XXIII, 155 f. 196. 222) an, daß man doch auch aus diesen Scherzen sieht, wie ihn die Ausfälle der Philosophen gegen Krieg und Soldaten wurmten und wie thöricht er sie fand.

¹⁰⁵) IX, 239 ff. vgl. vorl. Anm. Wo Friedrich die von ihm bestrittenen

Sätze gefunden hatte, kann ich um so weniger angeben, da er selbst es neun Jahre später nicht mehr zu sagen wußte.

¹⁰⁶) Man sehe hierüber außer dem satirischen Drama, mit dem Friedrich den Tod Ludwig's XV. feierte: Louis XV. aux champs Élysées (XIV, 260 ff.) und den Versen XII, 13 (1758). XII, 75 (1757, nach Roßbach), die Aeußerungen gegen Voltaire theils noch während des siebenjährigen Krieges (XXIII, 52. 72. 86) theils nach demselben (XXIII, 183, 29. Jan. 1771: je me repose sur les grandes lumières de votre monarque pour le choix et le renvoi de ses ministres et de ses maitresses) und die Verse an Algarotti XIX, 163 (7. Mai 1760) und in einem Gedicht vom Jahr 1770, XIII, 42. Nach Ludwig's Tod versichert er allerdings Voltaire (XXIII, 281. 283) und d'Alembert (XXIV, 628): derselbe habe ihm leidgethan, er sei ein guter, rechtschaffener Mann gewesen, der nur kein König hätte sein sollen; was er auch 1775 (VI, 67) wiederholt. Lautet aber schon dieß mehr wie Mitleid, so zeigt die gleichzeitige Satire, wie viele Geringschätzung diesem Mitleid beigemischt war. Ludwig XIV dagegen nimmt er auch XXIII, 292. XXIV, 505 f. 522. VII, 120 in Schutz, und X, 143 preist er ihn als den größten von den französischen Königen, während er Ludwig XVI. VI, 67 incapable de gouverner nennt.

¹⁰⁷) IX, 138 ff. XIII, 75; über die Kriege und die Armeen vgl. man außer dem, was Anm. 104 angeführt ist, auch XXIII, 284. XXIV, 506. 522.

¹⁰⁸) Sein Anfang (XX, 299) lautet nämlich: Sire, j'ai dit beaucoup de mal de vous; j'en dirai peut-être encore. Cependant, chassé de France, de Genève, du canton de Berne, je viens chercher un asile dans vos états. Damit vergleiche man den des Themistokleïschen Schreibens bei Thucyd. I, 137: „Ich Themistokles komme zu Dir, der ich Eurem Hause unter allen Hellenen am meisten Schaden zugefügt habe" u. s. w.

¹⁰⁹) In den zwei Briefen an Lord Keith vom 29. Juli und 1. Sptbr. 1762 XX, 288 f.). Der erste von diesen beginnt mit den Worten: Donnons, mon cher mylord, asile aux malheureux, fügt dann aber bei, man müsse Rousseau möglichst abhalten, zu schreiben, damit die Neuschateler Geistlichkeit nicht Lärm schlage. In dem zweiten weist der König 100 Thlr. zu einer Unterstützung für Rousseau an, die ihm aber in Naturalien gewährt werden solle, weil er sie in dieser Form eher annehmen werde; wäre er selbst nicht durch den Krieg ruinirt, so ließe er ihm eine Einsiedelei bauen, in der Rousseau ein Leben führen könnte, wie er sich das der ersten Menschen denke. Rousseau richtete an den König zunächst ein ziemlich unschickliches Schreiben, in dem er mit seinem Dank schulmeisterliche Ermahnungen zum Frieden verband, vier Jahre später (30. März 1766) ein passenderes (XX, 299 f.). Nach Thiébault, Souvenirs de vingt ans I, 29 hätte Friedrich Rousseau ein Asyl in dem Schönhauser Schloß (dem Wohnsitz der Königin) mit einem ausreichenden Jahresgehalt angeboten, dieser aber das Anerbieten abgelehnt, und in Folge davon auch der König sich nicht weiter um ihn bekümmert. Es müßte dieß wohl um die Zeit geschehen sein,

welcher der ebengenannte Brief Rousseau's und der Anm. 112 angeführte Friedrich's angehört, also 1766. Ich weiß indessen nicht, ob diese Angabe durch anderweitige Zeugnisse bestätigt wird.

¹¹⁰) Ueber den Émile, der 1762 erschienen war, äußert sich Friedrich 1763 (XVIII, 216) gegen die Herzogin von Gotha und 1775 (XXIII, 353) gegen Voltaire sehr abschätzig. In der letzteren Stelle zweifelt er, ob man Rousseau einen Philosophen nennen dürfe, und in der Abhandlung über den Nutzen der Künste und Wissenschaften für den Staat, die am 27. Jan. 1772 in der Akademie vorgelesen wurde, und die vorzugsweise gegen Rousseau gerichtet ist, wendet er sich gegen diesen (IX, 172) mit den Worten: C'est la paresse qui dédaigne de s'instruire, c'est l'ignorance ambitieuse qui prétend à tout et qui est incapable de tout, qu'aurait dû fronder je ne sais quel energumène qui, ne débitant que de misérables paradoxes, a osé soutenir que les sciences sont pernicieuses u. s. w.

¹¹¹) Was ihm diese gute Meinung über Rousseau beibrachte, scheint zuerst die Erzählung von Maupertuis gewesen zu sein, deren er XX, 290 erwähnt, daß während Rousseau's erster Anwesenheit in Paris der Regent demselben eine Unterstützung zukommen lassen wollte, indem er ihm für eine Abschrift von Noten 50 Louisd'ors schickte, Rousseau aber nur 5 annahm, weil seine Arbeit nicht mehr werth sei, und weil mancher andere ärmer und träger als er sei. Friedrich bemerkt am Schluß dieser Erzählung: ce grand désintéressement est sans contredit le fond essentiel de la vertu; ainsi je juge que votre sauvage a les moeurs aussi purs que que l'esprit inconséquent.

¹¹²) An Voltaire Decbr. 1766 (XXIII, 116): Je pense qu'il est malheureux et à plaindre. Je n'aime ni ses paradoxes ni son ton cynique. Ceux de Neufchâtel en ont mal usé envers lui; il faut respecter les infortunés; il n'y a que des âmes perverses qui les accablent. Noch 1771 (ebd. 201) äußert Friedrich gegen Voltaire sein Bedauern darüber, daß er Rousseau bei seinem Aufenthalt in Neufchatel nicht habe schützen können.

¹¹³) Mit Gottsched hatte Friedrich im Oktober 1757 zwei Unterredungen, über welche dieser in einem Brief an Prof. Flottwell (herausg. von G. Krause, Friedrich d. Gr. und die deutsche Poesie S. 92 ff.; daraus in: Friedrich d. Gr. Lpz. 1886. I, 446 ff.) berichtet; Gottsched's Uebersetzung eines Gedichts von J. B. Rousseau trug ihm die Anm. 25 erwähnten Verse des Königs ein. Später jedoch, bei Catt, Mem. 349 (1758), äußert er sich über ihn noch geringschätziger, als schon 1752 in der Epistel an Bredow (X, 138) geschehen war; und als er 1761 Gellert kennen gelernt hatte, sagte er: „das ist ein ganz anderer Mann als Gottsched", „das ist der vernünftigste unter allen deutschen Gelehrten." (So berichtet der anonyme Brief aus Leipzig, welcher in „Friedrich d. Gr." aus „Sechs Briefe von Gellert und Rabener", 1770 abgedruckt ist, I, 567). Lambert, der 1764 nach Berlin gekommen war, wurde auf das Anbringen der Akademie zu ihrem Mitglied ernannt. Aber seine persönliche Er-

scheinung machte auf den König den unangenehmsten Eindruck; vgl. J. Lepsius J. H. Lambert (Münch. 1881) S. 10, dessen Nachweisen noch Friedrich's Brief an d'Alembert aus dem Januar 1765, nebst der Antwort des letztern (XXIV, 391 f. 394) beizufügen ist. Später urtheilte der König allerdings günstiger über ihn (vgl. XXIV, 461. XXV, 88 und dazu die anerkennenden Aeußerungen d'Alembert's XXIV, 460. 462. 464. 467), und nach seinem 1777 erfolgten Tode genehmigte er ein für ihn geplantes Denkmal (s. folg. Anm.). — Garve, den er in Breslau kennen gelernt hatte, dankt Friedrich 1783 (XXV, 279) in anerkennenden Worten für die Uebersetzung und Erläuterung der Ciceronischen Bücher über die Pflichten, die er selbst angeregt hatte (Briefw. zw. Garve und Zollikofer, Breslau 1804, S. 256). — Dem Consistorialrath Steinbart in Züllichau (der 1809 als Professor der Theologie in Frankfurt a. O. starb) macht er 1770 (XX, 13), gleichfalls in sehr wohlwollendem Ton, einige Bemerkungen über eine Schrift, worin dieser Friedrich's Abhandlung über die Selbstliebe als Princip der Moral, unter Anerkennung ihres Grundgedankens, zu ergänzen versucht hatte. Aber dauernde Beziehungen scheinen sich zu keinem von diesen Gelehrten ergeben zu haben.

[114]) Seine Hochschätzung für Sulzer, einen Schweizer, der seit 1750 Mitglied der Akademie war und 1779 starb, zeigte Friedrich dadurch, daß er zu der beabsichtigten Errichtung eines Denkmals mit den Medaillons von Leibniz, Sulzer und Lambert, das aber nicht zu Stande kam, seine Genehmigung ertheilte (Preuß XVII, xviii nach Berlin. Nachr. 1785, Nr. 73). Ein Brief an ihn, worin ihm Friedrich für eine von ihm veranlaßte Medaille auf die Vertheidiger Kolbergs dankt (1761), steht XVII, 357. Ein Bericht Sulzer's über eine zweistündige Unterhaltung mit dem König, den er bei dieser Gelegenheit zum ersten Mal sprach (31. Dzbr. 1777), findet sich in Sulzer's Lebensbeschreibung, herausgegeben von Nicolai 61 ff., jetzt auch in der Compilation: Friedrich d. Gr. (Leipzig 1886) II, 272 ff. Ueber Sulzer's philosophische Ansichten vgl. meine Geschichte der deutschen Philosophie S. 254 f. 2. Aufl.

[115]) Vgl. Kayserling Moses Mendelssohn (Leipzig 1862) S. 119 ff. 229 ff. Mendelssohn's Anzeige der 1760 erschienenen Poésies diverses machte solches Aufsehen, daß das Heft der Literaturbriefe, das sie enthielt, consisciert wurde. Von dem Könige persönlich darüber zur Rede gestellt, gab Mendelssohn die hübsche, eines Nathan würdige Antwort: „Wer Verse macht, schiebt Kegel, und wer Kegel schiebt, er sei wer er wolle, König oder Bauer, muß sich gefallen lassen, daß der Kegeljunge sagt, wie er schiebt." Der König war damit zufrieden, und die Consiscation wurde aufgehoben. Daß Mendelssohn's Wahl in die Akademie (1771) die königliche Bestätigung nicht erhielt, scheint wenigstens den im Text angenommenen Grund gehabt zu haben; ausgesprochen hat sich Friedrich darüber nicht.

[116]) Ueber Zedlitz' Verhältniß zu Kant s. m. Trendelenburg Kleine Schriften I, 134 f. Fischer, Gesch. der neuern Philosophie III, 63. Rethwisch, Der Staatsminister v. Zedlitz S. 86. 2. Aufl. Daraus folgt nun von selbst,

daß der Minister auch dem König über den von ihm so hoch gestellten Philosophen, den er nach Halle zu ziehen sich 1778 vergebens bemühte, berichtet haben wird. Aber für ein weiteres Interesse Friedrich's an demselben liegt kein Beweis vor; auch das Rescript an die ostpreußische Regierung vom 25. Dzbr. 1775, worin Reusch und Kant wegen ihrer Lehrweise mit Anerkennung genannt werden, (bei Meyer Friedrich d. Gr. pädagog. Schr. 50 u. A.) ist, wenn auch auf Specialbefehl des Königs erlassen, doch in den Einzelheiten seines Inhalts für ein Werk des Ministers zu halten.

116b) Bratuscheck, Erz. Friedrich's d. Gr. 29, bezweifelt zwar, „ob er durch einen gründlichen Unterricht in den alten Sprachen nach der damaligen Methode jemals die Kenntniß des klassischen Alterthums erlangt hätte, die er durch die Lektüre französischer Uebersetzungen der alten Schriftsteller erlangt hat." Friedrich selbst war jedoch nicht dieser Meinung. In einem von Bratuscheck selbst angeführten Brief an d'Argens (XLV, 246; 1761) beklagt er es lebhaft, daß er die alten Sprachen nicht verstehe, und überall, wo das Französische ihn im Stiche lasse, in der größten Unwissenheit bleibe; und es läßt sich auch wirklich durchaus nicht absehen, warum er es in denselben nicht ebenso weit hätte bringen können, wie seine Freunde, ein d'Argens, Keyserlingk, Algarotti und Lucchesini, die doch auch keine Gelehrte von Profession waren, wenn man ihn darin ebenso unterrichtet hätte, wie diese.

116c) Der Katalog der Bibliothek, von der Anm. 17 gesprochen wurde, nennt zwar Uebersetzungen vieler Klassiker, und darunter an Philosophen und Quellenschriftstellern zur Geschichte der alten Philosophie Xenophon's Cyropädie, Plato, Aristoteles' Rhetorik und Poetik, Theophrast's Charaktere, Plutarch's moralische Schriften, Epiktet, Mark Aurel, Sextus Empirikus, Diogenes Laertius, Lucian, mehrere ciceronische Werke, Seneca (Bratuscheck, Erz. Friedr. 41 f.). Aber daraus folgt, wie a. a. O. gezeigt ist, durchaus nicht, daß Friedrich alle diese Schriftsteller gelesen hat. In seinen Briefen und Schriften zeigt er sich nur mit den im Text genannten genauer aus eigener Anschauung bekannt. Ob er von Aristoteles außer der Poetik, die er hochschätzte (Littér. allem. VII, 104. 109. Lucchesini bei Bischoff, Gespr. Friedrich's d. Gr. S. 273) noch weitere Schriften kannte, ist nicht überliefert. Plato liebte er nicht (vgl. z. B. die Facétie XV, 21: j'avais lu Platon, et je n'y comprenais rien), neben dem Gegensatz ihres philosophischen Standpunkts vielleicht auch deßhalb, weil er einen großen Theil der christlichen Dogmen von ihm herleitete (XXV, 180). Indessen bemerkt Lucchesini a. a. O. mit Recht, in den französischen Uebersetzungen gehe die Schönheit des platonischen Stils verloren; außerdem fragt es sich aber auch, was und wie viel von Plato Friedrich selbst in solchen gelesen hatte. Von den übrigen alten Schriftstellern, die er anführt, ist Horaz wohl der, welcher am meisten Berührung mit der Philosophie hat; denn von Plutarch scheint er nur die Biographien gekannt zu haben.

117) Éloge de Voltaire (1778) VII, 62. Friedrich hatte Cicero, wie er

selbst sagt (vgl. Anm. 16), schon frühe studirt, und er hat ihn nicht blos als Redner, sondern auch als Philosophen fortwährend weit höher gestellt, als dieser gewandte, aber oberflächliche Bearbeiter griechischer Lehren und Schriften es verdiente. Seine Bewunderung für ihn spricht er schon 1733 (XXVII, a, 11) mit den Worten aus: „Il n'eut jamais qu'un Cicéron au monde. Den 6. Juli 1737 (XXI, 76) schreibt er an Voltaire: J'aime infiniment Cicéron. Je trouve dans ses Tusculanes beaucoup de sentiments conformes aux miens, und 1738 nennt er diese in einem Brief an Denselben (XXI, 193) dasjenige Werk Cicero's, welches ihm am meisten zusage. 1739 (XIV, 72) rühmt er den Philosophen, qui, soulant les erreurs à Tuscule, doutait, examinait, et jugeait sans scrupule. Bei Catt (Mem. 149. 172. 224. 284. 289. 364. 368. 444) liest er im Felde ciceronische Schriften, namentlich die Tusculanen, De natura Deorum und De Finibus. Wegen seiner akademischen Skepsis stellt er Cicero lobend mit Bayle zusammen (s. e. S. 17). In der Instruction für die Ritterakademie von 1765 (IX, 80) ordnet er an, daß die Tusculanen und die Bücher über die Götter an dieser Anstalt gelesen werden; Zedlitz fordert er auf (1779. XXVII, c, 255), für Uebersetzungen aller ciceronischen Werke Sorge zu tragen; die Garve'sche der Bücher von den Pflichten (worüber Anm. 113) war ihm um so erwünschter, je höher er dieses Werk stellte, das er in der Abhandlung über die deutsche Literatur (VII, 112) le meilleur ouvrage de morale nennt, qu'on ait écrit et qu'on écrira. Daß sein Inhalt fast durchweg aus den Schriften griechischer Philosophen, namentlich des Panätius, entlehnt ist, war ihm natürlich unbekannt. Weitere rühmende Erwähnungen Cicero's finden sich XXIII, 339. VIII, 271. IX, 148. Dagegen sieht man aus dem S. 73 berührten Brief an Duhan, vgl. Catt, Mem. 366, daß er die schwache Seite von Cicero's Charakter, die Eitelkeit, wegen deren er ihn tief unter Cato stellt, sich nicht verbarg.

[118]) Friedrich selbst erklärt sich hierüber gegen die Herzogin von Gotha, an die er den 26. März 1760 (XVIII, 181) schreibt: das Unglück mache den Menschen zum Philosophen. Seine Jugend sei eine Schule des Mißgeschicks gewesen, und er habe auch seitdem durch den Verlust aller seiner näheren Freunde und durch andere Schicksalsschläge nicht wenig Schweres erfahren. Und dann fügt er bei: Le stoïcisme est le dernier effort auquel l'esprit humaine puisse atteindre; mais pour nous rendre heureux, il nous rend insensibles, et l'homme est un animal plutôt sensible que raisonnable. (Hierüber Anm. 45 Schl.). Daß der Stoicismus die Philosophie der Unglücklichen sei, sagt Friedrich oft, z. B. XIX, 44, wo er, wenige Wochen nach der Niederlage von Kollin, an d'Argens schreibt: Dussent tous les éléments périr, je ne verrai ensevelir sous leur débris avec le sang-froid dont je vous écris. Il faut se munir, dans ces temps désastreux, d'entrailles de fer et d'un coeur d'airain pour perdre toute sensibilité. Voilà l'époque du stoïcisme. (Ebd. 266. XXIV, 11. In der bedenklichen und fast aussichtslosen Lage, in der er sich nach fünfjährigem Kampfe befand, verfaßte Friedrich im November

1761 ben Stoicien (XII, 181—189), eine Darstellung beſſen, was er ſich zunächſt aus Mark Aurel angeeignet hatte.

¹¹⁹) Man vgl. über den ſtoiſchen Pantheismus VII, 110 (De la littérature allemande), und oben S. 43; über die ſtoiſche Moral S. 77 ff. 81 f.

¹²⁰) Wie ſehr die Bewunderung Mark Aurel's ſchon in dem Rheinsberger Kreiſe zu Hauſe war, erhellt aus dem, was Anm. 15 angeführt iſt. Das weitere im Text mitgetheilte findet ſich im Antimachiavel VIII, 82; in der Epiſtel an Feldmarſchall Keith von 1751 (X, 202), der an b'Alembert von 1773 (XIII, 106), den Briefen an die Herzogin von Gotha (XXIV, 283. 114; 1775. 1766), an Voltaire vom 11. Oktbr. 1777 (XXIII, 409), an die Markgräfin von Baireuth vom 29. Dezember 1751 (XXVII, a, 204), an b'Argens vom 11. Novbr. 1761 (XIX, 263), an b'Alembert vom 16. Mai 1776 (XXV, 44); bei Catt Mem. 33. 338. Vgl. die Anm. 48 angeführte Aeußerung gegen Lord Keith. Ueber den „Stoiker" Anm. 118.

¹²¹) Er nennt ihn ſchon in einem Briefe vom 23. Oktober 1736 (XVI, 291), wenn er Suhm ermahnt, Geduld zu haben und im Seneca das Kapitel über die Verachtung des Reichthums zu leſen. (Welche Stelle Seneca's, und ob überhaupt eine beſtimmte Stelle dabei gemeint iſt, läßt ſich nicht ſagen; ſolche, an die Friedrich denken konnte, finden ſich z. B. De benef. VII, 8 f. epiſt. 62, 3. 92, 31, namentlich aber ep. 83.) 1742 erwähnt er Seneca's gegen Jordan (vgl. Anm. 5). Bei Catt, Tagebuch S. 349, 33, lieſt er im Seneca, der das einzige Buch ſei, welches ihn tröſte. Im ganzen wird aber dieſer Vertreter der ſtoiſchen Schule von Friedrich ſelten genannt.

¹²²) Außer S. 5 und Anm. 16. 120 vgl. man über Friedrich's Beſchäftigung mit Lucrez XIV, 72 (1739), wo dieſer Dichter puissant génie, vainqueur des préjugés genannt wird, à qui la vérité confia son flambeau u. ſ. w. XIX, 67 (12. Mai 1759), wo Friedrich d'Argens ſchreibt: je ne lis plus que Lucrèce et vos lettres. Ebd. 288 (1761), wo er Gaſſendi und das 3. Buch des Lucrez, welches Epikur's Anſicht von der Seele entwickelt, als die Gegenſtände bezeichnet, die ihn neben den militäriſchen Aufgaben jenes ſchweren Jahres beſchäftigen. Catt, Mem. 167 (wo er Lucrez son bréviaire lorsqu'il avait de la tristesse nennt) 269. 309. 404. 411. 427. Was Derſelbe S. 108 Friedrich den 21. Juni 1758 über Lucrez ſagen läßt, kann er nach S. 348 nicht an dieſem Tage geſagt haben.

¹²³) VII, 110 (De la littér. allem.) findet er darin manches verfehlte, wie z. B. die Lehren von der Unempfindlichkeit der Götter und der Abweichung der Atome.

¹²⁴) An Voltaire den 2. Juli 1759 (XXIII, 54): Il n'y a que l'égide de Zénon pour les calamités, et les couronnes du jardin d'Épicure pour la fortune. Dieſer Satz ſelbſt findet ſich allerdings ſchon in der épitre à Maupertuis, die zwiſchen 1750 und 1752 verfaßt iſt (Preuß X, x), wenn es hier (X, 118) heißt: der Weiſe ſei dans des jours fortunés disciple d'Épicure,

dans des jours désastreux disciple de Zénon; aber daß er selbst nur das letztere sein könne, sagt er hier noch nicht. Die Aeußerung gegen Catt, vom 24. Novbr. 1761, steht XXIV, 11.

125) Vgl. S. 12 ff. Anm. 41. 43. 44.

126) Vgl. Preuß, Friedrich's b. Gr. Jugend S. 17 f. 20. 23. Büsching, Charakter Friedrich's II. S. 202 f. Charakteristisch ist namentlich das von Preuß mitgetheilte „Reglement" für die Erziehung des fürstlichen Knaben vom 3. Septbr. 1721 mit den darin vorgeschriebenen Morgen- und Abendgebeten, welche der Prinz theils allein, theils mit der Dienerschaft zusammen knieend zu verrichten hatte. Wenn vollends, wie die Markgräfin von Baireuth (Mémoires I, 98) berichtet, noch später während der königlichen Tafel vom Kammerdiener geistliche Lieder angestimmt wurden, so begreift man, daß die schon halb er- wachsenen Kinder oft Mühe hatten, das Lachen zurückzuhalten.

127) Catt bemerkt (Mem. 411) in einer Aufzeichnung vom 26. Novbr. 1759, Friedrich habe geäußert, qu'il ne connaissait pas, s'il y avait un Dieu. Allein dieß ist am Ende doch nicht mehr, als jener akademische Vorbehalt, nichts un- bedingt zu behaupten, den Friedrich in Uebereinstimmung mit seinen S. 12 ff. entwickelten Grundsätzen auch da macht, wo er eine ihm subjektiv feststehende Ueberzeugung vertheidigt; so z. B., gerade bei der Frage über das Dasein Gottes, in den Briefen an d'Alembert vom 12. und 18. Dezember 1770 und 13. März 1771 (XXIV, 519. 531). Noch weniger hat es auf sich, wenn der König kurz vorher (Mem. 367. 168) seinen Sekretär, der orthodoxer als er selbst ist, mit dem Gebet neckt: O Dieu. s'il y en a un, aie pitié de mon âme, si j'en ai une. Was seine wirkliche Ueberzeugung war, hat er ja oft und deutlich genug auch gegen Catt ausgesprochen, wie dieser selbst berichtet; vgl. Anm. 131 und Catt, Mem. 390, wo der König zu ihm sagt: Ce monde n'est pas l'ouvrage du hasard, il y a trop d'ordre. Je ne connais pas Dieu, mais je l'adore tous les jours à bon compte.

128) In diesem Sinn äußert sich Friedrich schon 1737 (XXI, 129) und 1740 (ebd. 378) gegen Voltaire, und dasselbe hat er später oft wiederholt. So 1751/52 in dem Brief an Maupertuis, wo Gott (X, 110) ce moteur inconnu genannt wird; 1770 und 1771 in dem „Versuch über die Selbstliebe" u. s. w. (IX, 89 f., vgl. oben S. 70 f.) und in zwei Briefen an d'Alembert (XXIV, 520. 531). Diese Aeußerungen aus verschiedenen Lebensaltern unter- scheiden sich nur dadurch, daß in den späteren die Beschränktheit des menschlichen Erkennens noch etwas stärker betont wird.

129) Man vgl. über jenen: Strauß, Volt. 157 ff., über diese: meine Geschichte der Deutschen Philosophie S. 125 ff. 205 ff. Vortr. und Abhandl. II, 540 f.

129b) Dieser Brief ist vom 10. Novbr. 1735. Preuß hat ihn nicht auf- genommen; Pratschek, Erz. Fr. 99 theilt die Hauptstellen deutsch mit.

130) An Voltaire 1737 und 1740; XXI, 35. 57. 378.

¹³¹) Der erste von diesen Beweisen begegnet uns 1749 (X, 181) in Versen, worin gewisse neuere Schöngeister getadelt werden, die Gott leugnen, lorsque tout l'univers nous annonce sa gloire; beide in den Unterhaltungen mit Catt, Mem. 95. 149 (Juni und August 1758) vgl. Anm. 127 Schl.

¹³²) Nachdem Friedrich in seiner Kritik des „Systems der Natur" (s. Anm. 99) IX, 156 f. Holbach's Atheismus in der angegebenen Weise bekämpft hatte, hielt ihm d'Alembert (XXIV, 494; 2. August 1770) verschieden: Einwürfe entgegen, deren Unlösbarkeit zeige, daß wir über diese Dinge nichts wissen können. Das letztere räumt Friedrich in seiner Antwort vom 18. Oktbr. 1770 (XXIV, 503 f. 507) bis zu einem gewissen Grad ein (noch weiter gehend schreibt er um die gleiche Zeit, XXIII, 173, an Voltaire: wir können das Dasein Gottes nur vermuthen, aber am wenigsten ungereimt sei es doch, ihn für das intelligente Princip alles Lebens in der Natur zu halten). Allein er entwickelt doch seine Gründe für den Glauben an Gott, und da sein Correspondent sich nicht besiegt gibt, wiederholt er sie (XXIV, 520. 531) noch zweimal. Ebenso in der épitre au d'Alembert (XIII, 107) von 1773, den Versen über das Dasein Gottes (XIV, 18 f.) aus seinen letzten Lebensjahren, und der Schrift über die deutsche Literatur (VII, 111) von 1780.

¹³³) Vgl. den Brief an Manteuffel vom 18. März 1736 (XXV, 420), die Briefe an Voltaire aus den Jahren 1737. 1738. 1740 XXI, 36. 129. 192. 378.

¹³⁴) Der wiederholt von ihm überarbeiteten (schon S. 39 berührten) Ode: Apologie des bontés de Dieu XIV, 7 ff.

¹³⁵) So schreibt er XVIII, 187 (17. Mai 1760) an die Herzogin von Gotha: es sei leider so viel Uebles in der Welt, daß man nicht alles auf Gott zurückführen könne, den man sich nur sous l'image de la bonté même vorstellen dürfe; XXIII, 173 (an Voltaire 1770) nennt er Gott le principe intelligent de tout ce qui anime la nature; um dieselbe Zeit bemerkt er gegen d'Alembert (XXIV, 503): die augenscheinliche Zweckmäßigkeit in der Natur nöthige ihn einzuräumen, qu'une intelligence préside à cet univers pour maintenir l'arrangement général de la machine; und in einem Gedicht aus seiner letzten Zeit (XIV, 18 f.) führt er aus: wenn ein so beschränktes Wesen, wie der Mensch, mit Vernunft begabt und für bestimmte Zwecke zu handeln im Stande sei, könne man dem allmächtigen Urheber der Welt und des Menschen Intelligenz und Zweckthätigkeit nicht absprechen.

¹³⁶) So in den Briefen, welche alle der Zeit seit 1770 angehören: an d'Alembert XXIV, 503. XXV, 212 f. 219 (vgl. auch XXIV, 520, oben S. 41); an die Kurfürstin von Sachsen XXIV, 306; an Condorcet XXV, 376. In der Kritik des „Systems der Natur" IX, 157 bemerkt Friedrich, die Einwürfe gegen die Annahme eines vernünftigen Welturhebers, welche von dem physischen und moralischen Uebel hergenommen seien, werden durch die Ewigkeit der Welt entkräftet; womit wohl gemeint ist, daß uns diese Lehre in dem Uebel nicht etwas

von Gott gewolltes, sondern eine unvermeidliche Folge ewiger Naturgesetze erkennen lasse.

¹³⁷) Den 16. Novbr. 1761; XIX, 265. D'Argens hatte dem König seine Uebersetzung des Ocellus Lucanus (über den meine Phil. d. Gr. III, b, 96. 131. 134) geschickt; dieser ist mit Ocellus' Beweisführung für die Ewigkeit der Welt nicht zufrieden, und will bessere Gründe angeben. Er behandelt diese hier allerdings als bloße Wahrscheinlichkeitsgründe, und die ganze Frage als zu dunkel für eine sichere Entscheidung; aber in einigen andern, vor. Anm. genannten Stellen (XXV, 219. 376) bezeichnet er die Annahme eines Weltanfangs als ungereimt und widerspruchsvoll.

¹³⁸) An d'Alembert (1770 f.) XXIV, 520. 531. Littérature allemande (1780) VII, 111.

¹³⁹) In der épitre an d'Alembert von 1773 XIII, 107; ebenso in der an Maupertuis (1750) X, 110.

¹⁴⁰) XXVII, a, 18 (2. Sptbr. 1734) schreibt Friedrich mit Bezug auf eine Erkrankung seines Vaters seiner Schwester in Baireuth: Le bon Dieu, qui dirige tout dans le monde, et qui est le premier principe des événements qui arrivent, en disposera selon sa sagesse et selon que sa sainte volonté l'aura résolu; je m'y soumets entièrement, et c'est de lui seul qu'on doit attendre la convalescence du roi. C'est aussi à cet Être suprême que j'addresse mes voeux pour le rétablissement de votre précieuse santé. Der gleiche Vorsehungsglaube kommt in der Anm. 338 angeführten Aeußerung aus 1731 zum Vorschein. In demselben Sinn spricht er sich aber auch noch mehrere Jahre nachher aus. Beruft sich auch das Gedicht über die Wohlthaten Gottes (1737; XIV, 7 ff.) nur auf solche Beweise der göttlichen Güte, welche von der ursprünglichen Einrichtung der Natur entlehnt sind, so setzt doch Friedrich in den Verhandlungen mit Voltaire über die Willensfreiheit aus den Jahren 1737 und 1738 (f. o. S. 58 ff.) durchaus den gewöhnlichen Vorsehungsglauben voraus. So XXI, 130: Si donc Dieu dirige les événements selon sa volonté, il dirige aussi et gouverne nécessairement les hommes; et c'est ce principe qui est la base et comme le fondement de la providence divine... Ce principe me fait connaitre en Dieu un Être infiniment grand et sage, n'étant point absorbé dans les plus grandes choses, et ne s'avilissant point dans les plus petits détails. Quelle immensité n'est pas celle d'un Dieu qui embrasse généralement toutes les choses, et dont la sagesse a préparé, dès le commencement du monde, ce qu'il a exécuté à la fin des temps! Ebenso einige Monate später, S. 158 ff. wo u. a. (S. 162): un Dieu qui entre dans la régie du monde, entre dans les plus petits détails, dirige toutes les actions des hommes dans le même temps qu'il pourvoit aux besoins d'un nombre innombrable de mondes, me paraît bien plus admirable qu'un Dieu qui... ne s'occupe de rien.

¹⁴¹) So schon 1747, wenn er seiner Schwester schreibt (XXVII, a, 165):

ce sont de ces choses dont il faut s'en remettre à la Providence, en cas qu'elle se mêle de ce monde. Ferner in der épitre sur le hasard (1758; XII, 57), welche gleich anfangs erklärt, Gott kümmere sich nicht um die Schicksale der Menschen, er regiere nur das Weltganze durch die ewigen Gesetze, die er ihm gegeben, lasse sich aber in seiner Seligkeit nicht durch die Sorge um so unbedeutende Geschöpfe, wie der Mensch, stören. Um die gleiche Zeit schreibt Friedrich (XVIII, 186. 188) der Herzogin von Gotha: was die Vorsehung betreffe, so könne er sich des Vorurtheils nicht entschlagen, daß im Kriege Gott auf Seiten der großen Schwadronen sei, die sich zur Zeit leider im feindlichen Lager befinden. Wenn sie alles bewirkte, wäre Gott Urheber aller Uebel in der Welt. Seiner Ansicht nach könne man bei folgerichtigem Denken für alle Erfolge in der Welt nur die Verkettung der natürlichen Ursachen verantwortlich machen; er sei überzeugt, daß sich der Himmel um unsere elenden Händel und um alle die Armseligkeiten, die uns bis zum letzten Augenblick quälen, so wenig kümmere, als die Herzogin um einen Ameisenhaufen in ihren Gärten. Derselben Vergleichung bedient sich Friedrich XXIII, 173 f. (1770) auch gegen Voltaire für den gleichen Satz, indem er beifügt: die Gottheit stehe mit den lebenden Wesen in keiner Beziehung; ihr können ja schwache Geschöpfe weder schaden noch einen Dienst leisten, was aber unsere Tugenden und Fehler betrifft, so beziehen sich diese auf die Gesellschaft, und es genüge an den Strafen und Belohnungen, die wir von ihr empfangen. Ebenso, und ebenfalls mit dem Ameisengleichniß, in den Briefen an Prinz Heinrich XXVI, 484 f. 486. 489 (1781 f.) und bei Catt, Mém. 110 (1758) und noch derber ebd. 367: que vous êtes vain; vous croyez que Dieu a soin de vous. Il se f[esse] de vous et de moi.

¹⁴²) Die näheren Belege zu dem vorstehenden gieb: meine Geschichte der Deutschen Philos. 2. Aufl. S. 95. 132 ff., 153 ff., 205 ff. (Ebd. S. 138 ist nachgewiesen, daß Leibniz die Glückseligkeit der vernünftigen Wesen nicht so ausschließlich, wie Wolff, als den Zweck der Welt hinstellt, diesen vielmehr in der Vollkommenheit des Weltganzen sucht, von dem die Vernunftwesen zwar der edelste Theil, aber doch immer nur ein Theil seien.

¹⁴³) Schon 1738 wird dieser Gesichtspunkt, in Uebereinstimmung mit dem, was so eben aus Leibniz angeführt wurde, Voltaire gegenüber nachdrücklich betont, wenn Friedrich (XXI, 192) einer Vertheidigung seines theologischen Determinismus die Bemerkung beifügt: Cependant il faut se garder de juger du monde par parties; ce sont les membres d'un tout, où l'assortiment est nécessaire. Dire, parce qu'il y a quelques hommes malfaisants, que Dieu a tout mal fait, c'est perdre de vue la totalité, c'est considérer un point dans un ouvrage de miniature, et négliger l'effet de l'ensemble. Wenn der Mensch mit seinen Maulwurfsaugen die Absichten Gottes nicht erkenne, liege die Schuld nicht an dem Gegenstand, sondern an der Schwäche seines Gesichts.

¹⁴⁴) Preuß, Friedrich's Jugend S. 19. Bratuschek, Erz. Friedr. d. Gr. S. 23.

¹⁴⁵) Friedrich Wilhelm I. war bekanntlich trotz seiner reformirten Confession ein entschiedener Gegner der Lehre von der Gnadenwahl, und wie bei seinem leidenschaftlichen Verfahren gegen Wolff der Determinismus den durchschlagenden Anklagepunkt bildete, so zog sich nach Preuß a. a. O. der Hofprediger Andreä durch seinen Prädestinatianismus seine Ungnade zu. Als Friedrich 1730 seinen unseligen Fluchtversuch machte, brachte sein Vater diesen Fehltritt mit seinem Glauben an die Prädestination in Verbindung: der Feldprediger Müller erhielt Befehl, unmittelbar nach Katte's Hinrichtung den Kronprinzen von diesem verderblichen Irrthum abzumahnen, und es brauchte mehrere Wochen, bis er und andere mit der Einwirkung auf Friedrich beauftragte Personen diesen zu einer Aeußerung gebracht hatten, die sich als eine Art Widerruf darstellen ließ, aber für eine wirkliche Aenderung seiner Ansicht nichts beweist. (Vgl. Bratuscheck, Erz. Friedr. 56—63. Koser, Friedr. als Kronpr. 75 f. und Anm. 337.) Das Mißtrauen des Königs wurde auch nur theilweise beschwichtigt. Den 3. Mai 1731 schreibt er seinem Sohn: Gott gebe, daß Euer falsches Herz durch Euren Arrest möge vollkommen gebessert werden, und daß Ihr Gott möget vor Augen haben, alle die verdammten gottlosen prädestinatischen Sentiments aus Eurem bösen Herzen mit Christi Blute abwaschen." In dem gleichen Sinn spricht er sich bei einem Besuch in Küstrin den 15. August 1731 in der Anrede aus, die Förster Friedrich Wilhelm I. III. 53 nach Grumbkow's Aufzeichnung mittheilt. Noch am 4. Februar 1732 ermahnt er seinen Sohn in demselben Brief, in dem er ihm eröffnet, daß ihm die Prinzessin von Bevern zur Frau bestimmt sei (XXVII, c, 54): „Habet Gott allemal vor Augen, und glaubet nicht den verdammlichen Particularglauben" u. s. w. Auch der Vorwurf des Spinozismus und Atheismus, gegen den sich Friedrich, da er bei seinem Vater desselben verdächtigt war, in den Schreiben an Grumbkow vom 23. und 27. Oktober 1732 (XVI, 68. 71) vertheidigt, hängt ohne Zweifel, wie Bratuscheck mit Recht bemerkt, damit zusammen. Des Spinozismus wurde damals jeder Determinist, z. B. Leibniz und Wolff, von den Gegnern beschuldigt, und daß Spinoza ein Gottesleugner sei, bezweifelte ohnedieß niemand.

¹⁴⁶) Ueber welche meine Gesch. der Deutschen Phil. S. 132. 188 f., 206 f. zu vergleichen ist. Neben ihr kann auch der stoische Determinismus auf den Friedrich's Einfluß gehabt haben. Vgl. Anm. 155.

¹⁴⁷) Vgl. Gesch. d. Teutsch. Phil. S. 128 ff. 102 f.

¹⁴⁸) XXI, 127 ff. 159. 192. 26. Dezbr. 1737. 17. Febr. 19. Apr. 1738.

¹⁴⁹) An Camas 10. Jan. 1739 (XVI, 161), aus Anlaß einer Krankheit seines Vaters, welche schon damals das äußerste für ihn fürchten ließ.

¹⁵⁰) Z. B. I, 127 (Mém. de Brandenb. 1751): Cette fatalité, que le vulgaire nomme hasard, les théologiens prédestination, et dont les sages rejettent la cause sur l'imprudence des hommes. XVIII, 188 (17. Mai 1760 vgl. Anm. 141): er meine mit hasard kein être indépendant; je n'attache à ce mot d'autre idée que celle des causes secondes, dont nous ne dé-

couvrons les ressorts qu'après l'événement. Mais tout ce qui en résulte est dans l'ordre des choses, parce que ce ne sont que des suites nécessaires des passions qui ont été données aux hommes. Ebenso XII, 58 f. (in der épitre sur le hasard). XIX, 110. XXVII, c, 283 unt. und schon 1740 im Antimachiavel VIII, 149 f.

¹⁵¹) So schreibt er schon den 9. Septbr. 1739 (XXI, 321) an Voltaire: Wenn die Vorsehung alles das wäre, wofür man sie ausgebe, müßten die hervorragendsten Geister die Welt regieren; mais, de la manière que les choses vont, il paraît, que tout se fait assez à l'aventure. ... Qu'on me dise là-dessus tout ce qu'on voudra, on ne pourra jamais m'alléguer une bonne raison de cette bizarrerie des destins; und um die gleiche Zeit weist er im Antimachiavel VIII, 149 ff. den Einfluß unberechenbarer Umstände nach, welcher aber die Klugheit und Vorsicht nicht nutzlos mache.

¹⁵¹ᵇ) So wird dieser auch XXIII, 61. XIX, 157 titulirt, ähnlich bei Catt Mem. 229: ce saint père le hasard.

¹⁵²) Vgl. hiezu XVIII, 243 (2. Juli 1764).

¹⁵³) In der Apologie de ma conduite politique aus dem Juli 1857. XXVII, c, 283. Aehnlich Hist. de m. temps III, 26. Hist. d. guerre de 7 aus IV, 223): Der Tod eines Menschen, der Gewinn einer Schlacht hängen oft von Kleinigkeiten ab; nos destins sont une suite de l'enchaînement général des causes secondes u. s. w. Ebd. V, 165: Les plus vils ressorts influent sur le destin des empires et le changent. Tels sont les jeux du hasard u. s. f. Weiter vgl. man die Betrachtungen, mit denen der König V, 228 f. die Darstellung des siebenjährigen Kampfes schließt. Ueber die causes secondes oben S. 49.

¹⁵⁴) Man vgl. hierüber außer S. 49 f. auch den Brief an die Herzogin von Gotha, in dem Friedrich (XVIII, 188) nach den Anm. 150 angeführten Worten fortfährt: L'Être suprême a répandu tous ces différents caractères sur la surface de la terre, à peu près comme un jardinier sèmerait au hasard dans un parterre des narcisses, des jasmins, des oeillets, des soucis et des violettes; elles croissent au hasard, chacune dans la place où leur semence est tombée, et produisent nécessairement la fleur dont elles contiennent le germe. Ainsi les passions agissent toujours conformément à leur caractère, et le grand architecte s'en embarrasse aussi peu que vous, madame, d'une taupinière de fourmis, qui peut se trouver dans vos jardins.

¹⁵⁵) Vgl. Seneca nat. quaest. II, 46: singulis non adest [Jupiter], et tamen vim et causam et manum omnibus dedit. Cicero De. nat. II. 66, 167: magna Dii curant, parva negligunt. III, 35, 86: minora Dii negligunt, und dazu meine Philosophie der Griechen III, a, 163. Ueber Friedrich's Beschäftigung mit den Schriften Cicero's, und insbesondere mit der über die Götter, s. man Anm. 117, über seine Bekanntschaft mit Seneca Anm. 121.

¹⁵⁶) So heißt es in dem Anm. 143 besprochenen Brief an Voltaire XXI,

192: Dieu étant l'excellence même, il ne peut rien faire que de très excellent, und in einem Schreiben an Denselben vom 18. Mai 1740 (XXI, 378): je suis très-convaincu. que tout est assez bien dans ce monde.

¹⁵⁷) Außer IX, 157 (Anm. 136) vgl. man in dieser Beziehung namentlich die Verse über das Dasein Gottes aus Friedrich's letzter Zeit (XIV, 19), wo er auf den Einwurf, wie sich die zahllosen Uebel in der Welt mit der Güte Gottes vertragen, erwiedert: je mehr er die Frage nach dem Ursprung des Uebels untersuche, um so weniger vermöge er sie zu beantworten. Aber daraus folge doch nur die Beschränktheit des menschlichen Geistes; während die Annahme, daß eine blinde Materie die erste Ursache der Welt sei, zu einer offenbaren Ungereimtheit führe.

¹⁵⁸) Catt, Tageb. vom 29. Novbr. 1759 S. 271.

¹⁵⁹) An die Herzogin von Gotha XVIII, 187 (1760). 248 (1764). 234 (1763), wo unter anderem: Ce monde n'a pas le sens commun; tout y va de rébours. Je serais bien embarrassé de dire pourquoi il est, et encore plus pourquoi nous sommes.

¹⁶⁰) An d'Argens 1. und 27. März 1759; XIX, 56. 61.

¹⁶¹) Der Ueberfall bei Hochkirch und der Tod der Markgräfin von Baireuth fallen auf denselben Tag, den 14. Oktober 1758. Den letzteren erfuhr Friedrich in der Nacht vom 17. zum 18. Oktober. Das Gedicht an Lord Keith, XII, 94—101, wurde im Dezember 1758 in Breslau verfaßt.

¹⁶²) Wie die Meinung der Frau du Chatelet, daß der Wind Bäume durch die Reibung ihrer Zweige in Brand setzen könne, die Friedrich XVII, 12 f. (1739) bestreitet, die Frage über die Ursache der Winde, worüber er XXI, 265 (1739) Voltaire seine Gedanken mittheilt, und die Anm. 60 S. 20 berührten Gegenstände.

¹⁶³) Vgl. S. 11. Anm. 27. 37. 38. 40, und was die Leibniz-Wolffische Lehre hierüber betrifft meine Gesch. der Teutsch. Philos. S. 86 ff. 185 f.

¹⁶⁴) Vgl. S. 55 f.

¹⁶⁵) Schon in dem Brief an seine Schwester vom 27. Dezbr. 1735 (XXVII, a, 36) hatte Friedrich der Annahme von Atomen verschiedener Gestalt diesen Grund entgegengehalten. Daß er sich auch später noch lange gegen den leeren Raum sträubte, ist Anm. 60 nachgewiesen worden. Dagegen schreibt er schon 1761, nachdem er Bernier's Werk über Gassendi (vgl. Anm. 17) gelesen hat, über die Atome an d'Argens (XIX, 239): Man könne ja gegen die Formen, die Epikur seinen Atomen beilege, mancherlei einwenden. Cependant, s'il y a des corps primordiaux, comme on n'en saurait douter, il faut bien que leur genre et leur espèce diffère . . .; il faut encore que ces éléments de la matière soient impénétrables, durs et à l'abri de toutes les atteintes de la destruction. Darin haben Epikur und Gassendi sicher das richtige gefunden. Daß sie zur Ermöglichung der Bewegung den leeren Raum annahmen, wird nur als Thatsache erwähnt (Epicure et lui ont été obligés d'admettre le vide), ohne daß über diese Annahme ein Urtheil ausgesprochen würde.

Anm. 60) ist nachgewiesen, daß Friedrich noch 1778 Newton's leeren Raum entschieden verwarf, und erst 1780 ihn als Hypothese zulassen wollte.

¹⁶⁶) Den 17. März 1737, XVI, 255; vgl. Anm. 37.

¹⁶⁷) XXI, 21; 3. Dezbr. 1736, womit man vergleiche, was Anm. 37 f. aus einer etwas früheren, Anm. 27 aus einer etwas späteren Zeit angeführt ist.

¹⁶⁸) An Voltaire 3. Febr. 1739, XXI, 264 mit dem Beisatz: Tout homme sensé, tout homme qui n'est point imbu de prévention ou d'amour-propre, doit en convenir.

¹⁶⁹) X, 197 f. Diese épitre muß um 1751 verfaßt sein, da sie in der Ausgabe der Gedichte von 1750 noch nicht steht, dagegen der von 1752 einverleibt war (Preuß a. a. O. S. X). Friedrich selbst sagt, er folge bei seiner Darstellung Lucrez und Locke, indessen hatte nur der erste den Materialismus Epikur's mit aller Entschiedenheit vorgetragen, während Locke sich auf die S. 55 angeführte Behauptung beschränkt, und sogar ausdrücklich einräumt, daß wir nicht einsehen, wie die Materie denken könnte. Neben Locke und Lucrez beruft sich Friedrich auch auf die Aerzte, bei denen wir wohl zunächst an La Mettrie zu denken haben werden, mit dem er um jene Zeit viel verkehrte; vgl. S. 30, Anm. 91.

¹⁷⁰) An Voltaire 1752; XXII, 297. -XXIV, 7 (an Catt, 1761): Dieu nous en préserve, et fasse grâce à votre âme et à la mienne, au cas que nous en ayons une. Vgl. Anm. 127 g. E. Weitere Aeußerungen in demselben Sinn bei Catt, Mém. S. 78, 89, 94, 368, 411. Die lehrhaften Reden, welche Catt bei diesen Anlässen gehalten haben will, werden allerdings erst nachträglich diese Gestalt erhalten haben.

¹⁷¹) Den 29. April 1736 (XXV, 459) schreibt er noch an Manteuffel: so mancher Thronerbe sei schon gestorben, ehe er dieses Ziel erreichte; ainsi ce à quoi je dois penser, c'est de m'assurer une heureuse éternité, et c'est en devenant vertueux que l'on peut y parvenir. Indessen hatte er in diesem Schreiben vielleicht besondere Gründe, mit seiner eigentlichen Meinung zurückzuhalten. An Achard hatte er schon einen Monat früher (27. März 1736; XVI, 113) den im Text besprochenen Brief gerichtet, über dessen Veranlassung der S. 55 erwähnte an Suhm XVI, 255 zu vergleichen ist. Nach Lucchesini (bei Bischoff, Gespr. Friedr. d. Gr. 180) hätte der König, seiner eigenen Aussage zufolge, schon im Alter von neun Jahren mit Achard gegen die Unsterblichkeit disputirt. So möglich dieß aber ist, so denkbar ist es andererseits auch, daß Lucchesini in Betreff des Alters sich verhört hatte, oder Friedrich selbst, der damals schon im 70. Jahr stand, sich an die Zeit seiner Unterredung mit Achard nicht mehr genau erinnerte. Da wir überdieß nicht wissen, welches Friedrich's damalige Einwürfe gegen die Unsterblichkeit waren, hat diese Sache keine große Bedeutung.

¹⁷²) Dieß ist allerdings bloße Höflichkeitsphrase; an Suhm schreibt er gleichzeitig a. a. O., von Achard's Gründen seien die meisten mehr Sophismen als

Beweise, aber er wolle sich mit einem studirten Mann, der über diese Dinge so viel mehr wisse, als er, in keinen Streit einlassen.

173) Ein direktes Zeugniß dafür liegt, so viel ich sehe, nicht vor, und aus der Lehre von den einfachen Wesen folgte es nicht mit Nothwendigkeit, da mit der substantiellen Fortdauer der Seele die Fortdauer des Selbstbewußtseins, an die man bei der Unsterblichkeit denkt, noch nicht gegeben ist. Die Erfahrung zeigt uns das Selbstbewußtsein von körperlichen Zuständen abhängig, durch deren Veränderung es zeitweise (z. B. im Schlaf) aufgehoben wird, ohne daß die Seele deßhalb untergeht; durch die Fortdauer der Seele als solche ist daher die Möglichkeit noch nicht ausgeschlossen, daß ihr Selbstbewußtsein erlösche, weil ihr die organischen Bedingungen desselben entzogen werden, es muß vielmehr erst ausdrücklich bewiesen werden, daß dieß nicht der Fall ist, und wie ein Selbst= bewußtsein ohne Organe möglich ist. Friedrich selbst bemerkt X, 196. 198 (in dem Anm. 169 besprochenen Gedicht), wenn auch ein schwacher Funken, ein unbekanntes Atom, den Tod überdauerte, wäre dieß doch für uns gleichgültig, da dieses Atom ohne Sinne auch kein Bewußtsein haben könnte.

174) Den drei Recensionen der Apologie des bontés de Dieu XIV, 7 ff. Die älteste derselben ist vom 17. August 1737, die nächste vom 26. Novbr. 1737, die jüngste vom 19. April 1738 datirt. Nach Preuß a. a. O. XII hatte aber Friedrich dieses Gedicht schon am 30. Jan. 1737 dem Prediger Beausobre mit= getheilt. Da seine unentschiedene Haltung gegen die Unsterblichkeitsfrage in allen Bearbeitungen desselben sich gleich bleibt, wird man annehmen dürfen, sie sei in jener Zeit seine herrschende Stimmung gewesen. Wenn dagegen Fried= rich 1751 (X, 196) in dem Brief an Keith, 1761 im Stoicien (XII, 188) und der Rede Othe's (XII, 210), und noch 1773 in dem Brief an d'Alembert (XIII, 109) das gleiche Dilemma wiederholt und ebenfalls ausführt, wenn der Tod unserem Dasein ein Ende mache, sei er nicht zu fürchten, wenn wir ihn überleben, sei von der Güte Gottes das Beste zu hoffen, so kann man daraus nicht schließen, er sei damals an seiner Leugnung der Unsterblichkeit wieder irre geworden. Er will hier vielmehr nur die Todesfurcht auch für den Fall verbannen, an den er seinerseits zwar nicht glaubt, dessen Denkbarkeit aber un= bedingt zu leugnen seine akademische Behutsamkeit ihm verbietet, daß aller Wahrscheinlichkeit zuwider nach dem Tod etwas von uns übrig bleiben sollte; und er folgt hiebei dem Vorgang des Schriftstellers, dem der Inhalt des Stoicien zunächst entnommen ist, Mark Aurel's; dieser war nämlich ähnlich ver= fahren, wenn er (Selbstgespr. III, 3. VII, 32. VIII, 25. 58) auch den Fall einer sofortigen Vernichtung durch den Tod in Betracht zog, wiewohl er selbst die Seelen nach demselben noch eine Zeitlang fortdauern ließ; vgl. meine Phil. d. Gr. III, a, 760. 762.

175) 19. Novbr. 1737. XXI, 120.

176) So in den Briefen an Jordan XI, 72 (1743); in den Aeußerungen über den Tod Keyserlingk's (XI, 92 f. 1745) und der Markgräfin von Baireuth

(XII, 99 f. 1758); in den Briefen an d'Argens XIX, 182 (f. Anm. 3) und an Voltaire XXIII, 89 f. (1760) 173 (1770); im „Stoiker" (1761) XII, 183 f. 187; in der Kritik des Systems der Natur (1770) IX, 163. Seinem Bruder, dem Prinzen Heinrich, schreibt er 1776 (XXVI, 376 f.): wenn er sich bemühe, für den Fall seines Todes dem Staate Heinrich's Mitwirkung bei der Regierung zu sichern, habe er dabei nur das Staatswohl im Auge; car je sais très-bien que, quand même le ciel tomberait, tout me pourrait être fort égal le moment après ma mort. Und in einem Brief an d'Alembert vom 1. Mai 1780 (XXV, 149) theilt er diesem seine (schon Anm. 83 berührte) Absicht, eine Seelenmesse für Voltaire lesen zu lassen (über deren Ausführung er sich S. 154 mit behaglichstem Humor ergeht) mit den Worten mit: quoique je n'aie aucune idée d'une âme immortelle, on dira une messe pour la sienne. Bei den Schauspielern, die diese Posse aufzuführen haben, werden die Stolgebühren über die theologischen Strupel schon den Sieg davon tragen. Mit diesen authentischen Erklärungen stimmt überein, was Catt Mem. 44. 95. 123. 222 f. 271. Tageb. 349. 369. 411 berichtet. Dabei mag immerhin richtig sein, und es wird durch das Anm. 174 angeführte bestätigt, daß es Friedrich Mühe kostete, den Wunsch nach Unsterblichkeit völlig zu unterdrücken, und daß er im Unglück, und namentlich beim Verlust geliebter Personen, sich wohl auch vorübergehend mit dem Gedanken trug, eine Fortdauer nach dem Tode könnte doch vielleicht möglich sein, wenn auch dieser Gegenstand zu dunkel sei, um von uns mit Sicherheit beurtheilt zu werden (Catt 223 f.). Seine Skepsis in Betreff aller metaphysischen Fragen begünstigte (wie schon Anm. 174 bemerkt wurde) solche Stimmungen; er selbst führt in dem Brief an Lord Keith (XII, 99) aus, wie schön es wäre, wenn er durch den Tod mit seiner Schwester wieder vereinigt würde (und auf diese Stelle bezieht sich Catt a. a. O., wenn er gleich von der épitre à la Markgrave redet). Aber er fügt dort auch sofort bei: es sei dieß ein verführerischer Traum, den die Vernunft beim Erwachen zerstöre. In seinem Testament, das 1769 verfaßt wurde, sagt Friedrich (VI, 215): Je rends de bon gré et sans regrets ce souffle de vie qui m'anime à la nature bienfaisante qui a daigné me le prêter, et mon corps aux éléments dont il a été composé.

177) Zu dem Gedicht an Lord Keith XII, 96 und dem an d'Alembert XIII, 106 f. (1773).

178) Vgl. S. 48 f. Anm. 148. 140.

179) So gleich XXI, 127. 129, und noch bestimmter S. 158: vous argumentez a posteriori et moi a priori ... je fonde tout ce que j'ai à vous dire sur la providence, sur la sagesse et sur la prescience de Dieu. Auch unter den Gegnern, die Friedrich bestreitet, spielt neben seinem Correspondenten ein Theolog, der bekannte Samuel Clarke, die Hauptrolle: Leibniz' und Wolff's Gott wird dem Clarke's und Newton's entgegengestellt, S. 161. 162. 163. 164. 192. 193. Diese theologische Fragestellung begegnet uns noch in der Charak-

teristik des Indeterminismus und Determinismus im Antimachiavel (1740) VIII, 148 f. und in dem S. 49 ausgezogenen Brief an Camas.

¹⁸⁰) 1749 (XXII, 182) schreibt Friedrich an Voltaire, welcher sich seinerseits (XXII, 178) jetzt von den Gründen gegen die Freiheit überzeugt erklärt hatte: Tirons tout le parti que nous pouvons de la vie, et ne nous embarrassons point si ce sont des mobiles supérieurs qui nous font agir, ou si c'est notre liberté. Si cependant j'osais hasarder mon sentiment sur cette matière, il me semble que ce sont nos passions et les conjonctures dans lesquelles nous nous trouvons qui nous déterminent. Si vous voulez remonter ad priora, je ne sais point ce qu'on en pourra conclure. Je sens bien que c'est ma volonté qui me fait faire des vers, tant bons que mauvais, mais j'ignore si c'est une impulsion étrangère qui m'y force; toutefois lui devrais-je avoir mauvais gré de ne pas mieux m'inspirer. Friedrich hat also hier noch keine bestimmte Ansicht gefunden, steht aber doch mehr auf der deterministischen Seite, wenn er unsere Handlungen theils von unsern Leidenschaften, theils von den äußeren Umständen herleitet. Noch 1758 (angeblich den 10. Mai) erinnert ihn Catt (Mem. 52), als ihn einer seiner Adjutanten bestohlen hat, daran, daß er selbst ja glaube, die Menschen folgen in ihrem Thun einer unwiderstehlichen Nöthigung, worauf Friedrich erwiedert: Il est vrai qu'il y a là de grandes difficultés; savez-vous une chose, le mieux est de suspendre son jugement, il y a de grandes difficultés de part et d'autre. Catt fügt bei, der König sei oft auf die Frage über Freiheit und Nothwendigkeit gekommen, habe aber seine Ansicht darüber häufig geändert. Fünf Monate später, den 2. Oktbr., zeichnet Catt in seinem Tagebuch (S. 369) die Aeußerung auf: Je vois des difficultés partout. Il faut suspendre son jugement. Si nous sommes libres, Dieu ne sait pas tout: si nous sommes nécessités, plus de vertus et de vices.

¹⁸¹) Vom 8. Oktbr. 1770; XXIV, 504. Ebenso ebd. 520. 531 f. Vgl. die Aeußerung gegen Voltaire (XXIII, 201; 10. Septbr. 1771): Der Sinn des Wortes „Freiheit" sei in der Politik einfach, wie sehr ihn auch die Metaphysiker verdunkeln. Il y a donc nécessairement une liberté; car comment aurait-on une idée nette d'une chose qui n'existe point? Or je comprends par ce mot la puissance de faire ou de ne pas faire telle action, selon ma volonté. Il est donc sûr que la liberté existe; non pas sans mélange de passions innées, non pas pure, mais agissant cependant en quelques occasions sans gêne et sans contrainte.

¹⁸²) Als apriorisch hatte ja Friedrich selbst in seinen Verhandlungen mit Voltaire seine Beweisführung bezeichnet, vgl. Anm. 179.

¹⁸³) Im Eingang der épître sur la méchauceté des hommes (vom 11. Novbr. 1761; XII, 173 ff.), deren Hauptinhalt in Klagen über den wüthenden Haß seiner Feinde, die Unzuverlässigkeit seiner englischen Bundesgenossen und die Lauheit unthätiger Freunde, wie die Holländer, besteht; ihnen stellt er die

Türken rühmend gegenüber, von welchem er damals einen Angriff auf Oesterreich erwartete.

[184]) In dem Brief an Lord Keith vom 21. März 1756; XX, 265.

[185]) An d'Argens 1761; XIX, 242. Vgl. was Anm. 45 angeführt ist, z. B. XXV, 236 (an d'Alembert 1782): die große Masse werde sich immer von Spitzbuben mit kindischen Fabeln irreführen lassen, und der Vernünftigen werden es nur wenige sein; le grand nombre d'imbéciles doit donc probablement prévaloir sur le petit nombre de ceux qui pensent et qui savent faire usage de leur raison. In der Hist. de mon temps (III, 20) schließt Friedrich eine Kritik der Kriegführung Georg's II mit den Worten: er mache diese Bemerkungen seulement pour convaincre les lecteurs que l'espèce humain n'est pas aussi raisonnable qu'on voudrait le persuader.

[186]) An Voltaire 1759; XXIII, 54. Aehnlich ebb. 79: Die ersten Unterthanen des Menschen im Paradies seien Thiere gewesen, und wenn alle Fürsten auf diejenigen von den ihrigen verzichten wollten, qui n'ont pas le sens commun, würden ihnen, namentlich an ihren Höfen, nicht viele übrig bleiben. Auf zwei Leute von Geist kommen immer tausend Dummköpfe.

[187]) Die Aeußerung gegen Voltaire (XXIII, 414) ist aus dem Jahr 1777; die gegen Sulzer erzählt Kant am Schluß seiner Anthropologie (W. W. v. Hartenstein 1. Ausg. X, 376 Anm.). An Kant (Rel. innerh. d. Gr. d. bl. Vern. 3. St. Anf. a. a. O. VI, 261 f.) erinnert auch die Bemerkung in Friedrich's Abhandlung über die Gesetze von 1750 (IX, 11), daß die Schlechtigkeit des menschlichen Herzens in der Einsamkeit schlummere, aber in der Gesellschaft durch den Verkehr der Schlechten mit einander erwache.

[188]) An d'Argens 1759 (XIX, 56): Cette guerre est affreuse; elle devient de jour en jour plus barbare. Ce siècle poli est encore très féroce, ou, pour mieux dire, l'homme est un animal indomptable dès qu'il se livre à la fureur de ses passions effrénées. An Denselben 1760 (XIX, 131): zwischen Russen und Irokesen sei kaum ein Unterschied, et l'espèce humaine, quand on l'abandonne à elle même, est brutale, féroce et barbare. An Voltaire 1760 (XXIII, 89): Es sei schön von ihm, daß er den Irrthum bekämpfe, aber ob er glaube, daß die Welt sich jemals ändern werde? Der menschliche Geist sei schwach; drei Viertel der Menschen seien der Knechtschaft des ungereimtesten Fanatismus verfallen. Von der Furcht vor Teufel und Hölle geblendet, verabscheuen sie den Weisen, der sie aufklären wolle. Le gros de notre espèce est sot et méchant. J'y recherche en vain cet image de Dieu dont les théologiens assurent qu'elle porte l'empreinte. Tout homme a une bête féroce en soi; peu savent l'enchaîner, la plupart lui lâche le frein lorsque la terreur des lois ne les retient pas. Vgl. XII, 132 f. (1760), wo Friedrich d'Argens' Lob mit der Bemerkung abweist: er sei sich der Fehler wohl bewußt, die er als Feldherr gemacht habe, der Mensch sei eben ein unvollkommenes Wesen, in dem Tugenden

und Fehler, Vernunft und Thorheit, etwas vom Thier und etwas von einem Engel beisammen seien.

188b) XXVI, 480 f., 483 f. Das einzige Verbrechen, klagt er hier und XXIII, 410, dessen er nicht Herr werde, sei der Kindsmord. Damit stimmt überein, was Lucchesini b. Bischoff Gespräche Friedrich's b. Gr. (1885) S. 165 aus einer Unterhaltung vom 4. Oktbr. 1780 aufzeichnet. (Ebd. S. 166 die Bemerkung des Königs: er sei zufrieden damit, daß sein Land nicht reich sei.

189) Ein Zusammenhang, auf den Friedrich selbst hinweist, wenn er IX, 97 der Behauptung, daß die Menschen doch immer so bleiben, wie sie seien, und daß es vergeblich sei, sie anders machen zu wollen, entgegenhält: es werde freilich immer Laster und Verbrechen geben; aber es sei schon viel gewonnen, wenn man sie vermindern und wenigstens Einzelne zu einer vollkommueren Tugend hinführen könne.

190) So schreibt er schon 1737 (XVI, 336) an Suhm: C'est le bonheur des hommes quand ils pensent juste, et la philosophie de Wolff ne leur est certainement pas de peu d'utilité en cela. (Ebenso in der Rede auf Jordan (VII, 4. 1746): Ce même esprit qui donne le goût des sciences, porte ceux qui l'ont à remplir exactement le devoir. Plus le jugement est sûr, les idées claires, le raisonnement conséquent; plus l'homme est porté à s'acquitter sans reproche de l'emploi, quel qu'il soit, qu'il doit remplir. An Prinz Heinrich (1764; XXVI, 301): Je suis persuadé que la mauvaise condnite de la plupart des hommes vient moins d'un principe de méchanceté que d'une suite de mauvais raisonnements; et je crois par conséquent que si on pouvait leur apprendre à raisonner d'une façon plus juste et plus conséquente, leurs actions s'en ressentiraient d'une manière avantageuse. Weitere Belege S. 2. 67. 157 und Anm. 23.

191) An die Kurfürstin von Sachsen 8. März 1766; XXIV, 110.

192) Der dialogisch abgefaßten Dissertation sur l'inocence des erreurs de l'esprit VIII, 33—46), welche Friedrich den 30. Septbr. 1738 an Voltaire schickt (XIX, 237). Als ihre Abzweckung gibt er hier selbst an: zu zeigen, daß religiöse und philosophische Irrthümer die Bande der Freundschaft und der Humanität nicht beeinträchtigen dürfen, da der Irrthum als solcher unverschuldet sei, und wenn er aus Wahrheitsliebe entspringe, sogar löblich sein könne. Die im Text angeführte Stelle steht VIII, 45. Um seine Grundsätze hierüber durch den Contrast in ein noch helleres Licht zu stellen, läßt Friedrich seinen Beichtvater seine Aeußerungen mit anhören, der darüber außer sich ist, ihm die ewige Verdammniß prophezeit und ihm droht: je vous précherai demain, et Dieu sait comme je vous enverrai galamment au diable.

193) Epitre 16: La vertu préférable à l'esprit. X, 180 ff.; 3. Oktbr. 1749. Ebenso sagt er bei Catt, Mém. 71: les talens, les plus brillans même, ne sont rien en comparaison d'un coeur honnête.

194) XXIV, 430; 1768. In demselben Sinn haben wir es zu verstehen,

wenn er Mém. de Brandeb. I, 126 von seinem Vater wegen seiner einfachen Lebensweise sagt: C'était, à cet égard, un philosophe sur le trône. Die Philosophie bezeichnet hier lediglich die praktische Anwendung der philosophischen Grundsätze. Ebendahin gehört die Bemerkung am Schlusse der Abhandlung über die Selbstliebe IX, 98: die Philosophen sollten sich statt der Untersuchungen, die zu nichts führen, und die Theologen statt der unverständlichen Dogmen und der blumenreichen Predigten mehr auf die praktische Moral verlegen.

[195]) Vergl. die S. 13. 67 angeführten Aeußerungen XXI, 164. 262. XXII, 182.

[196]) XXI, 278: Je suis un volontaire en fait de philosophie u. s. w. Vgl. S. 13. Anm. 43.

[197]) Memoiren 233; Mai 1759.

[198]) (Ebd. 385 in dem Tagebuch vom 12. Juni 1759; die Memoiren berichten diese Aeußerung S. 44 offenbar unrichtig schon unter dem 3. Mai 1758.

[199]) Es ist ja bekannt und braucht hier nicht näher belegt zu werden, wie furchtbar Friedrich in seiner Jugend unter dem Jähzorn und der Strenge seines Vaters zu leiden gehabt hat. Mag auch die Unzufriedenheit des letzteren mit seinem Sohne (wie Pratuscheck Frz. Friedr. 31 glaubt) erst in dessen 10.—12. Lebensjahr begonnen haben, so zeigt doch das, was er selbst S. 28 f. (nach Büsching, Charakter Friedr. d. Gr. S. 54 f.), Preuß, Friedr. Jug. 34 und Catt, Mem. 34. 36 Tageb. 394 mittheilt, welcher Behandlung Friedrich und seine Geschwister von ihrem leidenschaftlichen Vater auch in noch zarterem Alter ausgesetzt waren. Hatte sich andererseits Friedrich's Verhältniß zu dem letzteren seit seiner Verheirathung stetig verbessert, so beklagt er sich doch noch den 10. Januar 1739 (XVI, 160) bei Camas bitter über die Unmöglichkeit, mit einem Vater in Frieden zu leben, der so reizbar und Verdächtigungen so zugänglich sei, daß er ihn für seinen grausamsten Feind halten und sich von ihm fortwährend des Schlimmsten versehen müsse. Indessen hielten ihn diese traurigen Erfahrungen nicht ab, an seinem Vater anzuerkennen, was Anerkennung verdiente. Er rühmt nicht allein in der Geschichte Brandenburgs, die 1751 erschien und in den fünf vorangehenden Jahren ausgearbeitet wurde, (I, 125 f. 137. 174 f.) und in den Unterhaltungen mit Catt (S. 34. 36. 75 f. 97. 240. 394) und Lucchesini (b. Bischoff, Gespr. Friedr. 251) seine unermüdliche Arbeitskraft, seine Sorge für Kleines und Großes, seine Sittenstrenge, seine Gerechtigkeit, seine Gutmüthigkeit, seinen gesunden Verstand, die heldenmüthige Ruhe seiner letzten Tage, indem er es dankbar anerkennt, daß er zu seinen eigenen Leistungen und Erfolgen den Grund gelegt habe; sondern auch noch bei Lebzeiten seines Vaters schildert er Voltaire (1739; XXI, 304) die erfolgreiche Thätigkeit desselben für das von der Pest entvölkerte Litthauen mit warmer Bewunderung, und seinen Tod zeigt er der Schwester in Baireuth (XXVII, a, 81) mit Worten an, welche uns ebenso, wie seine Aeußerungen gegen Voltaire XXII, 12, erkennen lassen, wie ungeheuchelt der Schmerz war, den er bei diesem

Ereigniß an den Tag legte. Sind ihm nun auch vielleicht die Verdienste seines Vaters um den preußischen Staat erst durch seine eigene Staats- und Heeresleitung in ihrem vollen Werth und Umfang klar geworden, so läßt sich doch nicht annehmen, daß das Beispiel strenger Pflichterfüllung, das ihm in demselben von seinen Kinderjahren an vor Augen stand, nicht trotz aller der Härten, die er von ihm zu erfahren hatte, einen tiefen und nachhaltigen Eindruck auf ihn gemacht haben sollte.

200) Réfutation de Machiavel VIII, 247: Keine Erwägung werde einen rechtschaffenen Menschen seiner Pflicht abtrünnig machen. An d'Argens 18. Sptbr. 1760 (XIX, 193): Vous me parlez toujours de ma personne. Vous devriez savoir qu'il n'est pas nécessaire que je vive, mais bien que je fasse mon devoir, et que je combatte pour ma patrie, pour la sauver, s'il y a moyen encore. An Voltaire XXIII, 53 (f. S. 2). Ebb. 56 (1759): Satiren und üble Nachreden stören seine Gemüthsruhe nicht. Je vais mon chemin; je ne fais rien contre la voix intérieure de ma conscience; et je me soucie très peu de quelle façon mes actions se peignent dans la cervelle d'êtres quelquefois très-peu pensants, à deux pieds, sans plumes. An Denselben unmittelbar nach seiner Thronbesteigung (XXII, 12): J'ai cru que depuis la perte de mon père je me devais entièrement à la patrie. Und nicht anders 36 Jahre später (XXIII, 382): Quant à ma méthode de ne me point ménager, elle est toujours la même. Plus on se soigne, et plus le corps devient délicat et faible. Mon métier veut du travail et de l'action; il faut que mon corps et mon esprit se plient à leur devoir. Il n'est pas nécessaire que je vive, mais bien que j'agisse. Sur l'amour de la patrie (1749) IX, 224: nous sommes dans le monde pour travailler. An Prinz Heinrich (1781; XXVI, 490 f. o. S. 75): Der Mensch sei, mit dem Weltganzen verglichen, ein unendlich kleines Wesen. Autre chose est faire le bien; c'est un devoir que tout homme doit remplir selon ses moyens, tandis qu'il végète; la société doit faire notre bien, et nous devons travailler réciproquement à son avantage. Sein Testament (VI, 215) beginnt Friedrich mit den Worten: Notre vie est un passage rapide du moment de notre naissance à celui de notre mort. Pendant ce court espace l'homme est destiné à travailler pour le bien de la société dont il fait corps. Vgl. Anm. 280.

201) An Voltaire 26. Dezbr. 1737 (XXI, 130): Il est certain que les vertus n'ont lieu que relativement à la société. Le principe primitif de la vertu est l'intérêt (que cela ne vous effraye point), puisqu'il est évident que les hommes se détruiraient les uns les autres sans l'intervention des vertus, d. h. ohne eine Uebereinkunft darüber, daß man sich gegenseitig nicht verletzen wolle. Réfutation du prince de Machiavel (im Antimachiavel, über dessen Verhältniß zu jener Anm. 256 zu vergleichen ist, fehlt dieser Satz VIII, 142) VIII, 276: Comme l'amour propre est le principe de nos vertus u. s. w. Ebb. S. 239 (im Antim. gleichfalls weggelassen): L'unique raison légitime

qui puisse engager un être raisonnable à lutter contre les passions qui le flattent, c'est le propre bien qu'il en retire et l'avantage de la société. Wie aber diese beiden Motive sich zu einander verhalten, wird nicht untersucht.

²⁰²) Essai sur l'amour propre envisagé comme principe de morale, IX, 87—98. Mit dieser Abhandlung, welche den 11. Jan. 1770 in der Akademie gelesen wurde, vgl. man die gleichzeitigen Briefe an d'Alembert (XXIV, 474) und Steinbart (XX, 15), die épitre à d'Alembert von 1776 (IX, 98) und die Instruction für die Berliner Ritterakademie (1765) IX, 80.

²⁰³) Vgl. Anm. 45 Schl.

²⁰⁴) Geschichtlich genommen ist dieß nicht richtig; Epikur wußte vielmehr die Forderung eines tugendhaften Lebens nur höchst dürftig und äußerlich zu begründen; vgl. meine Phil. d. Gr. III, a, 446 f.

²⁰⁴ᵇ) Vgl. hiezu, was S. 66 aus einem Brief an Prinz Heinrich, S. 135. Anm. 360 aus einem solchen an Voltaire angeführt ist.

²⁰⁵) XXI, 131 (vgl. Anm. 201): Il y a des mortels heureux, de ces âmes bien nées qui aiment la vertu pour l'amour d'elle même; leur coeur est sensible au plaisir qu'il y a de bien faire. Zu diesen bevorzugten Gemüthern wird hier natürlich Voltaire gerechnet.

²⁰⁶) XIV, 65. Das Datum dieses Briefs läßt sich nicht genau feststellen; er stammt aber unverkennbar noch aus der Rheinsberger Zeit, und Chasot muß sich damals in Cirey befunden haben.

²⁰⁷) Mem. 18. Tageb. 368; vgl. Anm. 214 Schl.

²⁰⁸) Nachdem hier Friedrich den Christen vorgeworfen hat, eine Tugend, die sich nur durch die Furcht vor der Hölle vom Verbrechen abhalten lasse, sei eine bloß scheinbare, fährt er X, 203 fort: Mais nous, qui renonçons à toute recompense — nous, qui ne croyons point vos éternels tourments, — l'interêt n'a jamais souillé nos sentiments; — le bien du genre humain, la vertu nous anime, — l'amour du devoir seul nous a fait fuir le crime; — oui, finissons sans trouble et mourons sans regrets, — en laissant l'univers comblé de nos bienfaits. Vgl. S. 58.

²⁰⁹) Vgl. IX, 50 (oben S. 73). Ebb. 80. 228. 106 f. XXV 112 und das Vorwort zu der Histoire de mon temps von 1775 II, xxv: Le vrai mérite d'un bon prince est d'avoir un attachement sincère au bien public, d'aimer la patrie et la gloire; je dis la gloire, car l'heureux instinct qui anime les hommes du désir d'une bonne réputation, est le vrai principe des actions héroïques: c'est le nerf de l'âme, qui la réveille de sa léthargie, pour la porter aux entreprises utiles nécessaires et louables.

²¹⁰) IX, 80. 106. XVII, 295; mit den stärksten Farben schildert der Antimachiavel (VIII, 79. 184) die Thorheit und Verderblichkeit der Ruhmsucht.

²¹¹) An Prinz Heinrich XXVI, 489 f. (1781). Nicht anders hatte sich aber Friedrich schon 40 Jahre früher in den an Jordan gerichteten Versen XVII 222 (s. o. Anm. 4) ausgesprochen, wenn er hier sagt: nachdem ihn das Schicksal auf

den Thron berufen hatte, sei ihm der Ruhm in blendendem Glanz erschienen und er habe auf seinen Altären geopfert; aber bald genug habe er gesehen, mit welchem Elend, welchen Menschenopfern dieser Ruhm erkauft werde. Möge doch lieber sein Name untergehen. Was denn der Gestorbene von einem Ruhm habe, der oft sehr rasch verfliege oder von der Verleumdung beschmutzt werde? Am glücklichsten sei, wer zufrieden in der Vergessenheit zu leben wisse. On m'ignorait avant ma vie; que l'on m'ignore après ma mort! Ebenso 1740 in dem Gedicht sur la gloire et l'interêt X, 72 ff.; 1757 und 1760 in den Versen an d'Argens XII 50 f., 132 f.; 1750 in denen an Bredow X, 136 ff., deren Thema die Werthlosigkeit der Urtheile der Menschen über einander ist. Vgl. Catt, Mem. 427.

²¹²) Als solche wird es ja in Aeußerungen, wie die S. 173 angeführten XVII, 295. IX, 50, deutlich bezeichnet.

²¹³) Wie sich dieß als Friedrich's Meinung aus dem ergibt, was S. 69. 72 f. Anm. 200 beigebracht ist.

²¹⁴) An die letztere erinnert Friedrich selbst, wenn er in dem Versuch über die Selbstliebe (IX, 95) seine Begründung der Tugend mit der Bemerkung empfiehlt: wer sich erst überzeugt habe, daß sein eigenes Bestes ein tugendhaftes Leben von ihm verlange, der werde auch ein solches führen; et comme effectivement il se trouvera vivre conformément à la morale de l'Évangile, il sera facile de le déterminer à fair pour l'amour de Dieu ce qu'il pratiquera déjà pour l'amour de lui même; c'est ce que les théologiens appellent changer des vertus paiennes en des vertus sanctifiées par le christianisme.

²¹⁵) (Eine Untersuchung dieser Frage findet sich in meinen „Vorträgen und Abhandlungen" III, 207 ff.

²¹⁶) An die Kurfürstin von Sachsen, 8. März 1766 (XXV, 109): Ne faites aux autres que ce que vous voulez qu'ils vous fassent; ce principe renferme toute la vertu et les devoirs de l'homme envers la société où il est placé. Vgl. S. 137. An d'Alembert 29. November 1776 (XXIV, 62): Vous devinez juste que mon intention est d'être utile à ma patrie, ainsi qu'à mes contemporains, pendant le peu de temps que j'aurai à vivre; le devoir de l'homme est d'assister ses semblables en tout ce qui dépend de lui: c'est l'abrégé de la morale, et un coeur bien placé sera mécontent de lui-même, s'il ne remplit pas ce devoir. Miroir des princes (1744) IX, 6: l'humanité qui est la vertu cardinale de tout être pensant. Vgl. den Stoïcien XII, 182 u. a.

²¹⁷) In dem poetischen Brief vom 5. Juni 1741, XVII, 116, welcher mit den Worten schließt: Que tout périsse et se confonde, — que tout se bouleverse au monde, — rien n'ébranle ma fermeté.

²¹⁸) La fermeté (X, 13 ff.), die zweite der Oden im 2. Band der Oeuvres du philosophe de Sans-Souci von 1750, deren Abfassung wohl, wie die der vorangehenden und folgenden Ode, um 1740 fällt.

²¹⁹) So z. B. der Brief an Podewils X, 154 (1749), wo von den großen Männern, welche sich um die Menschheit verdient machten, gesagt wird: Ces

demi-dieux sur terre, avec un esprit ferme, — voulaient obstinément arriver à leur terme: — la volonté peut tout; qui ne veut qu'à demi — sort du sommeil, se lève, et retombe endormi; der Schluß des Gedichts an Lord Keith (X, 101: voilà ... les sentiments secrets d'un coeur inébranlable u. f. w.); und die Anm. 118 angeführte Aeußerung gegen d'Argens.

²²⁰) Vgl. S. 67. Anm. 189.

²²¹) S. o. S. 26 ff. Anm. 88, 89.

²²²) So bemerkt er in der Histoire de mon temps III, 108, nachdem er die schwierige Lage geschildert hat, in der er sich 1745 vor der Schlacht bei Hohenfriedberg befand: C'est dans ces occasions où l'âme doit déployer sa force, pour envisager d'un oeil ferme les dangers qui l'entourent; où il faut ne se laisser point décontenancer u. f. w.; surtout ne pas s'écarter des principes fondamentaux sur lesquels on a établi son système militaire et politique.

²²³) Vgl. S. 139 f. 53. Anm. 157.

²²⁴) Parallelen hiezu aus Mark Aurel, dem Friedrich im Stoiker zunächst folgt, weist meine „Philosophie der Griechen" III, a, 756 f. nach.

²²⁵) Vgl. Anm. 5.

²²⁶) XIX, 283, f. o. Anm. 3.

²²⁷) Man vgl. hierüber, was S. 45 aus dem Gedicht an Maupertuis, Anm. 141 aus den Briefen an die Herzogin von Gotha, Voltaire und Prinz Heinrich und aus Catt's Memoiren, S. 75 aus den Briefen an seinen Bruder und an d'Alembert angeführt ist.

²²⁸) An d'Alembert XXV, 240 (1782): Tout nous fait apercevoir de la fragilité de notre nature, du peu que nous sommes ... Et dans une telle situation nous avons l'effronterie de nous targuer, de nous associer presqu' à la divinité, de parler de grandeurs, de dignités, de majesté, et de cent autres folies qui font soulever le coeur à ceux qui étudient la nature de l'homme, sa vanité et son néant!

²²⁹) An Prinz Heinrich 16. Dezbr. 1781. XXVI, 487.

²³⁰) Vgl. S. 57 f. Anm. 176. 208.

²³¹) An Voltaire 20. Oktbr. 1774 (XXIII, 293): Voltaire möge ihn wohl noch überleben. C'est le moindre de mes embarras, car, des que le mouvement de la machine s'arrête, il est égal d'avoir vécu six siècles ou six jours. Il est plus important d'avoir bien vécu, et de n'avoir aucun reproche considérable à se faire. Aehnlich aber schon im Antimachiavel (1740) VIII, 109: es sei für den Menschen werthlos, ein unnützes Leben so lang auszudehnen, wie Methusalah; mais plus il aura réfléchi, plus il aura fait d'actions belles et utiles, et plus il aura vécu.

²³²) XII, 96 vgl. S. 53 Anm. 161.

²³³) XII, 186 f. Vgl. S. 78 und Anm. 118, wo auch noch weitere Aeußerungen verwandter Art angeführt sind.

²³⁴) XXVI, 172. 176; 25. Juni und 19. Juli 1758.

²³⁵) XX, 28; 10. Novbr. 1749.

²³⁶) Dahin gehören: das Gedicht an d'Argens vom 23. Septbr. 1757, also aus der Zeit zwischen der Niederlage bei Kollin und den Siegen bei Roßbach und Leuthen, XII, 50. 55; das an Lord Keith vom Dezbr. 1758, XII, 99. 101; der Brief an Finckenstein vom 12. August 1759, dem Tage der Schlacht bei Kunersdorf, XXV, 306; die an d'Argens vom 20. August 1759 (XIX, 82), 14. Febr. und 14. Mai 1760 (XIX, 130. 165); die Rede Otho's vor seinem Selbstmord (XII, 207 f. 1. Dezbr. 1761); und was Catt, Mem. 190. 196. 374 f. (15. und 16. Oktbr. 1758), 307 (24. April 1760) berichtet. Am Tag nach der Niederlage bei Hochkirch zeigte er diesem ein Büchschen mit Opiumpillen, zu denen er seine Zuflucht nehmen wolle, wenn er keine Rettung mehr vor sich sehe, und er erwähnt desselben bei Catt noch öfters.

²³⁷) So schreibt er an Voltaire 9. Septbr. 1736 (XXI, 13): Eine vollkommene Tugend finde man nie. Je désire qu'on ait pour mes défauts la même indulgence que j'ai pour ceux des autres. Nous sommes tous hommes, et par conséquent imparfaits u. s. w. An Denselben 25. Dezbr. 1738 (XXI, 248): la philosophie, qui éclaire l'esprit, sait faire des progrès dans la connaissance du coeur humain, et le fruit le plus solide qui en revient doit être un support plein d'humanité pour les faiblesses, les défauts et les vices des hommes.

²³⁸) XII, 182. Ueber die entsprechenden Grundsätze M. Aurel's vgl. meine Phil. d. Gr. III, a, 762 f.

²³⁹) XXIII, 292 (1774). Ebenso an d'Alembert 18. Mai 1782 (XXV, 225): Er bewundere die Moral der Stoiker, und es thue ihm leid, daß ihr Weiser nur ein Gedankending sei. Aber kein Gesetzgeber und kein Philosoph werde die Natur der Dinge ändern und den Menschen zu etwas besserem machen, als er nun einmal sei. Vgl. S. 64 ff.

²⁴⁰) XXV, 49; 7. Septbr. 1776. An Denselben XXV, 231 (1782): Die Stoiker haben die menschliche Natur zu hoch gestellt. Ihre Eigenliebe habe ihnen vorgespiegelt, daß jeder einen Theil der Weltseele in sich habe, und daß dieser zu göttlicher Vollkommenheit gelangen könne. Dieses System sei schön und erhaben, aber nicht wahr. Vgl. XXVI, 108 (an den Prinzen von Preußen 1753) den Satz, que les faiblesses d'un coeur sensible sont préférable à l'inhumaine dureté des stoïciens, und was Anm. 118 aus dem Brief an die Herzogin von Gotha angeführt ist.

²⁴¹) An d'Alembert 30. Dzbr. 1775; XXV, 34. Aehnlich XXV, 231 s. vor. Anm.

²⁴²) An Prinz Heinrich 3. Oktbr. 1782; XXVI, 491.

²⁴³) XIX, 12; 31. Aug. 1745.

²⁴⁴) Am Schluß der épitre sur la méchanceté des hommes (1761) XII, 80. Vgl. Catt, Mem. 427.

²⁴⁵) An Prinz Heinrich 19. Juli 1758 (XXVI, 176).

²⁴⁶) Im Eingang der Rede, die er den 30. Dezbr. 1767 dem Andenken seines Lieblingsneffen, des früh verstorbenen Prinzen Heinrich, widmete, VII, 37. Vgl. XXVI, 108 (1753).

²⁴⁷) An d'Alembert 8. Septbr. 1782; XXV, 235. In dem gleichen Sinn äußert er sich gegen diesen früher, XXV, 45, in dem Schreiben, worin er ihm seine Theilnahme an dem Tod einer nahen Freundin ausspricht. Ueber den Satz, daß der Mensch mehr sensible als raisonnable sei, s. man Anm. 45 Schl. 118.

²⁴⁸) Ueber Suhm's Tod äußert sich Friedrich den 16. Novbr. 1740 (XVIII, 25) gegen Algarotti, über den Jordan's und Keyserlingk's (dem er XI, 92 f. einen warm empfundenen dichterischen Nachruf widmet), d. 22. Aug. 1745 gegen Podewils (Polit. Corresp. IV, 263), d. 30. Aug. u. 13. Septbr. 1745 (XVIII, 141. 143) gegen Frau von Camas und gleichzeitig (s. o. S. 83) gegen d'Argens, über den seines Bruders d. 25. Juni 1758 (XXVI, 172) gegen Pr. Heinrich (vgl. Catt, Mem. 103 ff., dessen Angaben aber hier freilich, wie Koser S. XXV seiner Einleitung nachweist, wenig Vertrauen einflößen; Denf. S. 375. 171), über den seines Neffen in der Anm. 246 angeführten Gedächtnißrede mit der tiefsten Betrübniß. Am härtesten aber traf ihn der Tod seiner Schwester in Baireuth. Den frischen Schmerz des Königs über denselben schildert Catt, Tageb. 375 als Augenzeuge; über die Erweiterung dieser Darstellung in Catt's Denkwürdigkeiten (Mem. 193 ff.), welche darauf berechnet ist, den Verfasser bei dieser Gelegenheit möglichst in's Licht zu stellen, vgl. man Koser a. a. O. (Von den vielen späteren Aeußerungen über diesen Gegenstand, die das Register unter „Wilhelmine" verzeichnet, ist die aus dem Tageb. S. 379 am urkundlichsten bezeugt, aber der König kam auf eine Sache, die ihn so sehr beschäftigte, ohne Zweifel oft zurück.) Friedrich selbst spricht sich über seinen Verlust am eingehendsten in dem Gedicht an Keith (XII, 97 f. Dezbr. 1758), kürzer in dem über die Schlechtigkeit der Menschen (XII, 160; 11. Novbr. 1761) aus. Weiter vgl. man die ergreifenden Klagen über die Leiden seines Volks, den Tod seiner Mutter, seines Bruders und seiner Freunde bei Catt 125.

²⁴⁹) S. 2 f. 5. Anm. 4. 5. 15. Ebenso schreibt Friedrich XXII, 4, unmittelbar nach seinem Regierungsantritt, an Voltaire: er finde das Leben eines Mannes, dessen ganzes Dasein ihm selbst und seinem Denken gehöre, weit wünschenswerther, als das eines solchen, dessen einzige Beschäftigung das Glück anderer sein müsse.

²⁵⁰) XVI, 344; 26. Novbr. 1737.

²⁵⁰b) 12. Febr. 1767; XXIV, 129 f. Aehnlich an Lord Keith 8. Febr. u. 21. März 1754; Polit. Corresp. Friedrich's X, 234. 284.

²⁵¹) Vgl. S. 77 ff.

²⁵²) Vgl. hierüber S. 115 f. 120 ff.

²⁵³) Es waren die Tage nach der unglücklichen Kapitulation von Maren,

in denen der König diesen Gedanken gegen Catt aussprach, der darüber in seinem Tagebuch vom 21. Sept., 22. und 24. Novbr. 1759 (S. 366. 408 f.) und seinen Memoiren (S. 268) berichtet. Er kam gegen seinen Vertrauten wiederholt auf diesen Plan zurück, den er bis in's Einzelne ausmalte: er wolle sich 100,000 Thaler Einkünfte vorbehalten und sich einen Landsitz bauen, in dem er mit wenigen Freunden ein einfaches Leben zu führen und Leute von Geist auch als Besuche bei sich zu sehen gedenke. Einen Plan zu dem Landhaus hatte er bereits gezeichnet und zeigte ihn Catt. Indessen bemerkt er schon bei der ersten Erzählung dieses Plans, der Tod seines Bruders nöthige ihn, die Ausführung desselben bis zur Mündigkeit seines Neffen zu verschieben; und als diese eintrat, hatten sich die Umstände geändert.

254) Panégyrique du Sieur Jacques-Matthieu Reinhart, maitre cordonnier, prononcé le troizième mois de l'an 2899, dans la ville de l'imagination, par Pierre Mortier, diacre de la cathédrale. Avec permission de monseigneur l'archevêque de Bonsens. XV, 93—117. Friedrich verfaßte dieses Stück während der Winterquartiere in Breslau um den Anfang des Jahres 1759; Catt erzählt Mem. 221 f., wie er es ihm mittheilte, und schickt es ihm d. 21. Jan. 1759 (XXIV, 3) mit einigen Worten gerechter Anerkennung zurück. Die im Text angeführte Aeußerung desselben, welche auch in Koser's Ausgabe der Memoiren sich nicht findet, theilt Preuß XVI, xvi mit. Voltaire spricht sich über das kleine Werk, das ihm ohne Zweifel schon gedruckt vorlag, d. 22. März 1759 (XXIII, 30), d'Argens (XIX, 172) im Mai 1760 gegen Friedrich aus; dieser selbst bezeichnet es in dem Brief an d'Alembert vom 13. Jan. 1782 (XXV, 210) als ein jeu d'esprit aus seinen jüngeren Jahren.

255) Friedrich Wilhelm I. war bekanntlich ein leidenschaftlicher Jäger und wollte auch seinen Sohn zu einem solchen erziehen. Dieser hatte aber so wenig Neigung für diese Beschäftigung, in der er einen rohen und eines Fürsten unwürdigen Zeitvertreib sah, daß er auf seinem Posten im Walde sich in Bücher vertiefte und darüber das Wild an sich vorbeilaufen ließ. (Catt, Mem. 72. 392.). Sein Vater nahm ihm dieß natürlich sehr übel; auch in einem Brief vom 28. Aug. 1731 (XXVII, c, 19) hält er ihm vor, daß er sich den Fatiguen der Jagd zu entziehen suche und lieber französische Bücher, Komödien- und Flötenspiel suche. Später berichtet Friedrich seinem Vater, um ihn bei guter Stimmung zu erhalten, wiederholt (a. a. O. 22. 29.) von seinen Jagderfolgen; aber seine Abneigung gegen diese Unterhaltung blieb sich gleich. Am ausführlichsten erklärt er sich darüber im Antimachiavell, in dem er diesem Gegenstand den größten Theil des 14. Kapitels VIII, 107—110, (225—229) gewidmet hat. Weiter vgl. man X, 168. XVI, 140 und die von Preuß XXIII, 213 b angeführte Aeußerung.

256) Nachdem sich Friedrich schon 1738 gegen Voltaire über Macchiavelli geäußert hatte (XXI, 148), theilt er ihm den 22. März 1739 (XXI, 278) mit, er trage sich mit einem Werk über den „Fürsten." Im September (S. 319)

ist er im Begriff, mit seiner Ausarbeitung zu beginnen; im Oktober und November (S. 327. 334) berichtet er über den Fortgang der Arbeit; am 4. Dezember, an dem er auch Algarotti über sein Werk schreibt (XVIII, 7), schickt er Voltaire die 12 ersten Kapitel (S. 336); den 3. Febr. 1740 (S. 350) den Rest. Durch Voltaire's Vermittlung wurde die Schrift einem Buchhändler im Haag übergeben, bei dem sie Ende September 1740 anonym erschien (XXI, 364 f. 369. 376. 381 f. 384. Preuß, in seiner Einleitung VIII, XIII), da der nach seiner Thronbesteigung von dem König geäußerte Wunsch, sie wieder zurückzuziehen, an der Weigerung des Verlegers gescheitert war (XXII, 11. 15. 17. 18. 19. 21. 23. 28 f.) Da Friedrich seit seinem Regierungsantritt zu einer nochmaligen Revision seiner Schrift nicht mehr die Zeit fand, hatte er Voltaire ermächtigt, vor dem Abdruck alle Veränderungen, die er nöthig fände, darin vorzunehmen. Er war dann aber (XXII, 35 f.) mit Voltaire's Redaktion, und namentlich mit einigen größeren Abstrichen, die er sich erlaubt hatte, doch nicht zufrieden und hatte die Absicht, selbst eine neue Ausgabe zu veranstalten. Allein über dem ersten schlesischen Kriege kam es nicht dazu; dagegen besorgte Voltaire, um dem von dem Antimachiavel in manchen Kreisen gegebenen Anstoß zu begegnen, sofort noch eine zweite Ausgabe, in der er noch mehr ausgemerzt hatte (XXII, 42 ff. 49. Preuß a. a. O.) Nur in diesen Texten lag die Schrift bis zum Erscheinen des 8. Bandes der Oeuvres der Lesewelt vor. In diesem ist nun aber dem Abdruck der ersten Voltaire'schen Ausgabe auch der eines von Friedrich eigenhändig niedergeschriebenen Manuskripts u. d. T. Réfutation du prince de Machiavel beigefügt, von dem wir aber nicht wissen, wie es sich zu der Recension des Antimachiavel verhielt, welche Voltaire bei seiner Ueberarbeitung vorlag. Ich werde im folgenden da, wo beide übereinstimmen, den Antimachiavel, aus der Réfutation nur solche Stellen anführen, die in jenem fehlen. — In der ersten Voltaire'schen Recension wurde der Antimachiavel wiederholt nachgedruckt, in's Englische, Italienische, Lateinische, Deutsche, und auf Befehl des Sultans Mustapha III. selbst in's Türkische übersetzt; vgl. Trendelenburg, Machiavell und Antimachiavell (Kl. Schr. 27—53) S. 29.

257) Schon 1738 (XXI, 184) tadelt es Friedrich, daß Voltaire in seiner „Geschichte des Jahrhunderts Ludwigs XIV." Macchiavelli, qui était un malhonnête homme, diesen Schriftsteller, der Wortbrüchigkeit, Unterdrückung und Ungerechtigkeiten gelehrt habe, mit den großen Männern seiner Zeit auf eine Linie gestellt hatte, und Voltaire stimmt seinem Urtheil über denselben zu seiner Befriedigung bei (S. 197. 207.). Das weitere, im Text angeführte, findet sich im Antimachiavel von Anfang bis zu Ende, z. B. S. 180. 244. 61 f. 70. 83 ff. 181; einige dieser Stellen scheint Voltaire gestrichen zu haben, da sie nur in der Réfutation stehen.

258) An Fenelon erinnert Friedrich selbst, wenn er das 7. Kapitel des Antimachiavel (VIII, 83) mit den Worten beginnt: Comparez le prince de M. de Fénelon avec celui de Machiavel, und nun ausführt, wie jener die vollendete

Tugend, dieser die vollendete Schlechtigkeit sei, jener ein Engel, dieser ein Teufel. Der Telemach war (wie Bratuscheck nachweist; Erz. Friedr. d. Gr. 27 f.) ein Lieblingsbuch der Königin Sophie Charlotte gewesen; die Gespräche, welche sie darüber mit ihrem damals zwölfjährigen ältesten Sohn geführt hatte, waren aufgezeichnet und einer neuen Ausgabe des Telemach beigedruckt worden. Diese Ausgabe war es ohne Zweifel, die Friedrich schon als Knabe zu lesen bekam; welchen Eindruck das Werk auf ihn gemacht hatte, zeigt die ebenangeführte Stelle.

²⁵⁹) Ein Motiv, auf das Trendelenburg a. a. O. S. 35 mit Recht hinweist, und das uns aus dem ganzen Ton der Polemik im Antimachiavel hörbar entgegentritt. Wer so, wie Friedrich (VIII, 120. IV, 109 vgl. Trendelenburg S. 51) überzeugt war, „man müßte wenigstens bei den Fürsten noch Ehre und Tugend finden, wenn sie auch aus der ganzen Welt verschwunden wäre", auf den konnte wohl, wenn er selbst der Erbe eines Thrones war, die Behauptung, daß ein Fürst die Verträge nicht länger zu halten brauche, als er es vortheilhaft für sich findet, daß ihm überhaupt jedes Verbrechen und jede Treulosigkeit erlaubt sei, wenn sie nur seiner Macht dient, keinen anderen Eindruck machen.

²⁶⁰) Es ist ganz richtig, wenn Trendelenburg a. a. O. bemerkt, Friedrich's Kritik gehe nicht auf die Absicht Macchiavelli's, sondern auf die Wirkung seiner Schrift; auch er räumt aber ein, daß dieser selbst Schuld daran habe, wenn sie mit ihren allgemein gehaltenen Betrachtungen als ein Lehrbuch der Fürsten galt und wirkte.

²⁶¹) Es geht Macchiavelli in dieser Beziehung, wie später Thomas Hobbes, der auch zu seiner absolutistischen Staatslehre, neben seiner politischen Parteistellung, in erster Reihe dadurch geführt wurde, daß er jenen Krieg aller gegen alle, den ihm die Zustände seines Vaterlandes während der englischen Revolution zu zeigen schienen, zum allgemeinen und nothwendigen Zustand jeder sich selbst überlassenen Gesellschaft macht.

²⁶²) Wie sehr Macchiavelli die Macht und die Mittel zu überschätzen geneigt war, mit denen der Einzelne in den Gang der Geschichte einzugreifen vermag, und wie leicht ihm der Glanz vorübergehender Erfolge die Grenzen verbergen konnte, die ihrer dauernden Wirkung theils durch die allgemeinen politischen Verhältnisse theils durch den inneren Zustand und Charakter der Völker gezogen sind, zeigen unter anderem seine Urtheile über zwei von jenen Männern, welche seinen Anforderungen an einen „neuen Fürsten" möglichst nahe gekommen waren: Castruccio Castracane und Cäsar Borgia. Nach seiner Darstellung (la vita di Castruccio) hätte der erstere alle Aussicht gehabt, ein mächtiges Fürstenthum zu begründen, wenn nicht eine Erkältung, die er sich 1328 in der siegreichen Schlacht am Arno zugezogen hatte, seinen frühzeitigen Tod herbeigeführt hätte. Und doch geht aus den Worten, die er selbst dem Sterbenden in den Mund legt, klar hervor, daß die Grundlage der von ihm gewonnenen Stellung viel zu schmal

und zu schwach war, um ein größeres Staatsgebäude unter den damaligen Verhältnissen für die Dauer zu tragen. Cäsar Borgia führt M. im 5. Kapitel des principe zwar selbst als Beispiel dafür an, wie schwer es sei, eine Macht zu behaupten, die man einer besonderen Gunst der Umstände verdanke, weil ihre Wurzeln nicht stark genug seien, um einem Glückswechsel Stand zu halten. Aber diese richtige Einsicht hält ihn nicht ab, die Sache doch wieder so darzustellen, als ob die Pläne des kühnen Emporkömmlings nur an einem ungewöhnlichen Mißgeschick, an dem plötzlichen Tod Alexanders VI., seiner eigenen Erkrankung und der von ihm begünstigten Wahl Julius' II., gescheitert wären. In Wirklichkeit ist es höchst unwahrscheinlich, daß in dem Italien des 16. Jahrhunderts ein Staatswesen festen Bestand hätte gewinnen können, das von keiner nationalen Bewegung getragen, vermöge der Art seiner Entstehung die Kurie, sobald Alexander VI abgetreten war, zur unversöhnlichen Feindin, und die bedeutendsten oberitalienischen Mächte zu habgierigen Nebenbuhlern haben mußte.

²⁶³) Diese Parallele (über welche Trendelenburg Kl. Schriften 36 ff. zu vergleichen ist) tiefer in's einzelne zu verfolgen, würde hier, wo es uns nur um Friedrich's Ansichten als solche zu thun ist, zu weit führen. Das eine und andere, was hieher gehört, wird uns im Verfolge noch begegnen.

²⁶⁴) Ueber Wolff's Naturrecht vgl. S. 9. Sein erster Band erschien 1740 und ist von Friedrich, da er in lateinischer Sprache verfaßt ist, gewiß nicht gelesen worden. Indessen hatte Wolff die leitenden Gedanken dieses Werks auch schon viel früher, in seiner deutschen Moral und seiner deutschen Politik, entwickelt, von denen wir aber freilich auch nicht wissen, ob Friedrich mit ihnen bekannt war.

²⁶⁵) Man vgl. was hierüber S. 69 f. bemerkt ist.

²⁶⁶) An Rollin 4. Juli 1739; XVI, 239.

²⁶⁷) In dem schon S. 86 ausgezogenen Brief an Suhm vom 26. Novbr. 1737; XVI, 345.

²⁶⁸) So im Antimachiavel VIII, 88: geschichtlich angesehen seien die Könige nur Menschen und alle Menschen seien gleich. Ebd. 126: jo dois . . . aimer le sang des héros; mais j'aime encore plus le mérite. IX, 39 (1751) in der Instruktion für die Erziehung des Thronfolgers: Traitez mon neveu comme un particulier qui doit faire sa fortune; dites-lui que s'il y a des défauts, ou s'il apprend rien, il sera méprisé de tout le monde. . . Il ne faut point lui mettre du vent en tête, et l'élever tout simplement . . . Qu'il apprenne que tous les hommes sont égaux, et que la naissance n'est qu'une chimère si elle n'est pas soutenue par le mérite. IX, 122 f. (Sur l'éducation; 1769): tout serait perdu dans un état, si la naissance devait l'emporter sur le mérite, principe aussi erroné, aussi absurde, qu'un gouvernement qui l'adopterait en éprouverait de funestes conséquences. I, 1 (Mémoires de Brandebourg; 1746): über das Alter und die Abkunft des Hohenzollern'schen Hauses wolle er keine Untersuchung anstellen; les hommes, ce me semble, sont

tous d'une race également ancienne. In seinem Testament (VI, 219) ermahnt der König seinen Nachfolger, seine Verwandten achtungsvoll zu behandeln, mit der Bemerkung: le hasard qui préside au destin des hommes, règle la primogéniture, mais pour être roi, on n'en vaut pas mieux pour cela que les autres. In der Leichenpredigt auf den Schuster Reinhart XV, 95 f. (f. o. S. 88 f. Anm. 254) wird die Gleichheit aller Menschen vor Gott zunächst in der theologischen Form vorgetragen, welche der Einkleidung des Stückes entsprach, dann aber unabhängig von derselben den herrschenden Standesvorurtheilen der Satz entgegengehalten, daß es nicht auf die Namen ankomme, sondern auf die Sache, nicht auf die Verdienste der Vorfahren, sondern auf die eigenen, daß die Tugend mehr in den Hütten wohne als in den Palästen, und die größten Männer sich selbst berühmt gemacht haben.

²⁶⁹) Derartige Aeußerungen sind uns bereits S. 88 und Anm. 106 vorgekommen, einige weitere will ich hier anführen. So schreibt Friedrich schon den 26. Novbr. 1737 (XVI, 345) an Suhm: Il est vrai que les rois sont les symboles mortels de la majesté de Dieu, mais voilà tout; car ôtez-leur la puissance, la grandeur, leur cour et leurs flatteurs, il se trouve que ce ne sont, la plupart, que de pauvres hommes sans vertu et peu dignes d'inspirer de l'admiration. In den Considérations sur l'état présent du corps politique de l'Europe, die in der ersten Hälfte des Jahres 1738 niedergeschrieben wurden, klagt er (VIII, 4. 20) über den Unverstand und die Lethargie der meisten europäischen Fürsten, und findet den letzten Grund derselben (S. 25) in der Meinung, que Dieu a créé exprès, et par une attention toute particulière pour leur grandeur, leur félicité et leur orgueil, cette multitude d'hommes dont le salut leur est commis, et que leurs sujets ne sont destinés qu'à être les instruments et les ministres de leurs passions déreglés. Dieser verkehrten Vorstellung setzt Friedrich seinerseits eine Erörterung über die Pflichten der Fürsten entgegen, welche aber durchweg von der Voraussetzung ausgeht, daß dieselben thatsächlich durch ihren maßlosen Ehrgeiz und durch die Vernachlässigung der Regierungsgeschäfte diese Pflichten verletzen. Den 3. Febr. 1742 (XXII, 85) schreibt er Voltaire außer anderem: La supercherie, la mauvaise foi et la duplicité sont malheureusement le caractère dominant de la plupart des hommes qui sont a la tête des nations, et qui en devraient être l'exemple. Aus seiner späteren Zeit gehört hieher außer den früher besprochenen und den Anm. 306 anzuführenden Aeußerungen namentlich das Codicille (XIII, 41—46). Er läßt sich in dieser Schrift mit der tiefsten Geringschätzung über die Mehrzahl der damaligen europäischen Potentaten, die Könige von Frankreich, Portugal, Spanien, Neapel, Sardinien, Dänemark, Schweden und Polen aus, deren Nichtigkeit zu der Meinung ein Recht gebe, qu'on ne peut être roi sans qu'on soit une bête, und erklärt schließlich: je ne dirai plus rien à ces cerveaux perclus: prêcher devant des sourds sont des discours perdus. Ueber die Verderbenheit der Höfe und die Schlechtigkeit der

meisten Höflinge klagt Friedrich bei Catt, Mém. 45. 366 f. In der Geschichte des siebenjährigen Kriegs V, 155 nennt er das Gefühl der Dankbarkeit „selten unter den Menschen, noch seltener unter den Fürsten", und in der Anm. 183 berührten épitro sagt er XII, 176: les traités chez les grands sont le sceau des parjures.

²⁷⁰) In der vor. Anm. besprochenen Stelle der Considérations VIII, 25.

²⁷¹) Anderswo hat übrigens Macchiavelli diese Frage gestellt und beantwortet. Discorsi I, 2 spricht er sich über den Ursprung der Staaten so aus, daß er sich von Friedrich in dieser Beziehung nicht allzuweit entfernt: Die Menschen hätten erst zerstreut gelebt; als sie bei wachsender Bevölkerung sich vereinigten, haben sie zunächst zum Zweck ihrer Vertheidigung den stärksten und herzhaftesten zu ihrem Oberhaupt gemacht; nachdem aus der Anerkennung solcher Handlungen, die anderen nützen, und dem Haß gegen solche, die ihnen schaden, die Begriffe des Guten und Schlechten sich gebildet hatten, Gesetze gegeben worden waren, deren Uebertretung bestraft wurde, und so der Begriff der Gerechtigkeit entstanden war, habe man bei der Wahl eines Fürsten statt des tapfersten dem klügsten und gerechtesten den Vorzug gegeben. Als aber die Herrschaft erblich wurde, sei sie zur Tyrannei entartet, ebenso in der Folge die Aristokratie, von der die Tyrannei, und die Demokratie, von der die Oligarchie gestürzt wurde; bis die Ausschreitungen der letztern auf's neue zur Monarchie führten, und so der Kreislauf sich wiederholte. Das vorzüglichste sei deßhalb eine aus Monarchie, Aristokratie und Demokratie gemischte Verfassung.

²⁷²) Von dem pacto social spricht Friedrich, wie Preuß z. b. St. richtig bemerkt, nur in dieser Schrift und den Briefen über die Vaterlandsliebe (IX, 216. 221. 227. 235. 238). Er hat diesen Ausdruck doch wohl von Rousseau's contrat social entlehnt, wenn er auch die Schrift, welche diesen Titel führt, nie nennt.

²⁷³) Lottres sur l'amour de la patrie (1779) IX, 227. Aehnlich ebd. S. 238: der Gesellschaftsvertrag sei aus dem Bedürfniß gegenseitiger Unterstützung entsprungen; und da ihm keine Gemeinschaft ohne Tugend bestehen könne, so verlange er, daß jeder einen Theil seines Interess's dem der andern zum Opfer bringe, sich gegen sie so verhalte, wie er wünscht, daß sie sich gegen ihn verhalten, und für das gemeine Beste nach seinem Vermögen eintrete.

²⁷⁴) S. 96 vgl. Anm. 269.

²⁷⁵) VIII, 65: Il se trouve que le souverain, bien loin d'être le maitre absolu des peuples qui sont sous sa domination, n'en est lui même que le premier domestique.

²⁷⁶) So veranlaßt ihn in der Histoire de Brandebourg (1747) I, 129 der verschwenderische Haushalt seines Großvaters, diese dissipation d'un prince vain et prodigue, zu der Bemerkung: un prince est le premier serviteur et le premier magistrat de l'Etat; il lui doit compte de l'usage qu'il fait des impôts. Aehnlich bemerkt er 1766 (XXIV, 109) der Kurfürstin von Sachsen:

ein Fürst sei der erste Beamte (premier magistrat) des Volkes und müsse das Gut des letztern so haushälterisch verwalten, wie ein Vormund das seines Mündels. In der Apologie de ma conduite politique (1757; XXVII, c, 279) begründet er diese Veröffentlichung mit dem Satze: wenn auch ein König von niemand zur Verantwortung gezogen werden könne, so thue ein guter Fürst doch wohl, das Volk, dont il n'est que le chef ou le premier ministre, über die Gründe seiner Maßregeln zu unterrichten. Seiner (S. 96 f. angeführten) Auseinandersetzung über den Ursprung der Staatsgewalt IX, 196 fügt der König die Worte bei: Qu'on s'imprime bien que la conservation des lois fut l'unique raison qui engagea les hommes à se donner des supérieurs, puisque c'est la vrai origine de la souveraineté. Ce magistrat était le premier serviteur de l'État. Aehnlich in der gleichen Schrift S. 208: Es wäre verrückt, zu meinen, daß die Menschen einen von Ihresgleichen zu ihrem Herrn gemacht haben, lediglich um seine Sklaven zu sein. Sie haben ihm vielmehr gesagt: Nous avons besoin de vous pour maintenir les lois auxquelles nous voulons obéir, pour nous gouverner sagement, pour nous défendre; du reste, nous exigeons de vous que vous respectiez notre liberté. Ein Fürst solle sich daher immer daran erinnern, daß er der oberste Richter, Feldherr, Verwalter und Beamte der Gesellschaft sei, nicht blos um zu repräsentiren, sondern um die Pflichten dieser Stellung zu erfüllen. Il n'est que le premier serviteur de l'État, obligé d'agir avec probité, avec sagesse et avec un entier désintéressement, comme si à chaque moment il devait rendre compte de son administration. Den jungen Herzog von Württemberg, Karl Eugen, ermahnt Friedrich im Miroir des princes (1744; IX, 6), leider vergeblich: Ne pensez point que le pays de Würtemberg a été fait pour vous; mais croyez que c'est vous que la Providence a fait venir au monde pour rendre ce peuple heureux.

277) Tageb. 351; breiter Mem. 138.
278) Sur l'amour de la patrie IX, 227 (s. o. S. 97). 215. Als das Muster eines Bürgers, der in den engen Verhältnissen eines Handwerkers seine Schuldigkeit thut, schildert Friedrich seinen Schuster Reinhart XV, 113; s. o. S. 86.
279) Vgl. S. 86, Anm. 16.
280) An Prinz Heinrich (XXVI, 354; 1771): Voilà, mon cher frère, bien de la besogne à expédier; mais l'homme est né pour le travail, et trop heureux quand il peut travailler pour l'avantage de sa patrie; alors les peines ne coûtent rien, et on les multiplierait volontiers, dès qu'on voit l'apparence de réussir. Vgl. was S. 2 aus XXIII, 53, Anm. 200 aus XIX, 193. XXII, 12. XXIII, 382. IX, 224. XXVI, 490. VI, 215, Anm. 209 aus II, xxv angeführt ist.
281) IX, 220 ff. 228 f. 231 f. 240 f. Die Prosopopöie, deren die letztere Stelle sich bedient, hat ihr Vorbild an der Art, wie Plato im Kriton 50, A die

Gesetze und das Gemeinwesen auftreten läßt, mag nun dieses Gespräch dem Könige bekannt gewesen sein oder nicht.

²⁸²) Eine Erörterung über die Verschiedenheiten im Charakter der Völker, wie sie durch Klima, Ernährung und Erziehung bedingt sind, gibt das 4. Kapitel des Antimachiavel (VIII, 73 f.) mit besonderer Rücksicht auf Macchiavelli's Bemerkungen über die Türken und die Franzosen.

²⁸³) Oder wie die Réfutation VIII, 204 sagt, der auch der folgende Satz entnommen ist: sie werden vielleicht zugeben, daß ein König, der seine Pflicht erfülle, das wünschenswertheste sei, weil ein solcher die Macht habe, seine guten Absichten auszuführen; aber sie werden bezweifeln, daß dieser Phönix von einem Fürsten sich irgendwo finde. Man wisse, was die Menschheit ertragen könne, und daß es wenige Tugenden gebe, die der Verführung einer unbeschränkten Macht widerstehen. Jene ideale Monarchie wäre ein Paradies auf Erden, wenn sie existirte; aber der Despotismus, wie er thatsächlich sei, verwandle diese Welt mehr oder weniger in eine Hölle.

²⁸⁴) In dem Anhang Des moeurs et des coûtumes u. s. w. I, 238 f. Die Mémoires pour servir à l'histoire de la maison de Brandebourg erschienen zuerst 1751.

²⁸⁵) Antimachiavel VIII, 82. 91; über Cäsar, den Friedrich mit der ganzen damaligen Geschichtschreibung nur in dem Lichte sieht, in das ihn Cicero gestellt hatte, IX, 79, (aus dem Jahr 1765). Daß er in Cromwell, dem Königsmörder, nur einen fourbe heureux zu sehen weiß (X, 182. VIII, 80. 109. XIV, 246), versteht sich von selbst, und es ist alles, was sich erwarten läßt, wenn er ihm wenigstens einige große Eigenschaften zugesteht, und seine Staatsverwaltung rühmt (VII, 119).

²⁸⁶) A. a. O. S. 92: Wie die Menschen geboren werden, eine Zeitlang leben und dann sterben, so entstehen die Republiken, blühen einige Jahrhunderte, und gehen endlich durch einen unternehmenden Bürger oder durch die Waffen ihrer Feinde zu Grunde. Alles in der Welt, die mächtigsten Reiche nicht ausgenommen, habe eben eine bestimmte Dauer. I, 238 (s. Anm. 284): La fragilité et l'instabilité sont inséparables des ouvrages des hommes; les révolutions que les monarchies et les républiques éprouvent ont leurs causes dans les lois immuables de la nature: il faut que les passions humaines servent de ressorts, pour amener et mouvoir sans cesse de nouvelles décorations sur ce grand théâtre; que la fureur audacieuse des uns enlève ce que la faiblesse des autres ne peut défendre; que des ambitieux renversent des républiques; et que l'artifice triomphe quelquefois de la simplicité. Vgl. Hist. de mon temps III, 139. Sur l'amour de la patrie IX, 215.

²⁸⁷) Hist. de la guerre des sept ans V, 101. Mém. de Brandeb. I, 143.

²⁸⁸) Hist. de mon temps III, 85: La Pologne fourmillait alors de mécontents, comme c'est l'ordinaire dans les États républicains, où la liberté ne se soutient que par les partis différents qui contiennent alternativement

l'ambition de la fraction contraire. Ebd. II, 139: Dans les républiques l'ambition se jette du côté de l'intrigue pour parvenir; les corruptions les avilissent insensiblement, et le vrai point d'honneur se perd, parce qu'on peut faire fortune par des voies qui n'exigent aucun mérite dans le postulant. Vgl. S. 105. Zufälliger erscheint der Untergang der alten Republiken IX, 215 (sur l'amour de la patrie), wo der der griechischen auf ihre gegenseitige Eifersucht, der der römischen auf den Ehrgeiz einzelner Bürger zurückgeführt wird, ohne ihre allgemeinen Gründe zu untersuchen.

289) Man vgl. hierüber, außer dem, was S. 102 aus dem Antimachiavel angeführt ist, Hist. de mon temps II, 20, wo über Schweden, in Friedrich's Augen seit der oligarchischen Verfassungsänderung von 1719 eine Republik, bemerkt wird: es sei ihm gegangen, wie jeder Monarchie, die sich in eine Republik verwandle, es sei schwach geworden. L'amour de la gloire se changea en esprit d'intrigue; le désintéressement, en avidité; le bien public fut sacrifié au bien personnel u. s. w. Avec ces défauts, les Suédois avaient conservé l'esprit de conquête, directement opposé à l'esprit républicain, qui doit être pacifique, s'il veut conserver la forme du gouvernement. Ebd. 139, gleichfalls aus Anlaß des Verfalls, in welchen die früher so ausgezeichnete und heldenmüthige schwedische Armee nach Karl XII. gerathen war: Der Grund dieser Erscheinung liege wahrscheinlich in der Aenderung der schwedischen Verfassung. Unter der Monarchie sei das Heer in Ehren gehalten worden: es habe dem Staat Dienste geleistet, ohne ihm gefährlich werden zu können. Dans une république, c'est le contraire; le gouvernement doit en être pacifique par sa nature, le militaire y doit être avili: on a tout à craindre de généraux qui peuvent s'attacher les troupes; c'est d'eux dont peut venir une révolution. Hierauf, nach dem vor. Anm. mitgetheilten: Outre cela, jamais le secret n'est gardé dans les républiques; l'ennemi est averti d'avance de leurs desseins, et il peut les prévenir. Vgl. hiezu das S. 225 angeführte.

290) IX, 143. XXIV, 506. 522; vgl. S. 32.

291) Zu diesen gehört unter den Historikern namentlich Rollin, dessen alte Geschichte an Friedrich, wie seine Briefe an ihn aus den Jahren 1737—1740 (XVI, 231 ff.) beweisen, einen fleißigen Leser und warmen Bewunderer hatte.

292) In der Prüfung von Helvetius' Schrift über die Vorurtheile IX, 143; vgl. S. 103.

293) Im achten von den Lettres philosophiques; Oeuvres de V. Paris 1877 ff. XXII, 103.

294) Man s. darüber die Hist. de la guerre de sept ans IV, 104 f., V, 158 f., das Vorwort zu den Mémoires u. s. w. VI, 5. 11 und die schon Anm. 183 berührten Verse XII, 175 f. Später spricht Friedrich über das Verfahren der Engländer gegen ihre amerikanischen Kolonieen und die Kriegführung gegen dieselben den entschiedensten Tadel aus, XXV. 82 f.

295) Vgl. S. 98. Anm. 276.

²⁹⁶) Antimach. VIII, 65; f. o. S. 98. Réfutation VIII, 221: Le premier sentiment qu'un prince doit avoir est l'amour de la patrie, et l'unique volonté qui lui convienne est d'opérer quelque chose d'utile et de grand pour le bien de l'État. An Jordan 15. Juni 1742: Ein Fürst sei verpflichtet, für das Beste seines Volks zu sorgen; pour y parvenir il doit se sacrifier lui même. IX, 224 (sur l'amour de la patrie): Le zèle pour le bien public a servi de principe à tous les bons gouvernements anciens et modernes, il a fait la base de leur grandeur et de leur prospérité. Weiteres ist Anm. 276 aus IX, 208. IX, 6, Anm. 209 aus II, xxv angeführt.

²⁹⁷) VIII, 64. 84 f. (ausführlicher Réfut. 191). 111. 146 f. 116 f.

²⁹⁸) Den Considérations u. f. w. VIII, 26 vgl. S. 98. Anm. 269.

²⁹⁹) Am Anfang des 22. Kapitels VIII, 139, wo aber die Réfutation 272 f. nicht blos die ausführlichere, sondern wahrscheinlich auch die authentischere Recension hat. Wenn wenigstens die Réfutation sagt: in einem Staat, der wegen der Schwäche des Monarchen sich nur auf den Minister stütze, sei der Fürst höchstens dazu gut, um in den Augen des Volks le fantôme vain de la majesté royale darzustellen, et sa personne est aussi inutile à l'État que celle du ministre lui est nécessaire — wenn sich Friedrich hier so äußert, und wir lesen dafür im Antimachiavel: le prince alors n'est qu'un fantôme, mais un fantôme nécessaire, car il représente l'État, so sieht dieß ganz wie eine Voltaire'sche Correctur (vgl. Anm. 256) aus.

³⁰⁰) Antimach. VIII, 102 f. Réfutation 230, an der ersteren Stelle mit der Bemerkung: wenn es dem Fürsten selbst an den Eigenschaften fehle, die zur Führung einer Armee erforderlich sind, so möge er sich an den Rath einsichtiger Generale halten; aber seine eigene Anwesenheit bei der Armee sei dennoch nothwendig; wobei aber freilich immer bei dem Fürsten ein bedeutender Grad von Pflichtgefühl und Einsicht vorausgesetzt ist.

³⁰¹) Antim. 139 f. Réfut. 172 f. 193.

³⁰²) Antimach. VIII, 158 ff. Die gleichen Sätze wiederholt Friedrich IX, 142 f. in der Kritik von Holbach's Schrift über die Vorurtheile (worüber S. 31. Anm. 99); und in der Geschichte des siebenjährigen Kriegs IV, 37 sagt er aus Anlaß seines Angriffs auf Sachsen im Jahre 1756, nachdem er die Gründe seines Verfahrens dargelegt hat: Et quant à ce nom terrible d'agresseur, c'était un vain épouvantail, qui ne pouvait en imposer qu'à des esprits timides, ... puisque le véritable agresseur est sans doute celui qui oblige l'autre à s'armer et à le prévenir par l'entreprise d'une guerre moins difficile pour en éviter une plus dangereuse, parce que de deux maux il faut choisir le moindre. Für den Erfolg sei es ohnedem gleichgültig gewesen, ob seine Feinde ihn als Angreifer anklagten oder nicht; da ihre Verschwörung gegen ihn fertig war, habe er dadurch keinen Feind mehr oder weniger bekommen können. Es wäre daher ein unverzeihlicher Fehler gewesen, wenn er in einem Falle, in dem es sich um das Wohl des Staats und die Stellung seines Hauses handelte, sich

durch leere Formalitäten hätte aufhalten lassen, die man im gewöhnlichen Lauf der Dinge achten müsse, von denen man sich dagegen in den außerordentlichen Fällen, wo nur ein rascher und kräftiger Entschluß Rettung bringe, nicht abhängig machen dürfe.

³⁰³) Nach dem gleichen Grundsatz verfährt er selbst. Als ihm im dritten Jahr des siebenjährigen Kriegs durch Lord Keith's Vermittelung Friedensanträge gemacht wurden (worüber IV, 225), erwiederte er diesem (XX, 275; 9. December 1758): Er liebe den Frieden so gut wie einer, auch aus dem Gefühl der Menschlichkeit, welches den Staatsmännern der Gegenpartei unbekannt sei. Aber es komme alles auf die Bedingungen an. Wenn diese von der Art seien, daß sie jedermann zufriedenstellen, so sei es gut; mais s'il s'agit d'une trève et qu'il faudra dans quelques années se baigner de nouveau dans le sang, ce ne serait pas la peine de suspendre à présent l'exercice dans lequel on est de s'entr'égorger.

³⁰⁴) Vgl. Anm. 104 und das Vorwort zur Geschichte des siebenjährigen Kriegs, wo er es als einen Hauptzweck dieses Werks bezeichnet, zu beweisen, daß es nicht von ihm abgehangen habe, den Krieg zu vermeiden, und daß die Ehre und das Wohl des Staates ihm verboten haben, andere Friedensbedingungen anzunehmen, als die, welche er schließlich durchsetzte.

³⁰⁵) Antimach. VIII, 107. 69 f. 100 f. Réfutation 170 f. Vgl. S. 113. Ueber das Unglück, das der Krieg mit sich bringt, sind außer dem im Text angeführten auch die bitteren Klagen zu vergleichen, in denen sich der König XX, 273 nach dem Ende des Feldzugs von 1758 gegen Lord Keith über den Jammer ergeht, welchen die Schlechtigkeit und der Ehrgeiz einiger Mächtigen über Unzählige heraufgeführt habe.

³⁰⁶) Hist. de mon temps II, 34: Les progrès de la philosophie, de l'économie politique, de l'art de la guerre, du goût et des moeurs, sont sans doute une matière à réflexion plus intéressante que de se rappeler les caractères d'imbécilles revêtus de la pourpre, de charlatans couverts de la tiare, et de ces rois subalternes appelés ministres, dont bien peu méritent d'être marqués dans les annales de la postérité. In der (politischen) Geschichte wiederholen sich oft dieselben Scenen, nur mit anderen Schauspielern; au lieu que de suivre la découverte de vérités jusque-là inconnues, de saisir les causes qui ont produit le changement dans les moeurs, et ce qui a donné lieu à dissiper les ténèbres de la barbarie qui empêchaient d'éclairer les esprits, ce sont certainement là des sujets dignes d'occuper tous les êtres pensants. Friedrich schrieb dieses 1775, gedruckt wurde es erst nach seinem Tode. Vgl. XXIII, 235, wo er Voltaire auseinandersetzt, daß der Ruhm hervorragender Schriftsteller dauerhafter sei als der ausgezeichneter Regenten.

³⁰⁷) Man vgl. hierüber namentlich die Ausführung im Antimachiavel VIII, 135 f., welche schon S. 109 berührt wurde.

³⁰⁸) Dissertation sur les raisons d'établir ou d'abroger les lois: IX,

9—33. Friedrich ließ diese Abhandlung den 22. Jan. 1750 in der Akademie vortragen; in demselben Jahr erschien sie im 3. Band der Oeuvres du Philosophe de Sans-Souci. Ob Montesquieu's 1748 erschienener Esprit des lois dem Könige damals schon bekannt war, läßt sich, wie Preuß IX, x bemerkt, nicht ausmachen.

³⁰⁹) Wenn er z. B. noch 1775 (in den Mémoires de 1763 jusqu'à 1775; VI, 94 vgl. Du gouvernement prussien IX, 186) erzählt, er habe nach dem siebenjährigen Krieg das Offizierkorps von allen bürgerlichen Elementen gesäubert, weil der Adel in der Regel Ehrgefühl besitze, während man bei Leuten von geringer Herkunft (sans naissance) doch nur selten Verdienst und Talent antreffe, und wenn er dieß damit begründet, daß dem Adel für gewöhnlich, im Unterschied von den Bürgerlichen, nur die militärische Laufbahn offen stehe, und sein ganzes Fortkommen an seine (militärische) Ehre geknüpft sei, so hatte dieses Urtheil zwar damals ohne Zweifel eine bessere thatsächliche Unterlage als jetzt, seit der Einführung der allgemeinen Wehrpflicht; aber dem wirklichen Sachverhalt entsprach es auch damals nicht, denn gerade unter Friedrich's Regierung hatte sich die Geistesbildung, die sittliche Tüchtigkeit und das Selbstgefühl des Bürgerthums in einem Grade gehoben, von welchem der König, dessen Verdienst dieß zu einem guten Theil ist, doch keinen vollen Begriff gehabt zu haben scheint. Daß andererseits der Adel nicht immer vor unehrenhaftem Verhalten schützt, hatte Friedrich selbst mehr als einmal erfahren. Jener Lord Bute, der Minister, über dessen Ehrlosigkeit und Niederträchtigkeit sich Friedrich so stark äußert (vgl. S. 104. Anm. 294), gehörte der englischen Aristokratie an, und der Adjutant, welcher während des siebenjährigen Kriegs im Felde die ihm anvertraute Kasse um 12,000 Thaler bestahl, und von dem König mit unverdienter Großmuth behandelt wurde (Catt, Mem. 346. 51), scheint gleichfalls kein roturier gewesen zu sein. Daß ohnedieß die vornehme Abkunft den Unwerth dessen, dem es an eigenem Verdienst fehlt, nur in ein helleres Licht stelle (Dialogue do morale, 1770, IX, 104), und daß les talents sont distribués par la nature sans égard aux généalogies, (Hist. de mon temps II, 22) sagt Friedrich selbst; um nicht zu wiederholen, was S. 95 und Anm. 268 aus seinen Erklärungen über die natürliche Gleichheit der Menschen angeführt ist.

³¹⁰) Diesen Vorschlag macht Friedrich a. a. O. IX, 32 in Betreff des Duells. Er erkennt an, daß das Verbot desselben durchaus begründet und gerecht sei; aber er kann sich nicht verbergen, daß dieses Verbot nicht viel helfe, so lange das Vorurtheil, welches den Zweikampf verlangt, so allgemein verbreitet ist, daß ein Mann von Ehre, namentlich der Adlige und der Militär, gezwungen ist, eine Beleidigung auf jede Gefahr hin, dem Gesetze zum Trotz, mit einer Herausforderung zu beantworten. Er sieht daher keinen anderen Ausweg, als in einer Uebereinkunft sämmtlicher europäischer Fürsten, durch welche sie sich verpflichten, die Duellanten mit entehrenden Strafen zu belegen und

ihnen kein Asyl zu gewähren, zugleich aber auch die Ehrenkränkungen streng zu bestrafen.

³¹¹) Das letztere a. a. O. S. 33. Als einen Fall, in dem den Verbrechen noch durch andere Maßregeln, als bloße Strafgesetze, gesteuert werden könne, bezeichnet Friedrich ebb. 27 f. und öfters (vgl. Anm. 188b) die Fruchtabtreibung und den Kindsmord. Diese Verbrechen würden, wie er glaubt, seltener vorkommen, wenn uneheliche Geburten für die Mütter weniger Schande mit sich führten. Er selbst arbeitete durch verschiedene Maßregeln, die er Voltaire XXIII, 410 namhaft macht, darauf hin; beklagt sich aber sowohl gegen ihn als gegen seinen Bruder darüber, daß es ihm noch nicht gelungen sei, das Uebel auszurotten. Im übrigen bezeugt er Voltaire, daß der Grundsatz, die Verbrechen lieber zu verhindern als zu bestrafen, sich ihm bewährt habe.

³¹²) Friedrich erklärt sich IX, 28 f. mit überzeugenden Gründen gegen dieses Mittel Geständnisse zu erpressen, das er ebenso nutzlos als unmenschlich findet, indem er die Ueberzeugung ausspricht, es sei besser, zwanzig Schuldige straflos zu lassen, als Einen Unschuldigen zu bestrafen. In dem vor. Anm. berührten Brief an Voltaire XXIII, 410 will er die Folter ausnahmsweise dann zulassen, wenn sie das einzige Mittel sei, um einen erwiesenen Hochverräther zur Angabe seiner Mitverschworenen zu bringen und dadurch den Staat gegen sie sicherstellen zu können.

³¹³) Unter denen er den Großkanzler Cocceji a. a. O. IX, 30 f. und ebenso in der Geschichte des siebenjährigen Kriegs IV, 2 auf's höchste rühmt. Sein Mitarbeiter Suarez, dessen glänzendstes Werk, das allgemeine Landrecht, allerdings erst der Regierung Friedrich Wilhelm's II. angehört, wird meines Erinnerns von Friedrich nie erwähnt.

³¹⁴) Réfutation VIII, 176.

³¹⁵) VIII, 69 f. 80 f., wo unter anderem S. 71: Les Romains... étaient les plus sages brigands qui aient jamais désolé la terre. S. 81: La valeur et l'adresse se trouvent également chez les voleurs de grand chemin et chez les héros; la différence qui est entre eux, c'est que le conquérant est un voleur illustre u. s. w. (Ebb. 135 führt Friedrich (aus Curtius VIII, 8) die bekannte Rede der scythischen Gesandten an Alexander beifällig an. Réfutation VIII, 170 f. Weiteres oben S. 109.

³¹⁶) Wie dieß schon S. 90 f. Anm. 257. 259 gezeigt ist.

³¹⁷) Friedrich spricht diesen Grundsatz (vgl. Anm. 259) schon im Antimachiavel VIII, 120 mit den Worten Johann's II. von Frankreich aus, indem er die Behauptung bekämpft, man brauche den Menschen sein Wort nicht zu halten, da sie das ihrige doch fortwährend brechen. An denselben Satz erinnert er in der Geschichte des siebenjährigen Kriegs IV, 108 aus Anlaß der Thatsache, daß Maria Theresia und der König von Frankreich den sächsischen Offizieren erlaubt hatten, unter Bruch ihres Ehrenworts gegen Preußen zu dienen, mit den Worten: Ce crime, qui autorisa le parjure, n'avait été que celui de quelques

pontifes ambitieux et implacables, mais jamais celui des rois, chez lesquels on devrait retrouver la bonne foi, fût elle perdue sur toute la terre. Den 8. Dezbr. 1758 (XX, 274) schreibt er an Lord Keith aus Anlaß der verleumderischen Gerüchte, die über ihn in Umlauf gesetzt wurden: Ce sont des armes indignes que les grands princes ne devraient jamais employer contre leurs égaux; c'est se dégrader mutuellement et apprendre au public à rire de ce que l'interêt des princes devraient lui rendre respectable. Die Treulosigkeit der englischen Regierung, welche 1762 trotz ihres Bündnisses mit Friedrich nicht allein mit Frankreich ihren Separatfrieden schloß, sondern auch hinter seinem Rücken mit Rußland und Oesterreich Verhandlungen anknüpfte, bei denen diesen Höfen preußische Provinzen angeboten wurden, brandmarkt er (s. Anm. 294) auf's unumwundenste. Aber auch zwei Fälle, die ihn selbst nicht so unmittelbar berührten, wiewohl in dem zweiten auch sein Name gemißbraucht worden war, die Betheiligung des französischen Gesandten an der Revolution, durch welche Elisabeth auf den russischen Thron erhoben wurde, und des österreichischen an einer Verschwörung gegen diese Kaiserin, veranlassen ihn zu der Bemerkung (Hist. de mon temps III, 22): Que deviendrait la sûreté publique et celle des rois mêmes, si l'on ouvrait la porte aux rébellions, aux empoisonnements, aux assassinats? Quelle jurisprudence peut autoriser de telles entreprises? La politique n'a-t-elle pas des voies honnêtes dont elle peut se servir, et faut-il perdre tous les sentiments de probité et d'honneur pour des vues d'intérêt, qui même sont trompeuses? Il est fâcheux que dans ce XVIIIe siècle,, plus humain, plus éclairé que ceux qui l'ont précédé, la France et l'Autriche aient de semblables reproches à se faire. Friedrich schrieb oder wiederholte dieß 1775 bei der zweiten Bearbeitung der Histoire de mon temps, 13 Jahre nach dem Tode der Kaiserin, die inzwischen seine unversöhnliche Feindin geworden und geblieben war, und er schrieb es in einem Werke, das erst nach seinem Tode gedruckt worden ist; um so gewisser war es ihm damit ernst. In den Mémoires de Brandeb. (1, 160; 1751) bemerkt Friedrich aus Anlaß der sächsischen Intriguen gegen Preußen: Ces sortes d'actions semblent être permises en politique: mais elles ne le sont guères en morale; et à le bien examiner, la réputation de fourbe est aussi flétrissante pour le prince même, que désavantageuse à ses intérêts. Ueber den letzteren Punkt vgl. man auch Antimach. VIII, 121.

318) XVII, 227, vgl. Anm. 296.

319) VIII, 122: J'avoue, d'ailleurs, qu'il y a des nécessités fâcheuses où un prince ne saurait s'empêcher de rompre ses traités et ses alliances: mais il doit s'en séparer en honnête homme (wofür Réfut. 249 steht: il doit cependant le faire de bonne manière) en avertissant ses alliés à temps, et surtout ne venir jamais à ces extrémités sans que le salut de ses peuples et une très grande nécessité l'y oblige.

³²⁰) II, XXV ff. Die weiteren Ausführungen dieser Stelle stimmen mit denen der älteren Recensionen überein.

³²¹) An Jordan 15. Juni 1742; XVII, 226. Kürzer setzt er seine Motive in der Hist. de mon temps III, 1 f. vgl. II, 127 f. auseinander. In ähnlicher Weise begründet er III, 124. 158 ff. sein Verhalten beim Abschluß des Vertrags von Hannover und des Dresdener Friedens, welche beide er 1745 abschloß, ohne die Zustimmung der mit ihm verbündeten französischen Regierung einzuholen, die ihn für ihre Zwecke benützen wollte, während sie selbst ihre vertragsmäßigen Verpflichtungen gegen ihn gänzlich vernachlässigte.

³²²) Am Schluß des Verworts zu den Mémoires depuis la paix de Hubertsbourg VI, 8: Je n'ai jamais trompé personne durant ma vie: encore moins tromperai-je la postérité. Daß jene Versicherung sich nur auf solche Personen bezieht, denen er die Wahrheit schuldig war oder Versprechungen zu erfüllen hatte, überhaupt auf eine unerlaubte und unehrenhafte Täuschung anderer, ist selbstverständlich; wie er seine Gegner im Feld oder bei Verhandlungen irre führte, erzählt er ja selbst mehr als einmal.

³²³) Vgl. Anm. 15. Dem König selbst drückt Voltaire gleichzeitig (XXII, 68. 73. 81 u. s. f.) in Versen und in Prosa reichliche Lorbeeren aufs Haupt.

³²⁴) XVIII, 19 f. (28. Oktbr. 1740): sein Buch ließe gewiß für viele Verbesserungen Raum. Mais la mort de l'Empereur fait de moi un très-mauvais correcteur. C'est une époque fatale pour mon livre, et peut-être glorieuse pour ma personne.... Je n'irai point à Berlin. Une bagatelle comme est la mort de l'Empereur ne demande pas de grands mouvements. Tout était prévu, tout était arrangé. Ainsi il ne s'agit que d'exécuter des desseins que j'ai roulés depuis longtemps dans ma tête.

³²⁵) Vgl. Häusser, Teutsche Geschichte vom Tod Friedrich d. Gr. I, 38 ff. (3. Aufl.). Droysen, Gesch. d. preuß. Politik IV, 2, 217 ff. 327 ff. 430 ff. 446 ff. IV, 3, 138 ff. 147 ff. 280 ff. u. a. St. Moser, Friedr. als Krenpr. 160 ff.

³²⁶) Schon 1738, in den Betrachtungen über den politischen Zustand Europa's, bemerkt er (VIII, 11), unter Hindeutung auf den hochmüthigen Ton, in dem Oesterreich andere Fürsten behandle: On aura pu découvrir facilement que sa politique a pour but d'établir le despotisme et la souveraineté de la maison d'Autriche dans l'Empire.... la maison d'Autriche a toujours voulu accoutumer à son joug les souverains d'Allemagne: le ministère travaille sur ce plan, qui est transmis aux successeurs de l'Empire, et ces princes aussi ignorants que superstitieux se bercent vainement d'une chimère ambitieuse que l'injustice de la chose devrait leur faire détester. Ueber Oesterreich's Verfahren gegen Preußen unter Friedrich Wilhelm I vgl. man Antimach. VIII, 121. Mém. de Brandeb. I, 157. 162. 166. 168. Hist. de mon temps II, 48.

³²⁷) Vgl. S. 108 Anm. 302.

³²⁸) Nachdem schon Häusser (Teutsche Gesch. vom Tode Friedrich's d. Gr.

I, 138 ff.) die damalige politische Lage und die Beweggründe, welche Friedrich's Verhalten in dieser Sache bestimmten, auf Grund seiner eigenen Darstellung (Mém. de 1763—1775, VI, 20—47; Briefe an und von Prinz Heinrich XXVI, 312—350; an Voltaire XXIII, 256) einsichtig besprochen hatte, ist durch neuere Erörterungen, unter denen Duncker's gründliche Untersuchung (Aus der Zeit Friedrich's d. Gr. u. f. w. Abhandl. zur preuß. Gesch. S. 113—261; zuerst in der Ztschr. f. preuß. Gesch. 1872) und Sybel's lichtvolle Auseinandersetzung (Histor. Schriften III, 157 ff. 1880) hervorzuheben sind, der geschichtliche Thatbestand nach allen Seiten quellenmäßig festgestellt worden.

329) Wie wenig Friedrich die parteiische Neutralität Polens vergessen hatte, sieht man aus einer Aeußerung gegen Prinz Heinrich, welche darauf hinweist, daß in irgend einer Weise, natürlich erfolglos, versucht worden war, seine Verwendung für dieses Land zu gewinnen. Er schreibt ihm nämlich d. 3. Dzbr. 1768 (XXVI, 312), nachdem die Türkei Rußland den Krieg erklärt hatte (vgl. Anm. 334): Les Polonais commencent à ouvrir les yeux sur le précipice qui s'ouvre pour eux; ils sont sûrs de voir leur pays dévasté par les deux partis qui se disent leurs amis. Je leur dis, pour les consoler, qu'ils avaient été spectateurs tranquilles de la dernière guerre, et qu'à présent leurs voisins se trouvaient à leur tour les bras croisés.

330) C'est une terrible puissance, schreibt er den 3. März 1769 (XXVI, 313) seinem Bruder, qui dans un demi-siècle fera trembler toute l'Europe. Oesterreich werde es vielleicht noch bitter bereuen, que, par leur fausse politique, ils ont appelé cette nation barbare en Allemagne, et lui ont enseigné l'art de la guerre. Es werde keinen anderen Ausweg geben, als mit der Zeit einen Bund der mächtigsten Fürsten zur Eindämmung dieses gefährlichen Stromes zu bilden. Noch den 24. Jan. 1771 (XXVI, 349) äußert er gegen denselben: je croirais faire une faute impardonnable en politique, si je travaillais à l'agrandissement d'une puissance qui pourra devenir un voisin terrible et redontable pour toute l'Europe. Auch in seinem Bericht über die Verhandlungen, welche der Theilung Polens vorangiengen, bemerkt er (VI, 26. 39): So unverzeihlich es gewesen wäre, sich auf Oesterreich blindlings zu verlassen, so habe man sich ihm doch annähern müssen. Preußen habe die Wunden noch nicht verschmerzt gehabt, die ihm Rußland im siebenjährigen Kriege geschlagen hatte; es habe nicht in seinem Interesse gelegen, selbst an der Vergrößerung einer so furchtbaren und gefährlichen Macht zu arbeiten. Aber theils sei er durch seinen Bündnißvertrag mit Rußland verpflichtet gewesen, diesen Staat gegen einen österreichischen Angriff zu unterstützen, theils wäre auch bei einem Krieg zwischen beiden die Neutralität (wie er des näheren nachweist) das allergefährlichste gewesen.

331) Welchen Eindruck die polnischen Zustände, und namentlich die politische Thorheit, der Fanatismus und die elende Kriegführung der Barer Conföderirten auf Friedrich machten, sieht man aus dem satirischen Epos: La guerre des

Confédérés (XIV, 181—236), das er während eines mehrwöchigen Gichtleidens im Herbst 1771 verfaßte. Ueber Polen heißt es hier S. 191: la même encor qu'à la création, — brute stupide et sans instruction — staroste, juif, serf, palatin ivrogne, — tous végétaux qui vivaient sans vergogne. Vergl. den Brief an Voltaire vom 12. Jan. 1772, XXIII, 207 f., worin die Polen gleichfalls mit der äußersten Geringschätzung behandelt werden. Unmittelbar nach dem Abschluß der Verhandlungen schreibt Friedrich an seinen Bruder (12. Juni 1772; XXVI, 357 f.), indem er den hohen Werth der neuen Erwerbung anerkennt: Il est vrai que ce morceau me prépare bien de l'ouvrage, car je crois le Canada tout aussi policé que cette Pomérellie. Point d'ordre, point d'arrangement; les villes y sont dans un état déplorable. Culm z. B. habe statt 800 Häusern deren nur 100, die von Juden oder Mönchen bewohnt seien, es gebe aber noch elendere. Aehnlich an Voltaire 10. Dzbr. 1773 (XXIII, 267): On ne peut comparer les provinces polonaises à aucun État de l'Europe; elles ne peuvent entrer en parallèle qu'avec le Canada. Und ebd. vorher: es sei billig gewesen, das Vaterland des Copernicus nicht länger in der Barbarei versumpfen zu lassen, in welche die Tyrannei seiner Machthaber es gestürzt habe. Cette tyrannie allait si loin, que les grands, pour mieux exercer leurs caprices, avaient détruit toutes les écoles, croyant les ignorants plus faciles à opprimer qu'un peuple instruit. (Ebd. S. 260. An d'Alembert 19. Juni 1775 (XXV, 17) nach einer Reise durch „sein Canada": Schneider und Schuster seien hier gesuchte Künstler; j'établis à présent cent quatre-vingt écoles tant protestantes que catholiques, et je me regarde comme le Lycurgue ou le Solon de ces barbares. Imaginez-vous ce que c'est: on ne connaît point le droit de propriété dans ce malheureux pays; pour toute loi, le plus fort opprime impunément le plus faible. Mais cela est fini, et on y mettra bon ordre à l'avenir. Les Autrichiens et les Russes ont trouvé chez eux la même confusion. Ce ne sera qu'avec bien du temps et une meilleure éducation de la jeunesse qu'on parviendra à civiliser ces Iroquois. Damit stimmt die Schilderung in den Mém. de 1763—1775 VI, 88 f., welche noch einige nähere Nachweisungen gibt, überein. Vergegenwärtigt man sich die hier geschilderten Zustände, und dazu die politische Zerrüttung des polnischen Gemeinwesens und seine durch sie herbeigeführte Abhängigkeit von Rußland, so begreift man es um so eher, wenn Friedrich in Polen ein Land sah, das mit civilisirten Staaten nicht auf gleicher Linie stehe. Es war ihm (VI, 88) un peuple barbare qui croupissait dans l'ignorance et dans la stupidité.

³³²) Vgl. die vorl. Anm. berührte Auseinandersetzung VI, 39.

³³³) Friedrich hatte allerdings schon sehr frühe die Ansicht gewonnen, welche er bereits im Februar 1731 (XVI, 3) gegen Natzmer ausspricht, daß Preußen einer Vergrößerung und Abrundung dringend bedürfe, und daß das nöthigste hiefür der Erwerb von polnisch-Preußen sei; denn dieses bilde einen natürlichen Bestandtheil des preußischen Staats, und habe einen solchen gebildet, bis es

die Polen dem Deutschorden entrissen, und sein Besitz würde für Preußen die größten und augenfälligsten Vortheile mit sich bringen. Allein von einem Plan oder Versuch zu dieser Erwerbung zeigt sich vor den Wirren des Jahres 1769 bei ihm keine Spur, wie denn auch die politischen Verhältnisse weder vor noch nach dem siebenjährigen Krieg dazu angethan waren, ihn zu einem solchen Wagniß zu ermuthigen. Aber auch in den Jahren, welche der Theilung unmittelbar vorangingen, war das entscheidende Motiv für seine Behandlung der polnischen Frage nur der Wunsch, einen Krieg zwischen Rußland und Oesterreich zu verhüten. Es steht dieß nach den neueren Untersuchungen außer Zweifel, und Friedrich selbst hat die Sache von Anfang an immer so dargestellt. Vgl. Mem. VI, 47. An Voltaire XXIII, 256 f. Dabei verbarg er sich natürlich die außerordentlichen Vortheile des neuen Besitzthums jetzt so wenig wie früher (vgl. XXVI, 349. 357. 359. VI, 7. 88 f. XXIII, 222); aber er findet es selbstverständlich, daß er, um einer Verschiebung des Gleichgewichts durch die Vergrößerung der beiden andern Mächte vorzubeugen, auch seinen Antheil habe erhalten müssen, und er ist der Meinung, es wäre die unverzeihlichste Thorheit gewesen, die Gelegenheit zu einer so werthvollen Erwerbung nicht entschlossen zu ergreifen (VI, 47. 7.) Ueber Preußens Erschöpfung und Friedensbedürfniß f. m. VI, 4 f., 74 ff., 91 ff. XXVI, 348.

334) Nach der Wahl Stanislaus Poniatowski's war es lediglich die Unduldsamkeit des katholischen Klerus und Volks gegen die Dissidenten, welche die Bildung der Conföderation von Bar und den Kampf derselben mit den Russen herbeiführte. Als während dieses Kampfes russische Truppen die Grenze überschritten und eine türkische Ortschaft zerstörten, veranlaßte dieß den Sultan, welchen die Conföderirten schon vorher um seine Unterstützung angegangen hatten, zu der Kriegserklärung gegen Rußland; um Rußland zur Räumung der von ihm eroberten Moldau und Wallachei zu bewegen und dadurch dem Ausbruch eines Kriegs zwischen ihm und Oesterreich vorzubeugen, griff man zu dem Auskunftsmittel einer Theilung Polens.

335) Man vgl. die schon S. 39 f. Anm. 140. 131. 127 angeführten Stellen XIV, 7. f. XXVII, a, 18. X, 181. Catt, Mem. 390.

336) Worüber Anm. 126 z. vgl.

337) Die hierüber von Müller an den König erstatteten Berichte sind in dem anonymen „Beitrag zur Lebensgeschichte Friedrich's d. Gr." (Berl. 1788) abgedruckt. Einen Auszug daraus gibt Pratuscheck (Frz. Friedr. S. 56 ff.

338) Das ausführliche Schreiben aus dem Februar 1731, in dem er seinem Kammerherrn von Natzmer seine Gedanken über die Ziele auseinandersetzt, welche die preußische Politik in's Auge zu fassen habe, schließt er (XVI, 5) mit der Bemerkung: wenn die von ihm hier gewünschte Abrundung und Vergrößerung Preußens erreicht wäre, hätte dieses keinen Feind mehr zu fürchten, que la colère céleste, qui ne serait pas certainement à craindre, autant que la piété et l'amour de la justice régnent dans un pays sur l'irréligion, les factions,

l'avarice et l'intérêt. Er wünsche, daß Preußen sich erhebe, afin de faire fleurir la religion protestante dans l'Europe et l'Empire u. s. w. Sollte aber je die Ungerechtigkeit, die Gleichgültigkeit gegen die Religion, die Parteilichkeit oder das Laster in ihm zur Herrschaft kommen, so möge es fallen. Den 11. November 1732 (XVI, 72) schreibt er an Grumbkow aus Anlaß der ausgewanderten Salzburger, denen sein Vater in Preußen Wohnsitze gewährte: Mon coeur me saigne d'apprendre le triste sort des réfugiés. Il me semble que l'on ne saurait assez récompenser la constance que ces braves gens ont témoignée, et l'intrépidité avec laquelle ils ont souffert toutes les misères du monde plutôt que d'abandonner l'unique religion qui nous fait connaître les vérités de notre Sauveur. Je me dépouillerai volontiers de la chemise pour partager avec ces malheureux. Je vous prie de me fournir des moyens pour les assister; je donnerai de tout mon coeur, du peu de bien que j'ai, tout ce que je puis épargner, et je crois que chaque honnête homme devrait se faire un devoir d'assister de toutes ses forces des gens dont les pères et les parents ont souffert pour l'amour de Notre-Seigneur. Noch 1735 belobt er den Prinzen von Oranien, der ihm einen Abgesandten der französischen Reformirten empfohlen hatte, (in dem von Pratnicked S. 64 aus Ranke, Sämmtl. W. W. XXIV, 195 mitgetheilten Briefauszug) über seinen Eifer „für die heilige Religion, welche wir bekennen." Die letztere Aeußerung beweist aber freilich sehr wenig: als Protestant hat Friedrich sich immer gefühlt, und das Prädikat sainte würde er der Religion in einem Schreiben dieser Art auch später nicht verweigert haben, während der Beisatz: „die wir bekennen", kühl genug lautet. Mit den Aeußerungen in dem vertraulichen Schreiben an Natzmer war es Friedrich gewiß ernst; aber wenn es auch bestätigt, daß Friedrich zur Zeit seiner Abfassung weder an dem gewöhnlichen Vorsehungsglauben, noch an der Religion als solcher irre geworden war, gibt es doch über sein Verhältniß zu der positiven Dogmatik keinen Aufschluß. Bestimmter scheint die Aeußerung gegen Grumbkow darauf hinzuweisen, daß er damals noch auf dem Boden der letzteren stand. Allein auch von ihr kommen in dieser Beziehung im Grunde nur die Ausdrücke: notre Sauveur, notre Seigneur in Betracht, und diese beweisen um so weniger, da Friedrich eben damals (wie aus Anm. 145 Schl. erhellt) besonderen Anlaß hatte, seine religiöse Gesinnung Grumbkow, und durch diesen seinem Vater, in einem möglichst günstigen Lichte zu zeigen. Die Aufrichtigkeit seiner Theilnahme für die vertriebenen Salzburger und seiner Bewunderung für ihre Aufopferungsfähigkeit braucht man deßhalb nicht zu bezweifeln; sie erhellt vielmehr nur um so deutlicher, wenn man mit der Wärme jener gleichzeitigen Aeußerungen den abschätzigen Ton vergleicht, in dem später, Mém. de Brandeb. I, 169 über die Auswanderer gesprochen wird.

340) An Schaff 8. Juni 1736 (XVI, 116 f.). Vgl. was S. 69 aus XVI, 162 angeführt ist. Auch der Anm. 362 berührte Brief an Manteuffel vom 27. März 1736 (XXV, 434 f.) behandelt die Annahme, daß die christliche Moral

aus einer göttlichen Offenbarung stamme, mit solchem Vorbehalt, daß man nicht den Eindruck erhält, der Briefsteller selbst wolle für sie eintreten. Daß mit dem Unsterblichkeitsglauben die ganze christliche Dogmatik hinfällig werde, hat Friedrich selbst später ausgesprochen, wenn er gegen Holbach bemerkt (IX, 163 vgl. S. 31. Anm. 99): er hätte ein einfaches Mittel gehabt, die christlichen Dogmen zu widerlegen; nachdem schon Lucrez die Unmöglichkeit eines Lebens nach dem Tode so einleuchtend dargethan habe, folge von selbst, daß der Mensch keine Beziehung (rapport) mit einer Gottheit habe, die ihn weder strafen noch belohnen könne.

³⁴⁰) XVI, 143; 6. Septbr. 1737: J'ai été à la suite du Roi me débarasser, sur la bonne foi d'un prêtre et en compagnie de mon frère, d'un fardeau de péchés qui ne me pesait pas grand' chose, et dont on me dit à présent déchargé.

³⁴¹) In seinen Discours sur l'homme hatte Voltaire, den eine solche Redensart, vollends in einem Gedicht, nichts kostete, Christus l'ennemi divin des scribes et des prêtres ... l'Homme-Dieu genannt. Sein Schüler, auch in der Freigeisterei gewissenhafter, als jener, nimmt daran Anstoß. Offen gestanden, schreibt er XXI, 201 (Mai 1738), gefalle ihm dieser Ausdruck nicht im Munde eines Philosophen, der über den Irrthümern der Masse stehen sollte. Er könnte es dem alten kindisch gewordenen Corneille überlassen, die „Nachahmung Christi" in Reime zu bringen. On peut parler de fables, mais seulement comme fables; et je crois qu'il vaut mieux garder un silence profond sur les fables chrétiennes, canonisées par leur ancienneté et par la crédulité des gens absurdes et stupides. Auf dem Theater möchte man etwas von der Geschichte dieses prétendu Sauveur darstellen; wenn er in seinem Gedicht so spreche, geschehe dieß offenbar nur aus Rücksicht auf die Jesuiten oder die Pfaffen (prêtraille). Voltaire entschuldigt sich (S. 205): wenn Cirey erst preußisch oder er selbst ein Löwe geworden sei, werde er keine Rücksichten mehr nehmen. Aber Friedrich kommt noch einmal auf die Sache zurück: als ihm V. seinen sechsten Discours schickt, fügt er dem warmen Lob, welches er diesem ertheilt, die Bemerkung (XXI, 222) bei, aus der man sieht, wie ernst er es mit der Aufklärung nahm: Que les moines, obscurément encloîtrés, ensevelissent dans leur crasseuse bassesse leur misérable théologie; que nos descendants ignorent à jamais les puériles sottises de la foi, du culte et des cérémonies des prêtres et des religieux. Les brillantes fleurs de la poésie sont prostituées lorsqu' on les fait servir de parure et d'ornement à l'erreur; et le pinceau qui vient de peindre les hommes doit effacer la Loyolade.

³⁴²) Réfutation VIII, 206. Im Antimachiavel VIII, 93 ist diese ganze Seite bis auf die zwei ersten Zeilen weggelassen.

³⁴³) Kritik des système de la nature (1770) IX, 162 (s. e. S. 137 f.). Weitere Belege werden uns sogleich vorkommen; hier mag es genügen, noch auf

zwei Stellen zu verweisen, den Brief an die Herzogin von Gotha, in dem Friedrich (XVIII, 239, nach dem S. 143 f. besprochenen) sagt: er wolle lieber der Vernunft gegenüber orthodox sein, als einer Versammlung von Doktoren gegenüber, qui argumenta selon Esdras, Matthieu, Jean, Paul, et tout ce tas d'apôtres de la superstition qui ont aveuglé et abruti le monde; und das Gedicht an d'Alembert von 1773 (XIII, 106), in dem sich der König über die Ungereimtheit des Glaubens an die Trinität und die übernatürliche Erzeugung Christi aufhält, ganz empört über die troupe consacrée ausspricht, die Gott als ebenso schlecht schildere, wie sie selbst, als einen unerbittlichen Tyrannen, der die Menschen in Schuld verstricke, um seinen Grimm an ihnen auslassen zu können und sie in alle Ewigkeit zu bestrafen, als einen Despoten, dessen Herrschaft um nichts besser sei, als die des Teufels.

343b) Er selbst stellt sich auf die Seite dieser Freigeister, wenn er Hist. de mon temps II, 36, nach rühmender Erwähnung Locke's (vgl. S. 16), als seine Nachfolger Fontenelle und Voltaire, Thomasius, Hobbes, Collins, Shaftesbury und Bolingbroke (die beiden letzteren erst in der Bearbeitung von 1775) nennt und dann fortfährt: Ces grands hommes et leurs disciples portèrent un coup mortel à la religion. Les hommes commencèrent à examiner ce qu'ils avaient stupidement adoré; la raison terrassa la superstition: on prit du dégoût pour les fables qu'on avait crues, et l'on eut horreur des blasphèmes auxquels on avait été pieusement attaché; le déisme, ce culte simple de l'Être suprême, fit nombre de sectateurs. Avec cette religion raisonnable s'établit la tolérance, et l'on ne fut plus ennemi pour avoir une façon différente de penser. Si l'épicureisme fut funeste au culte idolâtre des paiens, le déisme ne le fut pas moins, de nos jours, aux visions judaïques adoptées par nos ancêtres. Die Bearbeitung von 1746 gibt dasselbe, theilweise etwas anders gefaßt.

344) Mémoires de Brandebourg I, 197.

345) Der Anm. 99 erwähnten Kritik von Helbach's Schrift über die Vorurtheile aus dem Jahr 1770, IX, 132 f. Ueber den Satz, daß der Mensch mehr sensible als raisonnable sei, vgl. Anm. 45 Schl.

346) Weitere Auseinandersetzungen über die natürliche Neigung der Menschen zum Aberglauben sind S. 132 ff. Anm. 358 nachgewiesen.

347) XXIV, 477 (1770). Auf die gleiche Frage kommt Friedrich sieben Jahre später, XXV, 88, noch einmal zurück und beantwortet sie ebenso.

348) Ueber diesen ist außer dem vorhin angeführten XXV, 88 auch die Histoire de mon temps II, 17 zu vergleichen, wo einer Auseinandersetzung über die Unvereinbarkeit von Regententüchtigkeit und Frömmelei die Bemerkung beigefügt ist: Mahomet, loin d'être dévot, n'était qu'un fourbe qui se servait de la religion pour établir son empire et sa domination. Das gleiche Prädikat erhält, wie schon Anm. 285 gezeigt ist, Cromwell; und es ist eine für die Denkweise des Königs bezeichnende Folge seiner einseitigen und ungenügenden

Auffassung der Religion, daß ihm die Mischung von Frömmigkeit und Staatsklugheit, von Fanatismus und Schlauheit, in Herrschernaturen, die sich als Werkzeuge der Gottheit fühlten, die einen religiösen Glauben zugleich theilten und benützten, unverständlich bleiben mußte.

³⁴⁹) Schon der Antimachiavel VIII, 80 f. behandelt Moses so, wenn er auch nur hypothetisch sagt: falls Moses nicht inspirirt war (was er natürlich nicht behaupten wolle), könnte man ihn nur als einen Betrüger betrachten, der überdieß sehr ungeschickt verfahren sei, wenn er sein Volk vierzig Jahre lang auf einem Weg herumführte, den es in sechs Wochen hätte zurücklegen können. Ohne jenen durchsichtigen Vorbehalt schilt Friedrich gleichzeitig (10. Oktbr. 1739; XXI, 326) gegen Voltaire über ce Juif imposteur und toute cette nation superstitieuse, faible et cruelle. In dem „Traum" XV, 26 eröffnet die Reihe der Marktschreier un drôle à grande barbe et à figure de bouc und ladet das Volk zu sich ein: je possède les secrets de la plus ancienne médecine et des charmes les plus inconnus; je fais danser les montagnes comme des chèvres et les chèvres comme des montagnes (die schon von Voltaire in einem Brief von 1766, XXV, 98, ebenso parodirte Stelle Ps. 114, 4); je puis arrêter le soleil et la lune dans leur cours; les rivières frayent un passage à ma voix; je change l'eau en sang; de ma baguette je fais des serpents; et j'excelle sourtout dans le secret admirable de créer des poux. Quiconque voudra participer à mes belles connaissances n'a qu'à s'annoncer; je lui couperai un petit bout de peau, et il sera semblable à moi même. Der rachsüchtige Gott Abrahams ist uns schon Anm. 89 Schl. vorgekommen. Weiteres findet sich da und dort; mit Voltaire theilt Friedrich namentlich auch die Neigung, alttestamentliche Stellen und Ausdrücke zu parodiren.

³⁵⁰) Aus diesem Standpunkt hatte Friedrich das Christenthum gegen Holbach's Angriffe vertheidigt. (Vgl. S. 31. Anm. 102). Seine Dogmatik giebt er preis, aber die Sittenlehre, die Jesus predigte, nimmt er warm in Schutz, indem er verlangt, daß zwischen ihr und dem, was die Priester aus ihr gemacht haben, unterschieden werde; und in dem gleichen Sinn hatte er sich (XXIV, 485) gegen d'Alembert geäußert. Dieser war damit nicht ganz einverstanden; er hält das Christenthum wegen der Unduldsamkeit, die in seinem Wesen liege, für eine schwere Geißel der Menschheit (S. 496). Darauf antwortet Friedrich S. 505: Souffrez que je vous dise que nos religions d'aujourd'hui ressemblent aussi peu à celle du Christ qu'à celle des Iroquois. Jésus était juif, et nous brûlons les juifs; Jésus prêchait la patience, et nous persécutons; Jésus prêchait une bonne morale, et nous ne la pratiquons pas. Jésus n'a point établi des dogmes, et les conciles y ont bien pourvu; enfin un chrétien du troisième siècle n'est plus ressemblant à un chrétien du premier. Jésus était proprement un essénien; il était imbu de la morale des esséniens, qui tient beaucoup de celle de Zénon. Sa religion était un pur deisme, et voyez comme nous l'avons brodée. Cela étant, si

je défends la religion du Christ, je défends celle de tous les philosophes, et je vous sacrifie tous les dogmes qui ne sont pas de lui. Des prêtres ayant remarqué quel pouvoir leur crédit idéal leur donnait sur l'esprit des peuples, ils ont fait servir la religion d'instrument à leur ambition; aber alle menschlichen Dinge seien dem Mißbrauch und der Entartung ausgesetzt. Quand on veut donc se récrier contre cette religion, il faut désigner les temps dont on parle, et distinguer les abus de l'institution. Weniger günstig scheint sich Friedrich über den Stifter des Christenthums zu äußern, wenn er in einer Erörterung über den Werth des Nachruhms (vgl. S. 75) seinem Bruder schreibt (XXVI, 486; 1781): Alexandre, Timur, Gengis, Jules César, Charles XII, se sont tous donnés au diable pour faire parler d'eux, et il s'est trouvé qu'un Juif qui s'est fait pendre au Calvaire l'a emporté sur eux tous. Allein er sagt ja hier nicht, daß die Ruhmsucht die Triebfeder gewesen sei, die Jesus bestimmte, sich kreuzigen zu lassen; davon nicht zu reden, daß man eine so flüchtig hingeworfene rednerische Antithese ernsthaften und wohlerwogenen Auseinandersetzungen, wie die mit d'Alembert und Holbach, überhaupt nicht entgegenhalten kann.

351) Ueber dieses Studium und die daraus hervorgegangenen Schriften wurde schon Anm. 9 berichtet.

352) Schon XIX, 310 (April 1762) schreibt er b'Argens, so oft er von den dogmatischen Streitigkeiten lese, wundere er sich de l'égarement extrême de l'esprit humain; dann S. 317, als er die Geschichte des Papstthums im 9. Jahrhundert gelesen hat: man sollte meinen, die ganze Welt sei von Constantin bis auf Luther schwachsinnig gewesen, daß sie sich in einem unverständlichen Kauderwelsch über alberne Visionen gestritten, und den Bischöfen durch ihre Leichtgläubigkeit und Dummheit die Begründung ihrer weltlichen Macht möglich gemacht habe. S. 359 f. schilt und spottet er in Versen über ces scélérats de prêtres, la folle ambition de ces faquins mitrés, la luxure et l'orgueil de ces front tonsurés; über die schmähliche Schwäche der Fürsten, welche sich den geistlichen Despotismus gefallen ließen, über die Heiligen und ihre Reliquien und über die theologischen Streitigkeiten, dieses futile jeu de mots d'imposteurs révérés, pour abaser les sots; über die Bullen, Concilien u. s. w., ce fratras inepte indigne et mensonger (oder wie er S. 366. 369 sagt: le venin théologal et absurde, die graves billevesées où la raison n'entend rien). Als er mit Fleury zu Ende ist, beginnt er S. 375: j'ai achevé l'histoire des imposteurs sacrés. Aehnlich sprechen sich die gereinten Briefe an Catt XIV, 136—145 aus. Die Kirchengeschichte des Mittelalters ist dem König l'histoire infâme et parricide de ces scélérats tonsurés, die verächtliche Geschichte einer Periode des Irrthums; er schämt sich für unsere Vorfahren, daß Spitzbuben unter der Mitra sie beherrschen und Könige absetzen konnten, er ist empört über die Verbrennung des Huß und Hieronymus, die Blutgerichte der englischen Maria und die Gräuel der Bartholomäusnacht, er

findet, daß die ganze Geschichte der Päpste, statt zu erbauen, nur Aergerniß gebe, er beurtheilt aber auch die Geschichte der Jungfrau von Orleans im Stil Voltaire's.

353) Außer dem so eben angeführten gehört hieher namentlich die Stelle aus dem Brief an d'Alembert von 1773, XIII, 106: O fureur de parti! rage théologale! — c'est toi qui corrompis la probité, les moeurs — de ces fourbes tondus et de leurs sectateurs. Nachdem Friedrich sodann Beispiele von frommem Betrug angeführt hat, fragt er: Faut il, pour appuyer la simple vérité, — qu'un mensonge odieux souille sa pureté? und nach einer weiteren Auseinandersetzung, in der unter anderem steht, was Anm. 343 angeführt ist, schließt dieser Theil des Sendschreibens S. 108 mit den Worten: Heureux qui, délivré de ces lois inhumaines — de ce joug de l'esprit, mortel à la raison, — méprise également Satan comme Pluton; — qui d'un bras vigoureux terrasse le mensonge — et foule aux pieds l'erreur où l'Europe se plonge! Er selbst, fügt der König noch bei, sei zwischen den Confessionen neutral, und bemühe sich die Parteiwuth ihrer Anhänger zu dämpfen; mais ces soins sont perdus. et mes efforts sont vains: — un mortel rendrait-il des tigres plus humains? Die nächste Parallele dazu aus Lucrez (I, 62—101) habe ich Vorträge und Abhandlungen II, 113 f. besprochen. Den berühmten Schlußvers dieser Stelle: Tantum religio potuit suadere malorum, eignet Friedrich selbst XIX, 65 (au d'Argens 1759) sich an.

354) VII, 133—144 vgl. Anm. 9.

355) An dieser Stelle begegnet übrigens dem König eine seltsame Verwechslung. Er sagt, die Einführung der Trinitätslehre sei dadurch möglich geworden, daß ein schlauer Priester dem Johannesevangelium die Anfangsworte beifügte; wobei ihn unverkennbar eine ungenaue Erinnerung an die Thatsache irregeführt hat, daß die trinitarische Stelle 1. Joh. 5, 7 ein späteres Einschiebsel ist, das übrigens aus einer Zeit stammt, in der die Lehre von der Dreieinigkeit schon längst allgemein anerkannt war. Besser unterrichtet zeigt er sich über die Evangelien, nach dem damaligen Stand dieser Frage, in dem Brief an die Herzogin von Gotha XVIII, 231.

356) Worüber S. 31. 40 näheres mitgetheilt ist.

357) In diesem Sinn wird IX, 135 f. im Anschluß an die S. 128 besprochenen Auseinandersetzungen bemerkt: Wenn der Verfasser der Schrift über die Vorurtheile die abergläubischen Meinungen und den Kultus seines Landes durch eine von allen fremden Zuthaten gereinigte Moral ersetzen wolle, täusche er sich. (Es sei ganz löblich, das Volk über die Fabeln aufklären zu wollen, mittelst deren es sich von eigennützigen Betrügern beherrschen lasse; aber wer die Welt und das menschliche Herz kenne, werde diese Absicht nicht für ausführbar halten. Tout s'y oppose, l'opiniâtreté avec laquelle les hommes sont attachés à leurs opinions habituelles, leur ignorance, leur incapacité de raisonner, leur goût pour le merveilleux, la puissance du clergé et les moyens qu'il a

pour se soutenir. Unter 16 Millionen Franzosen könnten höchstens 200000 für die Philosophie in Betracht kommen; von diesen werden aber nicht zwei die gleichen Ansichten haben, und wenn man heute alle Vorurtheile zerstörte, würden in dreißig Jahren allenthalben neue an ihre Stelle getreten sein. Wer sich an die Einbildungskraft der Menschen wende, komme immer weiter, als der, welcher zu ihrem Verstand rede. So sei es immer gewesen und so werde es immer sein. Es gebe kein Mittel zur Ausrottung des Aberglaubens. Dem Unterricht in der Schule, auf den Holbach vertraut, würde immer der Einfluß der Familie siegreich entgegenwirken; man hätte aber auch kein Recht, die Kinder gegen den Willen ihrer Eltern zum Besuch von Freidenkerschulen zu zwingen. Aehnliche Berechnungen, wie die obige, die unter 10 Millionen 1000 oder gar nur 100 Philosophen übrig lassen, finden sich XXIV, 471. XXV, 206. Nicht anders hatte sich Friedrich schon früher (1763; XVIII, 215) aus Anlaß einer den Holbach'schen verwandten Schrift gegen die Herzogin von Gotha geäußert: Il n'y a point d'idée plus extravagante que celle de vouloir détruire la superstition. Les préjugés sont la raison du peuple, et ce peuple imbécile mérite-t-il d'être éclairé? Ne voyons-nous pas que la superstition est un des ingrédients que la nature a mis dans la composition de l'homme? Comment lutter contre la nature, comment détruire généralement un instinct si universel? Jeder möge seine Meinung behalten und die anderer achten; dieß sei das einzige Mittel, um mit den Menschen auszukommen. Ebenso 1760 (XIX, 128) an d'Argens: le fanatisme triomphera toujours de la raison, parce que la plupart des hommes craignent le diable et sont imbéciles. Aber auch schon im Antimachiavel VIII, 94 bemerkt er: wenn sich das Volk in den von Priestern regierten Staaten den Druck dieser Regierungen gefallen lasse, könne man sich dieß nur aus der Macht des Aberglaubens und Fanatismus über den menschlichen Geist erklären. Die Religion sei une ancienne machine qui ne s'usera jamais, und eine Politik, die Himmel und Hölle in ihren Dienst ziehe, werde immer triumphiren.

358) Schon 1741 setzt Friedrich Voltaire, der ihn in einem Gedicht aufgefordert hatte, das Werk Julian's zu vollenden und der Herrschaft des Aberglaubens ein Ende zu machen, auseinander (XXII, 78 f.), daß dieß verlorene Mühe wäre, denn auf diesem Gebiet könne man nur mit Gründen etwas ausrichten und dafür haben die meisten keinen Sinn: les hommes ne sont pas faits pour la vérité. Weiter vgl. man aus den Briefen an Voltaire: XXIII, 89 (f. c. Anm. 188). 106. 109. 111. 198 f. 393; aus denen an d'Alembert: XXIV, 470 f. 478 f. 522. XXV, 4. 35. 89. 138. 206. 211. 226. 236.

359) Aehnlich urtheilt Friedrich 1781 (XXV, 206) über Joseph's II. Maßregeln gegen die Geistlichkeit: man entziehe sie der Abhängigkeit von Rom, damit sie über die Beraubung des Papstes, dem Joseph Ferrara wegnahm, nicht Lärm schlagen.

359 b) An d'Alembert XXV, 237. Den Ausspruch Fontenelle's citirt Friedrich

gegen Denselben ebd. 227. XXIV, 472 vgl. 476, gegen Prinz Heinrich XXVI, 480, gegen Voltaire XXIII, 102.

³⁶⁰) An Voltaire XXIII, 115 (1766), gleichfalls mit dem Zusatz: er halte die Wirksamkeit der Philosophen für sehr verdienstlich, weil es vom höchsten Werth sei, dem Fanatismus und der Unduldsamkeit zu steuern. Daß die öffentliche Ordnung und die Moral sich nicht auf die Religion gründen lasse, ist ein Satz, der uns schon S. 70 f. 66. vorkam.

³⁶¹) XXIV, 470; s. o. S. 133.

³⁶²) Friedrich setzt dieß XXV, 419 f. (18. März 1736) dem schon S. 7 erwähnten Grafen Manteuffel auseinander, und meint es auch durch Beispiele beweisen zu können, indem er den angeblichen Fehlern des Sokrates und Cimon das Verhalten christlicher Tugendhelden gegenüberstellt. So unreif aber dieser Versuch ist, so hat er doch gerade dadurch sein Interesse. Wenn Friedrich über eine Frage, wie diese, damals noch so unsicher war, so kann er sich eben nur erst am Beginn eines ernsthafteren philosophischen Studiums befunden haben. Unser Brief bestätigt daher, was auch aus dem S. 45. Anm. 140. 27. angeführten hervorgeht, daß dieses Studium vor 1736 von ihm doch nur sporadisch betrieben worden war, und daß er erst durch Wolff den Anstoß und die Anleitung zu einer methodischen und zusammenhängenden Beschäftigung mit philosophischen Fragen erhielt.

³⁶³) Wolff hatte durch die Behauptung, daß die Geltung des Sittengesetzes vom Glauben an Gott unabhängig sei und auch Atheisten eine reine Moral haben können, großen Anstoß erregt, er hatte sie aber trotz aller Angriffe festgehalten und sich für dieselbe namentlich auf das vermeintliche Beispiel der Chinesen berufen. (Vgl. meine Gesch. d. deutsch. Phil. S. 210. Vortr. u. Abhandl. I, 138). Von dem gleichen Standpunkt geht Manteuffel in seinem Brief vom 22. März 1736 (XXV, 424 f.) aus, mit dem er auch erreicht, daß Friedrich (27. März; XXV, 435) seine, von ihm aus Rollin entlehnte, Behauptung aufgibt.

³⁶⁴) Vgl. S. 66. 70 f. 135.

³⁶⁵) Man vgl. hierüber außer dem, was S. 133 aus XXIV, 470 angeführt ist: Mém. de Brandeb. I, 212, wo zunächst aus Anlaß der verschiedenen christlichen Kirchen und Sekten bemerkt ist: Il n'y a aucune religion qui, sur le sujet de la morale, s'écarte beaucoup des autres. Sur l'amour propre IX, 94: Les religions chrétiennes, la juive, la mahométane et la chinoise ont à peu près la même morale; eine bessere Begründung der Moral komme daher nothwendig auch dem Christenthum zugute. Miroir des princes IX, 6: la vraie religion qui est l'humanité.

³⁶⁶) Diese Begründung ergibt sich aus XXIV, 470: alle Religionen seien un mélange de fables absurdes et d'une morale nécessaire au maintien de la société, wozu man vergleiche, was S. 97 über die Entstehung der rechtlichen und sittlichen Begriffe angeführt ist.

367) In seinem S. 136 Anm. 363 erwähnten Schreiben an Manteuffel vom 25. März 1736 gibt Friedrich seine Einwendungen gegen die sittliche Größe des Sokrates und Cimon zwar auf, um so mehr besteht er aber darauf, que Notre Seigneur, en pratiquant la magnifique morale qu'il enseigne, nous soit en même temps et d'exemple et de régle.

368) Man vgl. hierüber außer dem nächstfolgenden was S. 69 (aus XVI, 162), S. 129. 130. Anm. 350 (aus XXIV, 505) angeführt ist.

369) Dieses Citat ist ungenau: das evangelische Gebot ist inhaltsvoller, denn es verlangt (Matth. 7, 12. Luk. 6, 31), daß wir andern das thun sollen, wovon wir wünschen, daß sie es thun. Friedrich wählt auch für sich selbst jene negative Fassung des Moralprincips; vgl. Anm. 216.

370) Wie dieß Friedrich S. IX, 162 f. in der S. 127 Anm. 343. 339 berührten Weise ausführt.

371) XXIV, 505, bald nach den Anm. 350 angeführten Worten.

372) Memoiren 273; ebb. 281 f. (vgl. Anm. 437) über die Denkschrift, welche zugleich mit einer zweiten und mit dem ersten Entwurf der Geschichte des siebenjährigen Kriegs 1763 (hierüber Preuß IV, x) bei einem durch die Unvorsichtigkeit eines Bedienten veranlaßten kleinen Brande zu Grunde gieng, deren Inhalt daher Catt nur aus dem Gedächtniß wiedergibt. Im Tagebuch findet sich nichts darüber; doch werden die Angaben der Memoiren im wesentlichen wohl richtig sein. — Der Einfall freilich, daß die Prediger ihre Zuhörer durch schreckenerregende Schilderungen der Hölle vom Bösen abzuhalten suchen sollten (S. 273), nimmt sich in Friedrich's Mund schlecht aus. Weiteres über die Benützung des Religionsunterrichts für die Moral S. 176. Anm. 448.

373) Voltaire hat zwar, wie Strauß Volt. 180 f. zeigt, eingeräumt, daß Jesus ein ehrlicher Schwärmer und ein rechtschaffener Mensch gewesen sei und eine gute Moral gepredigt habe. Lautet aber schon dieses bei ihm viel kühler und skeptischer, als Friedrich's Aeußerungen über den Stifter der christlichen Religion, so wird die letztere selbst, so wie sie jetzt ist, von ihm nirgends mit der Anerkennung behandelt, die Friedrich ihrer Moral zollt, und dem Protestantismus steht er (Strauß 185 f.) mit ausgesprochener Abneigung gegenüber: theils weil ihm seine Sittenstrenge, vollends in ihrer kunstfeindlichen puritanischen Ausprägung, zuwider ist, theils weil er ihn für die Religionskriege und sonstigen Uebel, die aus der Glaubensspaltung hervorgiengen, verantwortlich macht. Gerade die Züge im Charakter des Protestantismus und seiner Begründer, die wir auch in dem großen König wiederfinden, den sittlichen Ernst und den mannhaften Sinn, welcher keine Gefahr und keinen Kampf scheut, wo es gilt, seine Pflicht zu erfüllen und seine Unabhängigkeit zu retten — diese Züge weiß der französische Dichter weder zu verstehen noch zu würdigen.

374) Vgl. Anm. 198 und dazu Anm. 126. 145.

375) Beispiele sind uns schon S. 176 f. Anm. 343 ff. vorgekommen.

376) Schon den 9. September 1736 schreibt Friedrich Voltaire: alle Theolegen, welcher Religion sie auch angehören, streben nach einer despotischen Herrschaft über die Gewissen, und sie verfolgen deßhalb alle, welche die Wahrheit aufzudecken wagen; ebenso nennt er XXI, 91 f., ohne zwischen den verschiedenen Religionen und Confessionen zu unterscheiden, die Priester ce peuple moitié imposteur et moitié superstitieux, und er leitet ihre Herrschaft davon her, daß ihnen die sinnlichen Genüsse versagt seien und eine besondere Sittenstrenge von ihnen verlangt werde. Die Mém. de Brandeb. I, 210 bemerken aus Anlaß der Uebergriffe, welche sich die Reformirten unter Friedrich I. gegen die Lutheraner erlaubten: man sehe daraus, daß die Religion die Leidenschaften der Menschen nicht ausrotte, et que les gens d'Église, de quelque opinion qu'ils soient, sont toujours prêts à opprimer leurs adversaires, quand ils se croient les plus forts. In dem Brief an Lord Baltimore (XIV, 73 f.; 1739) wird neben der römischen Verfolgungssucht auch die der reformirten Theologen gegeißelt; in dem an d'Alembert XIII, 104 ff. (vgl. Anm. 343. 353) ist es ein reformirter Theolog, Formey, der dem König zu seinen Klagen über die rage théologale und die Ungereimtheit der Dogmen Anlaß gibt; und wenn auch Beispiele des frommen Betrugs nur aus der alten und mittelalterlichen Kirche angeführt werden, bezeichnet doch der König neben den papistischen Theologen ausdrücklich auch die lutherischen und reformirten als solche, deren Unduldsamkeit auszurotten er sich vergeblich bemühe. In dem „Traum" (Anm. 349) XV, 27 f. tritt unter den Marktschreiern (zu denen „die Theologen" auch XXIII, 92 gerechnet werden) neben dem Katholiken auch der Lutheraner mit seiner Abendmahlslehre, der Calvinist mit der Prädestination und der Mystiker auf. Daß die pietistischen Sekten mit ihren Uebertreibungen, ihrer Abwendung von weltlichen Genüssen und der den meisten von ihnen eigenthümlichen Verdammungssucht einem Manne wie Friedrich widerwärtig sein mußten, welcher sie zudem schon in dem Streit mit Wolff von der schlechtesten Seite kennen gelernt hatte (vgl. S. 8. Anm. 29—32), versteht sich von selbst. Nous avons une secte de béats, schreibt er Voltaire schon 1737, XXI, 64 ... qui sont d'autant plus insupportables, qu'ils damnent avec beaucoup d'orthodoxie, et sans appel, tout ceux qui ne sont pas de leur avis, und ähnlich äußert er sich Mém. de Brandeb. I, 211 (vgl. XXIII, 109) über diese „protestantischen Jansenisten" und die übrigen sectes plus ridicules les unes que les autres. Selbst die Hugenotten, welche nach der Aufhebung des Edikts von Nantes Frankreich verließen, werden ebd. I, 87 bei aller Anerkennung der Verdienste, die sie sich um Preußen erwarben, nicht ohne Ironie behandelt, wenn Friedrich sagt, sie haben dieses Opfer gebracht: aus Parteigeist, aus Haß gegen den Papst, um das Abendmahl unter beiderlei Gestalt genießen und die alten Psalmen von Marot singen zu können. In dem Brief an Voltaire XXI, 64 werden sogar Luther und Calvin, so große Verdienste sie sich auch um die Befreiung der Staaten vom römischen Joch erworben haben, pauvres gens d'ailleurs genannt; auch die Mém. de Brandeb. I, 18 f. bemerken in einer recht äußerlich gehaltenen Darstellung der Reformationsgeschichte (richtiger ist, was S. 206 bemerkt ist), man dürfe einen Huß, Luther und Calvin für keine überlegenen Geister halten; in Deutschland, wo sich die Fürsten mit dem Kirchengut bereicherten, sei die Ausbreitung der Reformation das Werk des Interesse's, in England der Liebe, in Frankreich der Freude am Neuen oder vielleicht eines Calvinischen chanson. Schonenber wird ebb. 209 neben vollerer Anerkennung der Verdienste der Reformation (worüber S. 142 f.) Luther's Teufelsglaube behandelt.

377) VIII, 97 f. Der Anfang und Schluß dieses Kapitels hat in der Réfutation (VIII, 210 f.) eine andere Fassung; für den Sinn sind die, wie es scheint von dem Könige selbst, vor dem Druck vorgenommenen Veränderungen unerheblich.

378) XIV, 206: Cette rumeur se communique enfin — jusqu'au palais qu'habite la Sottise — Ce palais est la catholique église, — dont Pierre était le premier sacristain u. f. w.

379) Friedrich setzt dieß im wesentlichen übereinstimmend in der Brandenburgischen Geschichte I, 207 f. und im Abriß der Fleury'schen Kirchengeschichte VII, 141 ff. auseinander. Vgl. auch XIV, 137.

380) An Prinz Heinrich 4. Dezbr. 1781 (XXVI, 480), hier freilich mit dem Zusatz: parce qu'elle est la moins malfaisante. Liegt aber auch darin die Voraussetzung, daß alle Kirchen und positiven Religionen als solche nur ein nothwendiges Uebel seien, so hat sie bekanntlich auch Kant für nichts anderes gehalten.

381) In dem berühmten Schreiben an Zedlitz (s. Anm. 452).

382) In dem Schreiben an Natzmer von 1731 hofft er von der Erhebung Preußens die des Protestantismus; s. Anm. 338. Seiner Schwester in Baireuth schreibt er bald nach der Niederlage von Kollin, den 17. Juli 1757 (XXVII, c, 297), nach einer Schilderung seiner schwierigen Lage: voici la liberté de l'Allemagne et celle de cette cause protestante pour laquelle on a tant versé de sang, voilà ces deux grands interêts en jeu. Ebenso setzt er nach dem Kriege, b. 27. Juli 1763, (XVIII, 228) der Herzogin von Gotha auseinander, in welcher Gefahr die Denkfreiheit und der Protestantismus schwebten, als der Tod der Kaiserin Elisabeth derselben ein Ende machte. Daß die Sache auch von der anderen Seite so angesehen wurde, bewies Papst Clemens XIII, indem er nach der Schlacht bei Hochkirch den König von Frankreich und den Kaiser zu den Erfolgen der katholischen Waffen (in dem b. Lehmann, Preußen und die kathol. K. IV, 36 ff. — abgedruckten Schreiben) beglückwünschte, und Daun mit einem geweihten Rock und Degen beschenkte, ihm also die gleiche Auszeichnung erwies, welche dem Prinzen Eugen für seine Siege über die Ungläubigen zutheilgeworden war (Gesch. d. siebenj. Kriegs IV, 223. 225). Seinen Verdruß darüber äußert Friedrich brieflich (XIX, 64. XX, 281. XXIII, 54. 56. 64. 66) und sonst (XII, 147. XV, 122 f. 156) in Prosa und in Versen; als die Sache nach dem Kriege dem Papst unbequem wurde, leugnete sie der päpst-

liche Nuntius Visconti gegen den Gesandten Benoit in Warschau rundweg ab (nach dessen Bericht b. Lehmann a. a. O. IV, 156); eine Lüge, die bei Lehmann als solche nachgewiesen ist. Weiter vgl. m. Anm. 410 und die von Lehmann mitgetheilten Aktenstücke über einen 1758 Oesterreich gewährten päpstlichen Jubult zur Erhebung einer Kriegssteuer von den Klöstern und Stiftern (a. a. O. IV, 34), wofür dann Friedrich den katholischen Korporationen und Geistlichen seines Landes einen Zehenten auflegte; über das Verhalten der katholischen Geistlichen während des Kriegs, und namentlich das des Fürstbischofs Grafen Schaffgotsch, der nach Oesterreich entwichen war (IV, 6 ff. 44. 48 f. 56. 102 ff. 139. 145. 274); über die Hinrichtung eines Kaplans in Glatz (30. Dzbr. 1757), der einem Deserteur, nach dessen Angabe, in der Beichte gesagt hatte, die Desertion habe nicht viel zu bedeuten (III, 701. IV, 1). Aehnliche Erfahrungen hatte Friedrich auch schon während der schlesischen Kriege gemacht, und sich deßhalb die auswärtigen Jesuiten, deren er für die katholischen Lehranstalten bedurfte, nicht aus Oesterreich, sondern aus dem ihm damals befreundeten Frankreich kommen lassen. (Meyer, Friedrich d. Gr. pädagog. Schr. S. 64 f. vgl. auch Hist. de mon temps II, 82.)

³⁸³) Vergl. Strauß, Voltaire 188 f. nebst dem, was oben S. 139 bemerkt ist.

³⁸⁴) Vergl. S. 132 ff.

³⁸⁵) Den 2. Mai 1759 (XIX, 64) schreibt er d'Argens: allons, allons, une bonne brochure contre l'infâme; cela sera bon et vous combattrez ainsi sous nos étendards; als derselbe später eine Schrift über Julian den Abtrünnigen verfaßte, freut sich Friedrich (an Voltaire XXIII, 93; 1765) der schlechten Behandlung, welche die infâme darin erfahren habe. Voltaire erinnert er XXIII, 54 (1759) daran, daß er ihm versprochen habe, tout vieux lion qu'il est, de donner un coup de patte à l'infâme. Als Voltaire's „Sokrates" verbrannt wurde, in dem er der Priesterschaft seiner Zeit einige Hiebe versetzt hatte, ist es (ebb. 62) die Hand der inf., die das Feuer entzündet hat. S. 91 (1765) beginnt ein Brief: Je vous ai cru si occupé à écraser l'infâme u. s. w.; (vgl. jedoch hierüber Anm. 76); S. 93 schickt Friedrich seinen Auszug aus Bayle (s. Anm. 53) mit der Bemerkung: ce ne sont que de légères chiquenaudes que j'applique sur le nez de l'infâme. il n'est donné qu'à vous de l'écraser (weßhalb Voltaire S. 95 le vainqueur de l'Inf. genannt wird.) Cette infâme a eu le sort des catins. Elle a été honorée tant qu'elle était jeune; à présent, dans la décrépitude, chacun l'insulte. S. 96 lesen wir: L'infâme ne donne que des herbes vénimeuses. Il vous est réservé de l'écraser u. s. w. Indessen fange man doch an zu denken, namentlich in den protestantischen Ländern, und vielleicht seien in einem Jahrhundert die leidenschaftlichen Kämpfe zwischen Katholiken und Protestanten (welche demnach auch dann noch existiren, und somit die Herrschaft der Infâme überlebt haben müssen) erloschen. S. 99 wird Voltaire einem umgekehrten Herkules verglichen: ce dieu écrasait des ser-

penis dans son berceau; et vous, chargé d'années, vous écrasez l'infâme. S. 119 lobt der König Voltaire's pièces contre l'infâme als das schlagendste, was seit Celsus veröffentlicht worden sei; S. 188 das Verfahren, de donner des nasardes à l'infâme en la comblant de politesses. S. 191 wird den Philosophen gesagt, die Masse werde immer auf Seiten ihrer Gegner sein, mögen sie noch so viele Beweise zusammenhäufen pour détruire l'infâme; S. 251 heißt Voltaire le fléau de l'infâme, S. 322 redet Friedrich von seinen Belagerungsarbeiten gegen die inf., S. 279 schreibt er: la stupidité et le faux zèle se maintiennent dans l'Église, et le nom de l'infâme est encore le mot de ralliement de tous les pauvres d'esprit u. s. w. S. 283 heißt die klerikale Partei in Frankreich le parti de l'infâme, S. 318 das gegen d'Étallonde, den Schützling Voltaire's, wegen eines leichten Religionsvergehens ausgesprochene Todesurtheil l'arrêt de l'infâme; und als es gelungen war, Étallonde zu retten, wird er (S. 322) un enfant arraché aux griffes de l'infâme genannt. S. 351 sagt Friedrich, ein Bayle und Voltaire können die Vernichtung der infâme verbreiten, aber nur eine Regierung könne das Urtheil aussprechen, das sie wirklich vernichte. S. 387 fürchtet er, que l'infâme, plus infâme que jamais, s'acharne à persécuter vos vieux jours; S. 393 bemerkt er: bei den Alten haben die Philosophen gedeihen können, weil die Religion der Heiden keine Dogmen gehabt habe; mais les dogmes de notre infâme gâtent tout. In dem poetischen Brief an d'Alembert wird XIII, 108 nach dem, was S. 58 aus ihm angeführt ist, fortgefahren: Mais quoi déjà ce vers font ils rugir l'infâme? Weiteres im Terte.

386) Vgl. S. 129. 137 f. Wird doch selbst in den (S. 141 berührten) chinesischen Briefen XV, 150 die christliche Moral als vortrefflich anerkannt.

387) XXIII, 318. 322 (s. o. Anm. 385) vgl. XXV, 4. 35 und oben S. 148 f.; näheres über den Verfall bei Strauß Voltaire 146 f. 211 f. Wenn sich Friedrich bei dieser Veranlassung XXV, 35 gegen d'Alembert des Ausdrucks bedient, votre infâme est une étrange créature qui a causé bien des maux au genre humain, und unmittelbar darauf fortfährt: vos prêtres velches sont plus fanatiques que ceux du saint empire romain de Germanie, sieht man besonders deutlich, wie dem König der Begriff der infâme in seiner konkreten Bedeutung mit dem der prêtraille zusammenfällt.

388) XXIII, 189 vgl. 211. XIX, 428. Bei d'Argens' Tod, welcher den 12. Jan. 1771 in Toulon erfolgte, war ihm die letzte Oelung aufgedrungen worden; nach demselben machte man seiner Wittwe in Betreff des Begräbnisses und Denkmals Schwierigkeiten.

389) Vgl. Lechler, Gesch. des englischen Deismus S. 289. Daß Woolsten der infâme eine Dauer von 200 Jahren geweissagt hatte, sagt Friedrich nicht, der diese Angabe jedenfalls nur aus dritter Hand (nach Posner, Miscell. z. Gesch. Friedr. d. Gr. 231. Publik. a. d. preuß. Staatsarchiven IV, 443 von Maupertuis) hatte. Vielleicht war sie daraus hergeleitet worden, daß Woolsten in einer von den leidenschaftlichen Streitschriften gegen seine theologischen

Gegner, der Fourth Freegift to the Clergy aus dem Jahr 1724 (S. 48), die alte Meinung, daß die Welt sechs Jahrtausende bestehen werde, vorgetragen hatte. Wenn nämlich Christi Geburt mit Usher in das 4003. (oder mit Petav in das 3984.) Jahr der Welt gesetzt wurde, so blieb der letzteren unter dieser Voraussetzung zu Woolston's Zeit nur noch eine Frist von weniger als drei Jahrhunderten; und da nun Woolston jener Streitschrift das Motto gegeben hatte: Di vos summoveant, o nostri infamia secli! so mochte irgend ein Leser derselben bemerkt haben, daß diese Infamie ihm zufolge nicht mehr viel über 200 Jahre dauern werde. Statt Woolston legt Friedrich in der Histoire de mon temps, Bearbeitung von 1746 (Publ. d. preuß. Staatsarchive IV) S. 194 (wo die Lücke im Text aus unserer Stelle ergänzt werden kann) die Berechnung über die Dauer des Christenthums einem Engländer Namens Traige oder Craige in den Mund, welcher in diesem Fall der gewesen sein könnte, von dem dieselbe aus Woolston abgeleitet worden war.

³⁹⁰) Les philosophes, sagt er, sapent ouvertement les fondements du trône apostolique ... Il faut un miracle pour relever l'Église ... vous aurez encore la consolation de l'enterrer; und nachdem er bemerkt hat, daß Woolston die Lebensdauer der infâme noch auf 200 Jahre verlängere, fügt er bei: il n'a pu calculer ce qui est arrivé tout récemment. Il s'agit de détruire le préjugé qui sert de fondement à cet édifice. Il s'écroule de lui même, et sa chûte n'en devient que plus rapide. Hier liegt doch am Tage, daß die infâme, welcher der englische Freidenker, wie Friedrich meint, eine zu lange Lebensdauer in Aussicht gestellt hatte, von der päpstlichen Kirche, deren Sturz Voltaire noch erleben soll, nicht verschieden ist. Eine Verdrängung des Christenthums durch die Vernunftreligion der Philosophie hat Friedrich, wie S. 132 ff. gezeigt ist, nicht erwartet.

³⁹¹) Der Facétie von 1770; XV, 21—25.

³⁹²) Dem S. 141 angeführten vom 6. Jan. 1775, welchen Preuß, XXV, 4 Anm. mit Recht für unsere Frage beizieht.

³⁹³) An d'Alembert XXV, 211; s. o. S. 141. An Voltaire XXIII, 112.

³⁹⁴) In der Facétie XV, 22 heißt es von der Stadt, deren nom de guerre „l'Infâme" ist: elle était fortifiée à l'antique, à peu près comme on nous dépeint Babylone. Auch der Name der Infâme wird der prostituée des protestantischen Sprachgebrauchs, die Voltaire wohl noch weniger gesellschaftsfähig fand, nachgebildet sein.

³⁹⁵) Vgl. S. 8. Anm. 126. 145.

³⁹⁶) Vgl. S. 68. 137. Anm. 365. 366.

³⁹⁷) Vgl. S. 132 ff.

³⁹⁸) Belege hiefür sind uns S. 130. 132. 140 f. 144 ff. und in den dazu gehörigen Anmerkungen vorgekommen. Weiter vgl. man, um nur Eines anzuführen, was er in der Lobrede auf Voltaire VII, 63 über die Angriffe sagt, denen dieser Heros der Aufklärung ausgesetzt war.

³⁹⁹) VIII, 160 f. vgl. die Erörterung der Réfutation ebd. 266 f., wo bemerkt wird: es sei sehr gefährlich, ein Volk zu lehren, daß es erlaubt sei für Meinungen zu den Waffen zu greifen; damit werde der Klerus zum Herrn über Krieg und Frieden, Fürsten und Völker. Eine gesunde Politik verlange, daß ein Fürst den Glauben seines Volkes nicht antaste, und so viel an ihm liegt, seinen Klerus und seine Unterthanen zur Sanftmuth und Duldsamkeit anleite. Dieses Verfahren entspreche nicht allein dem Geiste des Evangeliums am besten, sondern auch dem Interesse der Fürsten, für die es keine gefährlichere Klippe gebe, als den religiösen Fanatismus; car la fidélité et la bonne volonté du vulgaire ne tiennent pas contre la fureur de la religion et contre l'enthousiasme du fanatisme, qui ouvre les cieux même aux assassins pour prix de leurs crimes, et leur promet la palme du martyre pour récompense de leurs supplices.

⁴⁰⁰) IX, 207 f. (1777); vgl. Anm. 276. Weiter vgl. die Aeußerungen an Prinz Heinrich XXVI, 480: Je suis d'ailleurs très-persuadé qu'il faut laisser à chacun la liberté de croire ce qui lui paraît croyable; an d'Alembert XXV, 237: Je laisse à chacun la liberté de penser à sa guise. S. 247: Je laisse chacun adorer Dieu comme il le juge à propos, et je crois que chacun a le droit de prendre le chemin qu'il préfère pour aller dans le pays inconnu du paradis ou de l'enfer; ... et pourvu que, par de justes entraves, on empêche les moines de troubler la société, il faut les tolérer, parce que le peuple les veut.

⁴⁰¹) XXIII, 101 f. 103; vgl. Anm. 387.

⁴⁰²) Auch für sein persönliches Verhalten hatte er sich dieß zur Regel gemacht. Thiébault wenigstens versichert (Souvenirs I, 31), er habe solche, von denen er annahm, daß sie es mit ihrem Christenthum ehrlich meinen, nicht leicht darüber geneckt, und wenn er sich einen Spott über sie erlaubte, sich durch eine entschiedene Entgegnung von demselben zurückbringen lassen.

⁴⁰³) Vgl. hierüber S. 148; über La Mettrie Anm. 94; über Rousseau Anm. 109.

⁴⁰⁴) Das nähere über diese Vorgänge bei Preuß, Jugend Friedrich's 333 f. Büsching, Charakter Friedrich's II. (2. Aufl. 1789) S. 206 f. 241 f. 244 ff. 282 ff.

⁴⁰⁵) Friedrich selbst berichtet hierüber an d'Alembert XXV, 180. Nachdem er die in seinen Augen sehr unerhebliche Streitfrage nicht ohne Ironie auseinandergesetzt hat, sagt er: er habe entschieden, quo chacun louerait Dieu comme il le jugerait le plus convenable, indem er beifügt: mais admirez qu'un incrédule sort d'indigne instrument pour apaiser le schisme naissant de son troupeau d'élus. Nur der „Ungläubige" ist eben in solchen Fällen gewöhnlich der Unparteiische, der „Gläubige" der Parteimann. Das genauere über diesen Gesangsbuchsstreit gibt Büsching a. a. O. 286 ff. Preuß, Friedrich d. Gr. III, 221 ff. Für seine Person stand Friedrich in demselben durchaus auf der

Seite der Neuerung. Als ein Theil der pommer'schen Landstände gegen die Einführung des neuen Gesangbuchs protestirte, erwiederte ihnen Friedrich den 1. Mai 1781: sie scheinen dasselbe nicht unparteiisch genug geprüft zu haben; seine Abweichung von dem alten betreffe nur Kleinigkeiten, der Sinn des wahren Christenthums werde in seinen Gesängen in ein helleres Licht gesetzt. Uebrigens können die Gemeinden, die das alte Gesangbuch vorziehen, dieses behalten; aber die Toleranz erfordere, daß auch der Gebrauch des neuen denen nicht untersagt werde, die mehr Erbauung darin zu finden glauben. Dem Kabinetsbescheid an vier Berliner Gemeinden vom 18. Januar 1781 fügte er eigenhändig bei: „Ein jeder kann bei mir glauben was er will, wenn er nur ehrlich ist. Was die Gesangbücher angehet, so stehet einem jeden frei zu singen, nun ruhen alle Wälder, oder dergleichen dummes und thörichtes Zeug mehr. Aber die Priester müssen die Toleranz nicht vergessen, denn ihnen wird keine Verfolgung gestattet werden." Er glaubte eben (wie Büsching S. 187 nicht übel sagt), „es gehöre mit zu seiner landesfürstlichen Toleranz, seinen Unterthanen zu erlauben, in Religionsmaterien dumm zu bleiben, wenn sie es verlangten." Uns kann dieß nach dem S. 132 ff. bemerkten nicht auffallen.

⁴⁰⁶) Beispiele giebt Büsching a. a. O. 228—282 unter Mittheilung der betreffenden Berichte und Erlasse. Friedrich erlaubte nicht allein die Erbauung einer griechischen Kirche in Breslau, sondern er gab die gleiche Erlaubniß auch den Unitariern in Litthauen und Ostfriesland; er berief 1742 die vertriebenen Schwenkfeldianer nach Schlesien zurück und nahm Hussiten dort auf. Die Herrnhuter, so unsympathisch ihm „diese miserable Sekte" auch war, erhielten 1742 Aufnahme in Schlesien, 1746 eine „Generalconcession", wodurch ihnen im ganzen Lande Religionsfreiheit gewährt und sie von der Aufsicht der Consistorien entbunden wurden. In dieser Freiheit wurden sie auch bei vorkommenden Anlässen geschützt; dagegen wurde darauf gehalten, daß sie keine Proselyten machten, sondern sich auf die Familien beschränkten, welche als Angehörige der Brüderunität eingewandert waren, und es wurde ihnen deßhalb auch zwar ihr Privatgottesdienst, aber keine öffentliche Religionsübung gestattet. Viele Mühe machten dem Könige die Streitigkeiten, die unter den Böhmischen Brüdern, theils den 1742 nach Münsterberg in Schlesien eingewanderten, theils den in Berlin und dem benachbarten Rixdorf ansässigen, über die Besetzung der Predigerstellen entstanden waren, und bei denen neben dem Gegensatz des lutherischen und reformirten Bekenntnisses auch persönliche Fragen mitspielten. Liest man die bei Büsching S. 261—277, 229—235 mitgetheilten Actenstücke, so muß man mit ihm über die Geduld erstaunen, mit welcher der König diese Händel zu schlichten suchte, und schließlich (weil man „ihrer Schwachheit nachgeben", „bei solchen zwar sectirisch eigensinnigen aber gut meinenden Leuten nachsehen und condescendiren müsse") für die Münsterberger zu dem lutherischen auch noch einen reformirten Prediger und Schullehrer anstellte, und denjenigen Berlinern, die sich weder zum lutherischen noch zum reformirten Prediger halten wollten, die Berufung eigener

Lehrer mit den Worten gestattete: „Sie können thun, was sie wollen, wenn sie nur nichts gegen die Landesgesetze und guten Sitten lehren." Mit der gleichen Liberalität entsprach Friedrich als Oberhaupt der evangelischen Landeskirche bei der Besetzung von Predigerstellen so viel wie möglich den Wünschen der Gemeinden, wenn er auch seine Zustimmung wohl einmal in die Worte kleidete: „den Pfaffen, welchen sie haben wollen;" und er gieng in dieser Nachgiebigkeit bisweilen sogar so weit, daß Verlegenheiten entstanden, wenn er dem angeblichen Wunsch einer Gemeinde willfahrt hatte, und es sich dann herausstellte, daß nur ein Theil derselben damit einverstanden war. Als i. J. 1758 ein Prediger im Neuenburgischen, Namens Petitpierre, abgesetzt wurde, weil er die Ewigkeit der Höllenstrafen leugnete, bemühte sich der König, dieses Urtheil rückgängig zu machen (XX, 282); da seine Vorstellungen nichts fruchteten, gab er nach; d'Alembert (Éloge de Mylord Marischal Berl. 1779. S. 42) zufolge mit der Motivirung: que puisqu'ils avaient si fort à cœur d'être damnés éternellement il y donnait volontiers les mains, et trouvait très-bon que le Diable ne s'en fit faute. Nach Lucchesini (b. Bischoff, Gespr. Friedr. 258) hatte Friedrich 1783 diesen angeblichen Ausspruch berichtigt; er gibt aber nicht an, wie er in Wirklichkeit gelautet haben sollte. Daß aber Friedrich nicht „die christliche Duldung", sondern nur die „politische" übte (Büsching 205), kann ihm nicht zum Vorwurf gereichen. Mit der „christlichen Duldung" ist es bisher, nach dem Zeugniß der Geschichte, nicht glänzend bestellt gewesen, und wird es nicht besser bestellt sein, so lange man das Christliche nicht vom Dogmatischen scheiden gelernt hat; wogegen die Duldsamkeit des großen Königs nicht allein auf den wohlberechtigten politischen Motiven beruhte, den öffentlichen Frieden zu wahren und seinem Land nützliche Bürger zu gewinnen und zu erhalten, sondern zugleich auch auf der Achtung des Rechts auf Gewissensfreiheit und auf der Erkenntniß, daß das sittliche Verhalten an kein Dogma gebunden ist.

407) In der Stelle, die schon S. 145 berührt wurde, XXIII, 129 f. (24. März 1767) setzt Friedrich Voltaire auseinander: da das Volk da am abergläubischsten zu sein pflege, wo viele Klöster seien, so lasse sich hoffen, daß durch Verminderung oder Aufhebung der Klöster auch dem Aberglauben gesteuert werden könne. Dazu sei aber jetzt Aussicht, da sowohl Frankreich als Oesterreich durch ihre finanziellen Verlegenheiten sich wohl veranlaßt sehen werden, zunächst einen Theil der Klostergüter, und schließlich alle, einzuziehen. Sei aber erst in Folge davon der Fanatismus des Volks abgekühlt, so werden auch die Bischöfe mit der Zeit zu kleinen Leuten (de petits garçons) werden, welche sich dem Willen der Regierungen fügen müssen. Die Macht der Geistlichkeit ruhe ja doch nur auf der Leichtgläubigkeit der Völker und müsse verschwinden, wenn man die letzteren aufkläre. Sechs Wochen später (XXIII, 135 f.) begrüßt Friedrich in der Vertreibung der Jesuiten aus Spanien, und in der von Wien, Versailles und Madrid aus beim Papst beantragten Aufhebung vieler Klöster den ersten Schritt zur Ausführung seines Gedankens; er meint, der Hierarchie werde damit die

Art an die Wurzel gelegt, und im nächsten Jahrhundert werde ihr ganzes Gebäude zusammenstürzen. Die gleiche Hoffnung spricht er den 2. Juli 1769 (XXIV, 456) gegen d'Alembert aus. Das Gebäude der römischen Kirche, sagt er auch hier, beginne zusammenzufallen. Die verschuldeten Fürsten denken daran, sich die Klostergüter anzueignen. „Sie bemerken nicht, daß sie das Gebäude untergraben, indem sie die Trompeten des Aberglaubens und Fanatismus zerstören; daß der Irrthum verschwinden, der Glaubenseifer sich abkühlen, der Glaube aus Mangel an Anregung erlöschen wird." Wo am meisten Klöster sind, sei auch am meisten Aberglauben und Unduldsamkeit. Wenn man sie zerstöre, verstopfe man die Quellen des Irrthums. Die Bischöfe haben in der Regel zu wenig Einfluß auf das Volk, um es fanatisiren zu können, und die Pfarrer seien friedliche Bürger, die sich um nicht viel anderes als ihre Zehnten kümmern. Die Begierde der Mächte nach den Klostergütern werde daher Folgen haben, an die sie nicht denken. Aber die wirkliche Beseitigung der Hierarchie und des von ihr genährten Aberglaubens erwartet er noch in dem S. 138 besprochenen Brief an d'Alembert vom 6. Jan. 1771 erst von einer ziemlich entfernten Zukunft. Etwas näher rückt er den Termin hiefür in dem Schreiben an Voltaire vom 13. August 1775 (XXIII, 345): Wenn man den Fanatismus zerstören wolle, bemerkt er auch hier, müsse man den Anfang nicht mit den Bischöfen machen, sondern mit den Mönchen; wenn man diese, namentlich die Bettelorden, vermindere, werde der Eifer des Volks erkalten und die Regierungen werden in der Lage sein, den Bischöfen die für ihre Staaten zuträglichste Stellung anzuweisen. Wenn man das Gebäude der Unvernunft still untergrabe, falle es von selbst ein. Der Papst sei in einer solchen Lage, daß er alles verfügen müsse, was seine theuren Söhne von ihm verlangen. Mit dem Glauben vermindere sich auch seine auf dem Glauben beruhende Macht. Seine Wechsel seien schon halb diskreditirt; ein paar vorurtheilsfreie Minister an der Spitze der Nationen würden seinen Bankerott entscheiden. Noch etwas weiter werden diese Ideen in einem Brief an Voltaire vom 9. Juli 1777 (XXIII, 401) ausgesponnen. Auch hier ist es die Geldnoth, von welcher der König hofft, sie werde Frankreich zur Aufhebung der meisten Klöster, Oesterreich zur Wegnahme des Kirchenstaats veranlassen; in Folge davon werde der bisherige Besitzer des letztern mit einem Jahresgehalt abgefunden werden; die übrigen katholischen Staaten werden aber nicht geneigt sein, einen Stellvertreter Christi anzuerkennen, der vom Kaiser abhängig sei, sie werden deßhalb eigene Patriarchate mit nationalen Concilien errichten, und die katholische Kirche werde sich so in Nationalkirchen auflösen. Indessen verzichtet Friedrich schon hier darauf, den Zeitpunkt für das Eintreffen seiner Weissagung zu bestimmen; aber es ist ihm wahrscheinlich, daß die Dinge mit der Zeit diesen Gang nehmen werden. Aehnliches ist uns S. 135 in dem Brief an d'Alembert XXV, 206 f. vorgekommen; noch bestimmter kommt er in einer mündlichen Aeußerung, welche Lucchesini (b. Bischoff, Gespr. Friedr. b. Gr. 324) berichtet, auf seine frühere Prophezeiung zurück, indem er bemerkt:

der 1500 werde ein ehrgeiziger Fürst den Sitz des heiligen römischen Reichs nach Rom verlegen, den Papst des Kirchenstaats berauben und zum Patriarchen machen. Dieß werde ein Schisma der übrigen Nationen zur Folge haben, und so werde die christliche Religion zwar ihre Grundlage bewahren, aber doch eine große Veränderung erleiden.

408) In dieser Absicht untersagte der König beispielsweise, wie Büsching (Charakter Friedr. 217 ff.) unter Mittheilung der betreffenden Schreiben zeigt, den Katholiken und Protestanten die bis dahin üblichen Controverspredigten. Ueber Friedrich's Verfahren gegen die katholische Kirche liegt jetzt in Lehmann's großem Werk: Preußen und die katholische Kirche Bd. II—V das urkundliche Material bis auf Friedrich's letzte Jahre in erschöpfender Vollständigkeit vor. Es ist mir jedoch nicht möglich, und würde weit über die Grenzen meiner Aufgabe hinausführen, jenes Verfahren an der Hand dieses Materials tiefer in's einzelne zu verfolgen. Nur als ein Beispiel der entschiedenen Sprache, die Friedrich gegen Rom führte, mögen die zwei Kabinetsbefehle vom 17. Febr. und 10. März 1764 (a. a. O. IV, 145. 157) genannt werden. In dem ersten derselben wird eine päpstliche Verwendung für Schaffgotsch (über den Anm. 382) „rondement" abgelehnt, mit dem Beisatz: vouz direz au nonce, que le pape s'était si mal gouverné à mon égard pendant la dernière guerre, que je ne saurais avoir aucune considération à son intercession. In dem zweiten läßt Friedrich dem Nuntius Visconti auf die Bitte, den päpstlichen Nuntius in Frankfurt zu unterstützen, erwiedern: der vorige Papst habe an ihm einen Freund gehabt, nicht aber der jetzige, der die Meuterei in Schlesien genährt und sich gegen ihn d'une façon grossière et indécente à sa dignité benommen habe; bei aller Rücksicht, die er auf den römischen Stuhl nehme, werde er sich doch in keine Angelegenheit einmengen, welche den gegenwärtig regierenden Papst angehe.

409) So wurde 1746 den Katholiken in Ostfriesland trotz Cocceji's Gegenantrag das Recht zur öffentlichen Ausübung ihrer Religion ertheilt, und in Berlin, wo bis dahin nur eine katholische Kapelle bestanden hatte, der Bau einer Kirche (der Hedwigskirche) gestattet, welche aber erst 1773 eingeweiht werden konnte; die Parochialrechte der evangelischen Geistlichen auf die Mitglieder der katholischen Gemeinden wurden ebenso, wie die der katholischen auf Protestanten, aufgehoben. In Frankfurt a. O., wo die Katholiken statutenmäßig von den akademischen Lehrämtern ausgeschlossen waren, wurde 1774 ein solcher zum Professor in der medicinischen Facultät ernannt. Auch zu den sonstigen öffentlichen Aemtern war den Katholiken der Zutritt eröffnet, wenn auch der König verfügte, daß deren in den Landesjustizcollegien nicht zu viele angestellt werden. (Büsching a. a. O. S. 210—217). Friedrich's Entscheidung über die katholischen Schulen wurde schon S. 150 erwähnt. — Nach der Schlacht bei Hohenfriedberg baten ihn 2000 protestantische Bauern um die Erlaubniß, sich für die Religionsbedrückung, die sie erlitten hatten, an

ben unter ihnen wohnenden Katholiken zu rächen; was er ihnen unter einer eindringlichen Erinnerung an die Pflicht der Christen, ihren Feinden zu vergeben, abschlug. (Hist. de mon temps III, 118 f. Büsching a. a. O. nach einer Mittheilung des Geh. Kriegsraths Schöning.) Dieß ist jedoch zu selbstverständlich, um besonders betont zu werden.

⁴¹⁰) Wie Friedrich in der Geschichte des siebenjährigen Kriegs V, 55 erzählt, waren es „die Jesuiten, die Mönche und die ganze prêtraille catholique", deren London sich bedient hatte, um einen Theil der Garnison von Glatz zu der Pflichtvergessenheit zu verleiten, welche es den Oesterreichern möglich machte, diese Festung den 26. Juli 1760 durch Ueberrumpelung zu nehmen. Daß sich die Jesuiten in dem letzten Krieg zweideutig benommen haben, räumt der König (XXIV, 615; 1774) auch b'Alembert ein; aber man könne die Tugend der Milde doch nur gegen solche ausüben, von denen man verletzt sei. Einen anderen, sachlich weit unerheblicheren Fall, die Mißhandlung eines Geisteskranken in dem Jesuitenkloster zu Wartenberg, dessen Insassen dafür von dem erzürnten König auf's nachdrücklichste zurechtgewiesen wurden, berichtet Catt, Mem. 150. 355.

⁴¹¹) Den 25. Septbr. 1761 (XIX, 254) schreibt Friedrich an b'Argens aus Anlaß der Parlamentsbeschlüsse gegen die französischen Jesuiten: On serait bien d'abolir cet ordre de l'univers ... Il y a beaucoup de cette graine en Silésie. Je voudrais pouvoir l'abolir à l'exemple des catholiques; peut-être aurai je le coeur de les imiter en quelque chose. Und bald darauf, als nach dem Attentat von Damiens die Ausweisung des Ordens aus Frankreich eine beschlossene Sache war, und b'Argens ihn (S. 319) aufforderte, dieses schöne Beispiel nachzuahmen, sagt er (XIX, 321; 25. Mai 1762): J'ai déjà pensé aux moines do Silésie; dès que j'ai appris qu'on les chassait de France, j'ai fait mon petit projet en conséquence. Er warte nur, bis die Oesterreicher das Land verlassen haben und er wieder Herr darin sei. Il faut attendre que la poire soit mûre pour la cueillir. Wie ernstlich dieser Gedanke den König beschäftigte, sieht man aus einem Bericht Schlabrendorff's vom 6. März 1763 (b. Lehmann, Preußen und die kath. Kirche IV, 105 f.) über die Frage, wie im Fall einer Ausweisung der Jesuiten bei ihrer Entfernung und der Einziehung ihrer Güter zu verfahren sei. Die letzteren brachten damals einen Ertrag von 45,000 bis 46,000 Thalern, wovon aber die Hälfte als Contribution an den Staat fiel.

⁴¹²) Vgl. vor. Anm. und über die Vertreibung des Ordens aus Spanien die Briefe an Voltaire vom 10. Febr. und 5. Mai 1767 (XXIII, 122. 135; f. o. Anm. 407), an b'Alembert vom 5. Mai 1767 (XXIV, 422).

⁴¹³) An b'Alembert 24. März 1765; XXIV, 369. Als vermine werden die Jesuiten auch in dem Brief vom 7. Mai 1771 (XXIV, 538) bezeichnet. Durch den im Text berührten Vorgang wurden die von Lehmann a. a. O. IV, 229 f. mitgetheilten Verbote, päpstliche Bullen oder Breven ohne landesherrliche Genehmigung zu publiciren, veranlaßt.

⁴¹⁴) Die betreffenden Aktenstücke finden sich bei Lehmann a. a. O. IV, 403 f. 406. 525 ff. 531. 552. 571. f. 576. 580 f. 585. 593. 596. 610 f. 615. 625. 638. Weiteres b. Meyer, Friedr. d. Gr. Pädagog. Schr. S. 62 ff.

⁴¹⁵) Hieran erinnert ihn Prinz Heinrich, wenn er ihm 1769 nach der Wahl Clemens' XIV schreibt (XXVI, 315): Es werde sich nun zeigen, ob der neue Papst den Mächten den Gefallen thue, den Jesuitenorden aufzuheben. Er wünsche dies, denn sie könnten sich dadurch veranlaßt sehen, mit einem Theil ihrer Reichthümer in Preußen einzuwandern. Friedrich erwiedert ihm aber (S. 316), davon verspreche er sich nicht das geringste: diese guten Väter seien von den geliebten Söhnen der Kirche schon gehörig auf's Trockene gesetzt, und ehe man sie vernichte, werde man ihnen das wenige, was sie noch haben, auch vollends nehmen.

⁴¹⁶) In dem Schreiben des Ministers v. Carmer an den Jesuitenprovinzial in Glatz vom 30. Aug. 1773 b. Lehmann a. a. O. Nr. 513. Ebenso den 8. Septbr. 1773 (XXIV, 258) an die Kurfürstin von Sachsen, den 10. Dezbr. 1773 (XXIII, 268) an Voltaire: er habe im Dresdener Frieden versprochen, die Religion in statu quo zu lassen, und habe nicht, wie die katholischen Fürsten, einen Papst, der ihn von diesem Versprechen entbinden könnte. Diese letztere Aeußerung wird nun wohl niemand ernsthaft nehmen; auch die officielle Motivirung in dem Carmer'schen Schreiben hat aber offenbar nur den Zweck, jeden Einfluß der päpstlichen Aufhebungsbulle auf seine Entschließungen abzuweisen. In den ersten Jahren nach dem Hubertsburger Frieden hatte sich ja Friedrich durch denselben nicht gehindert gefunden, die Ausweisung der Jesuiten zu planen, und bei den Verhandlungen über Art. 14 desselben hatte ihm sein Unterhändler das Recht dazu ausdrücklich vorbehalten (Lehmann a. a. O. IV, 101). Der von Meyer, Friedr. pädag. Schr. 75 angeführte, mit der Stelle des Briefs an die Kurfürstin übereinstimmende, Erlaß an den Abbé Colombini ist unterschoben (vgl. Lehmann IV, 530 Anm.). Der damalige preußische Agent in Rom hieß auch nicht Colombini, sondern Ciofani; sein 1762 verstorbener Vorgänger hatte Coltronelli geheißen.

⁴¹⁷) Schon den 1. Febr. 1768 schreibt Friedrich (XXIV, 149) der Kurfürstin von Sachsen, nach einer Bemerkung über die katholischen Fürsten, welche die Jesuiten vertreiben, und ihnen dabei ihre Güter abnehmen, um sich für ihren Verlust zu trösten: Er, wenn auch ein Ketzer, werde ihrem Beispiel nicht folgen, sondern diesen Orden in Frieden lassen, tant qu'il ne voudra-point se mêler du temporel, ni égorger moi et mes proches. (Ebenso, gleichzeitig, an d'Alembert; s. Anm. 422.) Man könne mit Priestern aller Religionen leben ohne sie zu beißen und sich von ihnen auffressen zu lassen. Den 7. Juli 1770 (XXIII, 150) rühmt er gegen Voltaire den Papst, daß er ihm seine lieben Jesuiten lasse, deren Samen er für solche conservire, die sie etwa später wieder anbauen wollen. Seine Gründe für dieses Verfahren, welche er den 8. Jan. 1774 (XXIV, 263) der Kurfürstin von Sachsen, den 7. Januar, 11. März und 15. Mai 1774 (XXIV, 615. 619. 624) d'Alembert, den 10. Dezbr.

1773 und den 18. Novbr. 1777 (XXIII, 268. 414 f.) Voltaire auseinandersetzt, und auch dem Papst vortragen ließ (Lehmann a. a. O. 611), kommen auf das im Text bemerkte hinaus. Die Jesuiten, sagt er, seien in seinem Lande, in dem es weder Oratorianer noch Piaristen gebe, bei der groben Unwissenheit aller übrigen Mönche, unter den Katholiken die einzigen, die einen gelehrten Unterricht ertheilen können; wenn er diesen in den katholischen Landestheilen nicht gänzlich zu Grunde gehen lassen wollte, habe er sie beibehalten müssen. An Mitteln für die Anstellung von Lehrern aus dem Laienstande hätte es ebenso gefehlt, wie an tauglichen Subjekten um die Jesuiten zu ersetzen. Zudem sei die jesuitische Universität die einzige gewesen, an welcher die katholischen Theologen ihre Ausbildung erhalten konnten; hätte man sie aufgehoben, so hätte man dieselben, im Widerspruch mit den Grundprincipien der Regierung, ihre Studien in Böhmen machen lassen müssen. Es sei mithin nur der Jugendunterricht, um dessentwillen er den Orden dulde.

418) Diese gute Meinung über die Unterrichtsmethode der Jesuiten sprach Friedrich schon 1759 in den S. 138. Anm. 372 erwähnten, von Catt, Mem. 281. 314 f. beschriebenen Denkschriften so entschieden aus, daß er die Jesuiten hier die einzigen nannte, welche sich auf den Unterricht verstehen. Dasselbe wiederholt er 1774 (XXIV, 615) gegen d'Alembert, und XXV, 22 schreibt er ihm: les bons pères jésuites, pour lesquelles je conserve un chien de tendre, non comme moines, mais comme instituteurs de la jeunesse, comme gens de lettres, dont l'établissement est utile à la société. Die wissenschaftlichen Verdienste vieler Jesuiten rühmt er auch XXIII, 268 gegen Voltaire. In Wahrheit sah es freilich auf den Gymnasien der schlesischen Jesuiten traurig genug aus; vgl. Anm. 437.

419) Für unbegründet hält Friedrich (XXIV, 639. XXV, 3) die Beschuldigung, daß Clemens XIV. von den Jesuiten vergiftet worden sei; in Betreff anderer von Jesuiten verübter Verbrechen hält er d'Alembert (XXIV, 629; 1774) den Grundsatz entgegen, daß man nur die Schuldigen strafen dürfe und er keinen Anlaß gehabt habe, eine Gesellschaft von Gelehrten zu vertreiben, weil einige ihrer Mitglieder, 200 Meilen von seinem Land entfernt, Attentate begangen haben; wobei freilich über das für die politische Beurtheilung des Ordens entscheidende Moment (und um dieses, nicht um die strafrechtliche seiner Mitglieder handelt es sich), über die Haftbarkeit der Gesellschaft für die von ihr angestifteten Handlungen und die mit ihrer Billigung vorgetragenen Lehren, allzu leicht weggegangen wird.

420) Darauf kommt Friedrich öfters; vgl. XXIII, 268. 414. XXIV, 263. 629.

421) XXIII, 268; 10. Dezbr. 1773. Ebenso an d'Alembert 7. Jan. 1774 (XXIV, 615): Le cordelier Ganganelli leur a rogné les griffes; il vient de leur arracher les dents mâchelières, et les a mis dans un état où ils ne peuvent ni égratigner ni mordre.

422) XXIV, 149 s. o. Anm. 417. An d'Alembert den 7. Januar 1768

(XXIV, 429): pour moi, je les tolérerai tant qu'ils seront tranquilles, et qu'ils ne voudront égorger personne.

⁴²³) Der Umstand, daß Friedrich die Jesuiten unter seinen Schutz genommen hatte, während der Schloßherr in Ferney von den Kapuzinern der Landschaft Cer zu ihrem père temporel gewählt worden war, reizte beide, besonders den König, Jahre lang unwiderstehlich zu fortwährenden Scherzen. So wird Voltaire XXIII, 55 (1759) als „General der Kapuziner" Votre Béatitude angeredet; S. 182 (1771) heißt es: Vos protégés les pédiculosos (Voltaire hatte ein Sendschreiben eines Kapuzinerguardian's an Bruder Pediculoso verfaßt); S. 168 wird eine Erzählung des Wunders, das sich bei der Belagerung Czenstochau's durch die Russen zugetragen haben sollte, mit den Worten eingeleitet: mais voici une histoire, dont le protecteur des capucins pourra régaler son saint et puant troupeau. Friedrich selbst rühmt sich S. 159 (1770) der Demuth, mit der er en bon enfant de saint Ignace die vom Papst angeordnete Verbrennung seines Auszugs aus Fleury sich gefallen lasse, wogegen er es unverantwortlich findet, daß dieses Schicksal auch die Schriften des nouveau patron de Cucufin betroffen habe. (Cucufin war ein nicht lange vorher heilig gesprochener französischer Kapuziner.) S. 268 (10. Dezember 1773) hält er Voltaire vor, daß seine Jesuiten doch eine Reihe namhafter Gelehrter hervorgebracht haben, während Voltaire's Kapuziner niemand haben, dessen sie sich rühmen können, als den heil. Cucufin. Aber — fügt er verbindlich bei — vous protégez ces gens, et vous seul valez tout ce qu'Ignace a produit de meilleur; aussi j'admire et je me tais. Das gleiche noch scherzhafter S. 155 (24. Mai 1770): Je vous crois très capucin parce que vous le voulez, et même sûr de votre canonisation parmi les saints de l'Église. (Vgl. S. 145.) Je n'en connais aucun qui vous soit comparable, et je commence par dire: Sancte Voltario ora pro nobis. (Vgl. S. 26.) Trotzdem habe ihn der heilige Vater in Rom verbrennen lassen; indessen sei ihm selbst die gleiche Gunst widerfahren. Sie beide stehen in einer merkwürdigen Verwandtschaft. Je suis le protecteur des jésuites, vous des capucins; vos ouvrages sont brûlés à Rome, les miens aussi. Mais vous êtes saint et je vous cède la préférence. Und dann: Comment, monsieur le saint u. s. w. In dem gleichen Ton schreibt Voltaire S. 154 (Daignez recevoir la bénédiction de frère François et m'envoyer celle de frère Ignace) und S. 185 (15. Febr. 1771), wo er in einer Standrede der päpstlichen Kurie sich sagen läßt: Vous ne croyez point aux miracles, mais sachez que nous en faisons. C'en est déjà un fort grand que nous ayons engagé votre héros hérétique à protéger les jésuites.

⁴²⁴) Den 4. Dezember 1772 (XXIV, 588) schreibt Friedrich an d'Alembert: Die Aufhebung des Jesuitenordens durch den Papst stehe bevor. J'ai reçu un ambassadeur du général des ignatiens, qui me presse pour me déclarer ouvertement le protecteur de cet ordre. Je lui ai répondu que lorsque Louis XV avait jugé à propos de supprimer le régiment de Fitzjames, je

n'avais pas cru devoir intercéder pour ce corps, et que le pape était bien
maitre chez lui de faire telle réforme qu'il jugeait à propos, sans que des
hérétiques s'en mêlassent.

¹²⁵) Schon den 15. Juni 1740 hatte Friedrich der Eingabe eines Katho=
liken um Ertheilung des Bürgerrechts in Frankfurt die Randbemerkung bei=
gefügt: „alle Religionen sind gleich gut, wenn nur die Leute, so sie professiren,
ehrliche Leute sind, und wenn Türken und Heiden kämen und wollten das Land
peupliren, so wollen wir sie Mosqueen und Kirchen bauen." (Lehmann,
Preußen u. die kath. K. II, 3). Den 13. August 1775 schreibt er an Voltaire
(XXIII, 344): Pour moi, en fidèle disciple du patriarche de Ferney, je suis
actuellement en négociation avec mille familles mahométanes, auxquelles
je procure des établissements et des mosquées dans la Prusse occidentale.
Nous aurons des ablutions légales, et nous entendrons chanter hilli balla,
sans nous scandaliser. C'était la seule secte qui manquât dans ce pays.
Der König hatte nämlich um jene Zeit in einem Erlaß an den Kammerdirector
v. Gaudi vom 7. Juni 1775 (bei Stabelmann, Preußens Könige in ihrer
Thätigkeit für die Landeskultur II, 408) diesen Beamten beauftragt, die an der
(preußisch=) polnischen Grenze sich aufhaltenden Tartaren zur Niederlassung in
Preußen zu bewegen. Demselben theilt er den 22. Juli (ebb. 416) unter Wieder=
holung seines Auftrags mit, ein Oberster dieser Tartaren habe ihm darüber ge=
schrieben. Beide Male erklärt er sich bereit, ihnen Moscheen zu bauen (bezw.
zu gestatten) und allen Schutz zu gewähren. Nach Lucchesini (b. Bischoff,
Gespr. Friedr. d. Gr. S. 162) war noch 1740 daran gedacht worden, in Schlesien
eine aus Türken, den Abkömmlingen von Gefangenen aus der Zeit Johann
Sobieski's, denen in Polen die freie Religionsübung versagt war, bestehende
Ansiedlung mit zugehöriger Moschee zu gründen; sonst scheint aber von diesem
Plane aus jener Zeit nichts bekannt zu sein.

¹²⁶) Es ist bekannt, welchen Werth Friedrich, wie schon sein Vater und der
große Kurfürst, darauf legte, die arbeitende und waffenfähige Bevölkerung
Preußens zu vermehren. Um das Heer auf dem durch die Lage seines Staats
geforderten Stand zu erhalten und doch der Feldarbeit nicht zu viele Arme zu
entziehen, fand er es nöthig, einen beträchtlichen Theil der Armee durch Wer=
bung im Auslande zu rekrutiren, so wenig er auch die Schattenseiten dieses
Systems und die Vorzüge eines ganz aus dem eigenen Volke gebildeten Heeres
verkannte. Man vergleiche darüber den Antimachiavel VIII, 100 f. Du gouvernement prussien IX, 186. Mém. de 1763—1775. VI, 92.

¹²⁷) Die pädagogischen Schriften und Aeußerungen des Königs, in deutscher
Uebersetzung sorgfältig zusammengestellt und durch eine werthvolle Abhandlung
über sein Schulregiment und einen Abdruck der wichtigeren diesen Gegenstand be=
treffenden Verordnungen eingeleitet, findet man jetzt bei J. P. Meyer, Fried=
rich's d. Gr. Pädagogische Schriften u. s. w., Langensalza 1885. Derselbe gibt

in der Vorrede zu dieser Schrift eingehende Nachweisungen über die hergehörige Literatur.

⁴⁸) Vgl. hierüber S. 64 ff.

⁴²⁹) Vgl. S. 31. Anm. 98. Er bedauere, — schreibt er im zweiten Jahr nach Helvetius' (am 26. Dezember 1771 erfolgten) Tod, den 12. August 1773 (XXII, 251) an Voltaire — daß derselbe sein Werk über die Erziehung (die 1772 erschienene Schrift De l'Homme, deren 10. Abschnitt der Erziehung gewidmet ist und gleich in seinem ersten Kapitel den Satz ausführt: l'éducation peut tout) nicht von einigen falschen Sätzen gereinigt habe. Er wolle beweisen, daß alle Menschen die gleiche Begabung haben und die Erziehung alles vermöge. Allein die Erfahrung widerlege diese Behauptung.

⁴³⁰) In der Instruktion an Borcke für die Erziehung seines Neffen (1751) IX, 39 sagt Friedrich: Ni vous ni toutes les puissances de l'univers ne sauraient changer le caractère d'un enfant; tout ce que peut l'éducation, c'est de modérer la violence des passions. Ebenso schreibt er 1777 (XXV, 82) d'Alembert mit Beziehung auf Helvetius: Die Erfahrung widerspreche seiner Annahme, daß die Menschen von Natur ungefähr gleich begabt seien. Les hommes portent en naissant un caractère indélébile; l'éducation peut donner des connaissances, inspirer à l'élève la honte de ses défauts; mais l'éducation ne changera jamais le fond des choses. Le fond reste, et chaque individu porte en lui le fond de ses actions.

⁴³¹) Außer dem was hierüber S. 33. Anm. 110 mitgetheilt ist, vgl. man namentlich die dort erwähnte Abhandlung über den Nutzen der Wissenschaften und Künste, wo sich IX, 171 f. das im Text angeführte findet. In dem Brief über die Erziehung (1769) sagt er sogar (IX, 123): je suis persuadé qu'on fait des hommes ce que l'on veut, und beruft sich für diesen Satz auf die glänzenden Erfolge, welche die Erziehungsmethode der klassischen Völker und die Reformen Peters d. Gr. gehabt haben. Indessen zeigt sein so eben berührter Widerspruch gegen Helvetius, daß jener Satz in seinem Sinne nicht ohne Einschränkung zu verstehen ist.

⁴³²) Lettre sur l'éducation IX, 123. Vgl. Anm. 3.

⁴³³) De l'utilité des sciences IX, 172 f. 177.

⁴³⁴) Lettre sur l'éducation IX, 115. Vgl. den Eingang des Carmer'schen Schulreglements für die Universität Breslau und die katholischen Gymnasien in Schlesien vom 11. Dezember 1774 (b. Lehmann, Preußen u. die kath. K. IV, 630), welcher den Erlaß dieser Verordnung mit der zuverlässigen Ueberzeugung des Königs begründet, „daß eine vernünftige, wohlgeordnete Erziehung der Jugend und deren Ausbildung zu ihren verschiedenen Bestimmungen der einzige und unfehlbare Weg zur wahren Wohlfahrt der Bürger im Staat und die erste Grundlage aller öffentlichen und Privatglückseligkeit ist."

⁴³⁴) Wie Friedrich IX, 164 Holbach entgegenhält, der den Regierungen

schuldgegeben hatte, daß sie die Völker absichtlich in Unwissenheit erhalten; vgl. ebb. S. 163, examen de l'essai sur les préjugés IX, 141 und oben S. 32.

435) XXIII, 267; s. c. Anm. 331.

436) IX, 113 ff. Dieser Brief ist vom 18. Dezember 1769 datirt und wurde den 17. April 1770 dem Staatsminister v. Münchhausen zugesandt, damit er ihn lese, weil darin einige Reflexiones befindlich seien, von welchen bei den Universitäten Gebrauch zu machen nicht ohne Nutzen sein dürfte. Vgl. Preuß, Oeuvres de Fréd. IX, XIV f. Meyer, Friedr. Pädag. Schr. XII f.

437) In dem von Catt, Mem. 281 (vgl. Anm. 372) beschriebenen Entwurf eines Studienplans für die Theologen vom Jahre 1759 rühmte es Friedrich an den Jesuiten, daß sie die einzigen seien, welche ihre Zöglinge genau beobachten, die Begabung eines jeden erforschen und ihn dem Beruf zuführen, für den er beanlagt sei; und er verlangt, daß dieses Beispiel allgemein befolgt werde. In einer zweiten, in den ersten Monaten des Jahres 1760 verfaßten Denkschrift: L'étude des anciens et des modernes (ebb. 314 f.) tadelte es der König, daß auf den Gelehrtenschulen den alten Schriftstellern in der Regel zu geringe Aufmerksamkeit geschenkt werde, und daß man sich beim Lesen derselben mit einer allzu trivialen und buchstäblichen Erklärung zu begnügen pflege, statt den Schülern die Schönheiten und die Mängel des Gelesenen verständlich zu machen, wozu namentlich auch eine Vergleichung desselben mit der Behandlung der gleichen Gegenstände bei neueren Schriftstellern dienen würde. Er hatte bei dieser Gelegenheit, wie Catt sagt, Rollin und den Jesuiten, qu'il envisageait comme les seuls bon maitres pour l'éducation de la jeunesse, große Lobsprüche ertheilt. Dieselben galten ohne Zweifel zunächst den französischen Jesuiten, welche Friedrich seit 1746 zur Verbesserung des Unterrichts an den schlesischen Jesuitengymnasien und der Universität Breslau berufen hatte, und mit denen er sehr zufrieden war. (Man s. hierüber Lehmann, Preußen u. die kath. K. II, 598. 645. III, 98. 167. 205. 329. 415. 463, vgl. Meyer, Friedr. d. Gr. pädag. Schr. S. 65 ff. 342 f.) Vorher waren diese Lehranstalten in der schlechtesten Verfassung gewesen; („weil bekanntermaßen — schreibt Minister v. Münchow in einem Bericht vom 24. April 1748 — die teutsche Jesuiter von der größten Ignoranz sind".) Ein Ministerialerlaß vom 2. Februar 1743 (bei Lehmann II, 241) erklärt, daß die meisten jungen Leute von einem zehn- bis zwölfjährigen Besuch der schlesischen Schulen „außer ein wenig Latein nichts, was dem Publico nützlich sein könnte, zurückbringen, ja nicht einmal einen vernünftigen deutschen Brief zu schreiben vermögend seien"; ein Bericht aus Oppeln vom 10. April 1747 (ebb. 655) wiederholt dieses Urtheil; und der Bischof von Breslau, Kardinal Sinzendorf, klagt d. 11. Februar 1747 (ebb. 645) über den veralteten scholastischen Unterricht an der Breslauer Universität. Wie es mit dieser und den katholischen Gymnasien bestellt war, nachdem beim Ausbruch des siebenjährigen Kriegs die französischen Lehrer Preußen wieder verlassen hatten, kann statt alles andern der Bericht des um das schlesische Unterrichtswesen so hochverdienten Abt Felbiger vom 5. Januar 1769 (b. Lehmann IV, 347 ff.) zeigen. Dieser Darstellung zufolge war damals auf den katholischen Gymnasien in Schlesien, welche sich sämmtlich in den Händen der Jesuiten befanden, der Unterricht fast ausschließlich auf die lateinische Grammatik, Metrik und Rhetorik und Uebersetzungen aus dem Deutschen in ein schülerhaftes Deutsch-Latein beschränkt; von den römischen Klassikern, der Geschichte, der Geographie, der griechischen Sprache erfuhren die Schüler nichts oder nur ganz ungenügendes, und unter den Lehrern dieser Anstalten war kaum einer, der einige Verse aus Homer zu übersetzen im Stande gewesen wäre. Und nicht besser sah es auf der — damals nur aus einer theologischen und einer philosophischen Facultät bestehenden — Breslauer Universität aus, wo der Unterricht in der Philosophie und der Mathematik noch in lateinischer Sprache und ganz gedächtnißmäßig ertheilt wurde, der in der Physik mehr eine Spielerei als eine Einführung in die Wissenschaft, und von naturgeschichtlichen Sammlungen nichts vorhanden war. Daß allerdings auch von den schlesischen Jesuiten verschiedene beflissen gewesen seien, von dem Unterricht der französischen Nutzen zu ziehen, und ihnen nichts als die Freiheit fehle, den Schlendrian zu verlassen, räumt auch Felbiger (a. a. O. S. 355) ein.

[438]) Vgl. hierüber S. 16. Anm. 45. 48. 49.

[439]) Es ist bekannt, und ließe sich mit zahlreichen Beispielen belegen, wie leicht es dem König begegnete, aus einem ersten Eindruck oder vereinzelten Erfahrungen sich über Menschen und Dinge bald eine günstige bald eine ungünstige Meinung zu bilden, welche auch dann schwer auszurotten war, wenn ihr eine genauere Untersuchung ihre thatsächliche Grundlage entzog oder die Zustände sich so wesentlich verändert hatten, daß eine vor Jahren gewonnene Ansicht auf die Gegenwart nicht mehr paßte. So ließ er sich in dem vielbesprochenen Arnold'schen Proceß durch eine voreilig gebildete und hartnäckig festgehaltene falsche Vorstellung über den Thatbestand dazu verleiten, daß er in dem Bestreben, dem Geringen gegen den Vornehmen zu seinem Recht zu verhelfen, den pflichttreuen Richtern schweres Unrecht zufügte. So gründen sich seine schiefen und ungerechten Urtheile über die deutsche Literatur (wie unter anderem aus VII, 99 hervorgeht), neben der Einseitigkeit seiner französisch-akademischen Geschmacksbildung, wesentlich darauf, daß er an der Geringschätzung, welche sie ihm in seiner Jugend eingeflößt hatte, sein Leben lang festhielt und von der epochemachenden Entwicklung, die sie inzwischen unter der begeisternden Mitwirkung seiner eigenen Thaten genommen hatte, unberührt blieb. Mit dieser Unkenntniß der deutschen Literatur scheint ein Vorurtheil gegen Lessing, das sich noch von dessen Zerwürfniß mit Voltaire im Jahr 1751 herschrieb, zusammengetroffen zu sein, um zu bewirken, daß der König die Verwaltung der Berliner öffentlichen Bibliothek lieber einem unbedeutenden Franzosen, als dem Reformator der deutschen Literatur übertrug. (E. Schmidt, Lessing II, a, 53 ff.) Weil Thomasius als ein Vorkämpfer der Aufklärung und als ein Schüler von Locke bei Friedrich

gut angeschrieben ist, wird er VII, 114 (Littér. all.) den Historikern als Muster für ihre Darstellungen vorgehalten. Der günstige Eindruck, den Friedrich von der Lehrweise einiger französischen Jesuiten erhalten hatte, wurde von ihm zu jenen Urtheilen über die pädagogischen Verdienste des ganzen Ordens verallgemeinert, von denen schon Anm. 437 gezeigt ist, wie wenig ihnen der Thatbestand entsprach. Umgekehrt scheinen es ebenso vereinzelte und theilweise der Vergangenheit angehörige Erfahrungen gewesen zu sein, welche dem Könige die im Text angeführten Aeußerungen eingaben. So allgemein gefaßt, wie diese lauten, sind sie nicht richtig. In der Zeit eines Geßner, Heyne und Ernesti konnte von den Universitäten, auf denen eben damals ein Voß und F. A. Wolf ihre Ausbildung erhielten, nicht gesagt werden, daß das Studium der alten Sprachen auf ihnen in Abnahme begriffen sei, und nachdem Kant (um anderer nicht zu erwähnen) ein Vierteljahrhundert in Königsberg gewirkt hatte, durfte Meier (den Friedrich XI, 119 unverkennbar, wahrscheinlich aber auch VII, 100 im Auge hat; vgl. Anm. 49) nicht zum Typus eines deutschen Professors der Philosophie gemacht werden. Auch ihn scheint aber Friedrich nur nach einem vereinzelten Eindruck zu beurtheilen.

440) Vgl. Anm. 42. 92.

441) Anderswo, in der Anm. 372 erwähnten Denkschrift, (b. Catt, Mem. 282, vgl. 273) beklagt er es, daß die Studirenden der Theologie nur von Stubengelehrten unterrichtet werden, welche die Welt nicht kennen und daher auch ihren Schülern die Weltkenntniß nicht beibringen können, deren sie für ihre Hauptaufgabe, die sittliche Einwirkung auf das Volk, so dringend bedürfen.

442) Aus Anlaß der Anm. 437 besprochenen Denkschrift über das Studium der Alten u. s. w. äußert Friedrich bei Catt, Mem. 315 (April 1760): Peut être qu'un jour je montrerai par un établissement destiné à l'instruction de ma jeune noblesse que mes vues pour son instruction approchent assez de celles de ces grands précepteurs dont je viens de parler (Rollin und die Jesuiten). Da aber freilich Catt's Tagebücher über diese ganze Unterredung nichts enthalten, so ist die Möglichkeit nicht ausgeschlossen, daß dieß eine dem König in den Mund gelegte Weissagung aus dem Erfolg ist.

443) Mémoires de 1763—1775; VI, 99.

444) Toute l'éducation, sagt auch Friedrich selbst a. a. O. VI, 99, tendait à former le jugement des élèves.

445) In der Schrift über das „System der Natur" (vgl. Anm. 99) bekämpft Friedrich Holbach, welcher die Fürsten für die Mängel in der Erziehung verantwortlich machen wollte, mit der Bemerkung: alle Regierungen civilisirter Völker nehmen sich des öffentlichen Unterrichts an. Aber der Beherrscher eines großen Staats könne unmöglich für die Erziehung gutstehen, die jeder Vater seinen Kindern ertheile. Wenn er das Innere der Familien durchstöbern und sich in ihre Privatangelegenheiten einmengen wollte, führte dieß zu der gehässigsten Tyrannei.

⁴⁴⁶) IX, 121: J'ai souvent été sur le point de m'écrier: Pères de famille aimez vos enfants, on vous y convie, mais d'un amour raisonnable qui se dirige vers leur véritable bien. Regardez ces jeunes créatures, que vous avez vues naître, comme un dépôt sacré que la Providence vous a confié; votre raison doit leur servir d'appui dans la débilité de leur âge et dans leurs faibles. Ils ne connaissent point le monde; vous le connaissez; c'est donc à vous à les former tels que le demande leur propre avantage, le bien de votre famille et celui de la société. Je le répète, formez donc leurs moeurs, inculquez-leur des sentiments vertueux, élevez leur âme, rendez-les laborieux, cultivez soigneusement leur raison, qu'ils réfléchissent sur leurs démarches, qu'ils soient sages, circonspects, qu'ils aiment la frugalité. Confiez alors en mourant votre héritage à leurs bonnes moeurs; il sera bien administré, et votre famille se soutiendra dans son lustre; sinon la dissipation et les déréglements commenceront au moment de votre mort, et si vous pouviez ressusciter dans trente ans, vous trouveriez vos beaux établissements possédés par des mains étrangères.

⁴⁴⁷) In der Instruktion für die Erziehung seines Neffen sagt Friedrich (IX, 39): Nous en venons à la plus grande et essentielle partie de l'éducation, qui est celle des moeurs (hierauf, was Anm. 430 angeführt ist); und in der Abhandlung über die Selbstliebe als Princip der Moral (IX, 97; vgl. Anm. 189) tadelt er es, daß man im allgemeinen viel zu gleichgültig gegen die Fragen der Moral sei.

⁴⁴⁸) Nachdem das Carmer'sche Schulreglement für die schlesischen Gelehrtenschulen vom 11. Dezbr. 1774 die Unterweisung in der Religion und Tugend mit der Erinnerung eingeschärft hat, daß alle wahrhaftig guten und großen Handlungen ihren Grund in der Rechtschaffenheit des Herzens haben, gibt es (b. Lehmann, Pr. und die kathol. K. IV, 632) in Uebereinstimmung mit Friedrich's (S. 136 ff. besprochener) Ansicht für den Religionsunterricht die Vorschrift: da die Religion vornehmlich die Ausbildung des Herzens zum Gegenstand habe, so seien die Lehrsätze des Christenthums nicht blos als trockene theoretische Wahrheiten dem Gedächtniß und Verstand einzuprägen, . . sondern jederzeit in dem wohlthätigen Lichte und Verhältniß, worin sie gegen die Pflichten des öffentlichen und Privatlebens stehen, darzustellen." Sind dieß auch nicht die eigenen Worte des Königs, so ist es doch ganz in seinem Sinn gesprochen. Ueber die moralische Anwendung der Geschichte S. 169. 171. Anm. 469.

⁴⁴⁹) A. a. O. IX, 97: Il faudrait commencer aujourd'hui par imiter l'exemple des anciens, employer tous les encouragements qui peuvent rendre l'espèce humaine meilleure, préférer dans les écoles l'étude de la morale à toute autre connaissance, prendre une méthode aisée pour l'enseigner. Es wäre vielleicht, fügt Friedrich bei, zweckmäßig, Katechismen der Moral zu verfassen,

die der Jugend von Kindheit an den Gedanken einprägten, daß die Tugend die unerläßliche Bedingung des Glücks sei.

⁴⁵⁰) Vgl. S. 74.

⁴⁵¹) Sur l'éducation IX, 122: Es bedürfe einiger Reformen der Akademieen und Universitäten, pour qu'on remplissant la mémoire de la jeunesse, on ne négligeât pas la partie du raisonnement, qui est la principale. An Zedlitz (s. folg. Anm.) 253: es werde besonders in den kleinen Schulen die Logik und Rhetorik schlecht oder gar nicht gelehrt, während doch dieses „eine vorzügliche und höchst nothwendige Sache ist, die ein jeder Mensch in jedem Stande wissen muß und das erste Fundament der Erziehung junger Leute sein soll, denn wer zum besten raisonnirt, wird immer weiter kommen, als einer, der falsche Conséquences ziehet." Vgl. De l'utilité des sciences IX, 176: Die Dialektik sei es, die uns von Aberglauben und Irrthum aller Art befreit habe.

⁴⁵²) In dem Schreiben an Zedlitz XXVII c, 253. 256. Dieses Schreiben ist übrigens bekanntlich nicht ein von dem König verfaßtes Schriftstück, sondern ein von dem Kabinetsrath Stellter aufgenommenes Protokoll über den wesentlichen Inhalt eines längeren Gespräches, welches Friedrich den 5. Septbr. 1779 mit dem Minister v. Zedlitz geführt hatte (Preuß a. a. O. XXXI); und hieraus erklären sich die von Paulsen (Gesch. des gelehrten Unterr. 459) an dieser Kabinetsordre (dem einzigen, was er von den pädagogischen Schriften des Königs berücksichtigt) getadelten Mängel der Gedankenentwicklung und des Stils. Friedrich's eigene Werke sind gerade mit diesen Mängeln am wenigsten behaftet.

⁴⁵³) Friedrich versteht daher unter der „Logik" oder „Dialektik" weniger die Theorie des Denkverfahrens, als die Ausübung derselben, die Kunst, richtig zu denken, und er gebraucht jene Ausdrücke auch wohl geradezu für „Denkbildung." So sagt er in der Geschichte des siebenj. Kriegs IV, 106 von den Hannöver'schen Ministern wegen der verkehrten militärischen Maßregeln, von denen sie sich nicht abbringen ließen: sie seien beschränkte Köpfe gewesen, welche nicht Dialektik genug verstanden haben, um einem militärischen Räsonnement folgen zu können; und in seiner Erzählung über die Theilung Polens nennt er die Polen (qu'il faut considérer comme la nation la plus légère et la plus frivole de l'Europe) „ces têtes sans dialectique."

⁴⁵⁴) Littér. allem. VII, 106 f. An Zedlitz XXVII c, 253 f. Vgl. oben S. 9. 17 f

⁴⁵⁵) Littér. all. 106 f. An Zedlitz 254. 256. Vgl. oben S. 162 f. und Mém. de 1763—1775 VI, 88, wo Friedrich von seinen Maßregeln zur Verbesserung der Lehranstalten sagt: das blos gedächtnißmäßige Lernen sei beseitigt worden; les instituteurs furent chargés de familiariser dès la jeunesse leurs élèves avec la dialectique, afin qu'en formant leur jugement, ils apprissent à raisonner, en tirant des conséquences justes des principes qu'ils avaient prouvés et établis. Ich glaubte in diesem Fall auch einzelne Wiederholungen

der gleichen Gedanken nicht scheuen zu sollen, da sie eben zeigen, wie sehr dem Könige das am Herzen liegt, worauf er immer wieder zurückkommt.

⁴⁵⁶) Das nähere hierüber findet man bei Sybel, Kl. Historische Schriften III, 210 ff., wo auch die von Friedrich unter dem 6. April 1784 ausgefertigte Instruktion S. 217—219 abgedruckt ist. Leuchsenring war dem König für das ihm übertragene Lehramt durch den Akademiker Merian empfohlen worden; indessen legte er es schon nach zwei Monaten, wie es scheint wegen Mißhelligkeiten nieder, die aus Anlaß seiner freieren Religionsansicht zwischen ihm und dem Hauptlehrer des Prinzen ausgebrochen waren.

⁴⁵⁷) Anders verhält es sich in dieser Beziehung mit der Instruktion für Major Borde vom 24. Septbr. 1751 (IX, 35 ff.), welche einen umfassenden Lehr- und Erziehungsplan für die Heranbildung des späteren Thronfolgers (Friedrich Wilhelm II.) enthält. Dieser war natürlich als Ganzes auf diesen besonderen Fall berechnet und kann nur in einzelnen Punkten zur Erläuterung dessen benützt werden, was sein Verfasser anderswo ausgesprochen hat.

⁴⁵⁸) Vgl. S. 160 f. Anm. 439.

⁴⁵⁹) Aus Büsching, Character Friederich's b. Zw. 54 f. Preuß, Friedrich's Jug. 34. Catt, Mem. 34 ist bekannt, wie ein Lehrer, der Friedrich in seinen Knabenjahren das Latein beizubringen versuchte, von dem Vater desselben in leidenschaftlicher Aufwallung unter Stockschlägen fortgejagt wurde, und wie incorrect der König nicht selten die paar lateinische Brocken anwandte, die er später aufgegriffen hatte. Daß er sich ihrer überhaupt bediente, war ohne Zweifel eine kleine Schwäche; aber diese Schwäche ist allgemein menschlich: sie findet sich nicht blos bei den kleinen, sondern nicht selten sogar bei den größten Geistern, und sie entspringt vielleicht oft mehr aus der kindlichen Lust, mit dem Fremdartigen, das als solches die Phantasie reizt, zu spielen, als aus der Eitelkeit, sich den Schein eines Wissens zu geben, das man nicht besitzt.

⁴⁶⁰) Littér. allem. VII, 97: Ein wesentliches Hinderniß für die Hebung der deutschen Literatur liege in der Vernachlässigung der gelehrten Sprachen. Wenige von den deutschen Gelehrten seien im Stande, die griechischen und lateinischen Schriftsteller geläufig zu lesen (vgl. S. 161). Wenn man sein Ohr am Wohlklang der homerischen Verse bilden wolle, müsse man sie fließend lesen können. Ebenso alle andern. Die Jugend lerne fast kein Griechisch mehr, und das Lateinische nur ungenügend. Ce sont cependant là les sources abondantes, où les Italiens, les Français et les Anglais, nos devanciers, ont puisé leurs connaissances; ils se sont formés autant qu'ils ont pu sur ces grands modèles; ils se sont approprié leur façon de penser; et en admirant les grandes beautés dont les ouvrages des anciens fourmillent, ils n'ont pas négligé d'en apprécier les défauts.

⁴⁶¹) S. vor. Anm. An Voltaire 8. September 1775 (XXIII, 350): Le goût ne se communiquera en Allemagne que par une étude réfléchie des auteurs classiques, tant grecs que romains et français. Deux ou trois génies recti-

⁴⁶²) Schon 1757 tadelt der König (in dem Anm. 113 berührten Gespräch mit Gottsched; Friedr. d. Gr. Lpz. 1886. I, 453) „die Art, die alten Redner und Dichter in Schulen zu traktiren, da man blos auf den Sinn der Redensart und Wörter geht, aber die Kunst im Reden und Dichten, ihre Schönheiten im Ganzen, ihre Oekonomie und Einrichtung, kurz das Feine im Geschmack der Alten nicht erkläret und begreiflich macht." Ebenso in der Denkschrift von 1760; vgl. Anm. 437. Littér. allem. VII, 99: Que ne dirais-je pas de la méthode vicieuse que les maîtres emploient pour enseigner à leurs élèves la grammaire, la dialectique, la rhétorique et d'autres connaissances! Comment formeront-ils le goût de leurs écoliers, s'ils ne savent pas eux-mêmes discerner le bon du médiocre, et le médiocre de mauvais; s'ils confondent le style diffus avec le style abondant, le trivial, le bas, avec le naïf, la prose négligée et défectueuse avec le style simple, le galimatias avec le style sublime; s'ils ne corrigent pas avec exactitude les thèmes de leurs écoliers; s'ils ne relèvent pas leurs fautes sans les décourager; et s'ils ne leur inculquent pas soigneusement les règles qu'ils doivent toujours avoir devant les yeux en composant?

⁴⁶³) An Zedlitz XXVII c, 255: „Die Auctores classici müssen auch alle in's Deutsche übersetzt werden, damit die jungen Leute eine Idee davon kriegen, was es eigentlich ist; sonsten lernen sie die Worte wohl, aber die Sache nicht." So Xenophon, Demosthenes, Sallust, Tacitus, Livius, Cicero's sämmtliche Werke; „desgleichen der Horatius und Virgil, wenn es auch nur in Prosa ist. Im Französischen sind auch excellente Sachen, die müssen ebenfalls übersetzet werden. Und wenn denn die jungen Leute was gearbeitet haben, so muß das gegen die deutsche Uebersetzung gehalten, und ihnen gewiesen werden, wo sie unrechte Wörter angebracht und gefehlet haben." Littér. allem. VII, 104: Pour resserrer notre style, retranchons toute parenthèse inutile; pour acquérir de l'énergie, traduisons les auteurs anciens qui se sont exprimés avec le plus de force et de grâce. Als solche nennt Friedrich hier von den Griechen: Thucydides, Xenophon, die Poetik des Aristoteles; von den Lateinern Epiktet, Mark Aurel (daß diese beiden griechisch geschrieben haben, bemerkt ihm d'Alembert XXV, 173; in der Antwort darauf, S. 175, scheint das signe, vielleicht aus résigne, verschrieben oder verlesen zu sein). Ferner Cäsar, Sallust, Tacitus, Horaz über die Dichtkunst; von den Franzosen La Rochefoucauld und Montesquieu. Solche Schriften werden die Uebersetzer nöthigen, alles überflüssige aus ihrer Schreibart zu entfernen und ihre Gedanken zusammenzubrängen, um der Uebersetzung die Kraft des Originals zu geben. Doch dürfe dieses Bestreben nie dazu führen, daß die Deutlichkeit, die erste Pflicht jedes Schriftstellers, verletzt werde, zu deren Wahrung der König genaue Beobachtung der syntaktischen Regeln und Vermeidung jeder Zweideutigkeit empfiehlt. Solche Uebersetzungen,

hofft er, werden den Schriftstellern als Stilmuster dienen können. Das gleiche wiederholt er XXV, 175 gegen d'Alembert und Littér. allem. VII, 117, wo er zugleich ausführt, wie viele nützliche Kenntnisse und neue Ideen durch Uebersetzungen unserem Volk aus Werken zugeführt würden, welche nur einem kleinen Bruchtheil desselben im Urtert zugänglich seien.

⁴⁶⁴) Nach dem Anm. 461 angeführten fährt Friedrich fort: Pour moi, dont la carrière tend à sa fin, je ne verrai pas ces heureux temps. J'aurais voulu contribuer à leur naissance; mais qu'a pu faire un être tracassé les deux tiers de sa course par des guerres continuelles, obligé de réparer les maux qu'elles ont causés, et né avec des talents trop médiocres pour d'aussi grandes entreprises? Littér. allem. am Schlusse (VII, 122): Die, welche zuletzt kommen, übertreffen oft ihre Vorgänger; cela pourra nous arriver plus promptement qu'on ne le croit, si les souverains (auf welche doch zu ausschließlich gebaut wird) prennent du goût pour les lettres . . . . que nous ayons des Médicis, et nous verrons éclore des génies. Des Augustes feront des Virgiles. Nous aurons nos auteurs classiques; chacun, pour en profiter, voudra les lire; nos voisins apprendront l'allemand; les cours le parleront avec délice; et il pourra arriver que notre langue polie et perfectionnée s'étende, en faveur de nos bons écrivains, d'un bout de l'Europe à l'autre. Ces beaux jours de notre littérature ne sont pas encore venus; mais ils s'approchent. Je vous les annonce, ils vont paraître; je ne les verrai pas, mon âge m'en interdit l'espérance. Je suis comme Moïse: je vois de loin la terre promise, mais je n'y entrerai pas. Daß dieser Aufschwung nicht früher eingetreten sei, so wenig es auch den Deutschen an Talent fehle, erklärt Friedrich a. a. O. S. 95 f. 118 ff., aus den verheerenden Wirkungen des dreißigjährigen Kriegs und der auf ihn folgenden Kämpfe mit Frankreich und den Türken und aus der schlechten Sitte der Gelehrten, sich nur der lateinischen, der Höfe, sich nur der italienischen, spanischen, und vor allem der französischen Sprache zu bedienen.

⁴⁶⁵) Auf Friedrich's vielbesprochene und vielbeklagte Stellung zur deutschen Literatur, und die Ansichten, welche er über dieselbe in der Abhandlung von 1780 und sonst ausgesprochen hat, kann ich nicht näher eingehen. Eine treffende Beleuchtung dieser Frage findet sich in der (1884 zu Paris gehaltenen) Rede von A. Schöne: Friedrich d. Gr. und seine Stellung zur deutschen Litteratur. Ihre erschöpfende Beantwortung wäre nur im Zusammenhang einer Untersuchung möglich, welche sich neben dem Bildungsgang des Königs auch auf den ganzen Standpunkt seines literarischen und Kunsturtheils erstreckte.

⁴⁶⁶) An Zeblitz XXVII c, 255: „Eine gute deutsche Grammatik, die die beste ist, muß auch bei den Schulen gebraucht werden, es sei nun die Gottsched'sche oder eine andere, die zum besten ist."

⁴⁶⁷) Es ist bekannt, daß Friedrich das Deutsche weder korrekt und orthographisch zu schreiben, noch richtig zu sprechen im Stande war; und kaum minder

bekannt ist jene Aeußerung gegen Gottsched (in dem Anm. 113 berührten Gespräche; Friedrich b. Gr. Leipzig 1886. I, 450): „Ich habe von Jugend auf kein deutsch Buch gelesen und ich rede es wie ein Kutscher; jetzo aber bin ich ein alter Kerl von sechsundvierzig Jahren, und habe keine Zeit mehr dazu." Es ist ja auch schwer zu sagen, von wem Friedrich in seiner Jugend ein gutes und reines Deutsch hätte lernen, und welcher Theil der damaligen deutschen Literatur für ihn einen Reiz hätte haben können, welcher dem der französischen auch nur von ferne zu vergleichen gewesen wäre. Nach der damaligen Sachlage wäre ohne Zweifel das einzige Mittel, ihm zu einer genügenden Kenntniß der deutschen Sprache zu verhelfen, eben das gewesen, welches er später vorschlägt, welches aber die unvernünftige Eigenwilligkeit seines Vaters ihm verschloß: durch die Verdeutschung lateinischer und griechischer Schriftsteller Deutsch zu lernen.

⁴⁶⁸) Schon in der nächsten Zeit nach dem Breslauer Frieden tadelt es der (Anm. 437 berührte) Ministerialerlaß vom 2. Febr. 1743, daß die schlesischen Schulen den jungen Leuten nichts als etwas Latein beibringen, die nöthigsten Stücke aber und sogar die Kultur ihrer eigenen Muttersprache versäumen, und es wird den Lehrern bedeutet, daß sie ihre Schüler nicht blos Latein zu lehren, „sondern auch und vornehmlich zur Ausübung ihrer teutschen Muttersprache mit allem Fleiß anzuführen" und zur Abfassung von Briefen, Erzählungen und Schriftstücken jeder Art anzuleiten haben. Unmittelbar nach dem Ende des siebenjährigen Kriegs wird in einer Kabinetsordre vom 18. Mai 1763 (Lehmann, Preußen u. d. kathol. Kirche IV, 113) darauf gedrungen, „daß in Oberschlesien, wo fast durchgehends alles polnisch ist, auch die teutsche Sprache eingeführt und die dortigen Landes=Inwohner durch deren Erlernung ihren übrigen Landsleuten communicable gemacht werden". Dieß sei nützlicher als die Erlernung des Lateins, welches die jungen Leute nur verleite, Geistliche zu werden und sich dem Gewerbe ihrer Eltern zu entziehen. Ein Erlaß des Ministers Schlabrendorff vom 17. Mai 1764 (a. a. O. S. 185 f.) verfügt unter Androhung der Absetzung gegen die Ungehorsamen, daß alle Pfarrer, die kein Deutsch verstehen (und es seien deren z. B. in dem ganzen Plesser und Beuthner Kreise nur zwei, die Deutsch reden können), sich auf diese Sprache zu legen und sie binnen Jahr und Tag zu lernen haben, und daß künftig kein Candidat um eine Pfarrstelle anhalten solle, der nicht Deutsch und Polnisch zugleich verstehe; daß ferner niemand (sowohl männlichen als weiblichen Geschlechts) in ein schlesisches Kloster aufgenommen oder weltgeistlich werden könne, der nicht vollkommen deutsch verstehe; daß endlich in den Städten wie auf dem Lande die Schulen (die „so schlecht als möglich" seien) verbessert und die Schulkinder im Deutschen unterrichtet werden sollen; „da S. K. M. platterdings wollten, daß die deutsche Sprache in Oberschlesien allgemein werden sollte". Auf denselben Gegenstand kommt der Minister dann in einem Erlaß vom 14. Septbr. 1764 (a. a. O. S. 203) zurück, indem er über die Ausführung des früheren Bericht verlangt, die Anstellung deutscher Schulmeister neben den

polnischen einschärft, und dabei daran erinnert, „wie sehr von Sr. K. M. Selbst darauf bestanden wird, daß das Schulwesen im Lande verbessert und sonderlich an den Orten, wo bisher alles polnisch gewesen, die Erlernung der teutschen Sprache befördert werde." Das General-Land-Schul-Reglement für Schlesien vom 3. Novbr. 1765 (a. a. O. S. 255 ff.) verfügt gleich in seinem ersten Paragraphen, daß niemand im Schuldienst angestellt werden solle, wenn er nicht dargethan habe, daß er sich in der Kunst, die Jugend in der deutschen Sprache zu unterrichten, die erforderliche Geschicklichkeit erworben habe; und Schlabrendorff berichtet dem König den 18. Jan. 1769 (a. a. O. S. 354), er „halte mit aller Attention darauf, daß kein Schulmeister, welcher nicht neben der polnischen auch der teutschen Sprache vollkommen mächtig, angestellt werden darf." Ebenso wird nach der Erwerbung Westpreußens gleich in der Instruktion für die mit der Besitzergreifung dieser Provinz beauftragten Commissäre vom 6. Juni 1772 (a. a. O. S. 439) bemerkt: „Beiläufig gebe dem Kammer-präsidenten v. Domhardt auch auf, daß, um den gemeinen Mann um so eher von der polnischen Sklaverei zurückzubringen und zur preußischen Landesart anzuführen, derselbe demnächst dahin sehen und bedacht sein soll, daß, so wie ehedem im Cottbus'schen und in Ober-Schlesien geschehen, teutsche Schul-meister in denen kleinen Städten und auf denen Dörfern mit angesetzet und die Einwohner mehr und mehr mit Teutsche meliret werden." (Aehnlich in dem Cabinets-Befehl vom 8. Juni 1773 ebb. S. 516.) Ueber die Ausführung dieser Vorschrift vgl. a. a. O. S. 516, Nr. 500, S. 605 f.

⁴⁶⁹) Diese moralische Abzweckung des Geschichtsunterrichts wird in dem Garner'schen Schulreglement (f. o. Anm. 448) in den Vordergrund gestellt wenn es S. 632 f. verordnet, daß in den höheren Klassen der Gymnasien der-jenige Endzweck der Geschichte mit vorzüglichem Fleiße bearbeitet werde, welcher in der „Ermunterung des Herzens zur Tugend, zu großen und edelmüthigen Handlungen durch eine lebhafte Vorstellung der davon in der Geschichte häufig vorkommenden Beispiele" bestehe, und nun nähere Anweisung darüber gibt, wie dieß in der angemessensten und wirksamsten Weise geschehen könne.

⁴⁷⁰) Sonst mag über Friedrich's Gymnasialpädagogik noch bemerkt werden, daß er den philosophischen Unterricht schon auf der Schule auch auf die Meta-physik ausdehnt, den Lehrern jedoch vorschreibt, alle Systeme mit den jungen Leuten durchzugehen, aber durchaus keine neuen zu machen; wie dieß seinem skeptischen Standpunkt entsprach, aber für die Gymnasien sich auch durch päda-gogische Rücksichten begründen ließ. Zu Lehrern in diesem Fach sollten keine Geistlichen gewählt werden, denn das wäre, wie wenn ein Jurist die Kriegs-kunst lehren sollte (an Zedlitz XXVII c, 256); wie der König ja auch 1773 für die Stelle eines Visitators des Joachimsthaler Gymnasiums in Berlin „keinen Pfaffen" haben wollte, und sie mit glücklichem Griff dem Akademiker Merian übertrug (Rethwisch Zedlitz S. 149).

⁴⁷¹) Vgl. was S. 161 aus Littér. allem. VII, 98 f. angeführt ist. Ebb.

VII, 106: Je propose en premier lieu, qu'on fasse un choix plus réfléchi des recteurs qui doivent régir les classes, et qu'on leur prescrive une méthode sage et judicieuse. Friedrich selbst hatte zur Verbesserung der schlesischen Gymnasien französische Jesuiten berufen (vgl. Anm. 437), und ebenso bemühte er sich für die Volksschulen brauchbare Lehrer zu gewinnen; vgl. Anm. 464.

472) Schreiben an Zedlitz XXVII c, 255: „Von großem Nutzen würde es sein, wenn die jungen Leute so in einem Schulhause beständig beisammen wären, wofür die Eltern was gewisses bezahlten; so würden sie weit mehr lernen, als wenn sie zu Hause sind, wo sie die Eltern nur herumlaufen lassen; wie im Joachimsthal, da können sie gut studiren, da sind sie immer bei einander." Außer dem Joachimsthal'schen Gymnasium in Berlin gab es bekanntlich damals, wie noch jetzt, auch in den protestantischen Ländern noch eine Anzahl von Gelehrtenschulen mit Internat. Es fragt sich aber, ob Friedrich mit diesen bekannt war.

473) Man vgl. darüber: Nethwisch, Fr. v. Zedlitz S. 101—172 2. Aufl. Paulsen, Gesch. des gelehrten Unterrichts u. s. w. S. 459 ff. J. B. Meyer, Friedrich's d. Gr. Pädagog. Schr. 26 ff. Ueber Zedlitz auch Trendelenburg, Kleine Schriften I, 127—158.

471b) *) Friedrich unterscheidet deren hier drei: die bürgerlichen Gesetze, die Strafgesetze, und die lois de convention, d. h. die Gewerbe- und Handelsgesetze. Eine andere Eintheilung der Gesetze ist uns S. 111 f. vorgekommen.

472b) Daß Friedrich von der Verfassung der Universitäten keinen richtigen Begriff gehabt habe, bemerkt auch Büsching, Charakter Friedr. d. Gr. 131, und giebt dafür einige Belege.

473b) Aehnlich wie er in dem Anm. 49 besprochenen Fall einem Wolfianer einen Lehrauftrag ertheilte, den dieser auf seinem Standpunkt unmöglich zur Zufriedenheit des Auftraggebers ausführen konnte, und in dem sogleich zu erwähnenden Rescript von Zedlitz nach Königsberg den Professoren Lehrbücher, Lehrart, und sogar philosophische Standpunkte vorgeschrieben werden.

474) Schon 1751 ergieng nach Frankfurt a. O. eine Verordnung, durch welche studentischem Unfug gesteuert und Veranlassungen zu demselben abgestellt wurden. Aehnliche Erlasse an die Universität Halle verboten den Studirenden, um Tumulten vorzubeugen, das Tragen von Degen (1750), ermahnten zum Einschreiten gegen den Unfleiß und das unordentliche Leben derselben, und verlangten halbjährige Berichte über ihre Führung, in denen sowohl diejenigen genannt werden sollten, welche Tadel, als die, welche Lob verdienen (1759. 1764), verboten die Aufführung von Schauspielen in der Universitätsstadt und ihrer Umgebung (1771) und „das Herumlaufen auf die sächsischen Dörfer", durch welches zudem die Kaufleute und Weinhändler in Halle benachtheiligt werden

---

*) Durch ein Versehen sind im Text die Anmerkungszahlen 471—473 wiederholt; die Bezeichnung 471 b u. s. f. gilt der zweiten Partie derselben.

(1772). (Auf diese Reformen scheint sich zu beziehen, was S. 160 aus IX, 117 angeführt ist.) Den Professoren in Frankfurt wird eingeschärft, daß sie Streitigkeiten unter einander und mit den Offizieren vermeiden (1759) und sich ihrer Lehrthätigkeit gewissenhaft widmen (1784); denen in Halle, daß sie ihre Vorlesungen pünktlich halten (1754. 1764). Um die regelmäßige Erfüllung dieser Obliegenheit überwachen zu können, wurden 1753 an den sämmtlichen Landesuniversitäten halbjährliche Berichte über die gehaltenen und ausgefallenen Vorlesungen eingeführt. Ein Erlaß von 1764 empfiehlt den Halle'schen Theologen auf den Wunsch des Consistoriums einige weitere Vorlesungen; dem dortigen Philosophen Meier hatte der König selbst 1754 eine solche über Locke aufgetragen (vgl. Anm. 49. 473b). Nach Königsberg (1772) und Halle (1785) ergieng die Anweisung zur Einführung von Examinatorien, freilich mit geringem Erfolg. In dem (schon Anm. 116 berührten) Rescript von Zedlitz vom 25. Dzbr. 1775 wird den Königsberger Professoren, theils im allgemeinen theils einzelnen mit Namen genannten, neben dem Verlangen einiger weiteren Vorlesungen, zu erkennen gegeben, daß sie ihre jetzt großentheils veralteten Lehrbücher mit besserer Einsicht wählen, sich unnöthiger Weitläufigkeit im Vortrag enthalten und die Köpfe der Studirenden nicht mit nahrungslosen Subtilitäten verdüstern, sondern aufheitern und zur Annahme und Anwendung wahrhaft nützlicher Begriffe fähig machen sollen; und es wird deßhalb zwei Magistern geradezu verboten, die Crusianische Philosophie fernerhin zu lehren, über deren Unwerth die erleuchtesten Gelehrten längst eins seien. Seine lettre sur l'éducation ließ Friedrich den Universitäten zur Nachachtung zugeben und ordnete bei diesem Anlaß zeitweise Visitationen derselben an. (Büsching, Charakter Friedr. 135 f.). Ueber den schlechten Zustand der Königsberger Universität äußert sich Friedrich schon in einem Marginalbescheid vom 18. Aug. 1740 (b. Büsching a. a. O. 130) und wünscht Abhülfe durch Berufung auswärtiger Gelehrten. Später bemühte sich Zedlitz, aus Halle eine Musteruniversität zu machen. Kant lehnte den Ruf dahin ab; dagegen wurde 1783 durch F. A. Wolf's Berufung eine schöpferische Kraft ersten Ranges, der Hauptbegründer eines selbständigen philologischen Studiums gewonnen, nachdem schon 1765 in Klotz ein, trotz allem, verdienter Philologe berufen und festgehalten worden war. Die theologische Facultät in Halle nahm zur Zeit eines Semler, Niemeyer u. s. f. eine hervorragende Stelle ein. Daß Trapp zum Professor der Pädagogik berufen und Bahrdt der Universität aufgedrängt wurde, waren freilich Mißgriffe, die später wieder gutgemacht werden mußten. Nach Frankfurt wurde Steinbart, nach Königsberg außer andern Kraus, der bekannte Nationalökonom, von Zedlitz berufen. Besondere Sorgfalt wurde unter Zedlitz der Errichtung von pädagogisch-philologischen Seminarien zugewendet. Sehr hinderlich war freilich die Knappheit der zu Gebote stehenden Mittel, und es mag sein, daß der König (wie Büsching a. a. O. 133 klagt) in dieser Beziehung nicht viel gethan hat; allzuviel konnte er aber wohl auch nicht thun. Ich folge in dem vorstehenden größtentheils Meyer, Friedrich's

Pädagog. Schr. S. 46—61. Rethwisch, Freiherr v. Zedlitz und Preußens höheres Schulwesen S. 172—184. Trendelenburg, Kl. Schr. I, 133—142. 147 f.)

⁴⁷⁵) Die sog. Universität der Jesuiten in Breslau, die eigentlich nur eine philosophisch-theologische Lehranstalt war, und mit ihrer veralteten scholastischen oder halbscholastischen Lehrweise sehr wenig leistete (vgl. Anm. 437), wurde durch das Reglement vom 11. Dezbr. 1774 (b. Lehmann, Preußen und die katholische Kirche IV, 630 ff.) reformirt, welches Minister von Carmer auf Grund der ihm von dem Abt Felbiger schon seit längerer Zeit erstatteten Berichte und Vorschläge, natürlich mit Vorwissen des Königs, erließ. (Näheres darüber, wofür die Belege bei Lehmann zu finden sind, bei Meyer, Friedr. Pädag. Schr. 71 ff.) Durch dieses Reglement wird nun der Unterricht bei der Anstalt zunächst seinem Umfang nach dahin erweitert, daß von den vier Klassen derselben (grammatische, ästhetische, philosophische und theologische) die philosophische drei neue Lehrstühle, für Geschichtskunde, philosophische Aesthetik und Landwirthschaft erhalten soll; und es werden sodann über die Art, wie er in der Religion, der Geschichte, der Metaphysik, dem Natur- und Völkerrecht und der Moral zu ertheilen sei, die uns bereits bekannten Vorschriften gegeben; es wird auch von den Lehrern der Theologie verlangt, daß sie ihren Schülern statt scholastischer Spitzfindigkeiten und unnützer Polemiken die für ihren künftigen Beruf nützlichen Wahrheiten beibringen, und sie auch zur Vertheidigung der Religion mit gesunder Philosophie, Geschichte und Kritik ausrüsten. In der philosophischen und theologischen Facultät wird alles Diktiren in die Feder verboten. Alle Lehrer werden ermahnt, sich die Ausbildung des Herzens und der Sitten neben der des Verstandes angelegen sein zu lassen, die Wirkung ihres Unterrichts mehr von ihrem eigenen Vortrag als von den Lehrbüchern zu erwarten, und „alle Wissenschaften so vorzutragen, wie sie in das bürgerliche Leben, in die öffentliche und Privat-Glückseligkeit den wohlthätigsten Einfluß äußern." Um zur wissenschaftlichen Selbstthätigkeit aufzumuntern, wird den Candidaten des geistlichen Standes die Erlangung des Grades eines Magisters der Philosophie und Baccalaureus der Theologie vorgeschrieben, eine öffentliche Disputation zur Bedingung für die Erlangung eines Stipendiums gemacht. Diese Bestimmungen entsprechen den früher dargelegten Ansichten des Königs. Da es sich aber in diesem Fall nur darum handelte, eine bestehende Anstalt mit möglichst geringen Eingriffen in ihre Einrichtungen zeitgemäß zu reformiren, geben sie kein Bild von dem, was bei einem Neubau auf freiem Boden angestrebt worden wäre.

⁴⁷⁶) Die näheren Belege für die hier gegebene übersichtliche Schilderung finden sich, so weit keine anderen Quellen angeführt sind, in der sorgfältigen Darstellung, welche J. B. Meyer, Friedr. d. Gr. Pädagog. Schr. 9—26 gibt. (Ebd. S. 89—183 sind die wichtigeren von den Aktenstücken abgedruckt, auf die sie sich gründet: so namentlich S. 98 ff. die Schulordnung für Minden und Ravensberg vom 6. April 1754; S. 113 ff. das General-Land-Schul-Reglement

vom 12. August 1763; S. 132 ff. das General-Land-Schul-Reglement für die Römisch-Katholischen in Städten und Dörfern des souveränen Herzogthums Schlesien und der Grafschaft Glatz vom 3. November 1765, welches fast durchaus von Abt Felbiger verfaßt, die Bestimmungen des Reglements von 1763 auf die katholischen Volksschulen Schlesiens ausdehnt und ihren Verhältnissen anpaßt; S. 171 ff. das Reglement für die Teutsch-Reformirten Schulen des Herzogthums Kleve und der Grafschaft Mark vom 10. Mai 1782. Weiter vgl. man Trendelenburg, Kl. Schr. I, 119 ff. Büsching, Charakter Friedr. d. Gr. 138—169. Dagegen ist die Schrift von R. Seidel, Friedrich d. Gr. „der Heros der deutschen Volksbildung", (1885) von einem so blinden Vorurtheil gegen den großen König erfüllt, und sie beurtheilt die Zustände und Einrichtungen des vorigen Jahrhunderts so ausschließlich und mit so wenig Verständniß aus dem Standpunkt des heutigen radikalen Schullehrers, daß sie von dem wirklichen Sachverhalt ein ganz entstelltes Bild giebt. Mit unbequemen Thatsachen wird dabei sehr frei umgegangen; so wird z. B. der Anm. 481 nachgewiesenen massenhaften Gründung neuer Schulen mit keinem Worte gedacht, und S. 73 hält sich der Verfasser darüber auf, daß die einer Instruktion für die Schulvisitatoren beigegebenen Fragen (die aber Friedrich doch wohl nicht selbst verfaßt haben wird) sich nicht danach erkundigen, was die Kinder gelernt haben; er verschweigt aber, daß die Instruktion selbst (§ 2) und die beiden General-Schul-Reglements (das von 1763 § 25 f., das von 1765 § 54. 55) für diesen Punkt ausdrücklich Fürsorge getroffen haben.

477) Zwar bemerkt der König in einem Schreiben vom 2. Februar 1769 (b. Büsching S. 143): wo es nöthig sei, könnten auch die reformirten und lutherischen Schüler gar füglich mit einander vereinigt werden; Lesen, Schreiben und Latein könnten die Kinder bei einem Religionsverwandten so gut lernen wie bei dem andern. Aber selbst zu diesen protestantisch-paritätischen Schulen scheint es auf dem Lande nicht gekommen zu sein.

478) Die einzige damals vorhandene war das mit einem Waisenhaus verbundene Lehrerseminar des Predigers Schiemmeyer in Stettin, dem Friedrich Wilhelm I. 1732 Privilegien ertheilte, das sich aber nicht lange erhielt (Seidel a. a. O., S. 29).

479) Wie häufig dieß damals noch vorkam, sieht man aus den dagegen gerichteten Verboten. Die Schulordnung für Minden von 1754 (b. Meyer S. 102) untersagt den Schulmeistern § 8 Wirthschaft zu treiben oder Bier und Branntwein zu verkaufen, § 9, den Unterricht von ihren Frauen besorgen zu lassen, während sie selbst ihre übrige Arbeit abwarten, wie dieß nicht selten geschehen sei. Das Landschulreglement von 1763 verbietet ihnen gleichfalls § 13. 16. (a. a. O. S. 119. 120. f.) Wirthschaft zu halten, Bier und Branntwein zu verlausen, in den Schulstunden ihrer Handarbeit oder anderen Geschäften nachzugehen oder ihre Frau unterdessen informiren zu lassen; nur wenn es der Kinder für einen Lehrer zu viel seien, mögen sie sich bei den Kleinen von ihr

oder einer andern Person helfen lassen. Das Landschulreglement für das katholische Schlesien von 1765 erlaubt zwar § 11 f. (a. a. O. S. 136 f.) an Orten, wo es der Katholiken zu wenige seien, um einen Schulmeister genügend besolden zu können, daß dieser zu seiner bessern Subsistenz ein Handwerk, z. B. die Schneiderei oder das Wirken, betreibe. Es solle dieß aber nicht in der Schulstube und zur Schulzeit geschehen. Der Ausschank von Bier und Branntwein und das Aufwarten in Wirthschaften wird den Schulmeistern gänzlich verboten. Noch 1782 findet es das Reglement für die reformirten Schulen in Kleve nöthig, Abschn. II, 3 (a. a. O., S. 173) den Schuldienern Nebengeschäfte wie „Herbergen, Kaufhandel, Procuriren u. s. f." zu verbieten. Wie Büsching a. a. O. S. 141 mittheilt, verfügte der König 1768, daß auf die Verbesserung der Schulstellen Bedacht genommen werde, deren Inhaber ein Handwerk zu treiben genöthigt seien; er habe aber freilich, bemerkt Büsching, nicht gewußt, wie viel Geld dieß erfordert hätte, „und daß bloß in der Kurmark gegen 500 Landschulmeister wären, die von 10 Thalern herab bis nichts [außer dem Schulgeld] hätten." Bekanntlich war auch Jung-Stilling in seiner Jugend ebenso, wie sein Vater, ein solcher Schneiderschulmeister.

⁴⁸⁰) Einige Zeugnisse für den tiefen Verfall, in welchen der Volksunterricht in Westpreußen unter der polnischen Herrschaft gerathen war, sind schon Anm. 331 aus Friedrich's Briefen beigebracht worden. Uebereinstimmend damit bemerkt der König den 14. Juni 1772 (b. Lehmann, Preuß. u. die kath. K. IV, 441): er habe bei seiner Durchreise durch polnisch Preußen wahrgenommen, daß auf dem Lande gar keine Schulanstalten vorhanden seien, es sei gleich nach der Besitzergreifung für evangelische und katholische Schulmeister zu sorgen, und der Oberpräsident Domhardt sagt in einem Bericht vom 21. Dezember 1772 (ebb. S. 493) über die dortigen Schulen: in Elbing, Marienburg, Braunsberg, Rössel, Culm seien sie gut. „In den übrigen Städten und Dörfern sind neue Veranstaltungen unumgänglich, weil so wenig darauf gehalten worden, daß es eine Schande vor die jetzige Zeiten ist, die armen Leute fast allenthalben in der größesten Unwissenheit und Blindheit zu sehen."

⁴⁸¹) Nach einem Bericht der Domänenkammer zu Breslau vom 20. Juli 1765 (bei Lehmann IV, 248) waren in dem ihr unterstellten Theil Schlesiens 251 neue Schulen, 174 katholische und 77 evangelische zu errichten gewesen; davon waren 91 (62 katholische, 29 evangelische) wirklich vorhanden. Im November 1765 bestimmte dann das Generallandschulreglement § 12 (ebb. S. 259), daß an jedem Ort eine Schule errichtet werden sollte, welcher von der nächsten Schule auf dem platten Land über eine halbe, im Gebirge über eine Viertelmeile entfernt sei. Drei Jahre später, d. 18. Jan. 1769 (ebb. S. 354) überreicht Schlabrendorff eine Liste, woraus sich ergebe, daß seit dem Erlaß des Reglements von 1765 „bereits 238 evangelische und 240 katholische Schulen in Schlesien mehr etablirt worden als vordem gewesen." Für Westpreußen, für

dessen Schulwesen sich der König von Anfang an lebhaft interessirte, (vgl. Anm. 480. 469) berechnet die westpreußische Kammer in dem Bericht vom 2. Jan. 1776 (Lehmann, V, 80 f.) ein Bedürfniß von 211 Schulmeistern. Da aber die Landgemeinden ganz mittellos waren und die 10,000 Thlr. jährlich, welche der von dem König gewährte Schulfonds von 200,000 Thlrn. einbrachte, nur für 163 ausreichten, wurden nur so viele angestellt. Vgl. die Akten bei Lehmann IV, 439. 441. 516. 605 f. V, 80 f. 89. 98. 124. 246. 279. 398. 625. 633. 637 und den Anm. 331 angeführten Brief an d'Alembert. Meyer a. a. O. S. 23 f.

482) Daß die vakanten Schulstellen möglichst mit Zöglingen des Hecker'schen Seminars besetzt werden sollen, verfügt Friedrich in Verordnungen von 1742 und 1753 für Pommern und die Kurmark (Meyer S. 12) und wiederholt dieß im General-Land-Schul-Reglement von 1763 § 14; für die katholischen Schulmeister in Schlesien wurden in Breslau, Leubus, Grüssau, Sagan, Ratibor, Raudten, Habelschwerdt Lehrerseminare an Schulen errichtet (General-Land-Schul-Reglement von 1765, § 2 bei Lehmann IV, 256).

483) Landschulordnung für Minden § 22. General-Land-Schul-Reglement von 1763 § 25. 26. General-Land-Schul-Reglement von 1765 § 51 ff. Instruction wegen der jährlichen Land-Kirchen- und Schul-Visitation vom 1. März 1764 (bei Meyer S. 130 f.). Büsching, Charact. Friedr. 139 f.

484) Schon 1763 nahm der König, ehe er Sachsen verließ, sechs sächsische Schulmeister in Dienst, die er in der Mark und Pommern anstellte, ohne damit Beifall zu finden; 1772 kam er in einem Kabinetsschreiben auf die Berufung solcher zurück, doch hatte dieß keine weitere Folge (Büsching S. 149). In dem Schreiben an Zedlitz (1779; XXVII c, 257) macht er darauf aufmerksam, ob man nicht aus dem Altenburgischen, wo die Erziehung sehr gut sei, Schulmeister bekommen könne, die nicht allzu theuer seien.

485) Diese Anordnung, welche der König 1779 traf, und von der er sich auch durch Zedlitz nicht abbringen ließ, (Trendelenburg, Kl. Schr. 152 mit Bezug auf einen Brief von Zedlitz an Rochow, in des letzteren „Literar. Correspondenz" u. s. w. Berlin 1790. S. 213) ist schon von den Zeitgenossen, wie namentlich von Büsching, der a. a. O. S. 161—169 darüber berichtet, auf's entschiedenste getadelt worden. Indessen zeigt Meyer, Friedr. pädag. Schr. 24—26, unter Berufung auf Aeußerungen Schleiermacher's und Fischer's, daß sie sich wesentlich anders ausnimmt, wenn man sich den Inhalt der königlichen Verordnung und die Umstände, unter denen sie erlassen wurde, genau vergegenwärtigt. Denn für's erste sollten nur solche Invaliden in dieser Weise verwendet werden, „die lesen, rechnen und schreiben können und sich zu Schulmeistern auf dem Lande und sonsten gut schicken", und es wurden von viertehalbtausend unversorgten Invaliden auch nur 79 nach vorgängiger Prüfung für Schulstellen geeignet befunden; und sodann ist allerdings nicht abzusehen, warum ein Unterofficier nothwendig einen schlechteren Schulmeister hätte abgeben

müssen, als die Dorfschneider und ähnliche Handwerker, mit denen man sich damals aus Mangel an besserem da und dort noch behelfen mußte. Das läßt sich freilich zum voraus erwarten, daß man mit den alten Kriegern in dem neuen Amte nicht selten seine Noth hatte, und daß der Wunsch, sie zu versorgen, den König in einzelnen Fällen zu Mißgriffen verleiten konnte, wie Büsching deren einen bespricht.

486) Außer dem Schreiben an Zedlitz, worin sie am urkundlichsten dargelegt sind, gehören hieher aus den Anm. 476 genannten Schulordnungen namentlich diejenigen Bestimmungen, welche die Disciplin, die Gegenstände des Unterrichts und die Behandlung derselben betreffen: aus der für Minden (bei der aber von ihrer dogmatisch-theologischen Fassung vieles abzuziehen ist, was Friedrich aus Accomodation stehen ließ, aber niemals selbst geschrieben haben würde) § 11. 13—19; aus dem General-Land-Schul-Reglement von 1763 § 19. 20. 22. 23; aus dem für Schlesien von 1765 § 18—22; aus dem Reglement für Kleve von 1782 Abschn. II, § 8—15. III, § 3—6. Zum folgenden vgl. man was S. 165. Anm. 448 über die moralische Verwerthung des Religionsunterrichts, S. 168. Anm. 464 über den Unterricht im Deutschen bemerkt ist.

487) Mit Friedrich's Begründung der Moral durch die Selbstliebe (oben S. 70 f.) steht dieß nur scheinbar im Widerspruch: die Eigenliebe bildet hier den Gegensatz zu der Menschenliebe (worüber S. 76) und daher auch zu der vernünftigen Selbstliebe, aus welcher die Menschenliebe hervorgeht.

488) Nach dem General-Landschul-Reglement für Schlesien § 18 ff.

489) Gen.-Landsch.-Regl. von 1763 § 1. Vgl. ebb. § 19, 3 die Vorschriften über den Religionsunterricht. Ebenso in dem General-Land-Schul-Reglement von 1765, wo § 50 den Pfarrern und Lehrern mit Bezug auf den mit dem Religionsunterricht verbundenen Unterricht in der Moral vorgeschrieben wird: „es nicht dabei bewenden zu lassen, der Jugend etwa hierüber ein paar Sätze in's Gedächtniß zu bringen; sie sollen wie in allen andern Dingen ihren Verstand auch hierüber aufklären, ihnen aus der Religion sowohl als aus der Vernunft die Gründe dieser Pflichten vortragen, daß sie solche einsehen und folglich begreifen lernen. Sie müssen sie dadurch gleich von Jugend an geneigt zu machen suchen, solche zu seiner Zeit und in den vorkommenden Gelegenheiten zu erfüllen." Also auch beim Volke gilt Einsicht in die Gründe für die beste Grundlage der Pflichterfüllung.

490) Vgl. S. 165. Anm. 451.

491) Es erhellt dieß daraus, daß die Frage über die Existenz einer immateriellen Seele fast nie anders als im Zusammenhang mit der über die Unsterblichkeit auftritt, und daß namentlich Friedrich's früheste Aeußerungen über diesen Gegenstand durch die letztere veranlaßt sind; vgl. S. 55 f.

492) Vgl. S. 39. 55 f. Anm. 16. 117. 121. 362.

⁴⁹³) Ueber Thomasius' Ethik vgl. meine Gesch. d. deutschen Philosophie S. 168 ff. 2. Aufl.

⁴⁹⁴) Vgl. die ebengenannte Schrift S. 313 f.; meine Vorträge und Abhandlungen II, 325 f.

⁴⁹⁵) Man vgl. was S. 72 ff. über Friedrich's Begründung der Ethik bemerkt ist. Ueber das Kantische Moralprincip und über die naturgemäße Begründung der Ethik: meine Vortr. und Abhandl. III, 163 ff. 172 ff. 205 ff.

⁴⁹⁶) Aus meinem Leben. 7. Buch. XXV, 103 f. der „Ausgabe letzter Hand".

Verzeichniß derjenigen Namen,
deren Anführung mit weiteren Angaben oder Urtheilen verbunden ist.

Achard 55. 56. Anm. 171. 172.
d'Alembert 20. 29 f. 40. 99. 129. 132. 133. 141. A. 53. 91. 92. 103. 360.
Alexander 1 f.
Andreä 48. A. 145.
Antoninus s. Mark Aurel.
d'Argens 83. A. 137. 368.
Aristoteles 42. 44. 100. A. 116 c.
Baireuth, Markgräfin von, s. Wilhelmine.
Bayle 16—19. 165. 179. A. 50—53.
Bernier 19. A. 17.
Bolingbroke A. 343 b.
Borgia, Cäsar A. 262.
Bossuet 88.
Bratuscheck 3. A. 116 b.
Bute, Lord A. 300.
Cäsar 102. A. 286.
Calvin 141. A. 370.
Carlyle 3.
Carmer A. 448. 475. -
Castruccio A. 262.
Cato 73.
Catt A. 8. 31. 78. 122. 127. 170. 176. 180. 248.
Chafot A. 206.
Chatelet, Marquise de 20. 21. A. 60 b. 61. 162.
Christus, Christenthum 70. 129—132. A. 350. 367.
Cicero 18. 35. 71. A. 117. 155.
Clarke A. 179.
Clemens XIII. A. 382.
Clemens XIV. 140. A. 421.
Cocceji 313.
Collins A. 343 b.
Constantin 131.
Cromwell A. 286.
Cucufin A. 423.
Denis, Frau v. A. 78.
Descartes 8. 18. 19. A. 26. 28. 45. 52.
Des Champs 7. A. 21.

Deshoulières, Frau v. A. 44.
Diderot 30. A. 93.
Domhardt A. 480.
Duhan 48. A. 17.
Dunder A. 328.
Encyklopädisten 31. A. 103.
England 104. A. 204.
Epikur, Epikureer 5. 36. 70. 76. 99. A. 124. 165. 204.
d'Estrabes 103.
Etallonde A. 385.
Felbiger 175. A. 437. 475. 476.
Fenelon A. 258.
Flechier 88.
Fleury 3. 130. A. 9. 352.
Fontenelle 135. A. 343 b. 359 b.
Franzosen 27. A. 85—88.
Friedrich I. von Preußen A. 276.
Friedrich Wilhelm I. von Preußen 2. 9. 48. 110 f. 118. 140. A. 145. 190. 255.
Garve 32. A. 113.
Gassendi 5. 19. 30. A. 53. 55. 165.
Gellert A. 113.
Gottsched 32. A. 25. 113.
Gotha, Herzogin von 143.
Grotius 104.
Gustav Wasa 102.
Häusser A. 328.
Hecker 175. A. 462.
Heinrich, Prinz v. Pr., A. 415.
Helvetius 31. 157. A. 95—98. 429.
Herrnhuter A. 400.
Hobbes A. 343 b.
Holbach 31. 40. 132. 137. A. 45. 99. 357. 445.
Horaz A. 116 c.
Houdon A. 81.
Hugenotten A. 376.
Hume 19. A. 54.
Jesuiten 134. 152—155. 160. A. 410 bis 424. 437. 439. 475.

Johann II. von Frankreich A. 317.
Jordan 7. A. 248.
Joseph II. 125. A. 350.
Jurien A. 59.
Kant 10, 33, 69, 181, 182, A. 63, 116, 187.
Katharina II. 121, 123.
Katholische Kirche 140—144. 151.
Keith (Mylord Marischal) 53.
Keyserlingk A. 248.
König A. 63.
La Croze 39.
Lambert 32. A. 113, 114.
La Mettrie 30. A. 94.
Lauge S. A. 31.
Lehmann A. 408.
Leibniz 6, 10, 11, 18, 19, 46, 48, A. 26,
    45, 46, 48, 114, 142.
Lessing 181. A. 430.
Leuchsenring 166. A. 456.
Locke 15 f. 36. 164. 166. 179. A. 47 b.
    48, 169, 343 b.
Lucrez 30. 130. A. 123, 169, 353.
Ludwig XIV. und XV. A. 100.
Luther 143. A. 370.
Macchiavelli 89—95. 112 f. A. 257 bis
    263. 271.
Malebranche 18.
Manteuffel 7. A. 302, 363.
Maria Theresia 119 f. 124.
Marc Aurel 1. 5. 35 f. 73. 82. A. 15, 120, 174.
Maupertuis 21. 23. 94. 54. A. 71, 73, 77.
Meier A. 48, 430.
Mendelssohn 33. A. 115.
Merian A. 470.
Meyer, J. B., A. 485.
Mohammed 129. A. 348.
Montesquieu A. 308, 463.
Moses 129. A. 349.
Müller, Prediger 125. A. 145.
Newton 19 f. 36. A. 26, 45, 48, 52, 60.
Ocellus A. 137.
Oesterreich 117. 120. 123. A. 326.
d'Ossat 163.
Pascal 20.
Pelleton A. 11.
Petitpierre A. 403.
Pietisten A. 376.
Pius VI. 142.
Plato 70. A. 116 c. 281.

Polen 120—124. 168. A. 328, 331, 334, 468.
Preuß 3.
Protestantismus 140-144, 145. A. 380, 382.
Quintilian 165.
Reinbeck 7. 9. A. 19.
Rigollot 3 f. A. 11.
Rochefoucauld 71.
Rochow 175.
Rollin A. 291, 437.
Rousseau 32 f. 157. A. 108—112.
Rußland 121—124. A. 330.
Sachsen, Kurfürstin von, 87.
Salzburger A. 378.
Saurin 158.
Schiemeyer A. 478.
Schlabrendorff 175.
Schleiermacher 125. A. 485.
Schlesien 60. A. 188 b. 408, 481.
Schöne, Alfr. A. 465.
Schweden A. 280.
Seidel A. 476.
Seneca 30. A. 121, 155.
Sévigné, Frau v. 103.
Shaftesbury A. 343 b.
Sinzendorf A. 437.
Spinoza 43, 125.
Steinbart 32. A. 113.
Stoiker 35. 43. 52. 68. 70. 76. 81. A. 118,
    119, 124, 210.
Strauß 20.
Suarez A. 313.
Suhm 7. A. 15, 23, 218.
Sulzer 33, 65. A. 114.
Sybel A. 328.
Thomasius 10. A. 48, 313 b, 430.
Trendelenburg A. 259, 260, 263.
Visconti A. 382.
Voltaire 8, 12, 20—29, 39, 58 f. 68, 84,
    116, 127, 133, 139, 144, 148. A. 15,
    27, 32, 61, 62, 64—84, 88—90, 104,
    176, 256, 341, 343 b, 358, 373, 385.
Westpreußen A. 311, 333, 468, 480, 481.
Wilhelmine, Markgräfin v. Baireuth 5.
    8. 85. A. 3.
Wolf, F. A., A. 474.
Wolff, Chr. 6—12, 42, 46, 48, 105, 179.
    A. 26—31, 33—38, 45, 46, 274, 303.
Woolston 145. A. 380.
Zedlitz 34, 169, 173, 175. A. 116, 474.

www.ingramcontent.com/pod-product-compliance
Lightning Source LLC
Chambersburg PA
CBHW022108230426
43672CB00008B/1317